职业教育汽车类专业教学改革创新示范教材

智能网联汽车技术概论

（含实训任务书）

主　编　赵春田　徐　振　李春超
副主编　王根浩　柳　桐　朱升高
参　编　李　丽　王　旭　祁　越　刘文凯　张树维

机 械 工 业 出 版 社

本书是一部全面阐述智能网联汽车技术原理、系统架构的教材。本书从智能网联汽车的定义与特点出发，详细介绍了其智能等级划分、技术特征及基础架构，使读者能够系统了解智能网联汽车的基本概念与核心要素。

书中深入剖析了智能网联汽车的硬件结构、传感器与感知系统，并详细阐述了智能驾驶的决策、控制与执行机制，为读者展现了智能网联汽车如何通过复杂的技术体系实现自主驾驶与智能交互。此外，书中还介绍了智能网联汽车的关键技术，包括 V2X 通信技术、4G/5G/6G 移动通信系统、定位系统、云计算与大数据处理技术，以及智能座舱等前沿应用，全面展示了智能网联汽车技术的广度和深度。

针对 ADAS，本书详细解析了预警类与控制类辅助系统的原理与应用，帮助读者理解智能网联汽车如何通过这些系统提升驾驶安全与便利性。同时，书中还介绍了智能网联汽车软件系统的基本原理与结构，为读者提供了软件开发与系统维护的宝贵参考。

本书适合作为中、高等院校的汽车工程、汽车技术与服务、智能网联汽车技术与应用、汽车智能技术、汽车电子技术等相关专业的教材，也可作为智能网联汽车行业技术人员的参考用书。

图书在版编目（CIP）数据

智能网联汽车技术概论：含实训任务书 / 赵春田，徐振，李春超主编. -- 北京：机械工业出版社，2025. 5. --（职业教育汽车类专业教学改革创新示范教材）.

ISBN 978 - 7 - 111 - 77984 - 1

Ⅰ. U463.67

中国国家版本馆 CIP 数据核字第 20255J352N 号

机械工业出版社（北京市百万庄大街 22 号　邮政编码 100037）

策划编辑：王　婕　　　　　　责任编辑：王　婕
责任校对：韩佳欣　李　婷　　　封面设计：马精明
责任印制：张　博
北京建宏印刷有限公司印刷
2025 年 6 月第 1 版第 1 次印刷
184mm×260mm・17 印张・413 千字
标准书号：ISBN 978-7-111-77984-1
定价：59.90 元

电话服务　　　　　　　　　　　网络服务
客服电话：010-88361066　　　机　工　官　网：www.cmpbook.com
　　　　　010-88379833　　　机　工　官　博：weibo.com/cmp1952
　　　　　010-68326294　　　金　书　网：www.golden-book.com
封底无防伪标均为盗版　　　机工教育服务网：www.cmpedu.com

Preface

前 言

在科技日新月异的今天，汽车作为传统工业的代表，正经历着前所未有的变革。随着人工智能、物联网、大数据、云计算等前沿技术的飞速发展，智能网联汽车已成为汽车工业的未来发展趋势，它不仅重新定义了汽车的功能和属性，还推动了整个交通系统的智能化和网联化。

智能网联汽车作为传统汽车与现代信息技术深度融合的产物，其核心技术涵盖了车辆控制、传感器技术、网络通信、数据处理、人工智能等多个领域。它不仅能够实现车辆的自主驾驶、智能避障、路径规划等功能，还能与道路基础设施、其他车辆及行人实现信息共享与协同控制，从而构建出更加安全、高效、环保的出行环境。

本书旨在为读者提供一本全面、系统、深入了解智能网联汽车技术的入门指南。通过概述智能网联汽车的定义、特点、基础架构、发展背景与趋势，本书详细解析了智能网联汽车的硬件结构、智能传感器及智能驾驶决策、控制与执行系统等关键技术，以及探讨 ADAS、智能网联汽车软件系统等前沿话题，帮助读者建立对智能网联汽车技术的整体认知，并深入理解其背后的科学原理和技术实现。

本书配置实训任务书，教材的内容在编排上注重理论与实践相结合，既有深入浅出的理论阐述，也有具体的技术实例和应用案例。同时，本书还关注了智能网联汽车发展中的道德与伦理问题，旨在培养读者的全面素养和社会责任感。

我们相信，随着智能网联汽车技术的不断成熟和普及，它将在未来的交通体系中发挥越来越重要的作用，为智能网联汽车技术的发展培养更多的专业人才，"源于行业，服务于社会"，并将思政内容"内化于形"。希望本书能够成为读者了解智能网联汽车技术的得力助手，也期待在智能网联汽车技术发展的道路上，与读者共同见证和创造更多的辉煌。

本书在编写过程中，参阅了大量的技术文献，并采纳了很多汽车制造厂家、行业专家的意见和建议，在此向各参考文献的作者和专家们表示感谢。由于编者水平有限，疏漏之处在所难免，恳请各位专家和广大读者提出宝贵的修改意见和建议。

愿我们在智能网联汽车的探索之路上携手前行，共同迎接汽车行业的美好未来！

编 者

Contents

目　录

第1章 概 述

学习目标

1. 掌握汽车智能等级划分与关键技术特征。
2. 掌握智能网联汽车的基础架构。
3. 了解智能网联汽车的发展趋势与应用场景。
4. 明白智能网联汽车道德与伦理问题及应对方法。

1.1 智能网联汽车的定义与特点

1.1.1 汽车智能等级划分

　　智能网联汽车是指集成了先进的信息与通信技术、自动驾驶技术、高精度定位技术等多种高科技元素，能够实现自主驾驶、智能决策、与外部环境及其他车辆和基础设施进行实时通信与交互的先进汽车系统。智能网联汽车深度融合了信息与通信技术、自动驾驶技术、高精度定位技术等尖端科技，实现自主驾驶与智能交互。其不仅能自动规划路线、规避障碍，还能与周围环境、其他车辆及交通设施无缝通信，提升道路安全与通行效率。未来，智能网联汽车将不仅是便捷的出行工具，更是集工作、娱乐、学习于一体的多功能空间，深刻改变我们的生活方式，引领汽车产业向智能化、网联化迈进，开启出行新纪元。

　　首先，根据车辆不同智能程度要求，以美国为例，美国 SAE 对智能网联汽车的等级划分见表1-1。它是基于自动驾驶技术智能程度的逐步提升而设定的，共分为6个级别，从L0到L5，每个级别都代表着自动驾驶技术在车辆中的应用程度和驾驶员在驾驶过程中所需承担的角色变化。

表1-1　美国 SAE 对智能网联汽车的等级划分

等级	自动化程度	定义	特点
L0	无自动化	在L0级别，车辆的所有驾驶操作完全依赖于驾驶员的手动控制，没有任何形式的自动化辅助功能参与	1）驾驶员需要全面掌控车辆的制动、转向、起动、加速、减速及停车等所有操作 2）车辆的行驶完全依赖于驾驶员的判断和操作，不存在任何自动驾驶或辅助驾驶的元素
L1	驾驶辅助	L1级别标志着车辆开始具备有限的自动控制功能，主要通过提供警告或辅助信息来帮助驾驶员预防潜在的危险	1）典型的L1级功能包括自适应巡航控制（ACC）和车道偏离警告（LDW） 2）ACC能够根据前车的速度自动调整本车速度，保持安全距离；LDW则会在车辆偏离车道时发出警告 3）尽管有这些辅助功能，但驾驶员仍需时刻监控车辆状态，准备随时接管控制

1

（续）

等级	自动化程度	定义	特点
L2	部分自动化	在L2级别，车辆具备至少两种控制功能的融合，能够同时为多项驾驶操作提供辅助支持	1）除了ACC和LDW外，L2级车辆还可能配备紧急自动制动系统（AEB）和紧急车道辅助系统（ELA）等功能 2）这些系统能够在特定情况下自动干预车辆控制，如检测到即将发生的碰撞时自动制动 3）驾驶员的视线仍需保持对前方路况的关注，但手脚可以在一定程度上从常规驾驶操作中解脱出来
L3	有条件自动化	L3级别标志着车辆能够在特定交通环境下实现自动驾驶，并能根据交通环境的变化自动判断是否需要驾驶员接管控制	1）在预设的自动驾驶条件下，车辆可以完全接管驾驶过程，包括转向、加速、减速等 2）但驾驶员仍需保持警觉，以便在系统提示时及时接管车辆控制 3）L3自动驾驶的实现依赖于高精度地图、传感器和复杂的算法
L4	高度自动化	在L4级别，车辆的驾驶操作和环境观察完全由系统完成，驾驶员无须对所有系统要求进行应答	1）L4级车辆能够在更广泛的交通环境和路况下实现自动驾驶，无须驾驶员的主动干预 2）尽管在某些极端或复杂情况下（如恶劣天气、复杂地形）仍可能需要驾驶员的接管，但这种情况相对少见 3）L4级自动驾驶的实现需要高度的传感器融合、复杂的决策算法和强大的计算能力
L5	全自动化	L5级别是自动驾驶技术的终极形态，车辆能够在任何环境下实现完全自动控制，无须驾驶员和转向盘	1）L5级车辆具备完全自主驾驶的能力，乘客无须进行任何驾驶操作 2）车辆能够自主完成所有的驾驶任务，包括行驶、避障、停车等 3）L5级自动驾驶的实现需要高度发达的人工智能技术、高精度传感器和强大的计算能力作为支撑

SAE的等级划分从L0到L5代表了自动驾驶技术从无到有、从简单到复杂、从辅助到完全自主的发展过程。这种等级划分有助于我们理解车辆的自动化程度，并为政策制定者和公众提供一个明确的标准参考。随着技术的不断进步和成熟，我们有理由相信未来会有更多L3、L4甚至L5级别的智能网联汽车出现在我们的生活中。

在快速发展的智能网联汽车领域，我国遵循国际通行的标准，将自动驾驶技术分为五个等级，从L1到L5，每个等级都代表着自动驾驶技术不同程度的智能化和自动化。我国在智能网联汽车等级的划分上采用了和国际类似的标准。我国划分的智能网联汽车等级见表1-2。

表1-2　我国智能网联汽车等级的划分

等级	自动化程度	简称	特点	应用
L1	驾驶辅助	DA	在L1级别，自动驾驶系统开始介入驾驶过程中，但仅限于辅助驾驶员进行某些特定的操作。例如，自适应巡航控制（ACC）可以帮助驾驶员保持与前车的安全距离并自动调整车速，而车道保持辅助（LKA）则可以帮助车辆保持在车道内行驶。然而，尽管有这些辅助系统，驾驶员仍持续监督车辆并准备随时接管控制	L1级别的自动驾驶技术在许多现代汽车中都有所应用，特别是在高端车型和新能源汽车中更为常见。这些辅助驾驶功能可以显著提升驾驶的舒适性和安全性

（续）

等级	自动化程度	简称	特点	应用
L2	部分自动化	PA	在 L2 级别，自动驾驶系统的能力得到了进一步的提升。它不仅能够辅助驾驶员进行加减速和转向操作，还能在一定程度上实现车辆的自主控制。然而，驾驶员仍需保持对车辆的监控，并随时准备在必要时接管控制。此外，L2 级别的自动驾驶系统通常需要在一定的道路和交通条件下才能正常工作	L2 级别的自动驾驶技术已经在许多中高端汽车中得到了广泛应用。例如，集成式自适应巡航（IACC）和自动泊车等功能都是 L2 级别的典型应用。这些技术可以极大地减轻驾驶员的负担，提高驾驶的便捷性和安全性
L3	有条件自动驾驶	CA	在 L3 级别，自动驾驶系统已经具备了在特定道路和交通条件下实现无人驾驶的能力。这意味着在大多数情况下，驾驶员可以不再需要监控车辆或进行任何驾驶操作。然而，当遇到复杂或不确定的驾驶环境时，自动驾驶系统可能会要求驾驶员接管控制。因此，在 L3 级别下，驾驶员需要保持对车辆状态的关注，以便在必要时进行干预	L3 级别的自动驾驶技术目前仍处于研发和测试阶段，尚未在商用车辆中广泛应用。然而，随着技术的不断进步和法规的逐步完善，L3 级别的自动驾驶汽车有望在未来几年内实现商业化
L4	高度自动驾驶	HA	在 L4 级别，自动驾驶系统已经足够强大，能够在各种道路和交通环境中实现无人驾驶。驾驶员和乘客可以在车内进行其他活动，而无须担心车辆的行驶状况。L4 级别的自动驾驶系统不仅具有高度的自主性和适应性，还能够通过与其他车辆和交通基础设施的通信来进一步优化行驶路线和速度	L4 级别的自动驾驶技术目前正在一些特定领域进行试点和应用，如无人驾驶出租车、无人驾驶公交等。这些试点项目旨在验证 L4 级别自动驾驶技术的可行性和安全性，并为其未来的商业化应用提供经验和数据支持
L5	完全自动驾驶	FA	在 L5 级别，自动驾驶系统已经实现了真正的无人驾驶。它不仅能够在各种道路和交通环境中自主行驶，还无须任何形式的驾驶员。L5 级别的自动驾驶系统具有极高的自主性和适应性，能够应对各种复杂和不确定的驾驶场景	L5 级别的自动驾驶技术目前仍处于研发阶段，尚未实现商业化应用。然而，随着技术的不断突破和法规的逐步完善，L5 级别的自动驾驶汽车有望在未来成为智能交通系统的重要组成部分，为人们提供更加便捷、高效和安全的出行方式

我国智能网联汽车技术目前正处于快速发展阶段，已成为汽车产业转型升级的重要方向。随着技术不断突破，我国车载计算平台、激光雷达、人工智能芯片等关键技术达到国际先进水平；政策法规不断完善，多地设立智能网联汽车测试示范区，推动技术商业化应用。同时，智能网联汽车技术仍面临技术集成难度大、成本高等挑战，需持续加大研发投入，推动产业高质量发展。

如图 1-1 所示，我国 L4 级智能网联汽车技术正加速发展，取得显著突破。百度等科技公司与传统车企积极投入，通过高精度地图、激光雷达等关键技术提升自动驾驶能力。百度 Apollo 平台作为 L4 级自动驾驶技术的核心，集成了高精度地图、感知系统及决策规划算法，与多家车企合作，推动了自动驾驶车辆的开发与测试。

图 1-1 L4 级 Robotaxi 智能网联出租车

智能网联汽车技术主要由四大构成支撑：

（1）感知技术　利用摄像头、雷达、激光雷达等传感器获取车辆及周围环境信息，通过信息融合技术形成全面感知，是自动驾驶的基础。

（2）决策与控制技术　基于感知信息，运用 AI 算法进行路径规划、障碍物避让等决策，并控制车辆执行器实现自主驾驶，是智能网联汽车的核心。

（3）网络与通信技术　实现车辆与车辆（V2V）、基础设施（V2I）、行人（V2P）及网络（V2N）的广泛互联，依赖于 DSRC、C-V2X、5G 等通信技术，确保通信的安全、准确与稳定。

（4）平台及服务技术　提供大数据分析、AI 算法训练、服务管理及对用户友好的界面和应用，是智能网联汽车服务用户的基石。

这些技术共同构成了智能网联汽车的技术体系，推动其向更高水平的自动驾驶迈进。

1.1.2　智能网联汽车技术特征

智能网联汽车技术需要借助各种先进的传感器和算法来感知车辆周围环境，如激光雷达、摄像头、毫米波雷达、深度学习算法等；随着 5G 等通信技术的成熟，需要进行大量数据的实时传输和处理，以保证系统的实时性和可靠性。

感知环境是自动驾驶汽车的基础，传感器如雷达、激光雷达（LiDAR）、摄像头等被用于感知汽车周围的环境。为了提供准确的感知，需要将这些传感器的数据进行融合，这是一项极具挑战的技术。此外，深度学习算法也需要进一步提高，以便更好地理解和预测环境中的行人、自行车、其他车辆和障碍物的行为。

如图 1-2 所示，智能网联汽车的发展是一个跨学科、多领域的综合挑战，需要各方共同努力来推动。智能网联汽车需要实现车辆与车辆（V2V）、车辆与基础设施（V2I）和车辆与行人（V2P）等通信，这就需要 5G 等高速且低延迟的通信技术。然而，通信技术面临覆盖范围、可靠性和保密性等问题。自动驾驶汽车在运行过程中会产生海量的数据，如何高效地存储、处理和分析这些数据，以便实时反馈给控制系统，成为一项

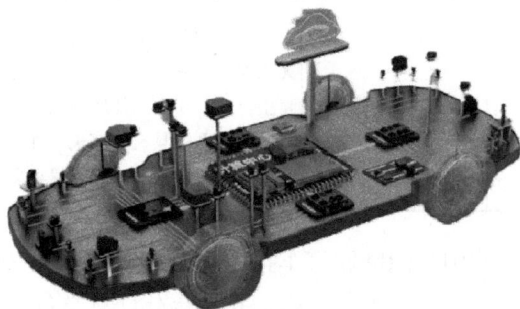

图 1-2　某车企的智能网联汽车技术方案

重要的技术挑战。自动驾驶汽车需要有强大的抗干扰能力，并且在遇到各种意外情况时，也能保持稳定的工作状态。此外，系统的安全性也是必须要考虑的问题，包括防止泄密、保护用户隐私等。

但是，对于自动驾驶汽车的合规性和责任归属问题，各国的立法尚未明确。此外，自动驾驶汽车在紧急情况下该如何做出决策，也是一个待解决的伦理问题。

智能网联汽车的特点有以下几点：

（1）自主性　通过集成化、自动化的系统，智能网联汽车能够进行自动驾驶，从而减轻人的驾驶负担，甚至实现无人驾驶。自主性得益于其集成化、自动化的系统。在汽车自主性的背后，有一系列复杂而精密的技术支持，如感知技术、决策与控制技术以及执行技术。

如图 1-3 所示，自动驾驶汽车需要通过感知技术来获取汽车本身以及周围环境的信息，如雷达、摄像头、激光雷达（LiDAR）、GPS 等，它们像人的眼睛一样，帮助汽车理解周围的环境，包括检测道路、交通标志、其他车辆、行人等。这些传感设备提供的数据需要通过高级数据融合算法进行整合，建立出准确的环境模型。然后再通过决策与控制技术，根据感知到的信息，汽车可以进行路径规划和驾驶决策，如调整速度、变更行驶路径、避开障碍物等。这一过程需要借助于深度学习、机器学习等 AI 技术，让汽车"学会"如何做出正确、安全的决策。

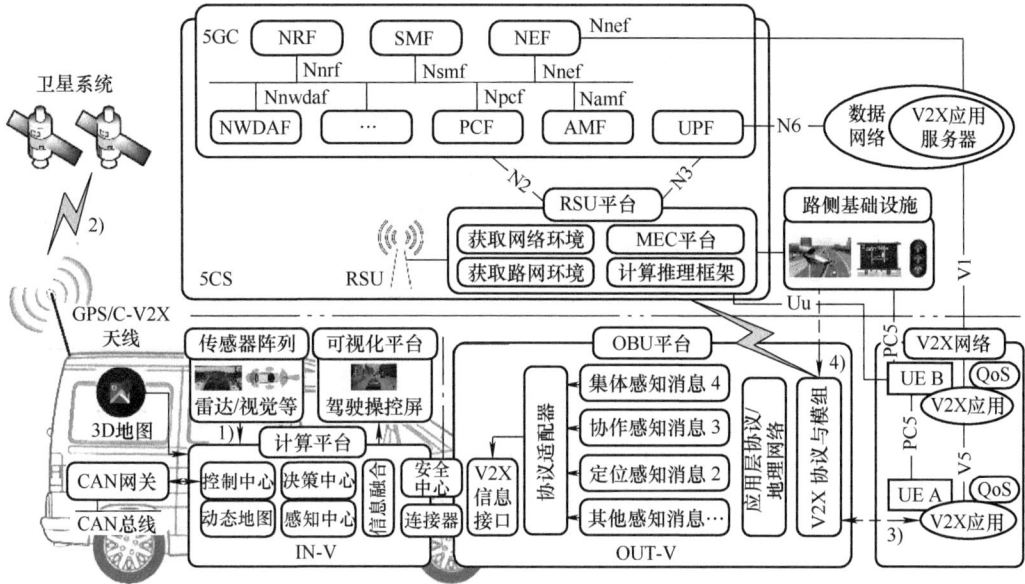

图 1-3 智能网联汽车技术结构

执行技术则负责将决策转化为动作，比如操控汽车的转向盘、加速踏板、制动等，以实现汽车的起动、行驶、转向、停止等动作。通过感知、决策和执行三个环节的协同工作，智能网联汽车可以实现自主驾驶，无须人工干预。这种自主性不仅可以减轻人的驾驶负担，提高驾驶的便利性，而且还有可能实现更高级别的无人驾驶，进一步提高道路的安全性和运输的效率。

（2）连接性 智能交通环境下 V2X 通信应用场景技术架构如图 1-4 所示。智能网联汽车通过 5G、V2X 等先进通信技术，实现了与车辆、基础设施、互联网及行人的广泛连接。

这种连接性不仅扩展了汽车的功能，还提升了驾驶的便利性和安全性，使其转变为移动智能平台。例如 V2V（车与车）通信，允许车辆分享位置、速度等信息，预防碰撞；V2I（车与基础设施）通信，使汽车能获取交通流量、路况、停车位等实时信息；V2N（车与网络）通信，为汽车提供云计算、大数据分析、导航更新等在线服务；V2P（车与行人）通信，则通过发送警告信息增强行人安全。这些技术共同构成了智能网联汽车的全面互联体系，为驾驶者带来更丰富、更实时的服务。

（3）实时性 智能网联汽车的实时性需求是要求汽车在感知外部环境、决策及执行上均能实现或近实时处理。这意味着汽车需快速收集、处理来自雷达、摄像头、传感器等的大

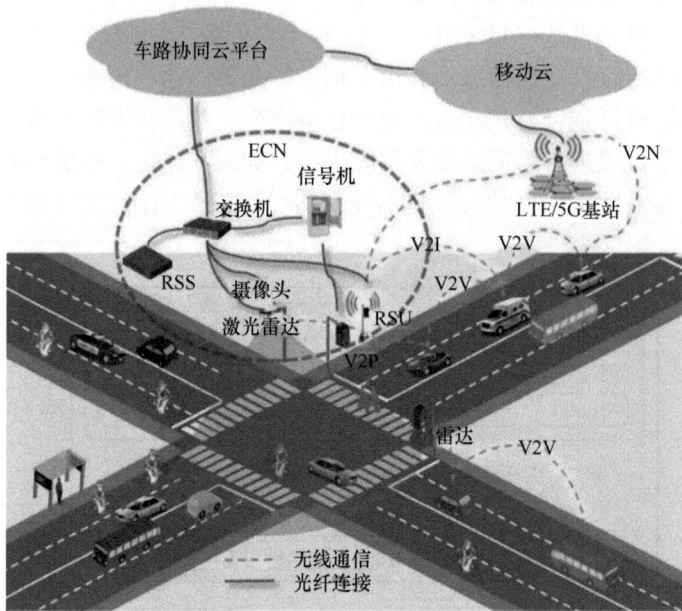

图 1-4 智能交通环境下 V2X 通信应用场景技术架构

量信息，确保对环境的准确理解并迅速做出反应。例如，在高速公路上遇交通事故，汽车需在毫秒级内响应，以确保安全。

为实现实时性，汽车需配备高性能计算平台，如华为 MDC、NVIDIA Drive PX，以处理海量数据；高精度传感器，如激光雷达、雷达和摄像头，以获取精准信息；先进算法，如深度学习和强化学习，以优化决策过程。此外，V2V 和 V2I 通信技术也至关重要，它们能提供实时交通信息，增强车辆间的协同能力。

车载计算系统还需确保高效、稳定的运行，考虑故障恢复、系统升级和网络安全等因素。实时性的实现是一个综合性的工程，需要集成和优化多种先进技术，以提高系统响应速度和决策质量，确保智能网联汽车在复杂多变的交通环境中安全、可靠地行驶。

（4）安全性 如图 1-5 所示，安全是智能网联汽车的重要目标，包括行驶安全、数据安全、隐私安全等。这需要汽车有强大的感知能力、准确的决策能力、稳定的控制能力，以

图 1-5 智能网联汽车数据安全

及严谨的安全防护措施。智能网联汽车依靠高精度传感器（如雷达、激光雷达、摄像头等）来获取环境信息，依赖先进的算法（如深度学习、强化学习等）来处理这些信息并做出安全决策。例如，汽车需要识别和避开行人、其他车辆以及路面障碍物，还需要根据道路条件（如湿滑、崎岖等）调整行驶速度和路径。此外，汽车还需通过车载通信系统实时接收和发送交通信息，以预防和应对可能的危险情况。

智能网联汽车运行时会收集大量的数据，包括但不限于车辆状态、用户信息、行驶轨迹、图像和雷达数据等。因此，必须确保这些数据在传输和存储过程中的安全，防止被破坏或非法获取。这主要通过网络安全技术（如加密技术、防火墙、入侵检测系统等）以及严格的数据管理策略（如访问控制、备份恢复、数据生命周期管理等）来实现。考虑到智能网联汽车会处理包括用户个人信息、位置信息等敏感数据，必须采取措施保护用户隐私。这包括但不限于加密用户数据、使用匿名化和伪名化技术、获得用户明确同意等。

智能网联汽车的安全性涵盖了多个方面，每一方面都需要严格的设计和实施。因此，还需有稳定的控行能力，以正常响应决策系统的指令，并维持车辆在各种情况下的稳定运行。这需要车辆具备可靠的机械结构、电子系统和软件控制系统，同时需要有强大的故障检测和恢复能力，以减少或防止由于系统故障引发的安全问题。未来，随着技术的不断进步和法规的完善，智能网联汽车的安全性将会得到更好提升。

1.2　智能网联汽车的基础架构

智能网联汽车的技术架构核心在于"车路云一体化"与"电子电气信息架构"的融合。其中，车路云一体化实现了车辆、道路与云端的紧密连接，如车辆实时获取路况、交通信号并上传数据至云端分析。而电子电气信息架构则聚焦于车辆内部软硬件及通信系统的协同工作，支持 ADAS 和自动驾驶，确保行驶的安全与高效。

技术架构通常分为四个主要层级：

（1）感知层　感知层利用雷达、激光雷达（LiDAR）、摄像头等传感器收集周围环境信息，如行人、车辆、障碍物及路线等。通过 GPS 定位获取车辆位置，并通过数据处理和融合算法优化传感器数据，确保自动驾驶的安全性和准确性。例如，实时捕捉的三维地图、障碍物位置等环境信息对自动驾驶至关重要。

（2）决策层　决策层是自动驾驶系统的核心部分，系统架构如图 1-6 所示。这个环节主要接收感知层传输的数据，运用复杂算法和人工智能技术处理这些信息，并据此做出驾驶决策，如变道、加速、减速或停车等。这一环节是自动驾驶系统智慧体现的关键，确保了车辆能够智能应对各种复杂路况。

（3）执行层　执行层如图 1-7 所示，负责执行决策层传下来的驾驶命令，根据决策层发出的指令进行实际的驾驶操作。执行层包括多个子系统，如转向系统、制动系统和驱动控制系统。转向系统负责控制车辆的方向。决策层根据道路情况和行驶路线发出转向指令，执行层的转向系统会调整转向盘的角度来改变车辆的行驶方向。

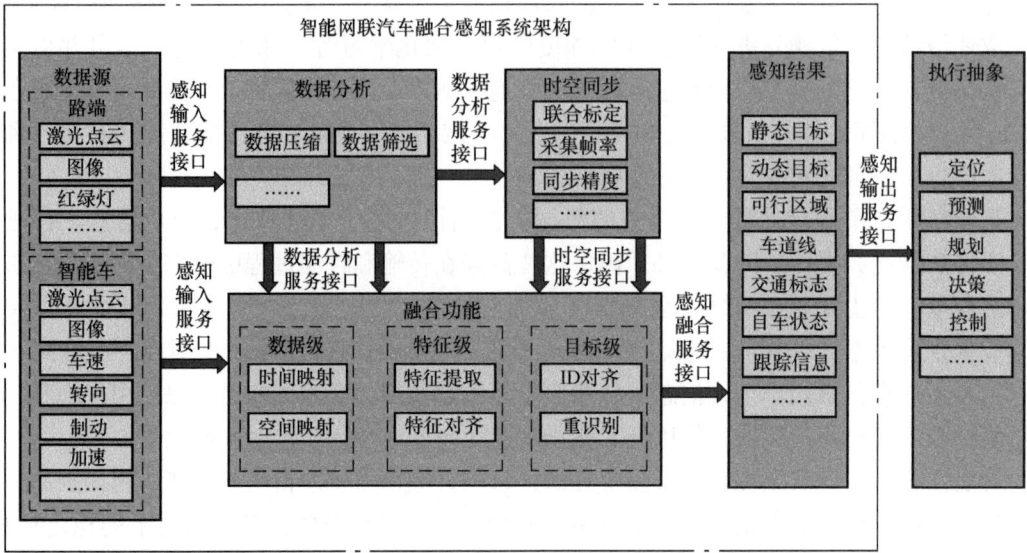

图 1-6　智能网联汽车融合感知系统架构

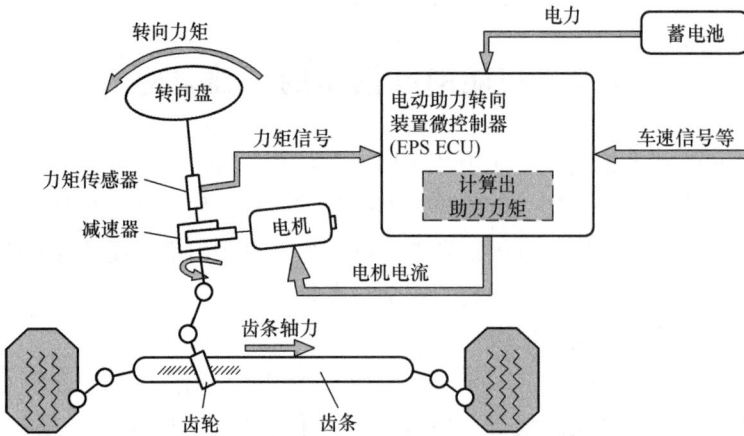

图 1-7　电动助力转向系统工作原理

制动系统负责控制车辆的减速和停止。决策层在检测到前方障碍物或需要停车时，会发出制动指令。执行层的制动系统会根据指令施加适当的制动力。现代制动系统通常采用电子控制的防抱死制动系统（ABS）和电子制动力分配系统（EBD），以提高制动性能和安全性。制动系统工作原理如图 1-8 所示。

驱动控制系统负责调节车辆的加速。决策层在需要加速或保持速度时，会发出驱动指令。执行层的驱动控制系统会根据指令调整发动机的输出功率，从而实现车辆的加速或匀速行驶。电子节气门控制技术（ETC）已经广泛应用于现代车辆中，如图 1-9 所示，通过电子信号控制发动机节气门的开度，以提供更平稳和精确的加速控制。

此外，执行层还包括其他辅助系统，如悬架系统和动力传动系统等。这些系统共同协作，确保车辆能够平稳、安全、高效地执行决策层发出的驾驶命令。执行层是自动驾驶系统

图 1-8 制动系统工作原理

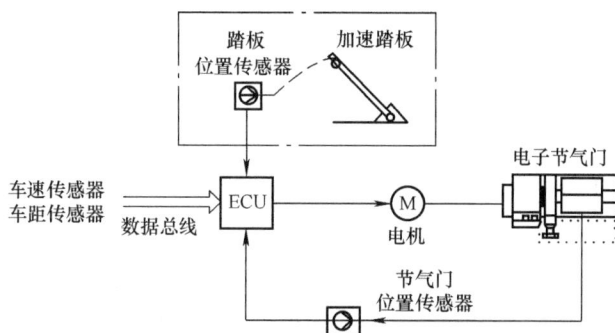

图 1-9 驱动控制系统工作原理

的重要部分，通过协调和控制各个子系统，确保车辆能够按照决策层的指令安全行驶。这些子系统的协同工作，使得自动驾驶车辆具备了响应迅速、操作精确和行驶平稳的能力，为实现完全自动驾驶奠定了坚实的基础。

（4）通信层 如图 1-10 所示，通信层负责处理车与车（V2V）和车与基础设施（V2I）之间的通信。这可以让车辆获取周围车辆或交通基础设施的信息，以便更好地理解环境并做出决策。通信层负责实现车与车（V2V）、车与基础设施（V2I）以及车与其他（如行人、骑行者等）（V2X）的通信。这种通信方式可以让车辆获取更全面的环境信息并进行更有效的决策。通信层的工作依赖于先进的通信技术，如 5G、DSRC（专用短程通信）等。这些技术可以保证高速、低延迟、大数据量的信息传输，从而使自动驾驶车辆能够在复杂环境中稳定、安全地运行。

在各层级之间的交互与协作机制中，数据的流动是从感知层到决策层，再到执行层。同时，通信层在这个过程中起着纽带的作用，将各层的信息进行有效传输。例如，感知层通过传感器获取的周边信息会传输给决策层进行分析、处理，然后决策层将驾驶指令发送给执行层去执行。在整个过程中，通信层扮演着信息传递者的角色，保证信息能及时准确地传递到需要的地方。

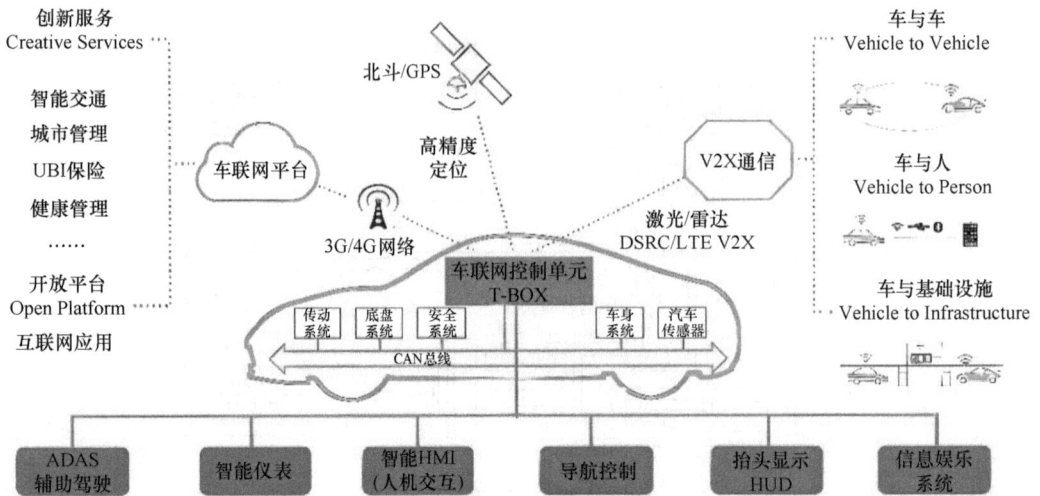

图 1-10　智能网联汽车通信结构概览

在自动驾驶系统中，自动驾驶通信层技术架构如图 1-11 所示，连接了感知层、决策层和执行层，并确保数据能够在这些层之间有效传输。在感知层，通过各种传感器（如雷达、激光雷达、摄像头等）收集到的信息首先会被传输到通信层。这些信息可能包括车辆周围的环境信息、车辆的状态信息等。在自动驾驶系统的感知层中，各种先进的传感设备被用来收集周围环境的数据，并将这些数据传输到通信层。

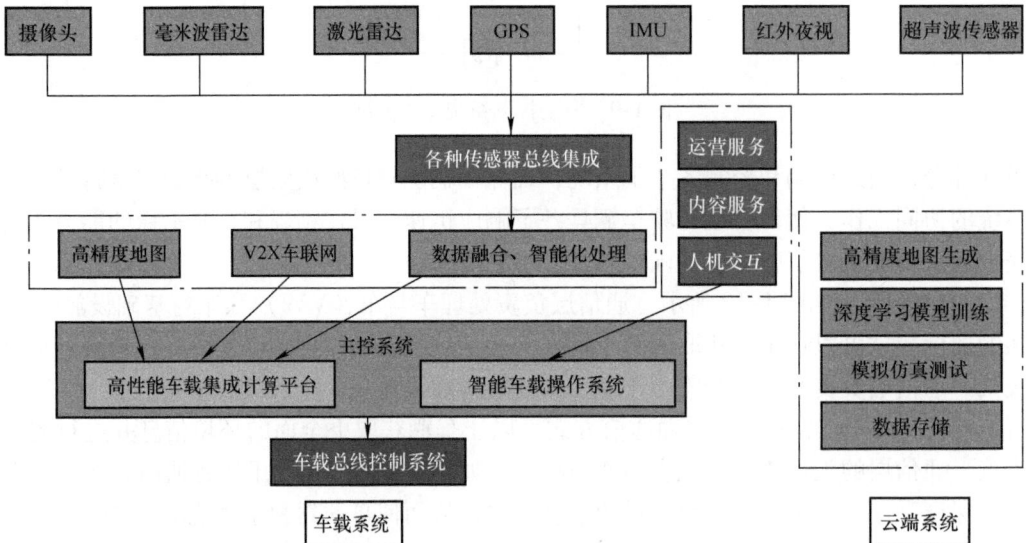

图 1-11　自动驾驶通信层技术架构

通信层将收到的信息整合后，通过高速、低延迟的通信技术将信息传输到决策层。决策层根据收到的信息，进行数据分析、路径规划和决策制定。在自动驾驶系统中，通信层的主要任务是接收感知层传来的各类信息，通过先进的通信技术进行高速、低延迟的数据传输，然后传输到决策层。决策层是自动驾驶系统的"大脑"，它将输入的环境信息转化为驾驶策略，并指导车辆执行数据整合、数据传输这些策略。

1.3 智能网联汽车的发展背景与趋势

1.3.1 智能网联汽车的应用场景

自动驾驶作为智能网联汽车的典型应用，能够显著减少人为错误引发的交通事故，提升道路安全。据统计，约90%的交通事故源于人为因素，而自动驾驶汽车通过高精度算法与传感器，能有效避免疲劳驾驶、分心、醉驾及超速等问题导致的事故。例如，传感器可提前检测到前方障碍物或行人，并即时采取措施避免碰撞，确保行车安全。

此外，自动驾驶还优化了车辆控制，实现精确驾驶，不仅降低了油耗和二氧化碳排放，还有助于缓解交通拥堵，提升道路运输效率。乘客在自动驾驶车辆中可享受更舒适的乘坐体验，如阅读、工作或休息，不再需要专注于驾驶任务。

然而，当前自动驾驶技术的发展仍面临多重挑战，包括环境感知、决策规划、控制执行、高精度地图与定位等关键技术的突破与完善。环境感知技术需解决传感器融合、目标识别与定位等难题；决策规划技术需优化路径规划与控制策略；控制执行技术则需确保底层控制系统的精确与稳定；而高精度地图与定位技术则是保障车辆在复杂环境下准确定位的关键。

智能网联汽车不再仅仅是一个出行工具，而是一个移动的服务平台。它依托云平台（图1-12）和各种应用，可以为用户提供更加丰富和便捷的服务。当智能网联汽车处于自动驾驶模式时，用户可以通过车载多媒体系统观看电影、听音乐、玩电子游戏，甚至进行网络会议等。此外，还可通过语音助手与车辆进行交互，如查询路线、调整车内环境等。通过集成的导航系统和实时交通信息，智能网联汽车可以提供最优路线规划、预测到达时间、提供停车位信息等服务。此外，还可以根据用户的历史行驶记录，预测用户可能的目的地，从而提供更加个性化的导航服务。

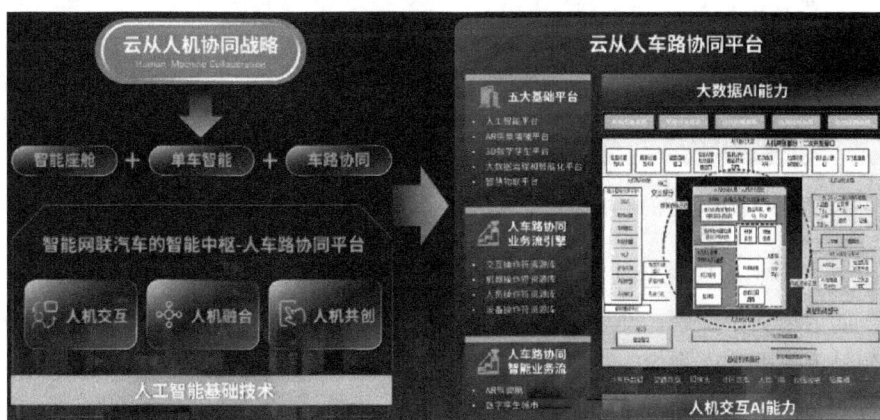

图1-12 云平台架构

用户可借助手机等设备远程控制智能网联汽车，如起动车辆、调整空调温度及查看车辆状态，甚至预设行驶路线，实现自主导航。智能网联汽车还能接收并展示互联网信息，如新闻、天气、股票等，并根据用户偏好推送相关内容。在车辆监测方面，它能实时反馈车辆状态，并在紧急情况下自动报警求助。

（1）提高出行效率　智能网联汽车利用云平台数据，能智能规避拥堵，选择最优路线，减少行车时间。同时，自动驾驶技术的发展让乘客在旅途中可进行工作、休息等活动，极大提升时间利用效率。例如，通过实时分析交通数据，智能网联汽车能预测拥堵并提前规划路线；自动驾驶模式下，乘客拥有更多自由时间；精准控制车速与车距，减少制动与加速频率，提升道路使用效率。

（2）改变购物方式　与电子商务平台无缝对接，商品可直接配送至车内，实现便捷收货。未来，智能网联汽车还可能成为移动市场与餐饮服务点，如自动驾驶菜市场或餐饮服务车，满足即时购物与餐饮需求。用户甚至可通过语音指令购买商品，由汽车完成购买与配送流程，如预订食材或快餐，提升生活便利性。

（3）提升医疗服务　如图 1-13 所示，智能网联汽车在医疗服务方面有着广泛的应用空间，可以配备各种医疗设备，形成移动的医疗服务平台。在紧急情况下，可以为乘客提供及时的医疗救护。智能网联汽车不仅可以提高医疗服务质量，也可以在很大程度上提升乘客的出行安全性。

（4）优化城市规划　智能网联汽车的大规模使用，将带动城市规划向更为绿色、高效、人性化的方向发展，如图 1-14 所示，并将影响城市的布局和交通规划。例如，自动驾驶技术的普及可减少对停车位的需求，这些空间可以用于其他的城市建设。

图 1-13　具备智慧医疗救护功能的智能网联汽车内部　　　图 1-14　智能网联汽车带动城市规划

（5）推动新业态发展　如图 1-15 所示，智能网联汽车将推动一系列新的商业模式和产业链发展，如数据交换平台、车联网安全、车载娱乐等。智能网联汽车将整合多方资源，形成一个复杂且庞大的生态系统，对相关行业产生深远影响。

（6）环境影响　智能网联汽车通过提高交通效率和减少拥堵，可减少燃料消耗和尾气排放，从而对环保产生积极影响。特别是与电动汽车结合使用，将会进一步减轻对环境的压力。

（7）法规调整　随着智能网联汽车的普及，可能需要对交通法规进行相应的调整，如

智能网联汽车产业链

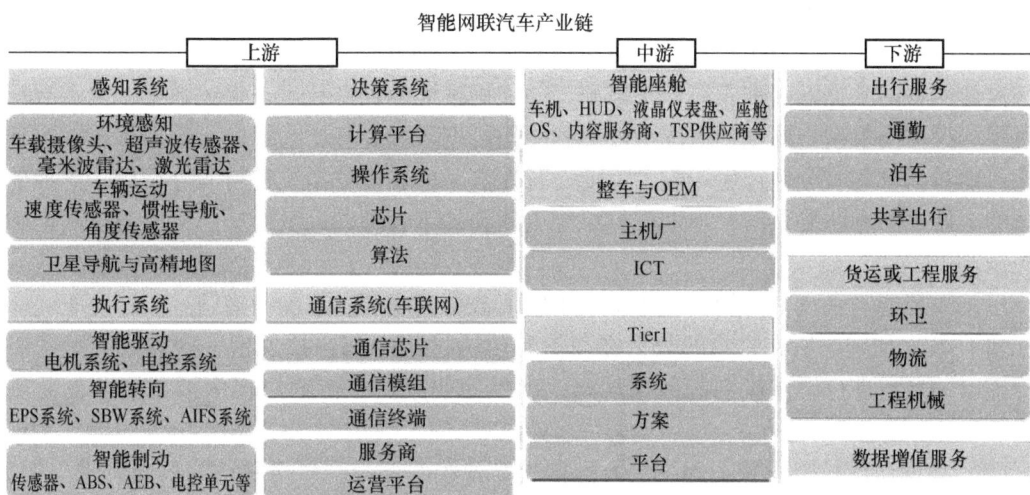

图 1-15　智能网联汽车产业链

关于责任归属、数据保护等方面的法律规定。随着智能网联汽车技术的发展和应用，必然将对现有的交通法规产生深远影响，需要对其进行相应的调整和完善。对现有交通法规的调整和完善，应该跟随智能网联汽车技术的发展步伐，适应其带来的新情况和挑战，既要保护用户权益，也要推动此类技术的健康发展。

（8）社交方式改变　智能网联汽车的内部空间可以根据需要进行灵活配置，可能会成为新的社交空间。例如，如图 1-16 所示，车内可以进行工作会议、家庭聚会等。智能网联汽车的影响包括我们社交的方式。

（9）教育和培训　智能网联汽车的普及可能会改变驾驶教育和培训的方式。例如，可能不再需要学习传统的驾驶技能，而需要学习如何管理和维护智能系统等。随着智能网联汽车的发展和普及，我们可能会见证驾驶教育和培训方式的重大变革。

图 1-16　智能网联汽车内部的社交空间

（10）数据安全　智能网联汽车的数据安全问题是一个非常重要的议题，智能网联汽车大量使用数据交换，需要有高级的安全防护措施，以防止数据泄露或被恶意使用。因为这些汽车大量产生和交换的数据，可能包含用户的个人信息、位置数据、驾驶习惯等敏感信息。但是，保护智能网联汽车的数据安全需要多方面的努力，包括采取先进的技术手段、制定合理的政策，以及遵循相关的法规。

1.3.2　智能网联汽车道德与伦理问题的探讨与应对

智能网联汽车不仅涉及技术问题，同时也带来了一系列的道德和伦理问题，例如，信息隐私、数据安全、责任归属以及自动驾驶决策等问题。

1. 信息隐私与数据安全

智能网联汽车会收集包括驾驶习惯、位置信息、偏好设置等各种用户个人信息。对此，我们需要严格的数据管理和隐私保护措施，如使用强大的加密技术来保护数据，设定数据访问权限，仅在获取用户同意的情况下收集和使用数据等。此外，为了防止数据系统被黑客攻击，可能对车辆的安全性产生影响，需要对智能汽车的软硬件系统进行安全设计，比如建立健全的入侵检测和防御系统，定期进行系统更新和补丁管理，以及实施严格的身份认证和访问控制等。

以某款智能网联汽车为例，该车采取了以下数据安全和隐私保护措施。

（1）数据加密 所有收集的数据在存储和传输过程中都会被加密。例如，使用高级加密标准（AES）进行硬件级别的数据加密，确保即使数据在传输过程中被截获，也无法被解读。

（2）数据访问权限设置 用户个人信息和驾驶数据都受到严格的访问权限管理。例如，只有经过身份验证和授权的员工才能访问这些信息，而且只能在执行特定工作任务时访问，避免数据被滥用。

（3）用户同意 在对用户个人信息进行收集和使用之前，会明确告知用户，并征得用户的同意。用户可以随时撤回其同意，并请求删除其数据。

（4）系统防御 车辆的数据系统会配置入侵检测和防御系统（IDS/IPS），一旦检测到可疑行为或攻击，系统将立即启动防御机制，比如自动断开被攻击的网络连接，防止攻击者进一步损坏系统或篡改数据。

（5）定期更新和补丁管理 汽车制造商会定期发布软件更新和安全补丁，修复已知的安全漏洞，增强系统的安全性能。

（6）身份认证和访问控制 智能汽车的所有系统都需要认证授权后才能访问。例如，车辆使用者需要输入正确的密码或者通过生物识别技术（如指纹识别或面部识别）才能起动汽车，保证只有合法用户才能驾驶汽车。

以上这些措施就是对智能网联汽车的信息隐私和数据安全进行保护的具体例子。

2. 责任归属

当智能网联汽车出现故障或发生事故时，责任归属问题十分复杂。首先，所涉及的责任主体有可能是智能汽车的制造商、部件供应商、软件提供商、网络服务供应商、车主及驾驶者等众多方面。其次，由于智能网联汽车的特性，传统的交通事故责任认定方式可能已无法满足需要，应当考虑引入新的认定方式，如基于风险的责任认定方式、产品责任法则等。当然，法律规定也需要随之进行调整，以揭示责任归属问题的法律解决机制。

以智能网联汽车出现制动故障为例，责任归属可能涉及以下几个主体。

（1）汽车制造商 若制动故障是由于制造时的设计缺陷、工艺差错等原因导致的，那么责任应当由汽车制造商承担。

（2）部件供应商 如果制动系统是由外部供应商提供的，并且是由于部件质量差，或者供应商提供的制动系统没有按照制造商的规格要求进行生产，导致制动发生故障，那么责任应由部件供应商承担。

（3）软件供应商 智能网联汽车的制动系统很可能是由软件控制的。如果出现故障是因为软件的错误，如编程错误或更新问题，那么责任可能会归咎于软件供应商。

（4）网络服务供应商　如果制动故障是由于网络延迟或中断，导致汽车无法接收到制动指令，那么网络服务供应商可能需要承担部分责任。

（5）车主和驾驶员　如果车主和驾驶员未按照规定进行车辆保养，或者在已知制动存在问题的情况下仍然使用车辆，导致发生事故，车主和驾驶员同样需承担责任。

综上所述，智能网联汽车的责任归属问题需要根据具体情况进行细致分析，并可能需要多方共同承担。同时，也提示我们在发展智能网联汽车技术的同时，应逐步完善相关的法律法规，以便能对此类问题给予明确和公正的处理。

3. 自动驾驶决策

智能网联汽车道德与伦理常见问题如图1-17所示，未来的自动驾驶系统可能需要在紧急情况下做出评估并选择行动方案，比如当面临撞击行人或冲出道路两种选择时，汽车应该如何选择？这涉及人工智能的道德决策，当前还无法给出一个明确答案。理想的解决办法是避免这类无法两全其美的选择，通过提高系统的预知和决策能力，尽可能地避免危险发生。此外，汽车制造商和程序开发商也需要在事前设定清晰、具体的决策框架，为车辆在面临道德困境时提供明

图 1-17　智能网联汽车道德与伦理常见问题

确的行动指南。对于这些问题，需要有明确的法律规定和道德准则。同时，我们也需要倡导公正、公平、透明、尊重个人隐私和保护个人数据的原则。在设计和制造智能网联汽车时，应充分考虑这些因素，以保障用户权益和社会公共利益。同时，社会应加强对这些问题的公众教育，提高公众的道德伦理素质和意识。

以一个实际的道路交通场景为例：

假设一辆智能网联汽车正在单车道上行驶，突然前方跑出一个行人。在这种情况下，车辆可能需要在两个决策之间做出选择：一是紧急制动，试图避免撞上行人，但这可能会导致后方的车辆无法及时制动而发生碰撞；二是尝试绕过行人，但可能会冲向道路旁的障碍物，从而对车内乘客造成伤害。

1）车辆预测和决策能力：理想状态下，车辆的感知和决策系统应能够提前发现并预测到潜在危险（如检测到行人正在接近道路），并提前采取行动（如减速或改变行驶路径），从而避免需要在上述两个选项之间做出选择。

2）决策框架设置：如果无法避免上述选择，那么制造商和程序开发商需要在事前设定清晰的决策框架。比如，优先保护最多数量的生命，或者优先保护车辆乘客的安全等。这需要明确的法律规定和道德准则来指导。

3）公正、公平、透明等原则：在制定这些决策框架时，应尊重公正、公平、透明的原则，避免因为某些特定群体（如儿童、老人等）而做出歧视性的决策。

4）公众教育：以上所有的决策都需要公众的理解和接受。因此，应通过公众教育提高大众对这些复杂道德困境的理解，同时，也要让公众理解和接受自动驾驶技术的利与弊，从而共同推动自动驾驶技术的发展。

总的来说，智能网联汽车的发展是不可避免的趋势，但我们必须认识到它所带来的伦理问题，并积极地去解决这些问题，以推动其健康、有序的发展。

1.3.3 智能网联汽车的发展趋势

智能网联汽车是近年来车联网和人工智能技术发展的产物，其集成了自动驾驶、远程诊断、预警系统等多项功能，涵盖了信息通信、车载电子、计算机软硬件等诸多领域。这种新型的汽车模式，不仅可以提高驾驶的安全性和便利性，还可以优化交通管理，减轻环境压力。

1. 国际与国内发展现状的深入剖析

（1）国际视角　在全球范围内，智能网联汽车正以前所未有的速度发展。如图 1-18 所示，谷歌 Waymo 凭借其强大的自动驾驶技术，率先在多个城市推出无人驾驶出租车服务，展现了自动驾驶技术从实验室走向商业化的巨大潜力。如图 1-19 所示，特斯拉 Autopilot 则通过不断迭代升级，将先进的自动驾驶功能融入日常驾驶中，其独特的 OTA（Over-The-Air）升级机制，确保了车辆能够持续获得最新的技术和功能，进一步提升了用户体验。

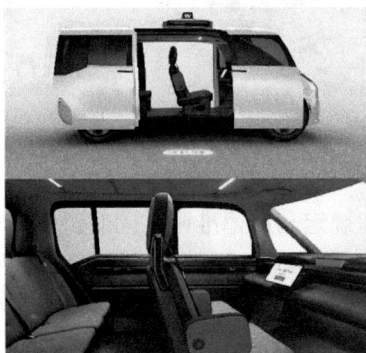

图 1-18　谷歌的 Waymo 无转向盘汽车

图 1-19　特斯拉 Autopilot 系统

（2）国内动态　中国作为智能网联汽车的重要市场，正经历着从跟跑到并跑乃至领跑的转变。如图 1-20 所示，百度阿波罗平台以其全面的自动驾驶解决方案，吸引了众多国内外合作伙伴，共同推动了自动驾驶技术的商业化进程。北汽 ACRFOX（图 1-21）、蔚来汽车等造车新势力，则通过深度融合互联网思维和技术创新，为用户带来全新的智能出行体验。同时，传统汽车制造商如吉利、长安等，也在积极拥抱智能化转型，加大在智能网联汽车领域的研发投入。

图 1-20　百度 ROBOTAXI

图 1-21　北汽 ACRFOX

2. 技术革新与市场驱动因素的深度解读

（1）技术革新　智能网联汽车的技术革新主要体现在传感器技术、人工智能算法、通信技术和大数据处理能力的显著提升上。高精度传感器如激光雷达、毫米波雷达和高清摄像头的广泛应用，为车辆提供了全方位的环境感知能力；人工智能算法的持续优化，使得车辆能够更准确地理解复杂交通场景并做出合理决策；5G 等前沿通信技术的引入，则实现了车辆与云端、车辆与车辆、车辆与基础设施之间的实时信息交互；大数据处理能力的提升，则为车辆提供了强大的数据分析和决策支持。

（2）市场驱动　智能网联汽车市场的快速发展，主要得益于消费者对出行便利性和安全性的迫切需求，以及对环保理念的日益重视。随着城市化进程的加快和交通拥堵问题的日益严峻，人们越来越需要一种更加高效、便捷、安全的出行方式。而智能网联汽车凭借其独特的优势，正好满足了这一市场需求。此外，政策的支持和产业链的逐步完善，也为智能网联汽车市场的快速发展提供了有力保障。

3. 未来发展方向与趋势预测

（1）自动驾驶技术的持续升级　未来，自动驾驶技术将实现更高级别的自动驾驶功能，包括无人驾驶和遥控驾驶等。随着 AI 和深度学习技术的不断发展，自动驾驶系统的自主性和准确性将得到进一步提升，从而为用户提供更加安全、舒适的出行体验。

（2）车辆与基础设施的深度融合　如图 1-22 所示，V2X 技术的发展将促进车辆与基础设施之间的广泛和精确通信。通过 5G 等前沿通信技术的支持，车辆将能够实时获取路况信息、交通信号等关键数据，从而实现更加智能的行驶决策和路径规划。

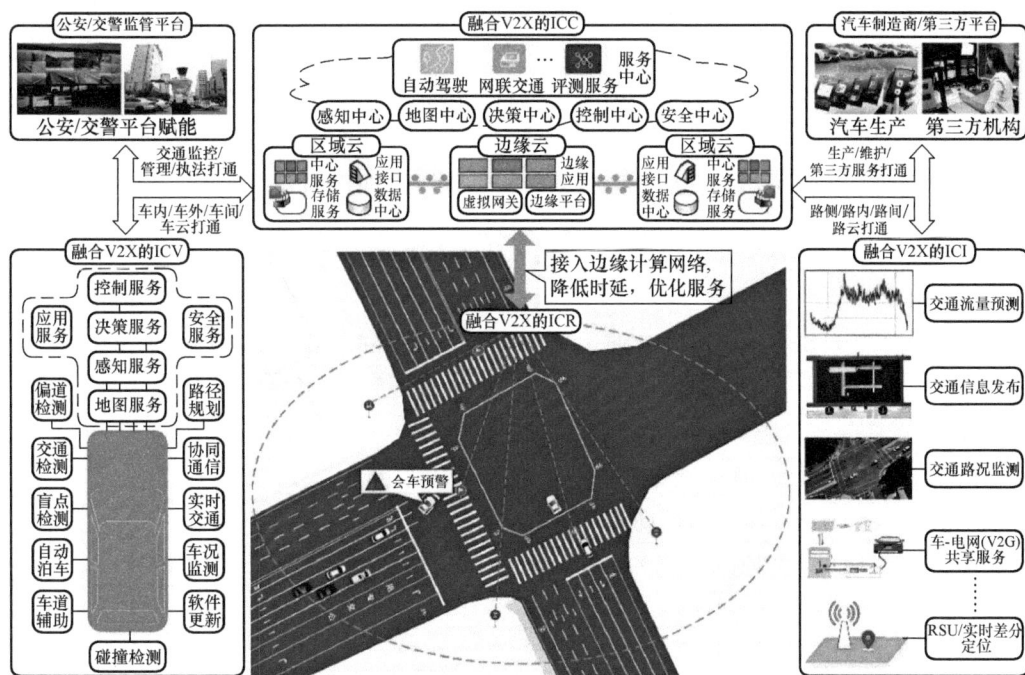

图 1-22　智慧交通应用场景

（3）与共享经济、智慧城市的深度融合　如图 1-23 所示，智能网联汽车会成为共享经济和智慧城市的重要组成部分。通过与共享出行平台的合作，智能网联汽车可以为用户提供更加便捷、灵活的出行服务；同时，通过与智慧城市的深度融合，智能网联汽车将能够优化交通流量、减少拥堵、提高出行效率。

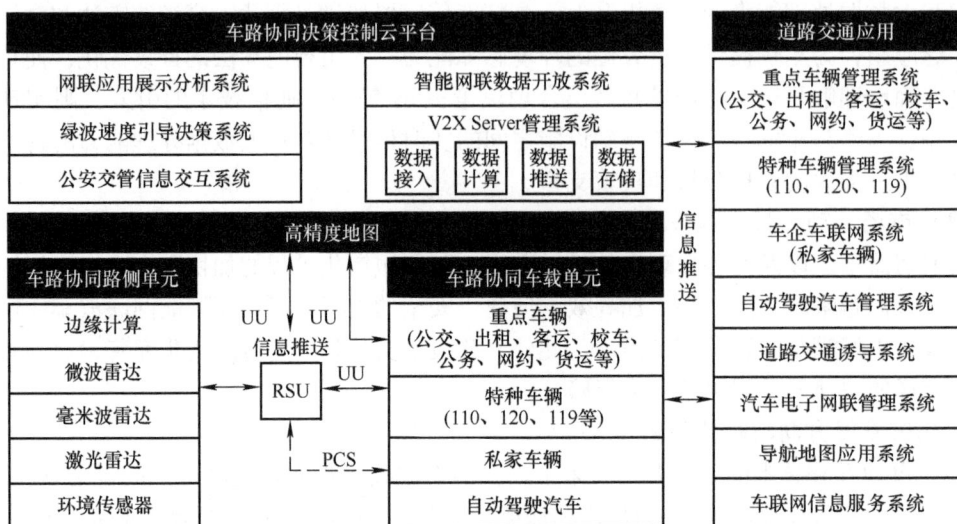

图 1-23　车路协同技术架构

（4）云计算与大数据的深度应用　云计算和大数据技术的深度应用能为智能网联汽车提供更加强大的计算力和数据支持。通过云计算平台，智能网联汽车能够实时处理海量数据并做出快速响应；同时，通过大数据分析技术，智能网联汽车能够深入挖掘用户需求和行为模式，为用户提供更加个性化的出行服务。

综上所述，智能网联汽车的发展前景广阔且充满挑战。随着技术的不断进步和市场的日益成熟，智能网联汽车将为我们带来更加便捷、安全、智能的出行体验。然而，要实现这一目标，我们还需要在技术创新、法律法规、隐私保护等方面做出更多努力。

1.4　思　考　题

本项目的学习目标你已经达成了吗？请通过思考以下问题的答案进行结果检验。

序号	思考题	自检结果
1	请解释什么是智能网联汽车？并简要说明其关键技术有哪些。	
2	请说明美国和中国对智能网联汽车是如何划分等级的？	
3	智能网联汽车的特点有哪些？请展开说明。	
4	智能网联汽车的技术架构有哪四个层级？请展开说明。	
5	智能网联汽车技术构成有哪些？	
6	智能网联汽车技术给人类带来了哪些应用与变革？	
7	智能网联汽车的应用会带来哪些道德与伦理问题？	
8	中国智能网联汽车技术发展的方向有哪些方面？	

第2章 智能网联汽车结构原理

🎯 **学习目标**

1. 掌握车载计算平台系统组成与工作原理。
2. 掌握通信模块的作用与工作原理。
3. 掌握控制执行系统组成与工作原理。
4. 掌握传感器（毫米波雷达、摄像头、激光雷达等）的作用与工作原理。

2.1 智能网联汽车硬件结构

如图2-1所示，智能网联汽车的硬件结构是一个高度集成的系统，其主要包括感知系统、计算平台、通信模块和控制单元等几个关键部分。感知系统通过激光雷达、摄像头、毫米波雷达等传感器实时获取车辆周围环境的信息，如道路状况、交通信号、障碍物等。计算平台则是智能网联汽车的"大脑"，由多核处理器、图形处理器等核心部件组成，负责处理和分析感知系统采集到的数据，并做出智能决策。

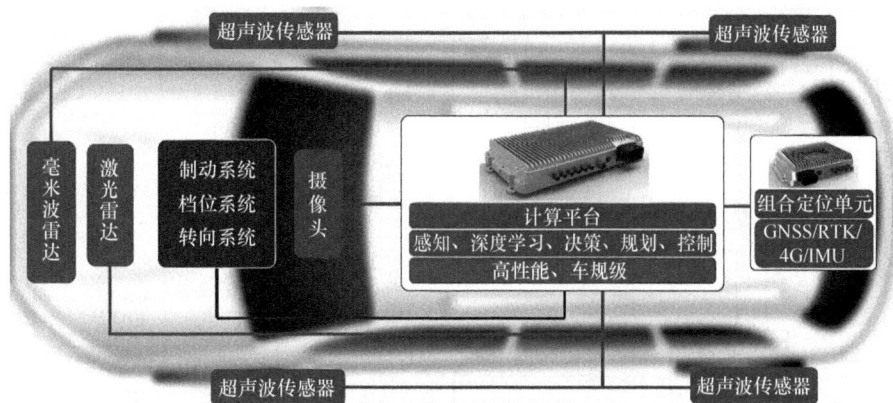

图2-1 智能网联汽车的硬件结构

通信模块则采用5G等先进技术，确保车辆与车辆、车辆与基础设施、车辆与云端之间的高速、低延迟数据传输。最后，控制单元根据计算平台的决策，对车辆进行精确控制，包括制动、转向、加速等操作，实现自动驾驶或辅助驾驶功能。整个硬件结构协同工作，为智能网联汽车提供强大的数据交互和控制能力。

2.1.1 车载计算平台

1. 车载计算平台结构与原理

车载计算平台如图 2-2 所示，作为智能网联汽车的智能中枢，集成了高性能处理器、图形处理器及 AI 加速器等核心组件。该平台不仅处理来自车内外的海量传感数据，还运行复杂的自动驾驶算法，确保车辆精准决策与实时监控车辆状态。

a) 基于GPU的NVIDIA PX2平台芯片　　　　　　b) 福特Fusion自动驾驶计算装置

图 2-2　车载计算平台芯片和安装位置

例如，某 OEM 主机厂采用的车载计算平台，通过整合多种传感器数据，结合高精度地图与深度学习技术，实现了在复杂道路环境下的自动驾驶辅助。如图 2-3 所示，该平台的高速内存（如 DDR4/DDR5）和存储设备（如 SSD）支持大数据量的实时处理与长期保存，确保了自动驾驶系统的稳定运行与决策准确性。这一案例展示了车载计算平台在提升驾驶安全性、效率与舒适性方面的关键作用。

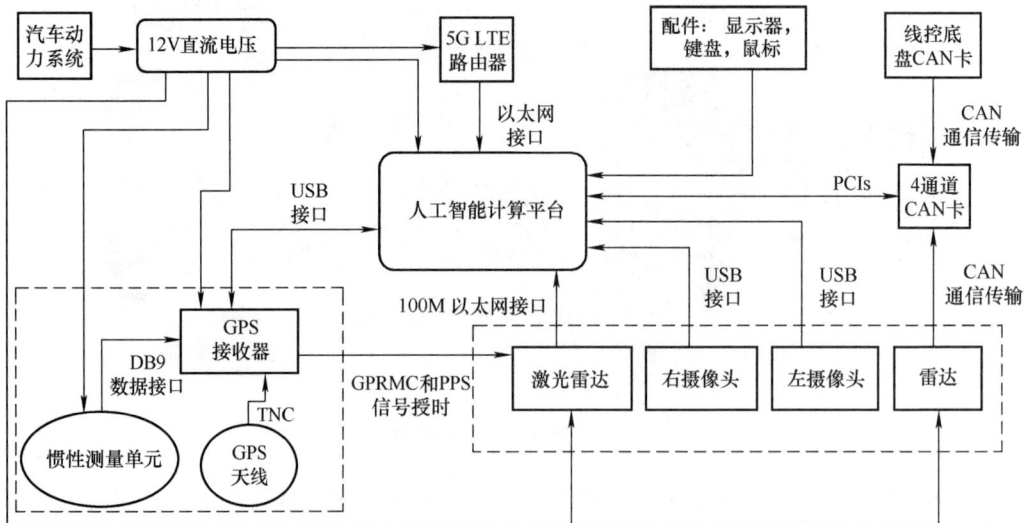

图 2-3　车载计算平台工作原理框图

车载计算平台通常由以下主要元器件组成。

（1）中央处理器（CPU）　CPU 是车载计算平台的"大脑"，负责执行并处理所有的指令和任务。车载计算平台中的 CPU 需要有高性能和低能耗的特点，以适应车载环境的特殊需求。CPU 通过指令集处理输入输出、计算逻辑运算和控制信号。奥迪 zFAS 集成 MCU 如图 2-4 所示。

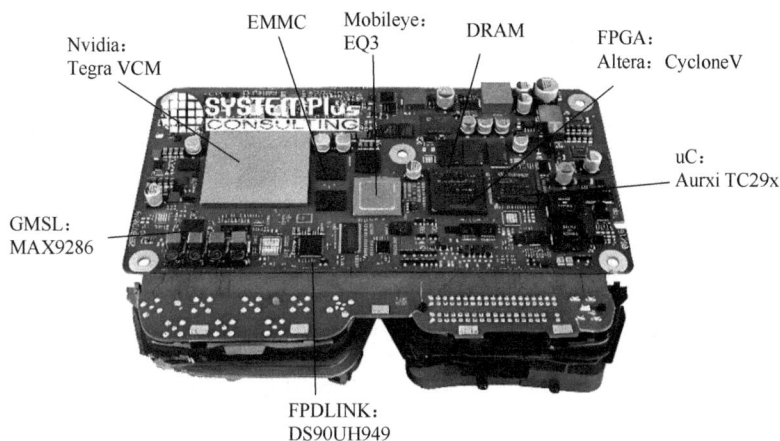

图 2-4 奥迪 zFAS 集成 MCU

（2）内存（包括 RAM 和 ROM） RAM（随机存取存储器）用于存储临时数据和当前正在处理的任务，以提高系统的响应速度。ROM（只读存储器）用于存储固件和不可修改的数据。RAM 的读写速度快，但断电后数据会消失，ROM 的数据在断电后也能保持。

（3）图形处理器（GPU） GPU 专门处理图形计算任务，主要用于显示和多媒体处理。通过并行计算能力，GPU 可以加速大量数据的图像处理和渲染，确保导航、娱乐系统的流畅运行。

（4）车载网络通信模块 用于实现车内各个电子组件之间的通信，常见的有 CAN 总线、LIN 总线、FlexRay 等。CAN 总线用于传输低带宽的控制和状态信息，而 FlexRay 用于需要高速数据传输的场景。这些模块确保车辆内部的传感器、控制器和执行器之间数据的稳定传输。

（5）传感器接口 通过接口与各种传感器相连，如温度传感器、压力传感器、摄像头等。传感器接口负责将外部的模拟或数字信号转化为中央处理器可以处理的数据，使得计算平台能够实时感知车辆周围环境及内部状态。

（6）电源管理单元（PMU） PMU 负责为车载计算平台提供稳定的电源，确保所有电子元器件的正常工作。它可以调节输入电压、防过电压或防欠电压、提供备用电源等，以适应车辆电气系统的特殊需求。

（7）存储设备 例如 SSD（固态硬盘），用于长期存储系统数据、用户数据、多媒体内容以及地图数据等。SSD 具有快速读写速度和抗振能力，非常适合车载环境。

（8）I/O 接口 I/O 接口用于与车主或维修人员进行交互，如 USB 接口、蓝牙、音频接口等。这些接口提供数据输入输出，方便实现与外部设备的连接和数据的传输。

（9）无线通信模块 用于车辆与外部通信网络（如互联网、V2V、V2I 等）的连接。常见的无线通信技术包括蜂窝网络（如 4G、5G）、WiFi 和蓝牙。这些模块使车辆能够接收实时交通信息、进行远程诊断、更新软件以及提供联网服务。

（10）音频处理单元　专门处理车载娱乐系统中的音频信号，包括音频播放、语音识别和通话处理等功能。通过高级音频处理算法和降噪技术，确保车内乘客获得高质量的音频体验。

（11）导航模块　集成 GPS 定位和导航软件，提供实时定位和导航服务。导航模块通过卫星信号确定车辆的位置，并结合地图数据，为驾驶员提供路线规划、实时交通状况以及兴趣点信息。

（12）安全监控系统　包括摄像头、雷达、激光雷达等传感器，用于监控车辆周围的环境，支持高级驾驶辅助系统（ADAS）功能，如自动紧急制动、车道保持、盲点监测等。这些系统通过实时分析传感器数据，提升驾驶安全性。

（13）人机界面（HMI）　用于驾驶员与车辆系统之间的交互界面，包括触摸屏、仪表盘、语音控制等。HMI 设计需要直观、易用，确保驾驶员在操作过程中不分心。

（14）远程信息处理单元（TCU）　TCU 负责车辆远程信息处理和管理，包括远程监控、故障诊断、车辆跟踪和 OTA（Over-The-Air）更新等功能。TCU 通过无线通信网络与远程服务器进行数据交换。

（15）数据总线和控制器　数据总线（如 Ethernet、MOST）和控制器用于在车载计算平台内传输大数据量和多媒体数据，确保不同系统和模块之间的高效数据交换。控制器管理数据流量，防止数据冲突和延迟。

（16）散热系统　由于车载计算平台处理复杂任务时会产生大量热量，散热系统（如风扇、散热片）用于有效散热，防止过热对系统性能和寿命的影响。

以上这些元器件共同构成了一个完整的车载计算平台，每个元器件在车载计算平台中都有不可替代的作用，共同保证其能够在各种驾驶环境中高效、稳定地运行，提供先进的功能和优质的用户体验。

智能网联汽车车载计算平台是车辆的"大脑"，其技术架构如图 2-5 所示，工作原理是通过集成高性能处理器、传感器、通信模块等硬件设备，以及运行操作系统和应用软件的软件系统，实现对车辆状态的实时监控、数据处理和智能决策。

车载计算平台不仅支持车辆内部数据处理，还实现了与云端、其他车辆及基础设施的数据交换，强化了车联网服务。某高端智能车型便采用了这样的平台，其 CPU 高效处理来自传感器的多样化数据（如车速、摄像头影像），迅速做出决策，如调整发动机或激活安全系统。GPU 则优化了图形界面和视频内容的呈现，提升了驾驶与娱乐体验。

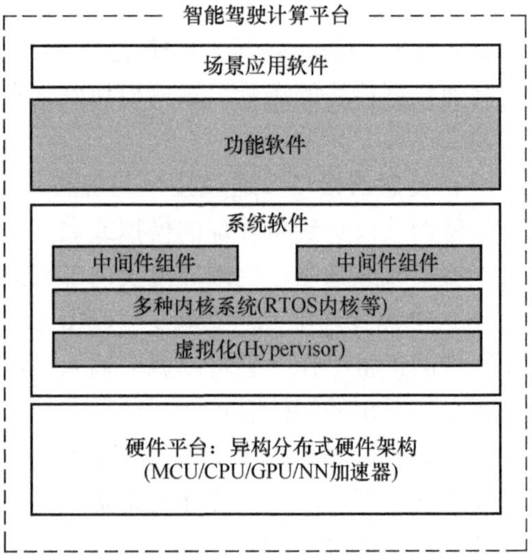

图 2-5　车载计算平台技术架构

通过车载网络通信模块和无线通信模块，该车型实现了车内外信息的无缝传输，支持远程监控与软件更新。其电源管理单元确保了电子元件在复杂电压环境中稳定工作，而 SSD 等存储设备则高效管理导航数据、用户设置及媒体内容。

尤为重要的是，如图 2-6 所示，该平台采用了冗余架构设计，确保在单一计算单元故障时能无缝切换至备用单元，保障了行车的连续性与安全性。同时，强大的散热系统有效应对了高性能计算带来的热量挑战，维护了系统稳定运行。

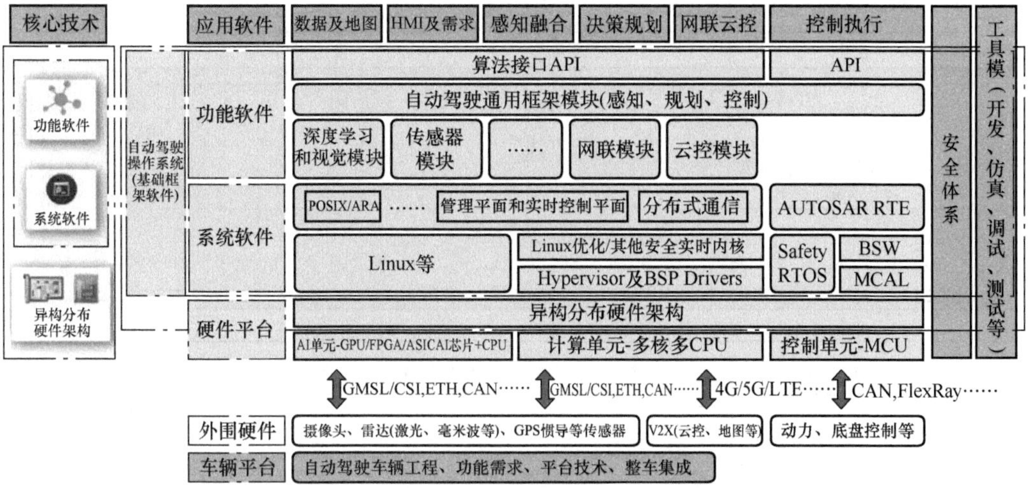

图 2-6　车载计算平台软件应用架构

如图 2-6 所示，在软件层面，车载计算平台运行专用的操作系统和中间件，支持自动驾驶算法、传感器数据融合、路径规划和车辆控制等核心功能。这些软件通常需要具备高实时性和高可靠性，以应对复杂多变的驾驶环境。操作系统通常选择经过严格验证的实时操作系统（RTOS），如 QNX、VxWorks 等，以确保系统的实时响应能力。

总之，车载计算平台的设计和实施是智能网联汽车技术的核心，其性能和稳定性直接决定了车辆的智能化水平和安全性。

2. 智能传感器与车载计算平台的关联

智能传感器包括雷达、激光雷达（LiDAR）、摄像头、超声波传感器和惯性测量单元（IMU）等。每种传感器都有其特定的作用，如通过激光雷达获取精确的 3D 环境建模，通过摄像头进行视觉识别和道路标志检测，超声波传感器主要用于近距离物体检测。这些传感器在车载计算平台上协同工作，通过传感器数据融合技术，将不同来源的数据整合成统一的环境感知结果。

例如，ADSF（Autonomous Driving Service Framework，自动驾驶服务框架，图 2-7）是华为自主研发的一款面向自动驾驶领域的服务框架，它完全符合 Adaptive AUTOSAR 标准，为智能驾驶应用提供了强大的支撑平台。ADSF 采用了分层设计的思想，从底层硬件接口到上层应用场景，形成了一个高度模块化的系统架构。

主要层次包括：

（1）硬件抽象层（HAL）　负责与硬件设备的交互，包括传感器（如雷达、摄像头）、计算单元等，接收原始数据并进行初步处理。

（2）数据处理层　华为 ADSF 数据的构成如图 2-8 所示，对硬件层传输过来的原始数据进行深度处理，如数据预处理、特征提取等，为上层算法提供高质量的数据支持。

图 2-7　华为 ADSF 框架

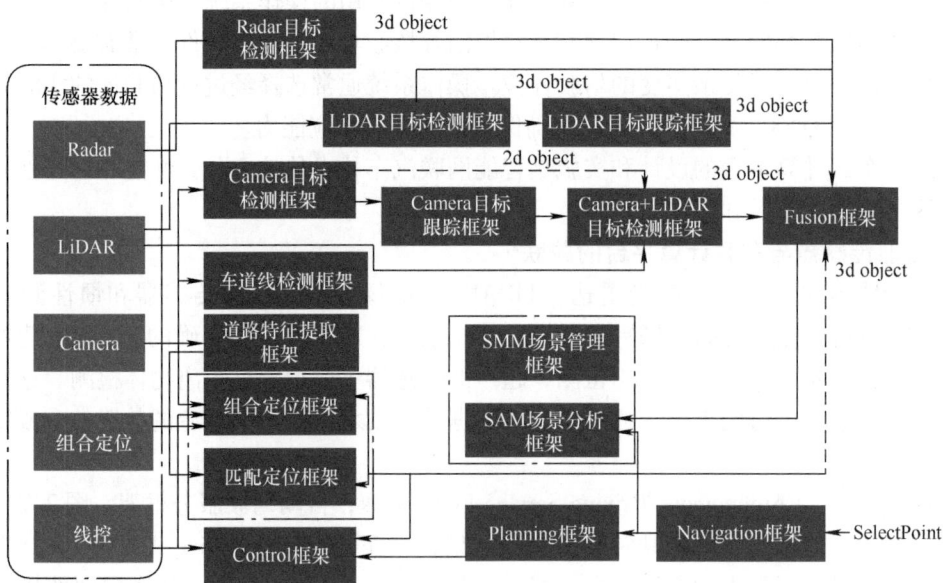

图 2-8　华为 ADSF 数据的构成

（3）算法应用层　包含各类智能驾驶算法，如目标检测、环境感知、定位导航等。这些算法基于 ADSF 提供的框架进行快速开发与集成，实现智能驾驶的核心功能。

（4）应用服务层　提供最终的用户界面和交互服务，包括与车辆控制系统的交互、与云端服务的通信等，确保智能驾驶功能的顺利执行与持续优化。

华为 ADSF 关键功能主要包括配置文件管理、数据收发接口、样例程序等。

（1）配置文件管理 每个 ADSF 实例都配有一份运行配置文件"Config. yaml"，用户可以通过修改配置文件来调整框架的运行参数，如端口号、数据格式等，以适配不同的硬件与算法需求。

（2）数据收发接口 框架提供了一套标准化的数据收发接口，包括接收数据的"Get×××（）"接口和发送数据的"Send×××（）"接口。这些接口被封装在特定的类中，方便开发者在算法应用层调用。

（3）样例程序 为帮助开发者快速上手，ADSF 提供了丰富的样例程序。这些样例程序展示了如何使用框架的数据收发接口进行数据的接收与发送，以及如何集成不同的算法应用。开发者可以直接基于样例程序进行修改与扩展，开发自己的智能驾驶应用。

车载计算平台的核心优势在于其模块化结构，便于维护与扩展，并通过灵活配置满足多样化场景需求。以 ADSF 为例，基于 Adaptive AUTOSAR 标准设计，它简化了算法应用的开发与集成过程，为智能驾驶项目提供了稳定且高效的支撑平台。

在实际应用中，该平台无缝集成高精度地图与 GPS，确保自动驾驶车辆在复杂路况下实现精准导航与决策。同时，通过车载以太网、CAN 总线及无线通信等多接口，实现车内与车外的高速数据交换，结合 V2X 技术，进一步提升了系统的感知与决策能力。

尤为关键的是，车载计算平台注重数据安全与隐私保护，内置强大的网络安全措施，如数据加密、访问控制及入侵检测等，为车辆与乘客提供全方位的安全保障。

2.1.2 通信模块

1. 智能网联汽车通信模块结构与原理

智能网联汽车的通信模块结构主要包括车载单元（OBU）和路侧单元（RSU），两者通过无线通信技术如 DSRC 或 LTE-V 进行信息交流。车载单元负责车辆内的信号接收与发送，而路侧单元则安装在道路旁，为车辆提供交通信息。

例如，在城市智能交通系统中，路侧单元可以通过其通信模块实时收集交通流量、路况等信息，并通过无线方式将这些数据发送给行驶中的车辆。车载单元接收到这些信息后，结合车辆自身的传感器数据，可以实时调整行驶策略，如避开拥堵路段，提高出行效率。

这一通信模块确保了智能网联汽车能够实现车与车（V2V）、车与基础设施（V2I）之间的有效数据交换，为智能驾驶和协同作业提供了坚实基础。通过感知、传输和处理数据，智能网联汽车能够更加智能地应对复杂多变的交通环境，系统构成见表 2-1。

表 2-1 智能网联汽车的通信模块组成与系统部件的作用

序号	部件组成	相关说明
1	处理器（CPU）	作为智能网联汽车通信模块的"大脑"，负责处理传感信息、执行决策算法、控制信息的发送与接收，以及运行各种应用软件。它通常基于复杂的微处理技术，可以有效处理大量并行任务
2	存储器	包括 RAM（随机存取存储器）和 ROM（只读存储器），分别用于存储运行中的数据和固化的程序代码。存储器确保了数据的即时读写以及程序的稳定运行
3	传感器接口	用于连接车辆内部的各种传感器，如速度传感器、位置传感器等，转换传感器信号至数字信号，供处理器分析

（续）

序号	部件组成	相关说明
4	车载网络接口	例如 CAN、LIN 和 FlexRay 等，它们负责车内不同电子单元之间的数据交换，使得各个模块能够实时沟通和协调工作
5	无线通信模块	蜂窝通信模块（如 4G/5G 模块）：连接到广泛的移动通信网络，支持远程数据传输
		WLAN/WiFi 模块：提供短距离高速数据交换能力，可用于车与网络、设备或服务平台之间的通信
		蓝牙模块：支持短距离内车辆与外部设备（如智能手机）的连接
		DSRC（专用短距离通信）模块：用于 V2V 和 V2I 的直接通信，适合安全相关的实时通信
6	定位模块	借助 GPS 或其他卫星导航系统，提供精准的地理位置信息，对于导航和车辆追踪至关重要
7	接口模块	I/O 模块，包括各种数据输入输出口，可以连接外部设备，如显示屏、音响系统等
8	电源管理单元	负责提供稳定的电源供应给通信模块，并进行电源管理以确保效率和安全性
9	外围设备	如 SIM 卡槽用于身份验证和网络接入，天线用于增强无线信号的收发能力
10	车载诊断接口	OBD-Ⅱ，用于监控车辆状态和故障诊断，可以提供车辆运行时的各项指标信息
11	安全处理器或安全硬件	用于处理加密和安全相关的操作，确保数据传输的安全性和防止恶意攻击
12	射频前端模块	RF Front-End，用于无线通信模块中信号的发送和接收，包括功率放大器、低噪声放大器、滤波器等，这些都是为了确保无线信号的质量和效能
13	实时操作系统	RTOS，虽不属于物理元器件，但对于通信模块来说极其重要。RTOS 可以保证处理器在指定的时间内完成任务，适应车辆实时性要求较高的场景
14	通信协议栈软件	包括 TCP/IP 协议栈、CAN 协议栈等，不同的通信标准需要相应的软件支持来实现信息的正确编码与解码
15	散热设备	高性能的处理器和射频功率放大器在工作时会产生较多热量，因此散热装置也必不可少，以防通信模块过热

智能网联汽车的通信系统还需要有相应的软件支持，包括操作系统、驱动程序、应用程序等，共同构成一个完整的通信系统，以满足汽车在不同环境下的通信需求。

如图 2-9 所示，智能网联汽车的通信模块是连接车内外信息的桥梁。它集成了多种通信技术，包括车内专用协议（如 CAN 总线）和无线通信技术（如 4G/5G、WiFi、蓝牙和 GPS）。在驾驶时，通信模块收集车载传感器的数据，通过无线网络上传至云端，利用 AI 和机器学习处理这些数据，生成驾驶辅助、导航和交通预警等反馈，再发送回车载系统。

例如，当车辆接近拥堵路段时，通信模块通过 V2I 技术与交通信号控制系统交互，

图 2-9　智能网联汽车的通信结构

实时获取路况信息。同时，V2V 技术使车辆能与周围车辆通信，共享行驶意图和速度，有效避免碰撞。这些信息综合处理后，车载系统能提前规划路线，避免拥堵，提升驾驶体验。

此外，通信模块还支持远程软件更新（OTA），使车辆保持最新状态，提升安全性和性能。智能网联汽车的通信类型见表 2-2，通信模块的设计需兼顾高效性和安全性，确保数据快速传输且安全无虞。

表 2-2　智能网联汽车的通信类型

序号	通信类型	相关说明
1	蜂窝网络技术	尤其是 5G 技术，因其高带宽和低延迟特性，被广泛用于智能网联汽车的通信模块。5G 不仅提升了数据传输速度，还降低了通信延迟，使得车辆能够更快地接收和反馈信息，极大地提高了驾驶安全性和舒适性。此外，5G 的网络切片功能能够为智能汽车提供专用的网络资源，进一步保证通信的可靠性和安全性
2	WiFi 技术	WiFi 技术也在车辆通信中发挥着重要作用，尤其是在车辆停车或慢速行驶时，WiFi 可以连接周边的网络资源，进行软件更新或数据同步
3	专用短程通信	DSRC 是另一种重要的车载通信技术，它支持 V2V 和 V2I 通信，能够在没有蜂窝网络覆盖的情况下工作。DSRC 具有快速建立连接的能力，非常适合于需要快速和可靠通信的交通安全应用

为了实现技术协调，智能网联汽车通信模块支持多协议互操作性和动态切换，根据环境和通信质量智能选择最佳路径。例如，在高速行驶时，通信模块可能优先选择稳定的4G/5G 网络进行数据传输；而在城市密集区域，则可能切换到 WiFi 以利用更短的延迟和更高的带宽。

同时，模块具备强大的数据处理和高级加密技术，确保敏感数据的安全。制定并遵守国际标准也是关键，可以促进不同制造商和地区车辆的无缝通信。统一通信标准正推动智能联汽车向更安全、高效的交通环境迈进。

2. T-BOX 系统原理

T-BOX（Telematics Box）是智能网联汽车的核心部件，它利用4G/5G、WiFi 等无线通信技术，作为车辆与后台系统及手机 App 之间的通信桥梁。例如，车主通过手机 App 能远程起动发动机、调整空调，这些操作即是通过 T-BOX 实现车辆信息的实时传输与控制。车辆端 OTA 技术架构如图 2-10 所示，集成了 GPS 和北斗定位、加速度传感器等技术，深度读

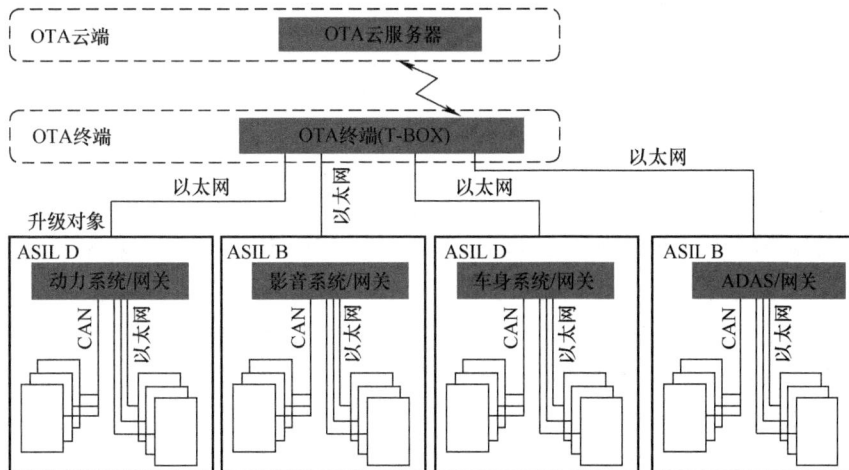

图 2-10　车辆端 T-BOX 的 OTA 技术架构

取车辆 CAN 总线数据，确保数据精确无误地上传至云服务器。即便在 ACC 关闭时，T-BOX 仍保持接收短信和电话的能力，以降低功耗。这一功能设计，既保障了车主的便利性，也优化了车辆的能源效率。

T-BOX 的工作运行涉及多个步骤，通过不同的硬件和软件组件完成，见表 2-3。

表 2-3　T-BOX 硬件和软件组成

序号	运行步骤	相关说明
1	数据采集	T-BOX 与车内的各种传感器和控制器（如 ECU，OBD-Ⅱ接口等）相连，实时采集车辆的各类信息，这些传感器包括速度传感器、温度传感器、燃油传感器等。采集到的数据通过多种接口传输到 T-BOX，确保数据的准确性和实时性。对于驾驶行为数据，如紧急制动、加速等，T-BOX 也能进行准确记录和识别
2	处理与存储	T-BOX 利用内置的处理器和存储器，对采集到的数据进行处理、分析和存储，部分数据可以被本地存储，作为历史记录使用。在数据处理过程中，利用数据压缩、去噪等技术，确保数据传输过程中免受干扰和丢包，从而提高数据传输效率。此外，T-BOX 还会对重要数据进行加密存储，确保数据安全性和隐私保护。对于不需要实时处理的数据，T-BOX 将其临时保存在本地存储器中，当云端有请求时再进行上传
3	通信模块	T-BOX 配备蜂窝通信模块（如 4G/5G 模块）、WiFi 模块等，与外部互联网和服务平台连接。通过这些通信模块，T-BOX 能够将数据上传到云端，并接收来自云端的指令。这确保了车辆与网络的实时连接，能够随时获取和发送数据。通信模块利用当前最先进的无线通信技术，能够支持大数据量的传输和远程控制，保证数据的传输速度和稳定性
4	应用软件	T-BOX 内置各种专用软件，实现功能应用，如数据的编解码、加密解密、故障诊断程序等。这些应用软件在硬件采集数据后，进行进一步的处理和分析，得出合理的诊断结果。例如，车载诊断软件能够根据故障码确定具体问题部位，并提出修复建议。一些高级软件还能进行驾驶行为分析，给出驾驶习惯建议等。通过不断升级更新，T-BOX 内的应用软件可以支持更多的新功能和服务升级
5	供电系统	T-BOX 由车载电源供电，具备电源管理功能，以确保稳定的供电并防止对车载电源系统产生过大负荷。供电系统设计有严格的电源管理机制，确保 T-BOX 在各种工况下均能正常运行。为了应对突发情况，如意外断电，T-BOX 还配备了备用电池，保证数据不会丢失，并且在一定期限内继续传输数据，保障系统的可靠性和连续性
6	接口扩展	T-BOX 支持多种接口扩展，如 USB、蓝牙、音频接口等，方便连接外部设备和传感器。这些接口使得 T-BOX 拥有强大的扩展能力，能够适应未来不断增加的新需求。例如，车主可以通过 USB 接口升级设备，也可以利用蓝牙与外界的终端进行通信和数据交换。接口扩展使 T-BOX 具备了良好的兼容性和可扩展性，能够根据用户需求进行功能拓展和系统优化

在智能网联汽车中，T-BOX 是关键一环，它不仅是数据守护者，更是远程信息处理的智慧核心。云端 OTA 技术架构如图 2-11 所示，通过与 4G/5G、WiFi 及蓝牙等通信模块的紧密协作，T-BOX 构建了车辆与外界的坚实桥梁。这一案例凸显了 T-BOX 在智能网联汽车智能化体系中的核心地位，以及它如何推动车辆迈向更智能、更互联的未来。同时，云端 OTA 技术架构也展示了 T-BOX 与通信模块如何协同工作，实现数据的上传、指令的下达及软件的远程升级，进一步增强了车辆的智能化水平。

在智能网联汽车的架构中，T-BOX 与通信模块各司其职，又紧密配合。如图 2-12 所示，T-BOX 犹如车辆的"数据中枢"，它广泛搜集来自传感器及控制单元的详尽信息，燃油汽车如发动机效率、油耗数据及故障预警等，电动汽车如驱动电机、动力电池的工况效率以及运行数据、故障预警等，随后进行深度处理与高效存储。这一过程不仅确保了数据的完整性，更为后续分析与应用奠定了坚实基础。

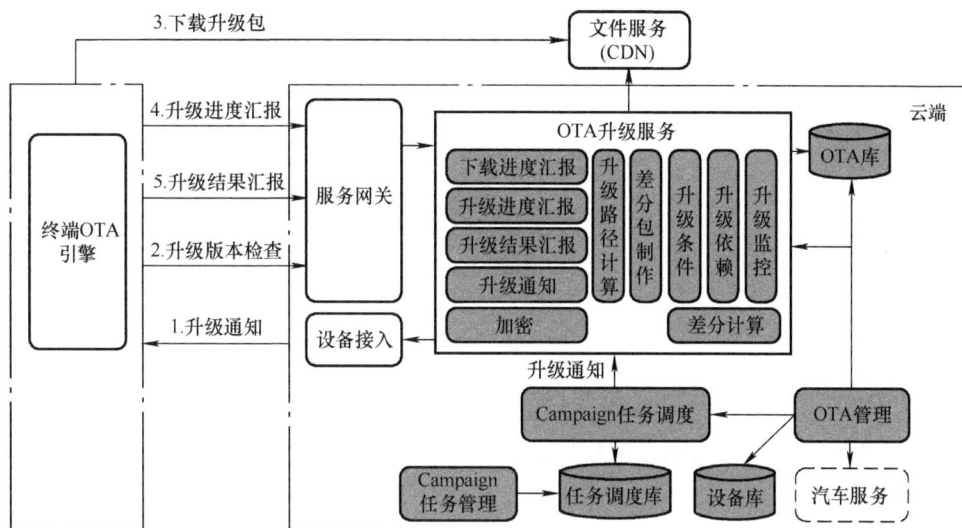

图 2-11　云端 OTA 技术架构

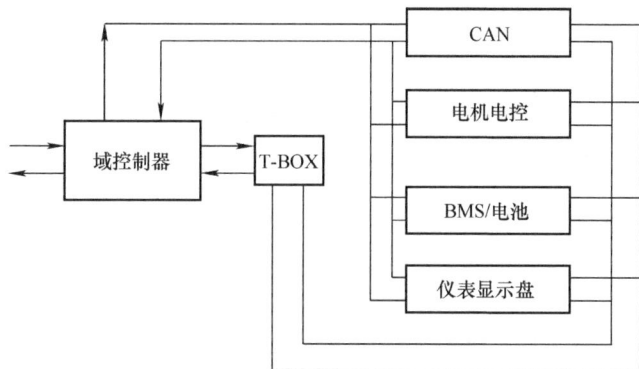

图 2-12　T-BOX 与其他模块之间的通信

　　而通信模块，则是这座数据桥梁的守护者，它专注于数据的高速传输与稳定通信，为T-BOX 与外界的实时交流铺设了无缝通道。这一合作，让 T-BOX 收集的数据能够迅速上传至云端，实现远程监控与智能诊断，大大提升了车辆的可维护性与安全性。

　　具体而言，车主与制造商能远程洞悉车辆状态，提前预判并解决问题，避免行驶中的意外发生。同时，维修团队也能通过云端获取车辆信息，实施精准高效的维护服务，进一步提升客户满意度与维修效率。

　　T-BOX 作为智能网联汽车的核心组件，不仅构建了车辆与广阔互联网的桥梁，如图 2-13所示，更赋予了车辆前所未有的远程控制能力。车主只需轻点手机，即可实现远程起动发动机、锁定车门、开启车窗等便捷操作，让驾驶体验跃升至新境界。

　　T-BOX 不仅守护车辆安全，还集成了智能服务如精准导航和紧急呼叫。面对车辆碰撞，它能自动触发紧急呼叫，将位置精确传达至救援中心，确保及时救援。这一案例彰显了

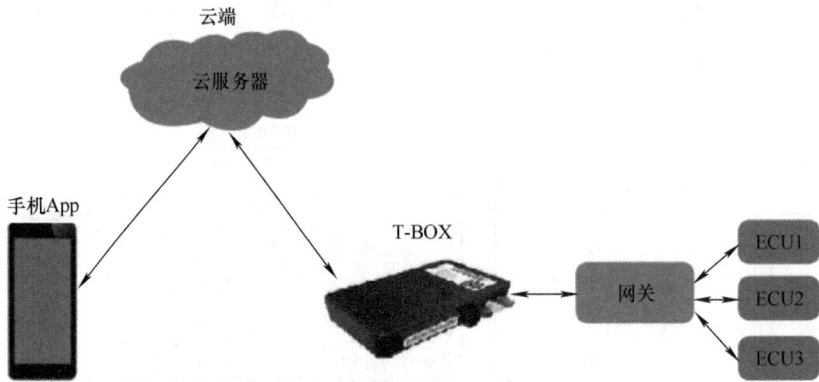

图 2-13　车辆的远程控制原理

T-BOX在紧急情况下的高效应对能力，为用户安全保驾护航。

同时，T-BOX 的数据全面记录了车辆数据，这些数据在大数据分析、车企产品迭代、交通流量调控及司法判定中均发挥重要作用。例如，保险公司利用这些数据精确评估风险，优化理赔流程；车企则依据这些数据迭代产品，提升竞争力。

特别地，T-BOX 的安全监控与应急响应功能显著提升了行车安全性。一旦车辆异常，它立即向监控中心发送警报，并分享位置信息，缩短响应时间，减少损失。这种即时反馈机制是车主行车安全的坚实后盾。

此外，T-BOX 支持的 OTA 远程升级技术，为智能网联汽车带来了革命性变革。无须车主亲临服务网点，即可享受软件更新，不仅提升车辆性能，还增强了安全性。这一技术确保了车辆软件的时效性，并有效抵御了潜在的安全威胁。

2.1.3　控制执行单元

如图 2-14 所示，智能网联汽车的控制执行单元负责执行来自智能决策层的指令，以实

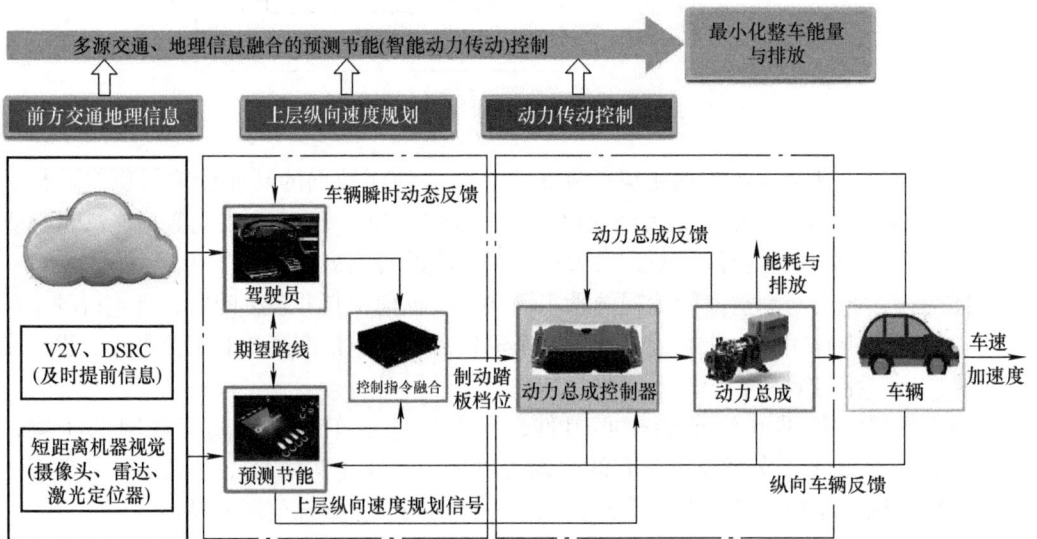

图 2-14　智能网联汽车控制原理框图

现车辆的精确控制，关键组件包括动力系统、制动系统、转向系统、底盘控制系统等。这些单元接受车载计算平台的指令，精确执行转向、加速、制动等操作，实现自动驾驶和驾驶员辅助功能。这一单元结构通常包括多个执行机构和电子控制单元（ECU）。

ECU 作为智能网联汽车的核心，接收智能决策层指令后，迅速解析并控制发动机、制动系统及转向系统等执行机构。例如，在复杂道路环境下，ECU 根据指令调整加速和制动，确保车辆平稳行驶。同时，它精确控制电动转向系统，自动调整转向角度，实现车道保持和变道等自动驾驶功能。

电动制动系统作为关键组件，不仅实现传统制动，还融入再生制动技术，提升能源效率。在制动过程中，部分动能被回收转换为电能，减少能量浪费。这一技术在智能网联汽车中广泛应用，展示了其在节能减排方面的潜力。

底盘控制系统通过调节悬架和稳定系统，提升驾驶舒适性和安全性。面对紧急情况，稳定系统迅速介入，防止车辆失控，保障乘客安全。这一案例凸显了智能网联汽车在应对复杂驾驶场景中的能力。智能网联汽车控制系统的结构拓扑如图 2-15 所示。

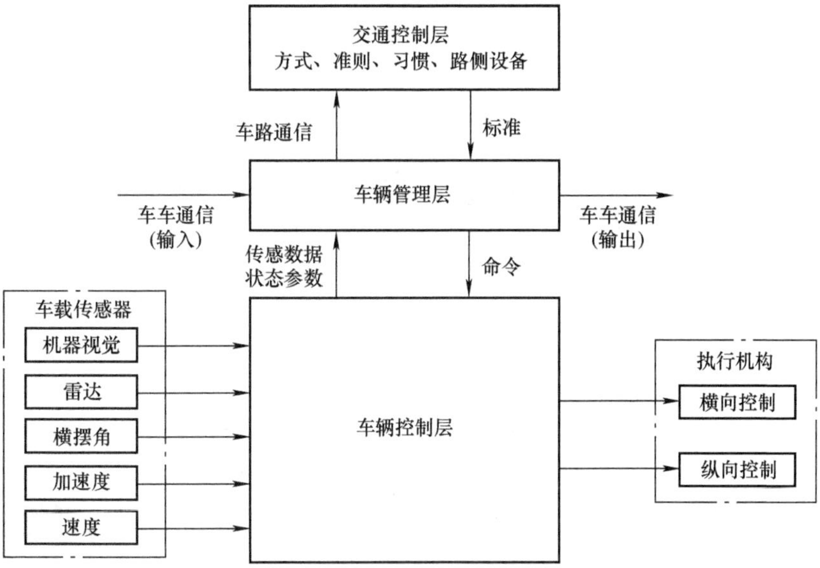

图 2-15　智能网联汽车控制系统的结构拓扑

为了实现这些功能，智能网联汽车采用了高性能传感器、快速通信网络及强大的计算平台。电气架构支持高带宽数据传输和冗余设计，确保系统在任何情况下都能稳定运行。这种高度集成的电气架构为智能网联汽车提供了坚实的基础，推动其向更加智能、安全的方向发展。

在智能网联汽车的电气架构中，以太网技术因高带宽和低延迟特性成为车内网络主流。例如，某品牌智能网联汽车采用以太网构建车内网络，实现了高清摄像头、雷达等传感器数据的高速传输，为自动驾驶提供实时环境感知。

在电源管理方面，一知名新能源汽车品牌采用高级电池管理系统（BMS）与分布式电源系统相结合，不仅优化了电池效率，还通过冗余电源设计确保电力供应稳定。即便在单一电源故障时，备用电源也能迅速接管，保障车辆行驶安全。

在自动驾驶系统的冗余设计案例中，某自动驾驶汽车装备了双重传感器和计算单元。当主传感器或计算单元遭遇故障时，辅助系统立即启动，无缝接替工作，确保车辆持续安全行驶，避免了潜在事故。

此外，针对信息安全，某智能网联汽车品牌集成了多层防护机制，包括数据加密技术和实时入侵检测系统。在一次模拟入侵测试中，该系统成功抵御了外部攻击，保护了车辆数据安全和用户隐私。

2.2　智能传感器

如图2-16所示，智能网联汽车的智能传感器包括毫米波雷达、激光雷达（LiDAR）、摄像头、超声波传感器和惯性测量单元（IMU）等。摄像头用于图像识别和环境感知，毫米波雷达与激光雷达则能提供精准的距离和速度信息，超声波传感器主要用于近距离障碍物检测，IMU用于车辆姿态与运动状态的监测。这些传感器的主要技术特征是高精度、高可靠性和实时性。

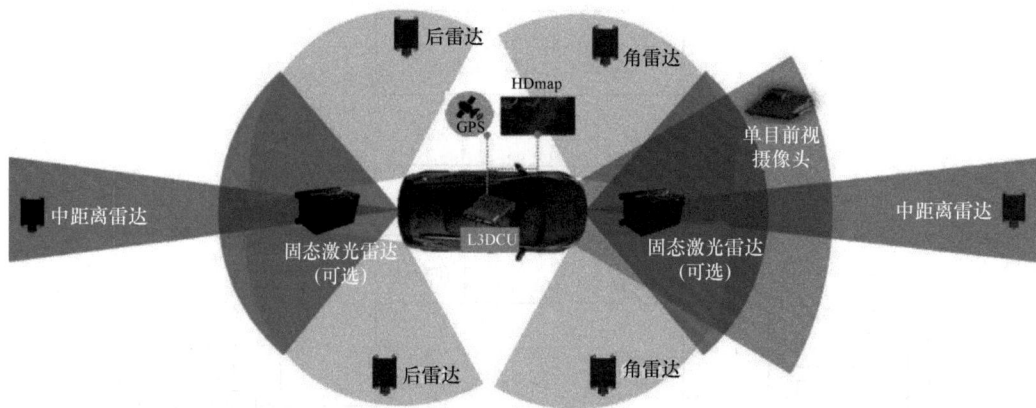

图2-16　智能网联汽车智能传感器分布图

2.2.1　毫米波雷达

1. 毫米波雷达结构与原理

毫米波雷达是通过发射电磁波，并接收反射回来的信号，以获取周围环境的信息，主要用于检测车辆周围的物体，提供距离、速度和角度信息。它在自动驾驶和高级驾驶辅助系统（ADAS）中被广泛应用，如盲点监测、车道保持辅助、自适应巡航控制和碰撞预警等。

如图2-17所示，毫米波雷达的结构组成包括天线、发射器、接收器、信号处理单元、电源管理单元等主要元器件。

（1）天线　用于发射和接收毫米波信号，通常由多元阵列天线组成。多元阵列天线可以提高角度分辨率和检测距离的精度，通过控制各天线元件的相对相位，可以形成多个波束，实现空间

图2-17　毫米波雷达的结构

的扫描和目标定位。

（2）发射器（信号源）　产生毫米波信号，常用的频率范围为 24GHz、77GHz 或 79GHz。信号源通过振荡器产生基本频率信号，通过调制技术如线性调频连续波调制（FM-CW）控制信号的频率和相位，以实现距离和速度的测量。

（3）接收器　接收反射回来的毫米波信号，并将其转换为电信号，进一步传输到信号处理单元。接收器包括低噪声放大器（LNA）、混频器和本振源，通过这些组件可以将高频毫米波信号转换为中频或基带信号。

（4）信号处理单元　包括模拟前端（AFE）、模数转换器（ADC）和数字信号处理器（DSP）。模拟前端（AFE）负责放大和滤波接收的信号。低噪声放大器放大微弱的接收信号，以提高信噪比；滤波器则可以滤除不相关频率的信号，以防止混叠。模数转换器（ADC）将模拟信号转换为数字信号，以便进行后续的数字处理。ADC 的分辨率和采样率对雷达的性能有重要影响。数字信号处理器（DSP）进行信号分析和目标检测。DSP 通过快速傅里叶变换（FFT）等算法处理信号，提取目标的距离、速度和角度信息，进而可以实现目标识别和追踪。

（5）电源管理单元　提供稳定的电源供应，保证各元器件的正常工作。电源管理单元包括直流-直流转换器、电压调节器等组件，确保各种模块在合适的电压和电流条件下工作，以保证系统的整体性能和可靠性。

毫米波雷达的工作原理（图 2-18）与传统雷达相同，都是通过天线向外发射电磁波信号。如图 2-19 所示，当信号遇到障碍物时，会反射回接收天线。接收器接收到反射信号后，通过对比发射信号和接收信号的时间差、频率变化等参数，计算出障碍物的距离、速度和方位。这主要依赖于多普勒效应（用于测量速度）和飞行时间（ToF，用于测量距离）。

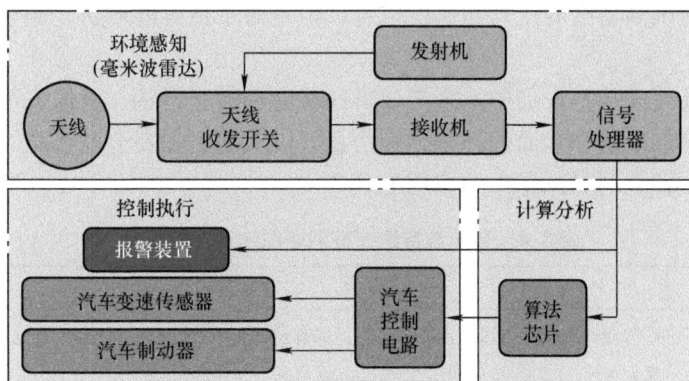

图 2-18　毫米波雷达的工作原理

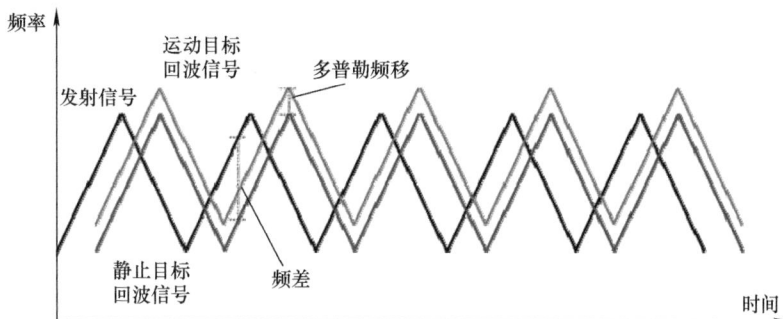

图 2-19　电磁波信号的发射与接收

解释：

1. 多普勒频移：在雷达技术中，多普勒频移是指当雷达发射的电磁波遇到运动目标并反射回来时，由于目标的运动，回波信号的频率会发生变化。这种频率变化与目标相对于雷达的速度成正比，可用于测量目标的速度。

2. 频差：在雷达系统中，频差通常指的是发射信号的频率与接收到的回波信号频率之间的差异。这个差异可能是由于目标的运动（多普勒频移）或其他因素（如信号传播路径上的介质变化）引起的。频差可以用于提取目标的速度信息或其他相关参数。

3. 频率：在雷达技术中，频率是指电磁波在单位时间内波动的次数。雷达系统通常工作在特定的频率范围内，这些频率的选择取决于应用需求，如目标检测、成像或测速等。雷达信号的频率会影响其传播特性、分辨率以及对不同目标的探测能力。例如，高频雷达信号通常具有较好的方向性和穿透性，适用于精确的目标定位和成像。

毫米波雷达可以在毫米级的范围内进行精确的测距和测速，因此在需要高精度的自动驾驶等应用中具有明显优势。毫米波雷达的电磁波具有较强的穿透性，不易受雨、雪、雾等恶劣天气条件的影响，可以实现全天候的工作。此外，其工作频率较高，波长较短，能够实现较小的天线尺寸和高角度分辨率，不受天气和光照条件的影响，可以准确地测量出障碍物的距离和速度。缺点是数据处理需求大，需要高性能的处理单元，并且在复杂环境中，如多目标场景或强反射环境，可能出现干扰和误报。

毫米波雷达的最大探测范围通常在200m左右，对于更远距离的目标探测力较弱。毫米波雷达虽然可以提供高精度的距离和速度信息，但是对于目标的形状、颜色等细节信息无法获取。

在未来的自动驾驶技术发展中，毫米波雷达将会和激光雷达、摄像头等其他传感器相互配合，共同提供更加准确和全面的环境感知信息，以实现更加安全和智能的自动驾驶。

毫米波雷达在智能网联汽车中的应用见表2-4。

表2-4　毫米波雷达在智能网联汽车中的应用

序号	应用范围	详细说明
1	自适应巡航控制	智能网联汽车可以使用毫米波雷达来保持与前方车辆的安全距离，对前行道路进行监测，并根据实时交通状况自动调整速度，这就是所谓的自适应巡航控制（ACC）。在自适应巡航（ACC）模式下，毫米波雷达可以帮助汽车保持与前方车辆的安全距离，自动调整行驶速度，使得驾驶更加舒适
2	前碰撞警告	通过实时测量与前方车辆或者障碍物的距离和相对速度，毫米波雷达可以提供碰撞预警，甚至执行自动制动，以避免或者减少碰撞的可能。当毫米波雷达探测到前方有可能发生碰撞的情况时，会立即发出警告，提醒驾驶员及时采取避险措施
3	自动紧急制动	在某些高级的驾驶辅助系统中，毫米波雷达还可以自动激活制动系统，以防止或者减轻由于碰撞而造成的损伤
4	盲区监测	毫米波雷达可以检测汽车侧后方的盲区，帮助驾驶员安全更换车道或倒车

表2-4是在市面上的一些车型中找到的应用，除此之外，毫米波雷达还有很多其他的潜

在应用，比如在自动泊车、车距预警、行人和自行车检测、交通标志识别等方面也有很大的应用前景。

不同毫米波雷达扫描范围如图 2-20 所示，毫米波雷达在车载应用中主要有 24GHz、77GHz 和 79GHz 三种频率带，根据其工作频率和探测范围分为三种主要类型。

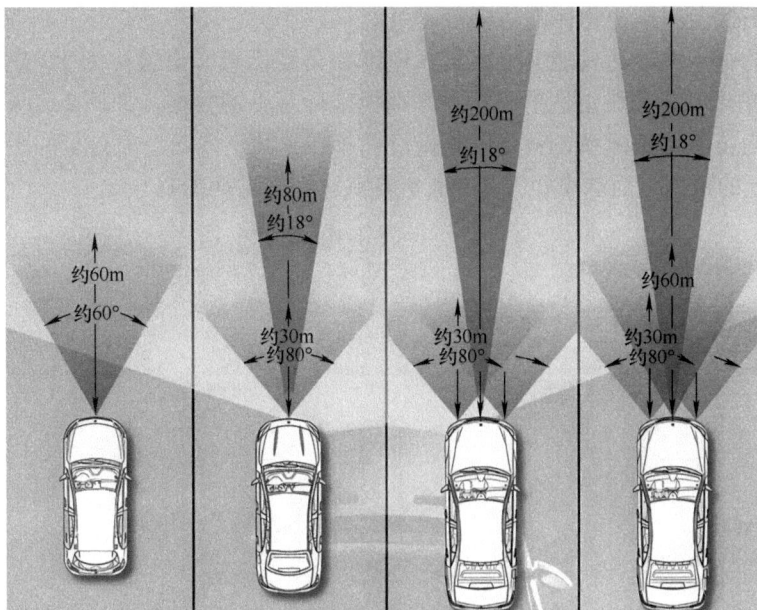

图 2-20　不同毫米波雷达的扫描范围

（1）长距离雷达（LRR）　以 77GHz 频段为例，它是自动驾驶和 ADAS 的核心技术，探测距离超 2000m。在高速公路上，它能提前发现远处目标，支持自适应巡航控制（ACC）和前方碰撞预警（FCW）。相较于 24GHz，77GHz 的分辨率更高、探测距离更远，广泛应用于自动驾驶系统。而 79GHz 毫米波雷达作为未来趋势，以其更大的带宽（4GHz）和卓越的抗干扰能力，在恶劣天气下表现稳定，信息容量大，提升了距离和速度的解析力。

（2）中距离雷达（MRR）　同样采用 77GHz 或 79GHz 频段，但聚焦于城市道路和复杂交通环境。中距离雷达通过发射电磁波并接收回波，精确探测约 100m 内的目标。其工作原理涉及信号调制、功率放大、混频处理，最终提取出目标的距离、速度和角度信息，为车辆提供实时的路况感知，增强行驶安全性。

中距离雷达在汽车领域有着广泛的应用，常用于实现车辆的盲点监测（BSD）、变道辅助（LCA）和交叉路口碰撞预警（ICTW）等功能，见表 2-5。

表 2-5　中距离雷达在汽车领域的应用

序号	应用范围	详细说明
1	侧向交通辅助系统	通过探测车辆侧方的目标，如其他车辆或行人，为驾驶员提供侧方交通的实时信息，帮助驾驶员更好地了解周围环境，提高行车安全
2	变道辅助系统	在车辆变道时，中距离雷达可以探测相邻车道上的车辆，评估变道的安全性，并在必要时发出警示，防止因盲区导致的碰撞事故
3	车前距预警系统	结合其他传感器（如摄像头），中距离雷达可以实时监测与前车的距离，并在距离过近时发出预警，提醒驾驶员采取措施避免碰撞

（3）短距离雷达（SRR）　短距离雷达工作在 24GHz 或其他较低频段，24GHz 是宽频带，检测范围通常小于 60m，主要用于近距离的目标检测和避障。这些频段虽然探测距离有限，但成本较低且易于集成。广泛应用于车辆的泊车辅助（PA）、行人检测（PD）以及低速自动驾驶等场景，例如，车辆的前后以及左右方向的盲区检测、防止并线冲突，或者在停车时帮助驾驶员避免与周边物体的碰撞等。

由于传统的毫米波雷达只能输出距离、速度和角度信息，也被称为 3D 毫米波雷达。而这个距离 D 和角度 θ 是安装雷达的自车在平面极坐标系下的数据，如图 2-21a 所示。通过将极坐标系转换为笛卡儿坐标系，就可以获得目标车在 x 和 y 方向上离自车的距离，但少了一个维度 z 方向上的距离，而这个也是 3D 毫米波雷达饱受诟病的缺点之一。

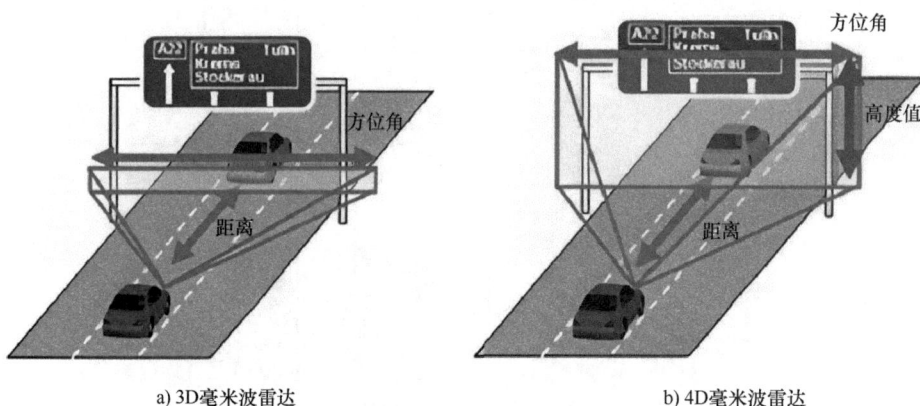

a) 3D毫米波雷达　　　　　　　　　b) 4D毫米波雷达

图 2-21　3D 和 4D 毫米波雷达的比较

如图 2-22 所示，这个缺点对移动物体来说，还不算大问题，毕竟在道路上探测到的移动物体都是正常运动的物体，但是这个缺点对静止物体来说却是致命的。道路中间的井盖、减速带，悬在半空中的各种标识牌、限高架，静止的车辆等，由于没有高度信息，通过 3D 毫米波雷达完全无法决策这些障碍物是否影响通行。如图 2-21b 所示，4D 毫米波雷达增加的最显著特性就是可以精确探测俯仰角度，从而获取被测目标真实的高度数据，也就是目标物体在笛卡儿坐标系下 z 轴方向上的距离。凭借这一特性，4D 毫米波雷达可以"识别静止物体"。除此之外，4D 毫米波雷达在分辨率上也获得极大提高。以 Arbe Phoenix 为例，其水平和垂直分辨率分别为 1° 和 2°，水平分辨率比普通 3D 毫米波雷达提升 5 ~ 10 倍。

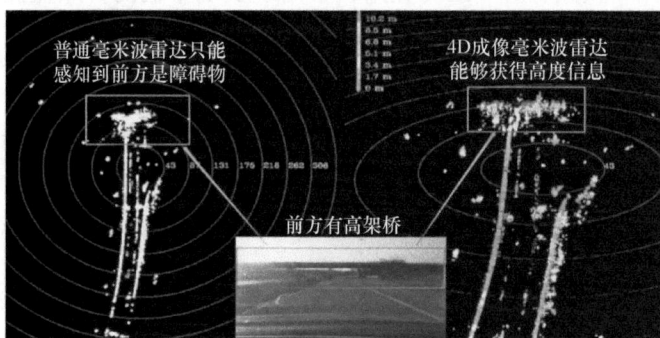

图 2-22　3D/4D 毫米波雷达测距特征对比（1）

如图 2-23 所示，4D 毫米波雷达在传统的毫米波雷达的技术基础上，结合现在的技术手段进行了深入的系统、算法等方面的优化，克服传统毫米波雷达的一些明显缺点，如全天候不足、距离不远、精度不高等。同时，4D 毫米波雷达对于激光雷达的缺点，如在雨雪雾等极端天气下性能较差、采集的数据量过大而难以处理、成本昂贵等方面也有所改进。

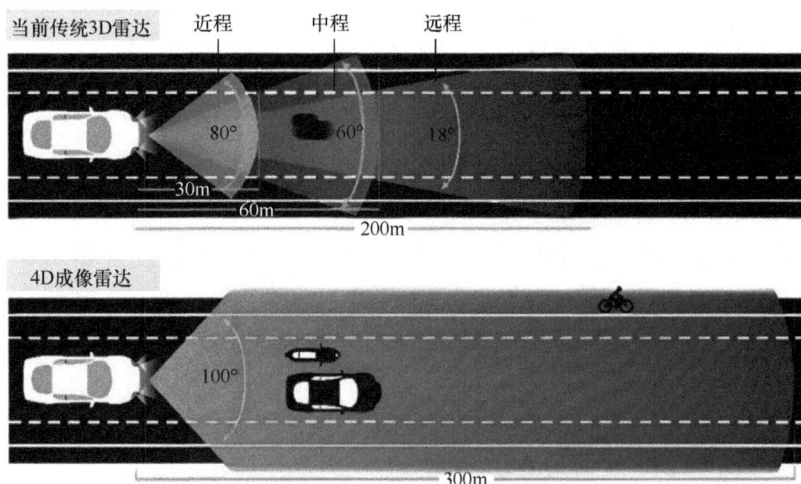

图 2-23　3D/4D 毫米波雷达测距特征对比（2）

无论是长距离雷达还是短距离雷达，都需要具备很高的精度，以便准确地判断物体的位置和速度。而且，它们还必须有很强的抗干扰能力，才能在雨雪、雾等恶劣天气以及其他电磁干扰强烈的环境下正常工作。

总的来说，24GHz、77GHz 和 79GHz 各有其优点和用途，车载毫米波雷达的选择需要根据实际的应用场景和需求决定。

2. 毫米波雷达的标定

毫米波雷达的标定是确保其测量精度和性能的重要步骤，标定的原理如图 2-24 所示，标定方法通常包括以下几个步骤。

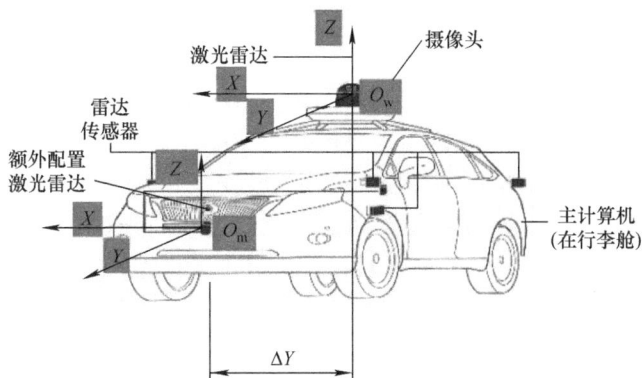

图 2-24　毫米波雷达标定原理

37

1）确保标定场地空旷，无反射物体，环境温度控制在（25±2）℃，相对湿度保持在45%~65%，以减少环境因素对雷达性能的影响。

2）毫米波雷达应与高精度转台和目标模拟器连接，确保所有硬件设备校准至最佳状态，连接线缆应使用屏蔽线以减少电磁干扰。

3）进行软件配置。配置标定软件时，需输入雷达的工作频率（如77GHz）、波束宽度（通常小于3°）、采样率（至少为1kHz）等关键参数。

4）进行动态锁定。在静态标定中，需精确确定天线相位中心位置，通常使用高精度激光测量仪，确保天线方向校准准确至1°。

5）动态标定时，需模拟不同速度的物体，校准雷达对动态目标的响应时间，通常在−50~−10dBm的信号强度范围内进行。

6）进行动态标定。使用已知距离（如10m、20m、50m）和速度（如5km/h、20km/h、50km/h）的移动目标进行标定，以校准雷达的距离和速度测量精度。

7）进行角度标定。对雷达的方位角和俯仰角进行精确标定，通常使用角度编码器，确保角度测量精度达到1°。

8）进行数据采集与分析。在标定过程中，采集雷达回波信号，使用专业软件分析信号的幅度、相位和频率，以确定雷达的性能参数。

9）根据标定结果，调整雷达的增益（如0~30dB）、滤波器参数（如带宽设置）和信号处理算法，以优化雷达性能。

10）在参数调整后，应进行重新标定验证，重复标定过程至少三次，以确保雷达测量精度的稳定性和可靠性。

11）使用高精度的激光测距仪和角度测量设备，验证雷达标定结果的准确性，确保误差在可接受范围内。

12）生成详细的标定报告，记录所有标定参数、过程和结果，包括环境条件、硬件配置、软件设置、标定数据和分析结果，以供维修技术参考和进一步分析。

2.2.2 摄像头

在智能网联汽车中，摄像头也称为视觉传感器或相机，在汽车中的作用主要是提供丰富的视觉信息，包括颜色、模式、形状和运动。这些信息对于车道线识别、路标识别、行人和车辆识别等任务至关重要。

车载摄像头的镜头有CCD（图2-25）、CMOS（图2-26）两种，主要用于车辆监控，包括行车记录仪、倒车影像、车道保持、碰撞预警等功能。它们通过捕捉车辆周围的图像信息，帮助驾驶员更好地了解车辆周围环境，提高驾驶安全性。同时，在自动驾驶系统中，这些摄像头也是实现环境感知、路径规划等功能的重要组成部分。CCD和CMOS车载摄像头在原理、应用及作用上各有千秋，选择哪种摄像头取决于具体的应用场景和需求。

CCD的工作原理是通过光电效应将光线转换为电荷，并存储在像素单元中，然后依次通过传输通道将电荷转移至输出端，完成光电转换。对于CMOS，同样利用光电效应，但每个像素单元内部集成了放大器与A/D转换电路，直接在像素内部将光信号转换为数字信号，再通过总线输出。

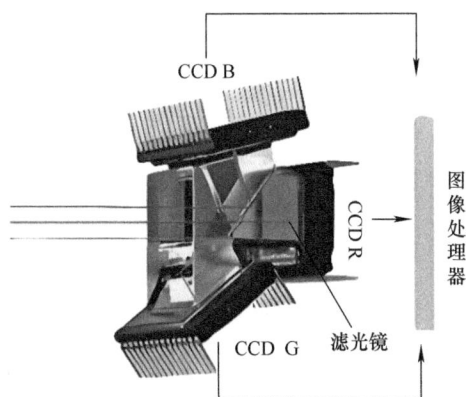

图 2-25　CCD

图 2-26　CMOS

如图 2-27 所示，车载摄像头的工作原理是通过镜头聚焦光线到图像传感器上，图像传感器将光信号转换为电信号，再通过图像处理器进行处理和分析，最终生成可供驾驶员或车辆系统使用的图像数据。这些数据可以用于辅助驾驶、自动驾驶、泊车辅助等多种应用，提高行车安全性和舒适性。

图 2-27　车载摄像头工作原理

然而，摄像头也存在一些问题，如在低光照环境或者反射强烈的情况下，图像质量会下降，影响到后续的识别任务。此外，摄像头对于深度信息的获取不如雷达和激光雷达准确。因此，智能网联汽车一般会配备多种类型的传感器，如摄像头、雷达、激光雷达等，通过多传感器融合技术，可以实现更准确、更稳定的环境感知。与雷达等传感器相比，摄像头的优势在于它能获取到颜色、模式、形状等复杂的视觉信息，而这些信息对于理解场景、识别对象至关重要。例如，我们可以通过颜色来区分车辆和道路，通过形状来识别行人和交通信号。

摄像头在汽车上的作用有：

（1）车道线识别　如图 2-28 所示，通过分析图像中的颜色和形状，可以识别出道路上的车道线，从而帮助车辆保持行驶在正确的车道上。除了基本的车道线识别，先进的视觉系统还可以检测车道线的曲率变化、车道分叉及合并，帮助车辆在复杂路况下依然保持正确行驶轨迹。此外，夜间或恶劣天气下的车道线识别技术也在不断改进，以确保在各种条件下都能准确识别车道线。

（2）路标识别　如图 2-29 所示，通过识别图像中的特定模式和图案，可以识别出交通信号、限速标志等路标。这些识别信息不仅可以提供给驾驶员参考，还可以直接与车辆的控制系统联动。例如，当识别到限速标志时，系统可以自动调整车速以符合限速要求。路标识别技术还包括对施工区域、学校区域等特殊标志的识别，确保车辆在这些区域内的安全行驶。

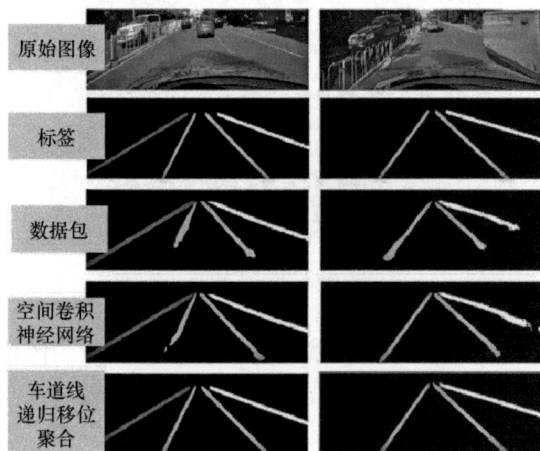

图 2-28　车道线识别

图 2-29　路标识别

（3）物体识别　如图 2-30 所示，视觉传感器还可以通过特征识别技术来识别行人、其他车辆以及障碍物。然后，根据这些障碍物的位置和运动趋势，智能网联汽车可以判断是否需要调整行驶方向或减速。除了静态和动态障碍物的识别，物体识别技术还包括对道路上的小物体如碎片、坑洼的检测，以防止车辆在高速行驶时发生意外。结合雷达和激光雷达等其他传感器的数据，物体识别的准确性和实时性也得到了显著提高。

车载摄像头的结构组成见表 2-6。

图 2-30　物体识别

表 2-6　车载摄像头的结构组成

序号	结构组成	详细说明
1	图像传感器	通常使用 CMOS 或 CCD 传感器，用于捕捉图像。图像传感器是车载摄像头中最核心的部分，它负责将光信号转换为电信号，进而转换为数字信号供后续处理。CMOS 传感器因其低功耗、成本较低、集成度高等优点，在车载摄像头中得到了广泛应用
2	镜头	镜头的作用是聚焦和控制进入传感器的光线量，以获取清晰的图像。车载摄像头中的镜头通常设计为广角镜头，以覆盖更广阔的视野范围
3	图像处理器	图像处理器对传感器捕获的原始图像数据进行处理，如白平衡调整、曝光控制、图像压缩等，以适应不同的环境条件和传输需求。高级的图像处理器还能进行边缘检测、目标识别等复杂处理，为智能驾驶提供支持

（续）

序号	结构组成	详细说明
4	接口	车载摄像头需要与车辆的其他系统（如导航系统、ADAS 等）进行通信，因此需要具备一定的接口，如 CAN 总线、以太网接口等，以实现数据的传输和指令的接收
5	外壳和固定装置	用于保护内部元件免受外界环境（如雨水、灰尘等）的影响，并确保摄像头稳定安装在车辆上的适当位置

在智能网联汽车中，摄像头作为视觉传感器，其种类主要有单目摄像头、双目摄像头、三目摄像头、全景摄像头、红外摄像头、HDR 摄像头和 ToF 摄像头等几种。

（1）单目摄像头 单目摄像头就是只有一个镜头的摄像头，主要用于识别交通标志、行人、车辆等。由于只有一个镜头，单目摄像头在深度感知上的能力较差。

如图 2-31 所示，单目摄像头只有一个镜头，这样的结构对于获取图像和视频等二维信息十分有效，因此往往用于行人和车辆的检测、识别交通标志等。由于它只有一个视点，所以可以获得环境的色彩、形状、纹理等信息。

图 2-31　单目摄像头

然而，单目摄像头的局限性很明显，那就是它无法直接获取到深度信息。如图 2-32 所示，像人类和大多数哺乳动物一样，我们依赖双眼立体视觉来确定物体的远近和速度——这是因为我们的两只眼睛看到的同一物体会有轻微的视差，大脑会计算出这种视差，从而得知物体的距离。然而，单目摄像头却无法做到

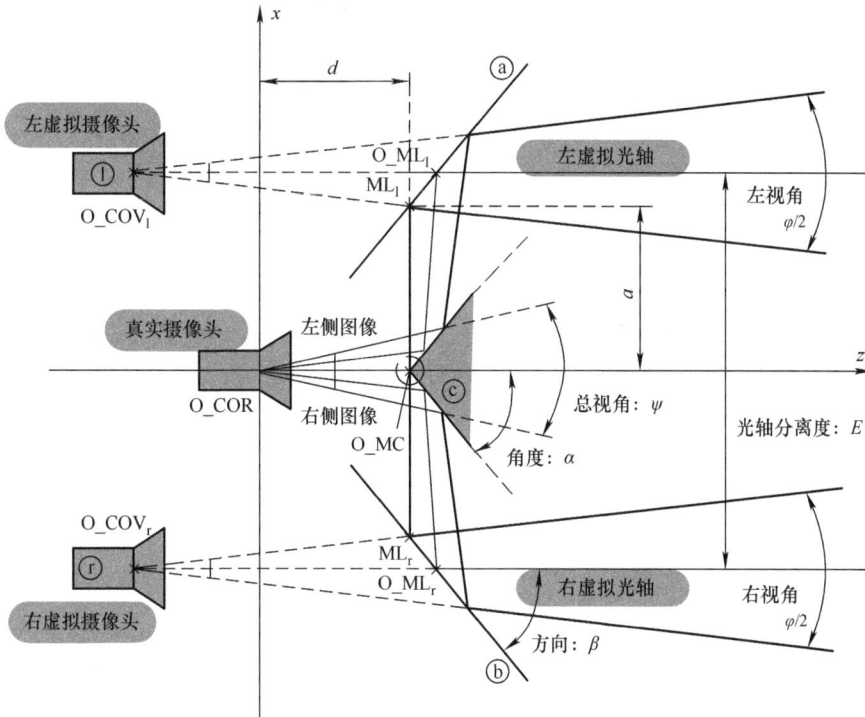

图 2-32　单目摄像头实现双目视觉的原理

这一点，因为它只有一个视点，无法形成视差，因此不能准确地判断物体的深度和速度。但是，也可以通过改造实现双目的视觉效果，如图 2-32 所示，通过改变入射光分别成像在成像端的左右两部分，使得最终图像为 2 个视点的合成。其中红色是真实摄像头，4 条深色实线均为反面镜，L、R 分别为虚拟摄像头的左右位置。

当然，通过某些机器学习算法，如深度学习等，可以让单目摄像头在一定程度上获取深度信息。以图 2-32 为例，对于视野的获取，可以通过改变反面镜的角度使得摄像头视野偏向特定的一方。通过左右两个图像的视差，可以计算稠密或半稠密的视差图像。这种方法基于大量训练数据，通过学习图像中的颜色、纹理、大小、透视等视觉线索，预测出物体的深度。但是这种方法的准确性和稳定性往往无法与真正的深度传感器，如双目摄像头或激光雷达相媲美。

总的来说，虽然单目摄像头在深度感知上的能力较弱，但是其结构简单、成本低、易于安装等优点，仍然使其在智能网联汽车等领域有着广泛的应用。

（2）双目摄像头　双目摄像头由两个镜头组成，通过两个相互平行且有一定距离的摄像头同时观测同一物体，可以更准确地判断物体的位置和距离，模拟人眼的立体视觉，增强了对空间深度的感知能力。

双目摄像头（图 2-33）运用了一个基本原理，即立体视觉：人类和许多动物可以通过两只眼睛看到的不同角度的视图，来准确判断物体的位置和距离。同样地，双目摄像头通过从两个不同角度拍摄，模拟这种立体视觉，从而更准确地测量物体的距离和深度。

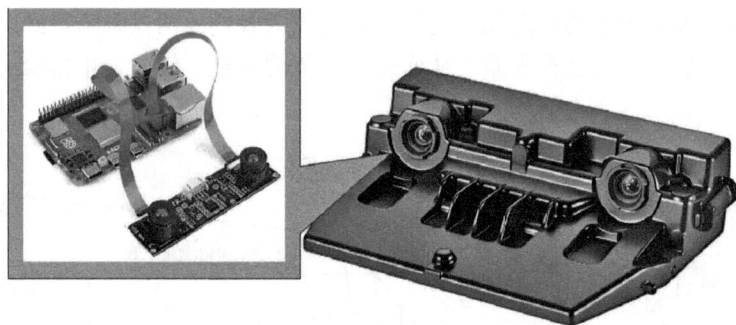

图 2-33　双目摄像头

双目摄像头的工作原理基于"视差"概念。当两个摄像头同时观察同一物体时，由于摄像头间存在一定的物理距离，它们捕获的图像将略有不同。然后，通过比较这两个图像，可以计算出物体在三维空间中的位置。

为了实现视差的计算，需要进行一系列的图像处理步骤，包括摄像头标定、图像校正、立体匹配等。首先，摄像头标定是为了获取摄像头的内外参数，如焦距、光心位置、镜头畸变参数等，这些参数对于后续的图像处理十分关键。图像校正则是为了消除摄像头的畸变和对齐两个视图，使得两个图像在水平方向上有相同的像素行。最后，立体匹配则是通过在两个图像间寻找相同的点（如角点等）或区域，计算出它们的视差。

如图 2-34 所示，双目摄像头分别由左右两个摄像头组成，通常摆放在一定距离内，这个距离称为基线距离。两个摄像头同时拍摄一场景，形成两张 2D 图像。当同一个物体同时出现在左右两张图像中时，由于摄像头之间的基线距离，它在两个图像中的位置会有所偏移，这种偏移量称为视差。视差可以通过计算两张图像中对应像素点的距离差来得到。通过视差，可以得到同一物体在两张图像中对应像素点的距离差，同时已知两个摄像头的基线距离和视角等参数，可以通过三角测量原理计算出该物体的三维坐标。

与单目摄像头相比，双目摄像头能直接获取到深度信息，因此在需求精确深度信息的场景，如自动驾驶、机器人导航等领域，享有较大的优势。然而，它也有一些缺点，如系统复杂、成本高、需要大量的计算资源等。

总的来说，双目摄像头是一种非常有效的深度感知设备，尽管它在成本和计算需求上有所挑

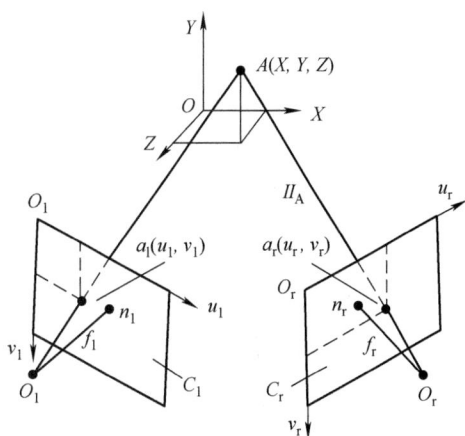

图 2-34　双目摄像头的工作原理

战，但是它的精确度和范围灵活性使其在许多应用中具有无可替代的优势。

（3）三目摄像头　三目摄像头（图 2-35）是一种高级视觉系统，主要应用于智能网联汽车中。三目摄像头通过多视角的图像获取和深度信息融合，为车辆提供了精确的环境感知能力，有助于提升车辆的自动驾驶性能。这种系统由三个摄像头组成，通过三个不同的视角获取图像，然后将这些图像进行深度融合，从而实现更准确的环境感知和物体识别。

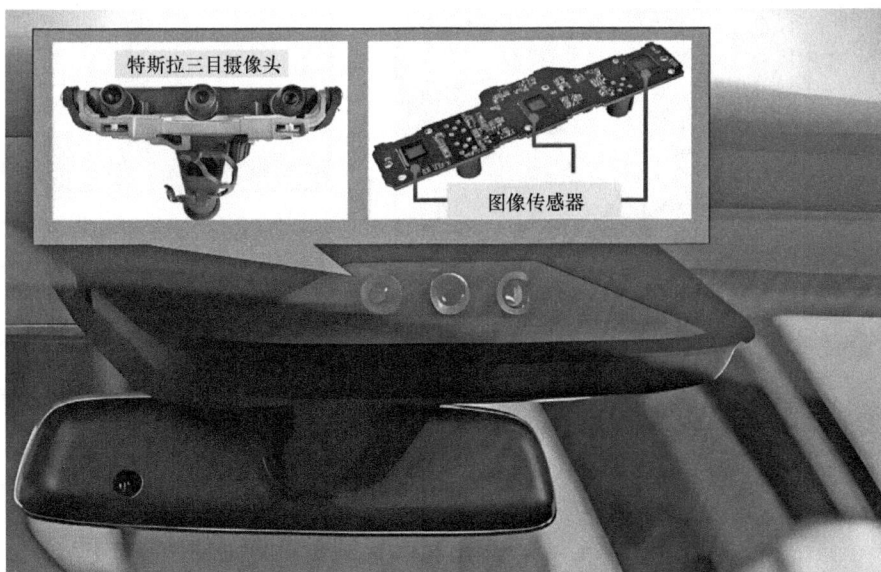

图 2-35　三目摄像头

三目摄像头通常安装在车辆的前部，分别提供宽视野、中视野和窄视野。

宽视野摄像头（WFOV）主要负责监控车辆近距离的状况，如行人和骑自行车的人，其视角一般在 100°～130°之间。

中视野摄像头（MFOV）视角约在 45°～75°之间，主要用于监控车辆前方的交通状况，如车道线、路标等。

窄视野摄像头（NFOV）视角在20°~45°之间，主要用于远距离的物体检测，如前方的车辆或者交通信号灯。

三目摄像头系统在软件处理上则需要做到实时性、准确性和稳定性。系统收集到来自三个摄像头的信息后，需要在短时间内完成信息的处理和分析，对周围的环境进行实时的感知。同时，对于目标的识别和追踪等操作，也需要具备高度的准确性和稳定性。

此外，这种三目摄像头系统还需要配合车辆的其他传感器系统（如雷达、激光雷达等）一起使用，以提升车辆自动驾驶的安全性和稳定性。例如，雷达可以提供物体距离和速度的信息，激光雷达则可以提供精确的空间信息，这些信息与摄像头的视觉信息进行融合，能够让车辆更好地理解周围环境，进行更准确的决策。

（4）全景摄像头　全景摄像头系统也常被称作360°环视系统，如图2-36所示，通常由多个摄像头（通常为四个）组合而成，其可以提供车辆全方位的视野，主要应用于停车辅助、环视系统等。这些摄像头一般分布在车辆的前、后、左、右四个方向，通过拍摄和拼接，形成一个无死角、类似鸟瞰的全景视图。

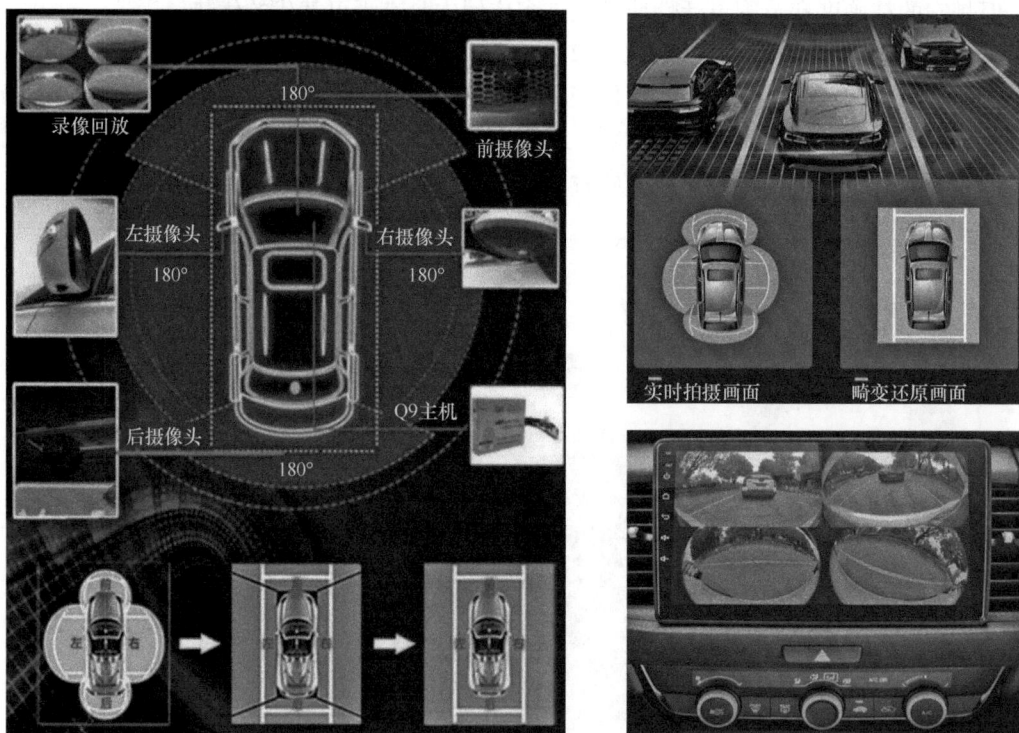

图2-36　全景摄像头

每个单独的摄像头都能覆盖大约190°的视野，由此可以确保车辆四周没有视线盲点。四个摄像头的图像会被送入图像处理模块，经过计算处理后，输出一个连续、无接缝、高分辨率的全景图像。

全景摄像头系统的核心技术包括摄像头标定、图像拼接以及图像展开等。摄像头标定是为了获取与摄像头相关的参数，使得图像能够正确地对应到三维空间中。图像拼接是指将来自不同摄像头的图像准确无缝地拼接在一起，形成一个完整的全景图像。图像展开则是通过数学变换，将非线性（鱼眼）图像转化为平面图像，使得驾驶员更容易理解图像内容。

全景摄像头系统主要应用于车辆的停车辅助、环视系统等。通过实时显示车辆周围的情况，全景摄像头可以帮助驾驶员更好地判断车辆的位置以及周围的障碍物，方便驾驶员进行停车、倒车、低速行驶等操作，大大提高了驾驶的安全性。

（5）红外摄像头 如图 2-37 所示，红外摄像头是一种具有夜视功能的摄像头，利用红外光源，在无光或光照条件较差的情况下，也能获取清晰的图像，往往应用于夜视系统。其工作原理主要基于红外辐射，即物体发出的热量会转变为辐射能，这种能量在红外波段内，可以被红外摄像头捕捉并转化为可见的图像。红外摄像头主要由红外镜头、红外感应器和红外发射器三部分组成。

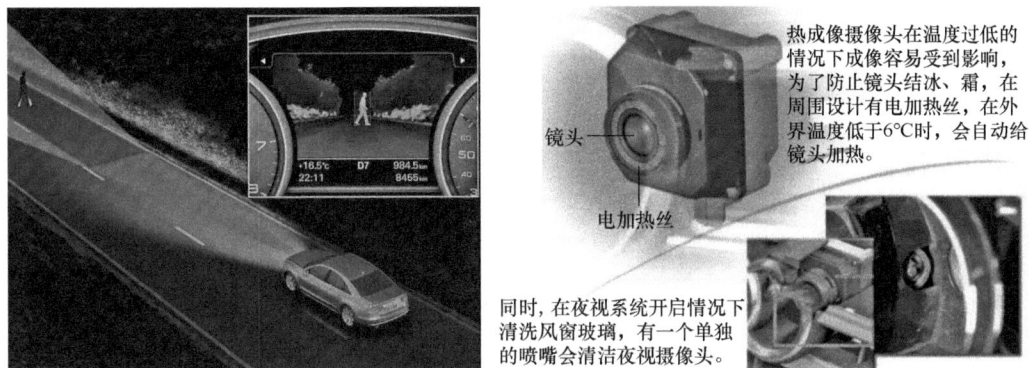

镜头

电加热丝

热成像摄像头在温度过低的情况下成像容易受到影响，为了防止镜头结冰、霜，在周围设计有电加热丝，在外界温度低于6℃时，会自动给镜头加热。

同时，在夜视系统开启情况下清洗风窗玻璃，有一个单独的喷嘴会清洁夜视摄像头。

图 2-37 红外摄像头

1）红外镜头。负责接收红外辐射并将其进行聚焦，以便红外感应器接收到更多的红外辐射。

2）红外感应器。也被称为红外探测器，其主要功能是将红外辐射转化为电信号。

3）红外发射器。在光线不足的情况下，红外发射器会发射出红外光源，以补充自然环境中的红外辐射。

红外摄像头在智能网联汽车中的应用场景主要有以下几种。

1）夜视系统。红外摄像头可以在无光或光照条件较差的情况下提供清晰的图像，对驾驶员或车载计算系统来说，都能有效提升夜间行驶的安全性。

2）行人检测系统。通过红外摄像头，车辆可以在一定距离内准确地检测到行人的存在，并进行预警或自动制动，减少事故发生的可能性。

3）车道保持系统。红外摄像头可以识别道路上的车道线，帮助车辆维持在正确的车道内行驶。

（6）HDR 摄像头 如图 2-38 所示，高动态范围（HDR）摄像头能在极高亮度和极低亮度的环境下，捕获清晰、细腻的图像，可有效解决强光或逆光条件下的视觉问题。它利用了 HDR 技术，能够在广泛的亮度范围内捕获和展示图像，从极低的阴影到非常亮的光源，都能描绘得清晰而真实，为驾驶员和车载计算系统提供了清晰、真实的视觉信息，大大提升了驾驶的安全性。

图 2-38　HDR 摄像头

高动态范围摄像头的工作原理见表 2-7。

表 2-7　高动态范围摄像头的工作原理

序号	步骤	详细说明
1	捕获多个曝光级别的图像	HDR 摄像头会连续拍摄几张不同曝光级别的图像，既有亮度较高的，也有亮度较低的
2	图像融合	通过专门的算法，将这些不同曝光级别的图像进行融合，形成一张包含所有亮度信息的图像
3	色彩映射	运用色彩映射技术，调整图像的颜色，使其看起来更为自然、真实

在智能网联汽车中，在逆光或强光环境下，HDR 摄像头能保证图像的清晰度和亮度，提供更好的视觉效果；可以准确地识别前方车辆的状况，帮助汽车做出准确的判断和反应；在强光或者阴影环境下，HDR 摄像头也能准确地识别出行人和物体，避免发生碰撞。

（7）ToF 摄像头　时间飞行（ToF）摄像头是一种利用光学距离测量技术的深度传感器，原理基于光速恒定，计算光从发出到反射回传感器所需要的时间，从而得出物体的距离，广泛应用于近距离的深度感知和预警。ToF 摄像头可进行高精度、实时的深度测量，为机器视觉系统提供了全新的视觉能力。

时间飞行摄像头的工作过程为：ToF 摄像头会发射一束特定频率的光波（通常是近红外光）；发射出去的光波会在碰到物体后反射回来，被 ToF 摄像头的传感器接收；通过计算光从发射到返回需要的时间，ToF 摄像头可以得到物体与摄像头之间的距离。

在众多应用场景中，ToF 摄像头可以在微秒级别内生成深度图像，能够准确地捕捉用户的动作和位置，为增强现实和虚拟现实设备提供了必要的深度信息。对于无人驾驶车和服务型机器人，ToF 摄像头的深度感知能力可以帮助它们进行更精确的导航和避障。

以上是各类车载摄像头的应用介绍，每种类型的摄像头都有其特点和适用场景，智能网联汽车通常会根据实际的需求和应用，综合使用不同类型的摄像头。

2.2.3　激光雷达

激光雷达（LiDAR，光检测与测距）是一种利用光的传播原理来测量物体距离的远程感测技术，通过发射脉冲激光，然后捕获反射回来的光束，以测量物体的距离，被广泛应用于自动驾驶汽车、无人飞机和其他移动设备中。激光雷达的优点是能够提供精确的三维空间信息，帮助汽车识别和避开障碍物。在自动驾驶汽车中，激光雷达主要用于感知环境，包括检测和识别物体、估计物体的运动状态以及建立和更新地图。

如图 2-39 所示，激光雷达主要有三种类型：固态激光雷达、机械型激光雷达和 MEMS 激光雷达。这三种类型激光雷达的工作原理基本相同，都是通过激光束的发射、反射和接收来测量物体的距离和位置。然而，这三种雷达在扫描环境、形成 3D 图像等方面有一些区别。

a) 机械型激光雷达   b) 固态激光雷达   c) MEMS激光雷达

图 2-39　激光雷达类型

1. 固态激光雷达

固态激光雷达没有机械运动部件，它使用相位阵列或者光学相位器等技术来改变激光束的方向，如图 2-40 所示。这种方式减少了系统的复杂性，降低了成本，增加了可靠性，但是可能会导致视野范围和分辨率降低。固态激光雷达体积小、成本低且耐用，但视场角有限，分辨率不如机械型。

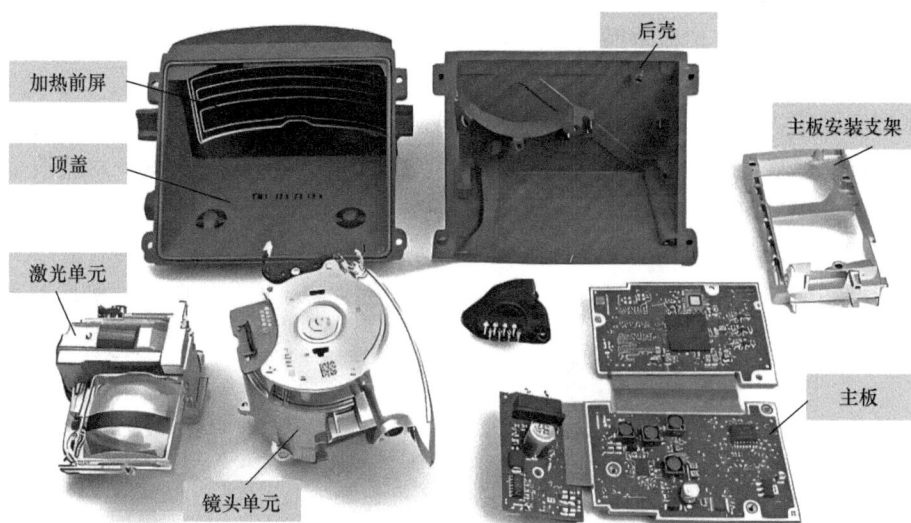

图 2-40　固态激光雷达内部结构

如图 2-41 所示，固态激光雷达在智能网联汽车中的工作原理主要涉及三个关键步骤：发射、接收和处理。

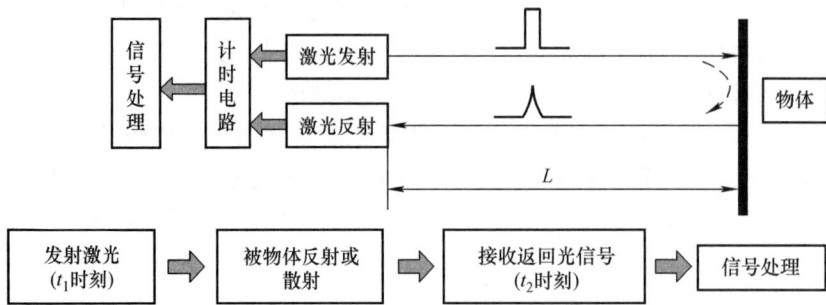

$$L = \frac{1}{2}c(t_2-t_1) = \frac{1}{2}c\Delta t \ (c为光速)$$

图 2-41　激光雷达测距原理

（1）发射　固态激光雷达会发出一束激光。这些激光以光速移动，扩散到周围环境中。

（2）接收　当激光束碰到物体时，部分激光将会反射回雷达。这些反射的激光被固态激光雷达的接收器捕获。

（3）处理　一旦接收器捕获到反射回来的激光，固态激光雷达就会计算原始激光束离开雷达和返回雷达所花费的时间。通过这种计算，雷达可以确定物体距离车辆的准确距离。

事实上，固态激光雷达每秒可以发射和接收数百万次激光，因此，它可以生成周围环境的高度详细的3D图像。这种3D图像使得智能网联汽车可以识别出行车路线周围的物体，如其他车辆、行人或建筑物，从而做出正确的行驶决策，保障行车安全。

固态激光雷达的优势主要在于其尺寸小、耐用性强和成本低。由于没有移动部件，固态激光雷达的耐用性更强，寿命更长。此外，由于制造过程更简单，因此其成本也相对较低。这些特性使得固态激光雷达在智能网联汽车领域有着广泛的应用前景。

2. 机械型激光雷达

机械型激光雷达通过旋转（通常会有一个或多个物理旋转的部分）或振动的方式，利用激光束扫描探测整个环境，如图2-42所示。例如，Velodyne的HDL-64E雷达就采用了这种设计，它可以提供360°的视野，但是由于其包含机械旋转部件，可能会增加故障率，并使得雷达体积较大，成本较高。其优点是视场角大，分辨率高，能提供360°全景图像，但缺点是复杂度和成本更高，而且可靠性因为机械移动部件容易磨损而降低。机械型激光雷达

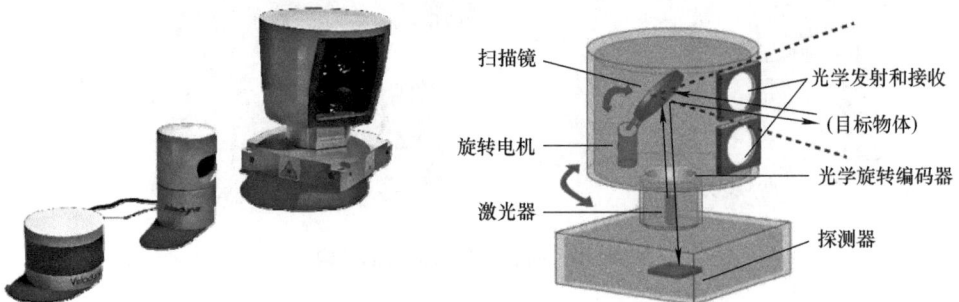

图 2-42　机械型激光雷达

的核心组件是一个旋转的发射器和接收器，旋转系统可以让激光器发出的激光束覆盖更大的视场角度。这类雷达的工作过程大致如下：首先，激光发射器发出一束激光；然后，这束激光击中周围环境中的物体并被反射回来；最后，接收器接收反射回来的激光，并通过测量激光往返的时间或者相位差异来计算物体的距离。

3. MEMS 激光雷达

MEMS 激光雷达通过微电子机械系统（Micro-Electro-Mechanical Systems，MEMS）对激光束进行操控，如图 2-43 所示。这种方式通常采用一个微小的可动镜头，通过电磁或电静力驱动，改变镜头的角度来改变激光束的方向，从而实现对周围环境的扫描。其优点和固态激光雷达类似，但解决了固态激光雷达视场角有限的问题。

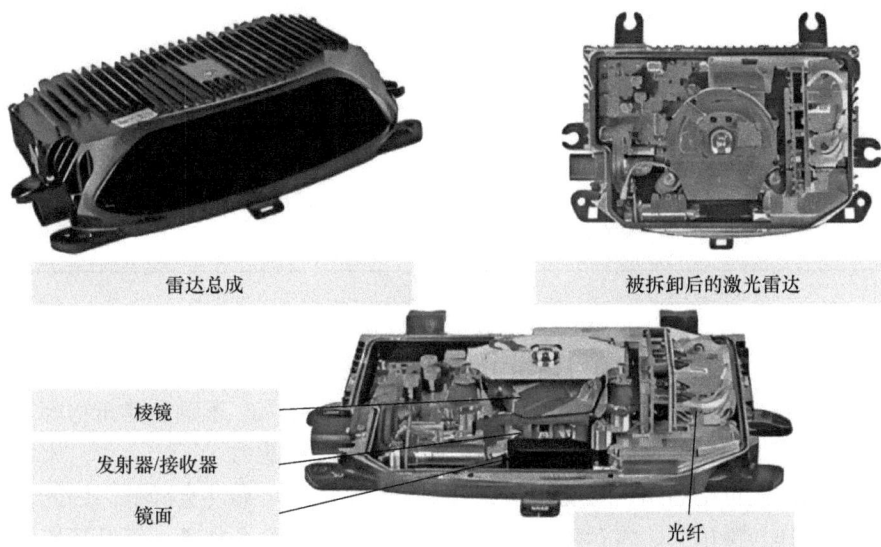

雷达总成　　　　　　被拆卸后的激光雷达

棱镜　发射器/接收器　镜面　光纤

图 2-43　MEMS 激光雷达内部结构

MEMS 设备通常具有非常小的体积和质量，可以在微观尺度上控制物理运动，这使得 MEMS 激光雷达可以更方便地集成到各种设备和平台中，如无人驾驶车辆、无人机等。相比于固态激光雷达，MEMS 激光雷达通过改变镜头的倾斜角度可以实现更大的视场角，甚至接近 360°。MEMS 设备的运行通常需要的电力较小，这使得 MEMS 激光雷达在功耗上具有一定优势。与机械型激光雷达相比，MEMS 激光雷达由于其制造工艺的特性，可以大规模生产，从而降低了成本。

然而，由于其需要精准的控制，这可能导致制造成本增加，且扫描速度可能较慢。虽然 MEMS 激光雷达没有大型机械活动部件，但微小的 MEMS 结构在恶劣环境（如温度、湿度、振动等）下也可能受到影响。由于 MEMS 设备的微观性，其设计和制造过程需要精细并具有高度专业性，这也带来了一定的技术挑战。总的来说，MEMS 激光雷达结合了固态激光雷达与机械型激光雷达的优点，具有较好的应用前景。然而，其在可靠性和工艺上依然需要进一步研发和优化。

智能网联车载激光雷达（LiDAR）系统的结构组成见表 2-8，每个元器件分别承担着不同的作用。

表2-8 激光雷达（LiDAR）系统的结构组成

序号	结构组成	详细说明
1	激光发射器	激光发射器是激光雷达系统中用于发射激光脉冲的部分。通过将电能转化为光能，发射出特定波长的激光。这些激光脉冲在遇到物体时会被反射回来，被激光雷达的接收系统捕获
2	扫描与光学系统	扫描与光学系统负责调整激光束的方向，使其能够覆盖更广阔的检测区域。这个系统可以基于不同的机械结构，如转动镜头、MEMS（微电子机械系统）设备等，实现激光束的精准扫描
3	光电探测器	光电探测器用于接收反射回来的激光脉冲。将接收到的光信号转换成电信号，以便进一步处理。探测器对激光雷达系统的灵敏度和精度起着至关重要的作用
4	信号处理单元	信号处理单元是对从光电探测器接收到的电信号进行处理的元件。负责分析信号的强度、时间差，进而计算出物体的距离、速度等信息。这个单元通常包含模数转换器（ADC）、微处理器等电子组件
5	数据处理与软件算法	数据处理与软件算法不是传统意义上的物理元器件，但对于激光雷达系统来说同样重要。通过高级的算法，系统可以将收集到的点云数据转化为可识别的图像或物体，实现环境建模、物体识别和定位等功能
6	稳固与抗振结构	由于车辆在行驶过程中会经历各种振动，激光雷达系统需要具备良好的稳定性和抗振性能。这通常通过设计紧凑、稳固的机械结构和使用吸振材料来实现

在智能网联汽车中，激光雷达的高精度三维数据支持详细环境建模与精准物体识别定位。其不受光照影响，能在黑暗中工作，且测量精度达厘米级。通过快速扫描获取的点云数据，详细描绘地形、障碍物等，助力路径规划与导航，如行人、车辆和建筑物等。激光雷达不仅能测距，还能分类识别物体，提升自动驾驶感知与决策能力。

然而，激光雷达价格高昂，且受恶劣天气影响，精度和可靠性会降低。因此，在智能网联汽车中，常将其与摄像头、雷达等传感器结合，通过数据融合技术，提升环境感知的全面性和准确性。

2.2.4 超声波传感器

超声波传感器利用高于人耳听阈的声波测量距离，广泛应用于自动驾驶车辆和无人机，尤其在停车时和低速驾驶中检测障碍物。其工作原理类似"声呐"，发射超声波并接收反射信号（在标准大气条件下，约为343m/s），结合声速与信号往返时间，精准计算物体距离。在智能汽车近距离环境感知中，超声波传感器发挥着关键作用。

如图2-44所示，传感器发出高频超声波（声能），当这些声波遇到障碍物时，会反射回传感器。通过计算发射超声波并接收回音的时间差，可以计算出距离。这是因为声波在媒介中的传播速度是已知的（例如，在空气中约为343m/s，计算公式为：$S = 340t/2$），所以只需要知道传输时间就可以计算出距离。若目标物体在运动，反射回的超声波频率会发生变化，这种变化根据多普勒效应可以用来测量目标物体的速度。

在智能汽车中，超声波传感器通常用于近距离探测和测距，如倒车雷达、泊车辅助系统等。相比于视觉、雷达和激光雷达等其他类型的传感器，超声波传感器成本较低，而且对光照、颜色和透明物体等环境因素的影响也较小。

超声波传感器的制造成本相对较低，适合大规模生产。在某些低光照或者反光情况下，

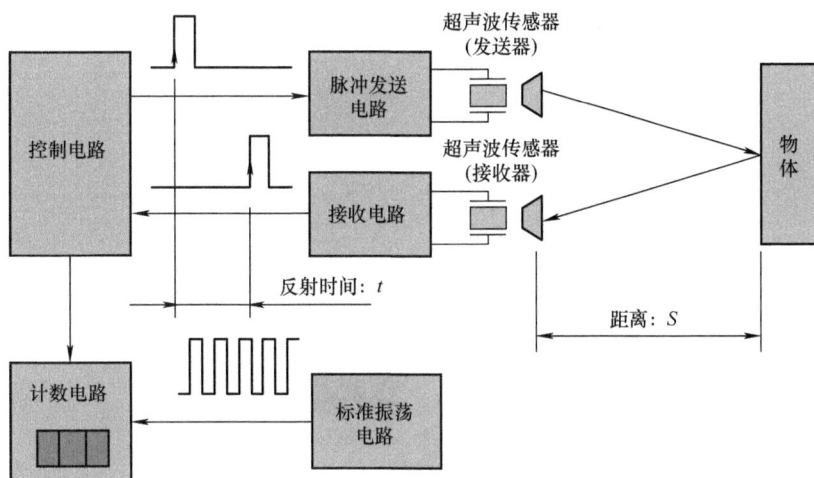

图 2-44　超声波传感器工作原理

摄像头和激光雷达可能会受到影响，而超声波传感器则不受这些因素的影响。在停车和低速驾驶时，它可以提供准确的障碍物距离信息，避免碰撞。

（1）停车辅助系统　超声波传感器常见的应用场景之一就是在汽车的倒车、停车过程中，为驾驶员提供周围环境的障碍物信息，有助于避免碰撞。

（2）自动驾驶　在自动驾驶技术中，超声波传感器常与摄像头、雷达等其他传感器配合使用，获取车辆周围的详细环境信息，增强自动驾驶系统的安全性和稳定性。

但是超声波传感器的有效探测距离通常在几米以内，适用于短距离的障碍物检测，对于远距离的障碍物探测能力较弱。该类传感器只能测量物体的距离，而无法获取物体的大小、形状和颜色等更多信息。

2.2.5　惯性测量单元

惯性测量单元（Inertial Measurement Unit，IMU）如图 2-45 所示，是一种集成了三轴陀螺仪和三轴加速度计的设备，通过测量物体在空间中的运动状态，即线性加速度和角速度，从而获取物体运动的六自由度信息。

在车辆上，IMU 主要用于获取和补偿车辆的速度、位移、角度等信息，如图 2-46 所示。这可以在没有 GPS 信号的环境中维持车辆的定位。

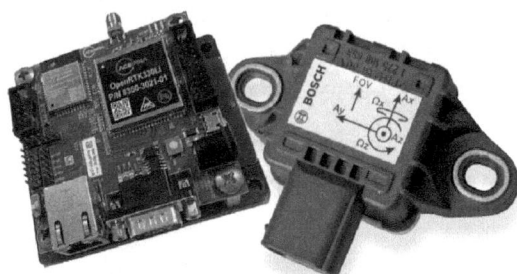

图 2-45　惯性测量单元

三轴陀螺仪能够测量车辆在各个轴向的角速度，即车辆绕 x、y、z 轴转动的速度。而三轴加速度计则测量车辆在各个轴向的线性加速度。

通过对陀螺仪和加速度计数据的处理，可以推导出车辆的方位、速度和位置等信息。这在车辆没有可用 GPS 信号或者 GPS 信号被遮挡时非常重要，可以帮助车辆保持稳定的定位。

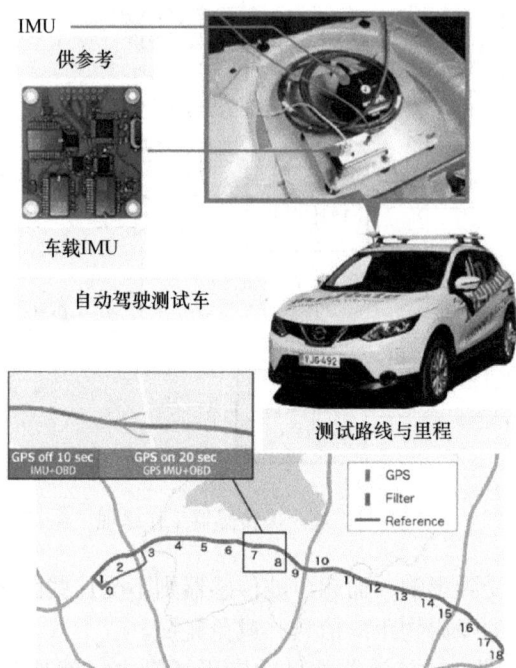

图 2-46　惯性测量单元在实车中的应用

但需要注意的是，由于 IMU 内部的噪声和零偏等因素，使用它单独进行长时间的定位会产生累积误差。因此，在实际应用中，通常会和 GPS、车轮编码器等其他传感器进行数据融合，以提高定位精度和稳定性。

2.2.6　车轮编码器

车轮编码器用于测量车轮转动的次数，从而计算车辆的线速度和角速度。车轮编码器也是多传感器融合定位中的重要一环，它通常安装在车轮的轴上，通过测量车轮转动的次数和方向来获取车辆的运动信息。

如图 2-47 所示，车轮编码器可以分为增量式和绝对式两种类型。

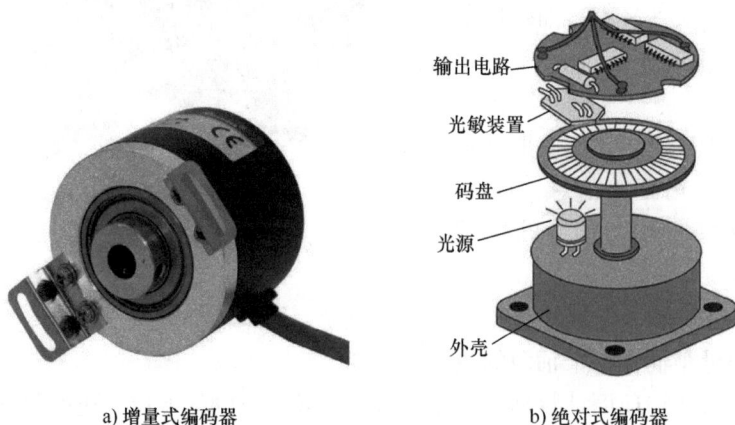

a) 增量式编码器　　　　　　　　　b) 绝对式编码器

图 2-47　编码器

增量式编码器能检测车轮相对于上一位置的移动情况，但无法得知车轮的绝对位置。当系统上电或复位时，必须将编码器设定为初始位置。

绝对式编码器能提供车轮的绝对位置信息，即使在系统断电后再次上电时，它依然能记住上次的位置状态。

无论哪种类型的编码器，其工作原理都是依靠光电效应。当光源（如 LED）射出的光线被编码器内的光盘（编码盘）遮挡或者透过时，光电编码器会产生相应的电信号，然后通过计数器计数，从而得知车轮的转动次数及其转动方向。

通过车轮编码器获取到的数据包括车轮的线速度和角速度，这些信息可以用于推导车辆的行驶距离和方向变化。因此，车轮编码器的数据对于修正 GPS、IMU 等传感器的误差，进一步提升系统的定位精度和稳定性具有重要作用。

以上介绍了智能网联汽车常用的车载智能传感器，这些不同类型的传感器将各自的测量结果集成在一起，在车辆工作过程中，各个传感器收集的数据会被进行融合处理。这里通常会用到卡尔曼滤波器或粒子滤波器等融合算法。这些算法主要是用来估计系统的状态，处理带有噪声的测量数据，并尽可能地减少因噪声引入的测量误差。通过这样的方式，每个传感器的优点被最大限度地利用，缺点则被其他传感器的数据补偿，从而极大地提高了定位的精准度和稳定性。

2.3 思 考 题

本项目的学习目标你已经达成了吗？请通过思考以下问题的答案进行结果检验。

序号	思考题	自检结果
1	请说明智能网联汽车计算平台的结构组成与工作原理。	
2	请说明智能网联汽车通信模块的结构组成与工作原理。	
3	请说明智能网联汽车控制与执行系统的结构组成与工作原理。	
4	请写下毫米波雷达的工作原理。	
5	请写下在智能网联汽车中，哪些功能会用到毫米波雷达？	
6	请写出摄像头的类型、工作原理。	
7	请讨论并写下标定对于摄像头性能和准确性的重要性。	
8	请写出激光雷达的工作原理、类型及其在智能网联汽车中的应用。	
9	请探讨激光雷达标定对提高测量精度和确保系统整体性能的必要性。	
10	请写出惯性测量单元的工作原理、类型及其在智能网联汽车中的应用。	

第3章 智能驾驶决策、控制与执行

学习目标

1. 掌握智能驾驶环境信息感知与融合方法与工作原理。
2. 掌握智能驾驶汽车的路径规划方法与工作原理。
3. 掌握无人驾驶行为决策与控制方法及工作原理。
4. 掌握智能驾驶执行方法及工作原理。

3.1 智能驾驶环境信息感知与融合

环境感知是智能驾驶系统的基础，如图3-1所示，它涉及对周围环境的理解和解析。这包括行人、其他车辆、交通标志、道路边界、障碍物等的检测与识别。通过机器学习和计算机视觉技术，系统能够对这些对象进行分类和定位，从而为后续的决策制定提供数据支持。

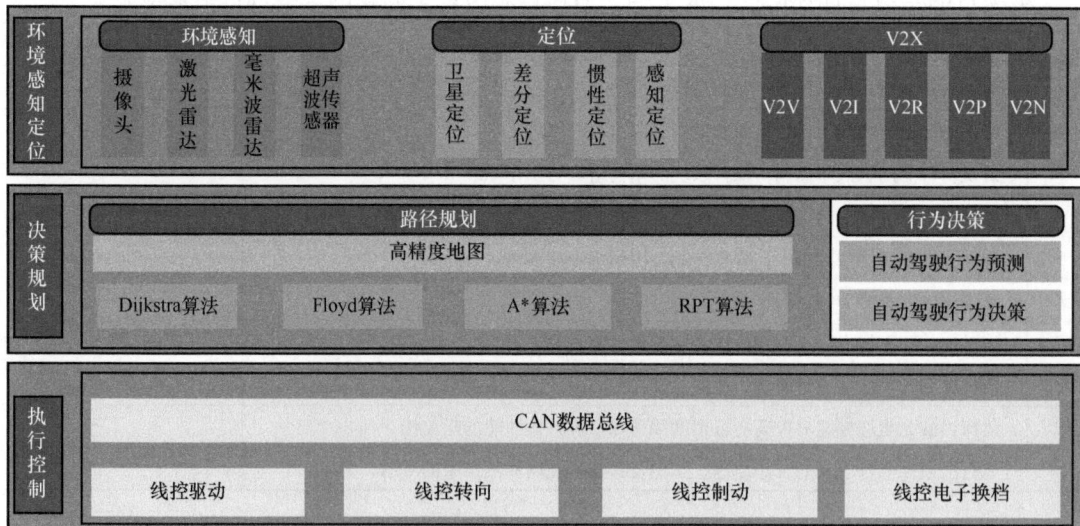

图3-1 智能驾驶环境信息感知与融合架构

3.1.1 智能驾驶环境信息感知基础

1. 深度学习

深度学习算法也被称为卷积神经网络（CNN）。深度学习是机器学习的一种，利用人工神经网络模拟人脑进行思考和学习的方式。如图3-2所示，最基本的结构是把多个感知器组合到一起得到的多层感知器。在多层感知器的基础上加入类似人类视觉皮质的结构而得到的卷积神经网络被广泛应用于图像识别领域。

起源于感知器的深度学习是一种有监督学习，根据期望输出训练网络；而起源于受限玻尔兹曼机的深度学习是一种无监督学习，只根据特定的训练数据训练网络。

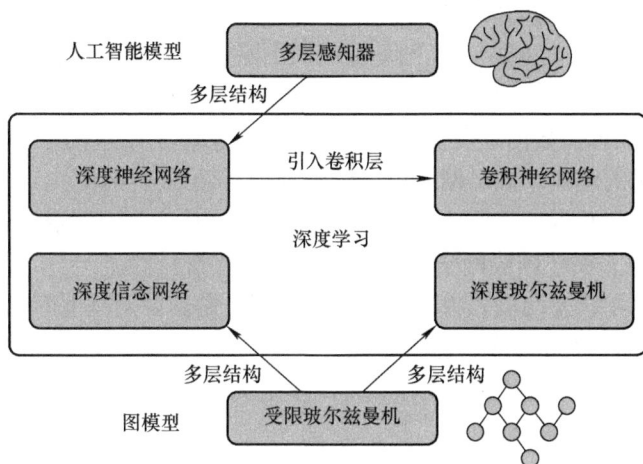

图 3-2　卷积神经网络结构

如图 3-3 所示，通过层层的神经网络结构（通常包括输入层、隐藏层和输出层），深度学习可以在大规模数据集上自动提取有用的特征，并进行高效的分类和预测。下面以一张图片分类问题为例，详细说明深度学习的工作原理。

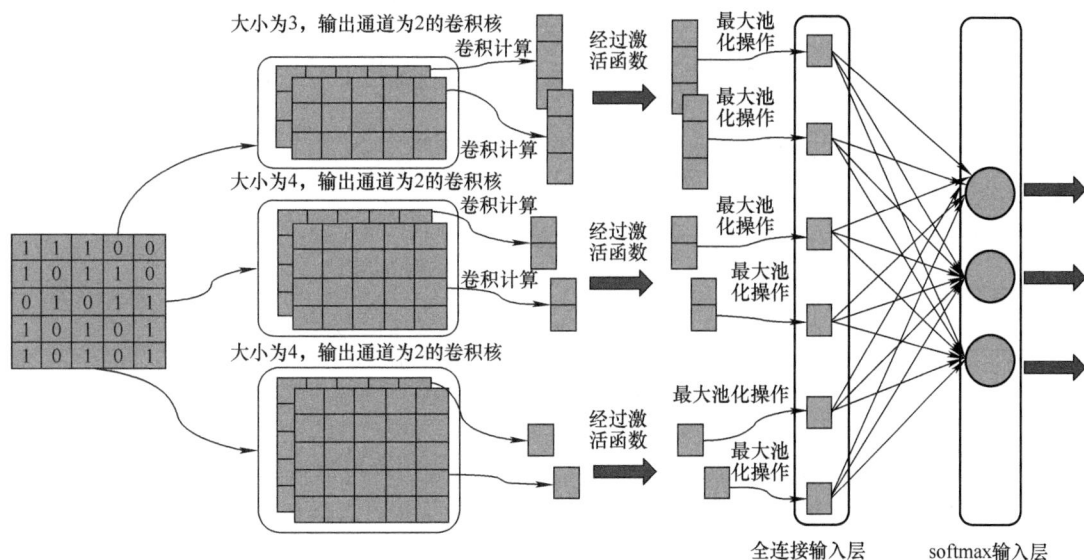

图 3-3　深度学习基本工作原理

1）首先，需要理解什么是神经网络。神经网络是由大量的"神经元"连接而成的网络。每个神经元接收一些输入，对输入进行加权求和，然后通过一个激活函数，得到输出。整个神经网络就是这样一种结构，层层堆叠起来。

2）我们有一组训练图片和对应的分类标签（如猫、狗等）。我们将每张图片的每个像素值作为输入，输入神经网络中。

3）神经网络会从输入层开始，通过每一层的神经元，逐步计算和传播，最后在输出层得到一个结果。这个结果初步代表了神经网络对输入图片的分类。

4）由于神经网络开始的时候是随机初始化的，因此初步的分类结果通常是不准确的。我们需要通过一个优化算法（如梯度下降法）来不断调整神经元之间的连接权重，使得神经网络的输出结果更接近真实的分类标签。这个过程叫作反向传播。

5）将以上过程在训练数据上反复进行，每次都根据输出结果的误差来调整神经网络的参数。经过足够多次的迭代，神经网络就能学会如何正确地分类图片。

这就是深度学习的基本工作原理。在实践中，还会引入一些其他技巧，如卷积神经网络（用于处理图像数据）、循环神经网络（用于处理序列数据）等。

如图 3-4 所示，在智能网联汽车使用 CNN 时，首先需要对大量的图像数据进行训练，学习到车辆环境中各类对象的特征，其目标可能是识别路边的交通标志、行人、其他汽车等。然后，将训练好的 CNN 模型部署到车载计算系统中，对实时的图像数据进行处理，从而完成视觉感知和环境理解等任务。

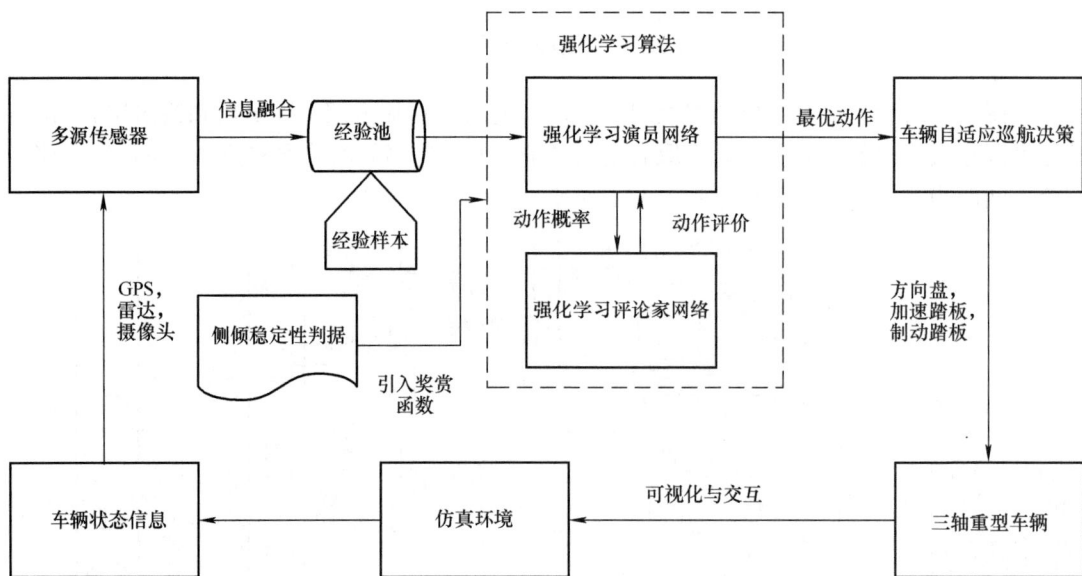

图 3-4　基于智能网联汽车应用的 CNN 工作原理

（1）卷积层　卷积层是 CNN 的核心部分，它使用卷积核对输入图像进行卷积操作。具体来说，卷积核会以一定的步长在图像上滑动，并在每个位置上执行点积运算，从而提取出图像的局部特征。例如，卷积核可以识别边缘、纹理和形状等特征。为了能获取更丰富的特征信息，每个卷积层通常包含多个不同的卷积核。

假设现有一张包含交通标志、行人和其他汽车的图像作为输入。卷积层中的卷积核会以一定的步长在图像上滑动，通过执行点积运算在每个位置提取局部特征。例如，某个卷积核可能识别出某种特定的边缘（比如交通标志的外围边缘），另一个卷积核可能识别出某种纹理或形状（比如汽车的轮廓或行人的轮廓）。为获取更多元化的特征信息，每个卷积层会包含多个不同的卷积核。

（2）池化层　池化层主要用来降低特征的维度和空间大小。它也是以一定的步长在特征图（卷积层的输出）上滑动，但不再做点积运算，而是采用最大值操作（最大池化）或平均值操作（平均池化）等方法，从一个区域内提取一个代表性的值。这样可以有效减小计算量，增强模型的泛化能力，同时保留重要的特征信息。

卷积核产生的特征图将被送到池化层进行降维操作和空间大小的减小。例如，在最大池化操作中，从每个区域内提取最大值代表该区域的特征。

（3）全连接层　如图 3-5 所示，全连接层的每一个节点都与前一层的所有节点相连，并通过激活函数将线性运算转化为非线性。全连接层主要用来整合前面卷积层和池化层提取出的特征，进行高层次特征的学习，最后输出每个类别的预测值。例如，在分类问题中，全连接层可能会输出各个类别的概率分布；在回归问题中，则可能输出连续的数值。全连接层作为网络的最后一层，它将整合前面卷积层和池化层提取出的所有特征。在此例中，全连接层可能会输出一系列的概率分布，这些概率显示图像中存在各类对象的可能性，如"交通标志""行人""汽车"等。然后模型会根据概率值的高低来识别图像中的主要对象。

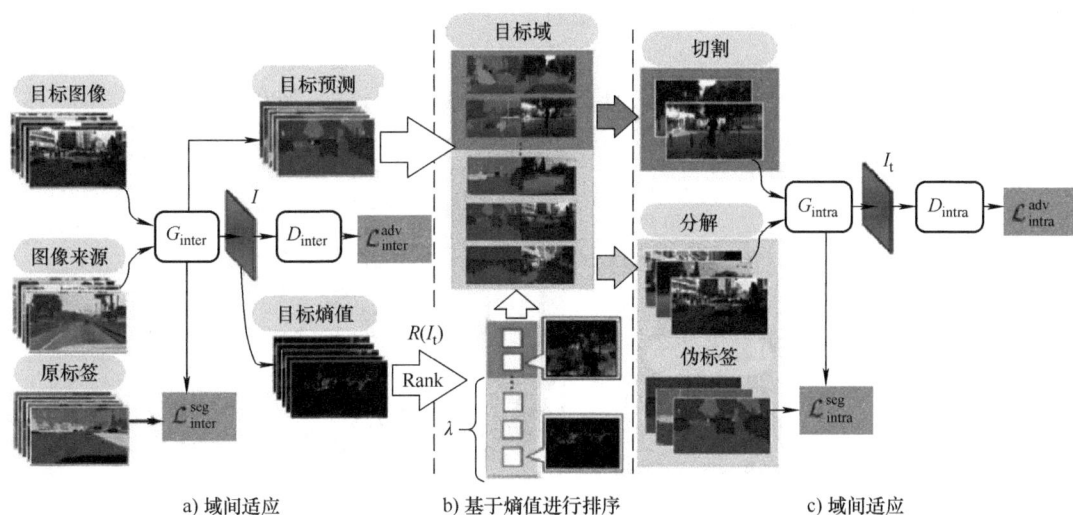

图 3-5　对象识别过程案例

如图 3-5 所示，首先将目标域数据分为易于处理和难以处理的两部分，再针对这两部分数据分别进行适应处理。通常涉及对抗训练，其中一个生成器从源域或目标域图片输出一个语义分割图，然后计算语义分割的不确定性。判别器则根据这个不确定性来判别输入来自哪个域。通过对抗训练，使得目标域的语义分割确定性逼近源域。

应用范围如下：

（1）对象识别　在智能互联汽车中，CNN 通过摄像头捕获的图像，进行预处理和特征提取，如边缘、纹理和颜色分布等，实现高精度的对象识别。例如，它能识别出道路上的车辆、行人以及交通信号，为车辆提供必要的避障和导航信息。

（2）道路检测和语义分割　CNN 不仅识别对象，还能进行道路检测和语义分割。它将图像划分为多个区域，并为每个区域分配类别标签，如道路、树木、汽车等。这有助于车辆理解周围环境结构，为自动驾驶提供关键决策依据。

（3）深度估计　通过立体视觉或单目视觉结合 CNN，智能网联汽车能够进行深度估计，获取环境的三维结构信息。例如，使用双目摄像头和 CNN 进行特征匹配，计算深度信息，帮助车辆判断物体的远近，优化行驶路径。

案例：在自动驾驶场景中，一辆智能网联汽车通过前置摄像头捕捉实时路况图像。CNN 对这些图像进行处理，首先，识别出前方有一辆行驶中的汽车和一个正在过马路的行人。接着，通过语义分割技术，CNN 将道路、车辆和行人精确地区分开来，形成详细的环境地图。同时，结合立体视觉和 CNN 的深度估计功能，车辆能够准确计算出前方汽车和行人的距离，从而制定出安全的行驶策略，如减速或避让。

在语音处理方面，深度学习技术（如 LSTM 和 Transformer）使智能网联汽车能够理解并执行人类发出的指令，如导航到特定地点或调整音乐音量。

对于路径规划和决策制定，深度强化学习（DRL）使车辆能够在复杂的交通环境中自我探索，通过试错找到最优的行驶策略，确保安全并提高行驶效率。

最后，通过深度学习对多传感器数据的融合处理，智能网联汽车能够更全面、准确地感知周围环境，提升自动驾驶的可靠性和安全性。

2. 目标识别与跟踪

目标识别的基本任务是从环境感知信息中识别出特定目标，如车辆、行人、道路标志等，如图 3-6 所示。这一过程比较复杂，依赖于计算机视觉和人工智能技术，特别是目标特征的提取，如颜色、纹理、形状（视觉图像）或距离、速度等（雷达/激光雷达）。

案例：自动驾驶汽车通过摄像头捕捉前方路况，识别出前方行驶的一辆蓝色轿车和一个穿红色衣服的行人。系统利用颜色、形状等特征进行匹配，成功将两者从背景中分离出来。随后，系统

图 3-6　车辆的目标识别

采用卡尔曼滤波器跟踪这两个目标的移动，实时估计并更新它们的位置、速度和加速度，以便预测它们在短时间内的行为。这种精准的识别和跟踪能力，使得自动驾驶汽车能够提前做出避让或减速决策，确保行车安全。

然后，自动驾驶系统采用卡尔曼滤波器或粒子滤波器等算法进行目标跟踪。以卡尔曼滤波器为例，它能在噪声观测值上不断更新估计，特别适合处理线性问题。

案例：当自动驾驶汽车检测到前方一辆白色货车开始变道时，系统迅速启动卡尔曼滤波器跟踪货车的动态。通过连续收集货车的位置、速度等信息，卡尔曼滤波器不断调整和完善估计结果，确保自动驾驶汽车能够准确预测货车的未来轨迹。这一过程中，系统还综合考虑了其他传感器数据，如雷达探测到的距离和速度变化，增强了跟踪的准确性和鲁棒性。

目标跟踪与识别是自动驾驶中的关键环节，车辆需持续监测并跟踪周围目标，预测其行为，并据此做出决策与控制。目标跟踪与识别在智能网联汽车中的技术主要包括三大步骤：目标检测、目标跟踪以及目标识别，见表 3-1。

表 3-1 目标跟踪与识别步骤

序号	相关步骤	详细说明
1	目标检测	首先，目标检测是从视频序列中识别出感兴趣的目标。这一步通常基于深度学习的方法，如卷积神经网络（CNN）等。车载摄像头或其他传感器获得的原始图像数据会被输入这些模型中，通过预先训练好的网络，可以在复杂环境中准确地检测出目标对象，比如行人、车辆、交通标志等
2	目标跟踪	在目标被成功检测出之后，系统需要持续跟踪这些目标的运动状态。常用的方法有基于滤波的方法（如卡尔曼滤波和粒子滤波），也有基于学习的算法（如追踪-学习-检测）等。通过这些方法，无论目标对象是静止还是移动，都能持续地得到其相对于汽车的位置信息
3	目标识别	除了知道目标对象的位置，更重要的是了解这些对象的属性，如是行人还是车辆，是大型车还是小型车等。这个识别过程一般也是借助深度学习完成的。将图像输入预训练好的神经网络中，最后输出目标对象的具体类别。这样，汽车就可以根据这些信息决定下一步的行动，比如选择制动或者改变行驶路线等

总的来说，在智能网联汽车中，目标跟踪与识别技术通过摄像头或其他传感器获取图像信息，然后利用深度学习及其他算法进行处理，从而实现对周围环境的感知，并做出相应的决策。

3. 语义理解

在智能网联汽车中，语义理解需要深度学习和强化学习等技术来帮助自动驾驶系统理解周边环境中的复杂语义信息，以执行更准确、更安全的决策。

在实际的应用中，自动驾驶系统需要理解场景中的语义信息。例如，理解交通信号的含义，判断哪些车道可以行驶、哪些人可能会穿越马路等。这通常涉及深度学习和强化学习等技术。

具体来说，目标图像的语义理解原理如图 3-7 所示。首先，智能网联汽车的传感器（如摄像头、雷达和激光雷达）会收集各种数据，这些数据可能包括道路上的车辆、行人、交通信号等各种信息。其次，这些原始数据需要通过深度学习算法进行预处理，转变为可以让计算机理解的形式。例如，图像分类、对象检测等深度学习模型可以用于理解图像中的内容，如判断前方是否有交通灯、交通灯的颜色是什么；或者识别出路边的行人、车道线等。

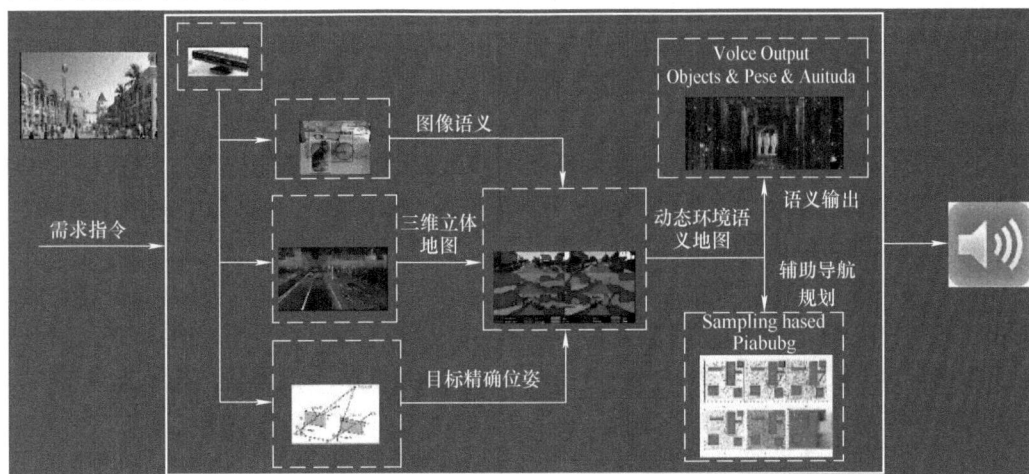

图 3-7 目标图像的语义理解原理

接下来，通过强化学习，智能网联汽车可以在不断的试验和错误中学习如何做出更优的决策。例如，它可以学习到在何种情况下应当减速，何时应该变道等。强化学习的目标是最大化某种奖励信号，如驾驶安全性和效率。

经过这些步骤之后，智能网联汽车就能理解并适应各种复杂的交通环境，实现安全、高效的自动驾驶。

4. 语义分割

语义分割是视觉计算中的一个任务，如图 3-8 所示，它通过对每个像素进行分类，理解图像中各个区域的含义。在自动驾驶中，语义分割可用于区分道路、建筑物、行人、车辆等场景元素，以提供更丰富的环境理解。

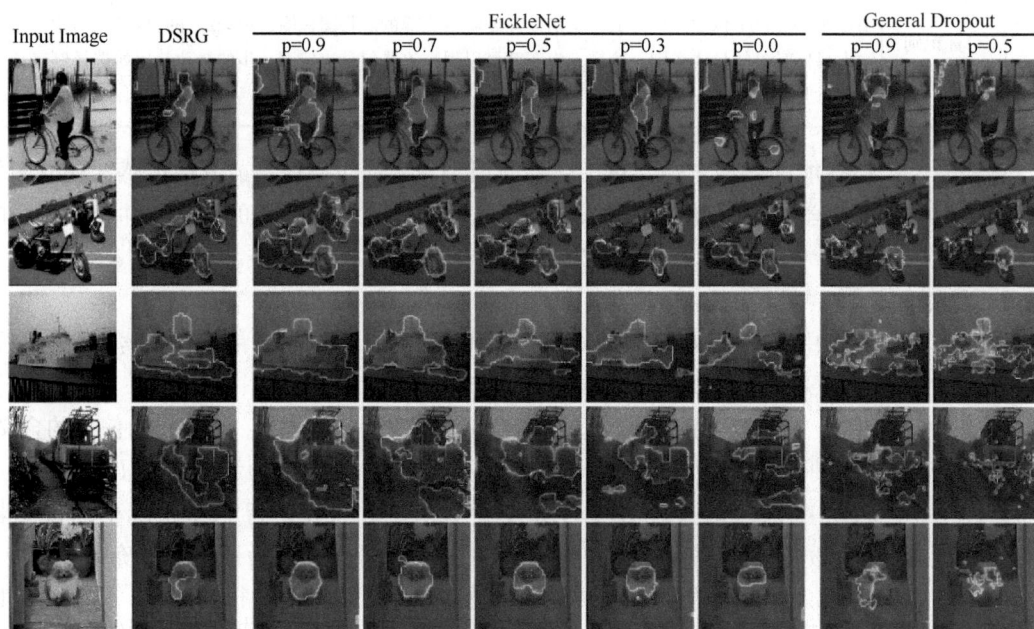

图 3-8 图像的语义分割

语义分割在智能网联汽车中的应用主要体现在环境感知和驾驶决策两个方面。

（1）环境感知 智能网联汽车通过搭载的摄像头或者激光雷达等传感器设备，获取周边环境的图像或者点云数据。接着，利用语义分割算法，对这些数据进行处理，得到每个像素或者点云所对应的分类标签，即判断出这些像素或者点云分别属于道路、建筑物、行人、车辆等哪一类物体。这样，我们就可以有一个清晰的场景理解，知道周围环境中有哪些物体、它们分别在什么地方。

（2）驾驶决策 在获取了精确的环境感知信息后，智能网联汽车就可以根据这些信息，做出相应的驾驶决策。例如，如果发现前方道路上有行人，汽车会选择减速或者停车；如果发现旁边的车道上没有其他车辆，汽车可以选择变道。这些决策都是基于对环境的理解，而语义分割技术就是实现这种理解的关键。

在实现过程中，常见的语义分割模型包括全卷积网络（FCN）、SegNet、U-Net 以及各种基于深度学习的模型。这些模型被训练用来理解从汽车传感器收集的数据，并对这些数据的每个像素或点云进行分类。然后，根据这些分类结果，生成一个标签图，其中每种颜色代表一种类型的物体，如蓝色代表天空、绿色代表树木、黄色代表汽车等。通过这种方式，智能网联汽车可以清楚地理解周围环境中每个物体的位置和属性。

5. 立体视觉

立体视觉是一种模拟人眼双眼立体视觉的计算机视觉技术，通过两个或更多的相机从不同角度获取物体图像，然后对这些图像进行处理，以获取物体的三维空间位置和姿态信息。这种技术广泛应用于机器人导航、手势识别、三维重建等领域。

在智能网联汽车中，立体视觉可以帮助汽车更好地感知周围环境，如道路、车辆、行人、信号灯等物体的深度、距离和速度等信息。例如，通过在车辆两侧安装摄像头，可以获取到道路两侧的图像，进而计算出物体的深度和位置信息。通过这种方式，智能网联汽车可以避免碰撞，寻找合适的行驶路线，实现自动驾驶。

立体视觉技术在智能网联汽车中的应用主要是通过模拟人的双眼视觉系统，捕获3D环境信息，包括物体的深度、距离和速度等。

首先，智能网联汽车会在合适的位置安装两个摄像头，这两个摄像头就相当于人的双眼，它们从略微不同的角度捕获场景的图像。然后，算法器比对这两个图像的差异，根据这种差异（视差）来计算物体的深度和距离。这种方法被称为立体匹配。

如图3-9所示，在实际应用中，立体视觉技术可以提供丰富的环境感知信息，帮助汽车识别周围的物体，并判断这些物体的具体位置和距离。例如，通过识别道路上的其他车辆，可以了解这些车辆的行驶方向和速度，从而决定自己的行驶路线和速度；通过识别行人或者骑自行车的人，可以预防可能发生的碰撞事故；通过识别信号灯，可以了解交通规则，决定何时停车或者行驶。

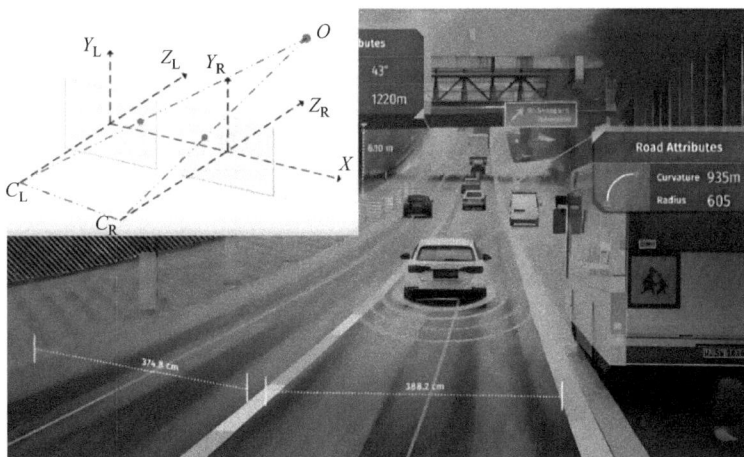

图3-9 立体视觉技术在智能网联汽车中的应用

立体视觉还可以和其他传感器一起工作，提供更完整的环境感知信息。例如，雷达或者激光雷达可以提供精确的距离和速度信息，而摄像头则可以提供丰富的颜色和形状信息。通过融合这些信息，智能网联汽车可以更好地理解周围的环境，并做出正确的驾驶决策。

6. 场景流

场景流是一种用于描述三维世界中各个像素点的运动的方法。通过连续两帧图像之间像素点的对应关系，可以估算出每个像素点的移动方向和距离，即场景流。场景流的主要应用是对动态环境的理解，包括运动物体的检测、跟踪和分割，运动场景的重建和解析，以及运动预测。

如图 3-10 所示，场景流（Scene Flow）描述了三维世界中每一个像素点的三维运动，与光流（Optical Flow）不同的是，光流描述的是二维图像平面上的像素点的移动。场景流的估计主要通过连续两帧的立体图像对进行计算。首先，分别对两帧图像进行立体匹配，得到每个像素点的深度信息；然后，根据连续两帧图像之间像素点的对应关系，即可估算出每个像素点的运动方向和距离。这就是场景流的基本计算方法。

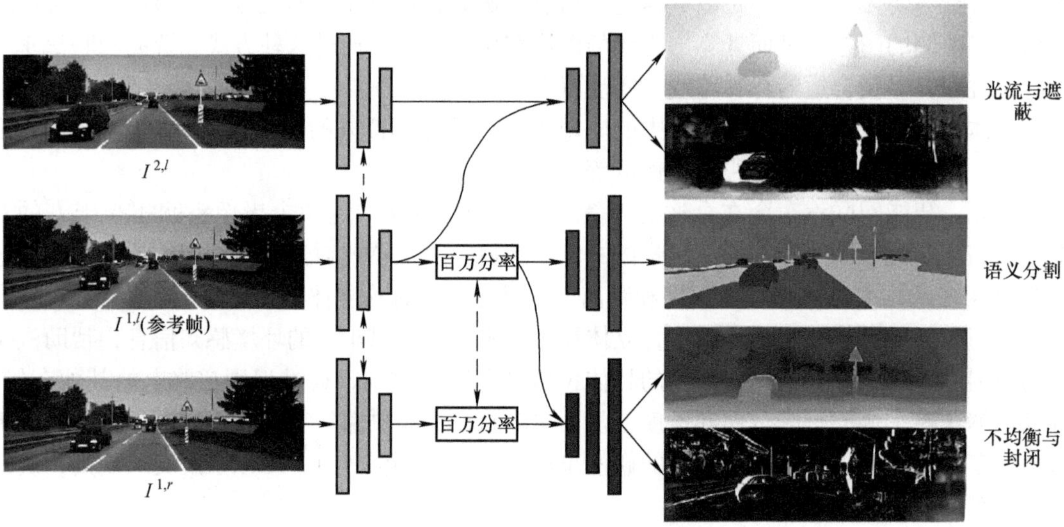

图 3-10　场景流的估计原理

场景流的主要应用场景见表 3-2。

表 3-2　场景流的主要应用场景

序号	应用场景	详细说明
1	运动物体的检测、跟踪和分割	通过场景流，我们可以知道哪些像素点（或者说哪些物体）在运动，以及运动的方向和速度。这对于运动物体的检测和跟踪非常有用。同时，场景流还可以用于运动物体的分割，也就是将运动的物体从背景中分离出来
2	运动场景的重建和解析	场景流提供了每个像素点的运动信息，有助于我们理解和重建整个运动场景
3	运动预测	通过分析连续几帧的场景流，我们可以预测下一帧的场景流，从而预测物体的未来运动

场景流在智能网联汽车、无人机导航、虚拟现实、增强现实等领域都有广泛的应用。例如，在智能网联汽车中，场景流可以用于行人检测、车辆跟踪、障碍物避让等任务，从而提高自动驾驶的安全性和效率。

7. 视觉里程计

视觉里程计（Visual Odometry，VO）是一种估计摄像头运动的技术。通过连续两帧或多帧图像间的像素点关联，可以推算出摄像头（也就是车辆）的运动状态，如位置、速度和方向等。VO 技术也被广泛应用于智能网联汽车中，它的主要工作原理和应用如下。

在智能网联汽车中，如图 3-11 所示，车载摄像头连续捕获前方的画面，生成一系列图像序列。接着，VO 技术从第一帧图像开始逐一与后续的图像进行比较，找到两幅图像之间共享的特征点，并确定这些特征点的位移。这个位移表征了摄像头（即车辆）相对于环境的变化。

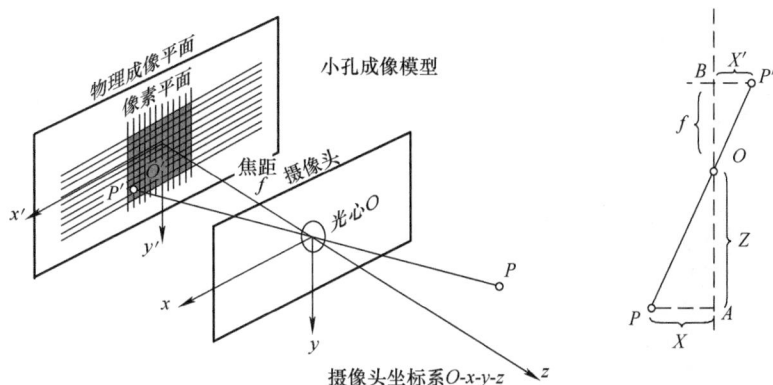

图 3-11 视觉里程计估算原理

为了在二维图像中找出这些特征点，如图 3-12 所示，通常需要使用特征提取算法，如 SIFT、SURF 或 ORB 等。这些算法可以从图像中提取角点、边缘等易于识别并且在多帧图像中稳定存在的特征。

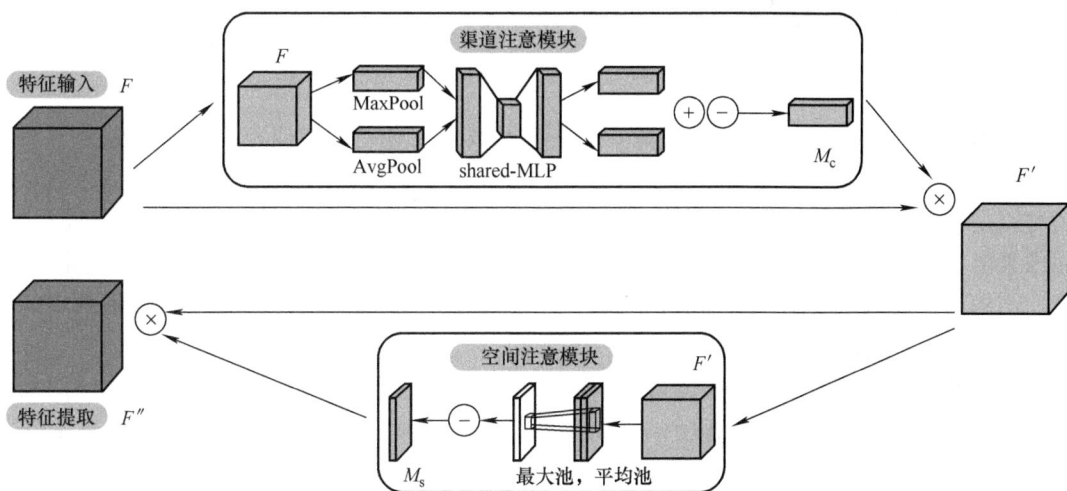

图 3-12 二维图像特征点提取算法

在找到特征点和计算出它们的位移后，视觉里程计还需要通过一个优化过程，来获得最准确的运动参数。这个过程叫作运动估计，它需要解决的是一个最小化误差的问题，即找到一个最佳的运动参数，使得所有特征点的预测位置与实际位置之间的差距最小。

全景视觉里程计（PVO）使用统一的视图将这两个任务紧密耦合起来，对场景进行全面建模。VPS 可以利用全景分割信息调整 VO 的权重，并且 VO 可以将视频全景分割的跟踪和融合从 2D 转换为 3D。PVO 由三个模块组成：图像全景分割模块、全景增强 VO 模块和 VO 增强 VPS 模块。具体来说，全景分割模块接收单个图像并输出图像全景分割结果，然后将其输入全景增强 VO 模块作为初始化。图 3-13 所示为 3D 转换为 4D 的全景视觉里程计工作原理。

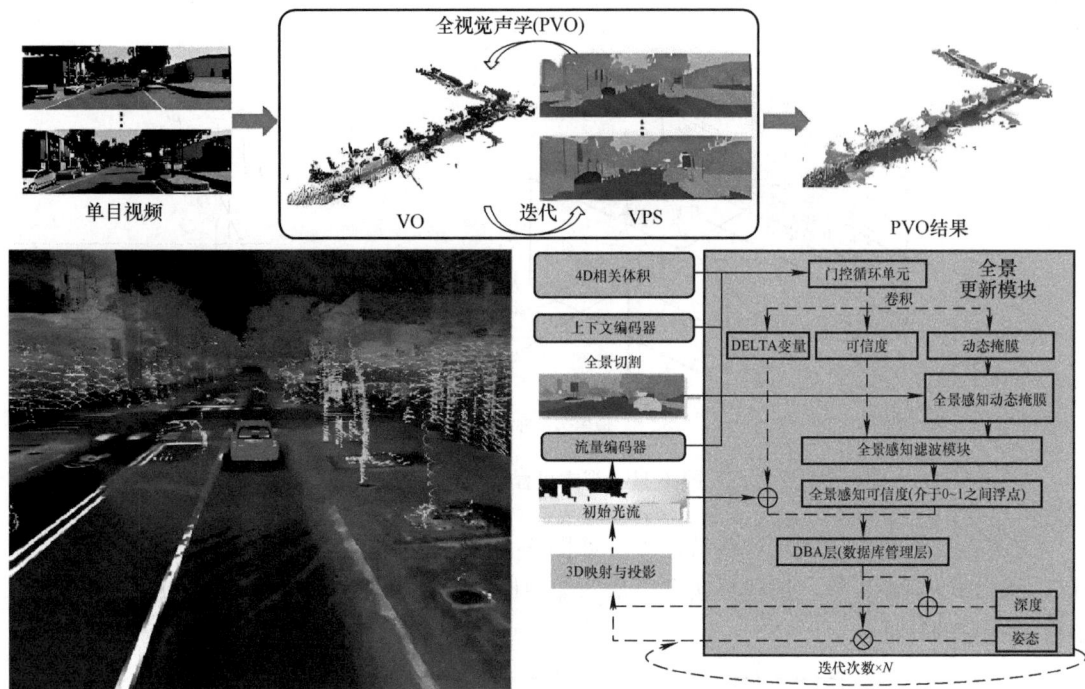

图 3-13　3D 转换为 4D 的全景视觉里程计工作原理

在图 3-13 中，掩膜用于指定图像中感兴趣区域的二进制图像或矩阵，通常是一个与原始图像具有相同尺寸的矩阵或图像，用于指示或标识原始图像中特定区域的像素或区域。掩膜可以是二进制的，其中像素值为 1 表示对应原始图像的像素属于某个特定的区域或目标，而像素值为 0 则表示不属于该区域或目标。在图像识别中，掩膜主要用于提取感兴趣区、屏蔽、结构特征提取以及制作特殊形状图像。通过掩膜，可以更精确地选择和操作图像中的特定区域，从而提高图像识别的准确性和效率。

在图像处理技术中，边缘检测是识别图像中亮度变化显著区域的过程，这通常与图像中的物体边界相对应。在这个过程中，可能会使用到各种算子（如 Prewitt、Sobel 等）来计算图像梯度，从而突出显示边缘。虽然这些算子本身不直接称为 DELTA，但它们的原理与 DELTA 在编程中代表"变化的量或差异"的概念有相似之处。

在图像识别中，通过卷积核对图像进行滑动窗口式的局部加权求和，从而提取图像的特征。这些特征对于后续的图像分类、目标检测等任务至关重要。通过堆叠多个卷积层，CNN 能够逐层提取图像从低级到高级的特征，最终实现复杂的图像识别任务。

这样，通过连续的图像处理和优化，视觉里程计就能实时地获取并更新车辆的位置、速度和方向等信息，为车辆导航提供重要数据。此外，由于视觉里程计不需要额外的硬件设备，成本较低，因此在智能网联汽车领域具有广泛的应用前景。

3.1.2 驾驶环境信息感知与融合

在无人驾驶汽车技术中，如图3-14所示，环境感知通过各种传感器（如摄像头、激光雷达、毫米波雷达、超声波传感器、陀螺仪和加速度计）来感知周围环境和车辆状态。不同的传感器主要用于收集数据、识别颜色和测量距离。传感器获得的数据必须通过感知算法处理并转换为有用的信息，以实现车辆与道路、行人等的交互。传感器融合技术能够整合这些传感器获取的不同类型数据，以获得更为准确和稳定的环境感知结果。这一技术通过算法来优化数据的处理流程，用以解决单一传感器的局限性，提升数据的可靠性和精确度，从而使车辆能够自动分析是否处于安全或危险的状态，帮助实现智能驾驶，最终取代人类做出决策并实现无人驾驶的目标。

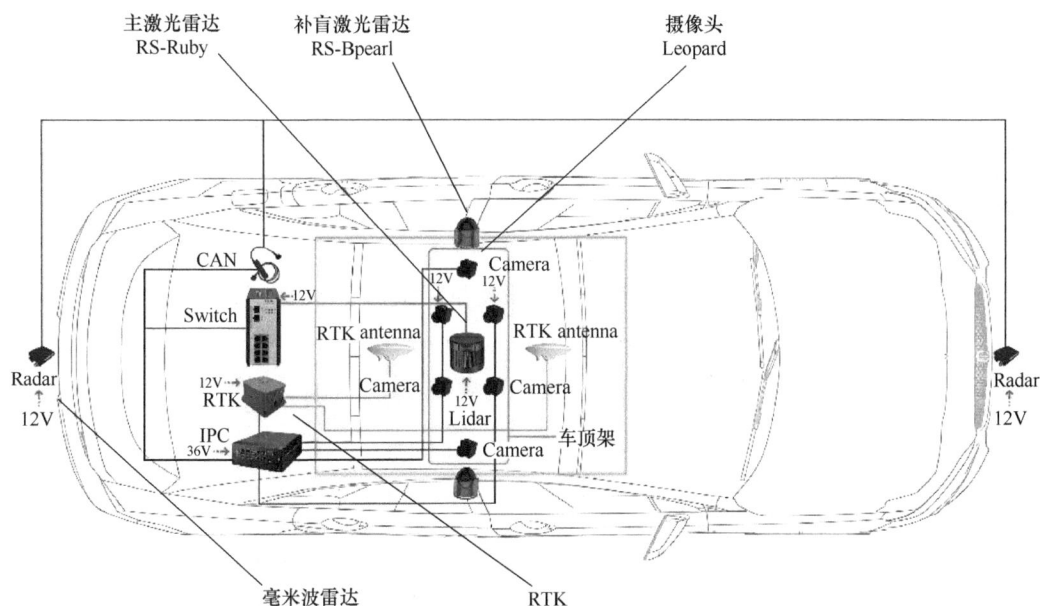

图3-14 环境感知传感器常见安装位置

通过前面的学习，我们知道环境感知是自动驾驶系统通过雷达、激光雷达、摄像头等设备获取车辆周围环境信息的过程。环境信息包括其他车辆、行人、路标、交通信号等内容。而目标识别则是自动驾驶系统对从环境感知阶段获取的信息进行处理，以确定各个目标对象的过程。通过图像处理和深度学习等技术，可以识别车辆、行人、路标、交通信号等目标。

例如，如图3-15所示，激光雷达、毫米波雷达、摄像头和超声波传感器在智能驾驶中各司其职，共同构建外部环境感知系统。再例如：在复杂的城市交通环境中，一辆自动驾驶汽车通过激光雷达详细扫描前方的路况，精确识别出一位正准备横穿马路的行人。同时，毫米波雷达在雨雾天气下稳定工作，提供了行人的相对速度和距离信息。摄像头则捕捉到了行人的衣着颜色，并通过计算机视觉技术确认了交通信号灯的状态为绿灯，进一步确认穿越的安全性。结合这些信息，自动驾驶系统就能迅速做出决策，减速并安全避让行人。

当车辆进入停车场时，超声波传感器发挥作用，检测到车辆周围的近距离障碍物，如停

图 3-15　外部环境的扫描识别

车位边界和邻近车辆，辅助车辆安全停入车位。

高精度的定位系统同样不可或缺。通过 GPS、北斗和 IMU 的结合，自动驾驶汽车在复杂城市环境中实现了厘米级的定位精度，确保车辆准确知道自身在道路上的位置，为路径规划和导航提供了坚实基础。

最后，为了全面理解周围环境，如图 3-16 所示，多传感器融合算法被应用于处理来自不同传感器的数据，构建一个综合的三维环境模型。这一过程克服了单一传感器的局限性，提高了感知的可靠性和精度，为控制器实施决策提供了全面、准确的环境信息。

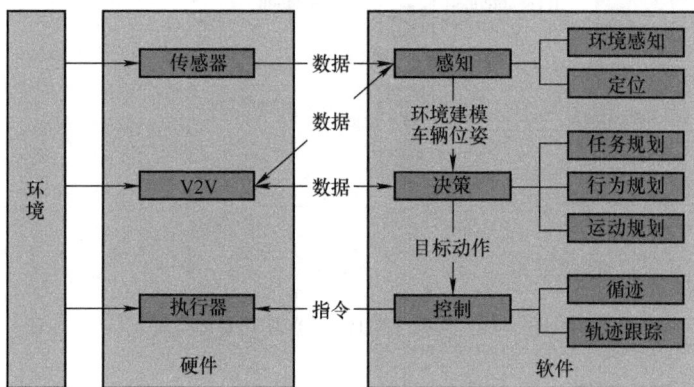

图 3-16　多传感器融合处理

无人驾驶汽车采用先进的技术，实现了自动驾驶的多个关键环节。其核心决策系统不仅采集与处理车上环境信息，还精准感知车外的车道线、行人、障碍物及交通标志，这些离不开数据集的作用。在复杂交通环境中，一辆无人驾驶汽车通过其智能感知系统，不仅实时识别了前方的障碍物和行人，还预测到一辆相邻车道的车辆即将变道。基于这一预见性信息，系统迅速做出决策，平滑调整车速和路线，安全避让了潜在冲突。

这一案例展示了无人驾驶汽车如何通过融合多传感器算法、通信技术和最优控制技术，实现环境感知、预测、规划决策和控制的完整闭环。特别地，智能感知系统的预见性能力，通过历史数据分析和机器学习算法，显著提升了决策和控制的准确性和安全性，满足了复杂路况下的无人驾驶需求。

KITTI 数据集是世界上最大的自动驾驶场景下的计算机视觉算法评估数据集。如图 3-17 所示，它是一个公共数据集，用于测试交通场景中的算法，如车辆检测、车辆跟踪和语义分割，评估计算机视觉技术在立体视觉、光流、视觉里程计、三维物体检测和跟踪中的性能。数据集通过安装在汽车上的各种传感器采集外部场景数据，分析并呈现无人驾驶汽车的实际情况。

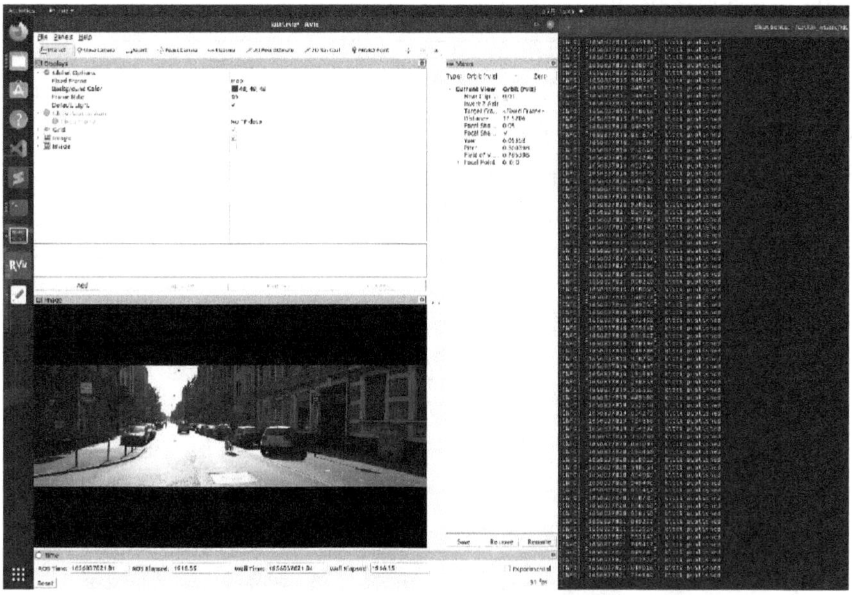

图 3-17　KITTI 数据集

KITTI 数据集包含从城市、农村和公路场景中收集的真实图像数据，每幅图像可能有多达 15 辆车和 30 名行人，并具有不同程度的遮挡和拦截。整个数据集包括 389 对立体图像和光流图、39.2km 的视觉测距序列和 3D 物体图像，这些数据以 10Hz 的频率采样和同步。原始数据集分为道路、城市、住宅、校园和个人。对于三维目标检测，标签细分为轿车、货车、行人、自行车、电车和其他。完整的数据集包括立体数据、光流数据、视觉里程表数据、目标跟踪数据和道路分析数据等。

如图 3-18 所示，传感器配置包括：

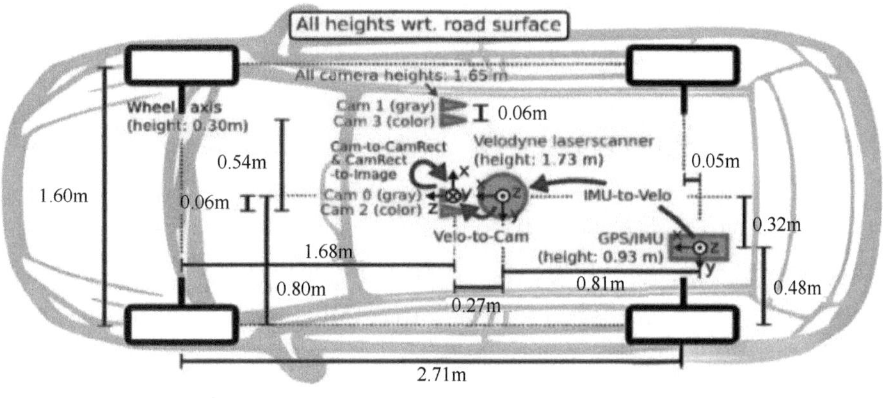

图 3-18　传感器对数据的采集

1）2 个 140 万像素的 PointGray Flea2 灰度相机。

2）2 个 140 万像素的 PointGray Flea2 彩色相机。

3）4 个 Edmund 的光学镜片，水平视角约为 90°，垂直视角约为 35°。

4）1 个 64 线的 Velodyne 旋转激光雷达，10Hz，角分辨率为 0.09°，每秒约 130 万个点，水平视场 360°，垂直视场 26.8°，至多 120m 的距离范围。

5）1 个 OXTS RT3003 组合导航系统，6 轴，100Hz，分辨率为 0.02m，0.1°。

对于摄像头（Camera），$x = $ 右，$y = $ 下，$z = $ 前；对于激光雷达（Velodyne），$x = $ 前，$y = $ 左，$z = $ 上；对于 GPS/IMU，$x = $ 前，$y = $ 左，$z = $ 上。

如图 3-19 所示，数据集可以分为 City（城市区路面）、Residential（居住小区）、Road（一般交通道路）、Campus（校园内路面）、Person（有人的路面）几类。所有的视频录制于 2011 年 9 月 26 日、28 日、29 日、30 日和 10 月 3 日，沿用至今，已经经过了多次更新。

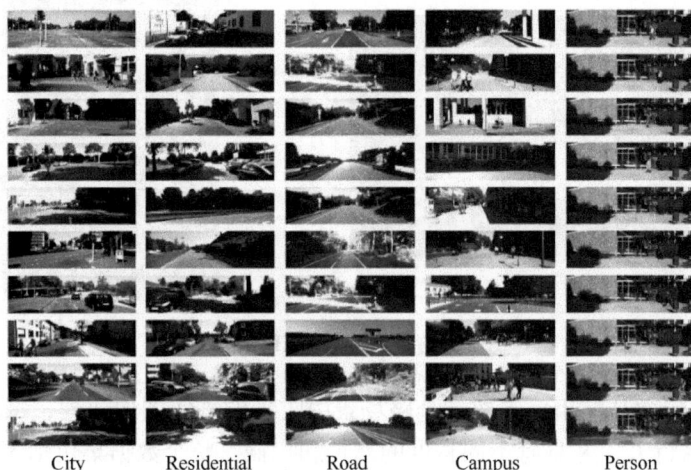

图 3-19　数据集分类

在生成双目立体图像的过程中，相同类型的摄像头相距 54cm 进行安装。由于彩色摄像头的分辨率和对比度不满足需求，因此额外使用了两个立体灰度摄像头，与彩色摄像头之间安装间隔为 6cm。

KITTI 数据集包含以下信息：

1）原始和经同步与校正处理的双目灰度图像序列，以 png 格式存储，大小 1240 × 370 左右。

2）原始和经同步与校正处理的双目彩色图像序列，以 png 格式存储，大小 1240 × 370 左右。

3）3D Velodyne 点云，每帧约 10 万个点，以 bin 的方式存储。

4）3D GPS/IMU 数据，包括位置、速度、加速度、元信息等，以 txt 方式存储。

5）校正文件，包括摄像头参数、摄像头与 GPS/IMU、摄像头与 Velodyne 之间转换，以 txt 方式存储。

6）3D 目标检测标签，含汽车、货车、有轨电车、行人、骑自行车的人，以 xml 形式储存。

使用时我们只需要使用经过处理（synced + rectified）的数据。如图 3-20 所示，在 KIT-TI 数据集中，激光雷达数据由激光照射到物体表面后产生的大量点数据组成，这些数据包括四维信息：x，y，z 以及反射强度（reflectance）。Velodyne 3D 激光雷达生成的点云数据保存为二进制文件格式（.bin）。可以在 KITTI 的官方网站下载原始数据开发工具包（raw data development kit），其中的 readme 文件详细记录了关于数据采集装置、不同设备的数据格式、标签等全部必要信息。

图 3-20 激光雷达产生的即时雷达点云数据信息

该官方工具包内含一个 MATLAB 文件夹，提供了 MATLAB 接口，主要功能是将激光雷达数据与摄像头数据结合，并在图像上进行投影。这些 MATLAB 接口的具体解释和使用方法也有详尽的说明。使用这些工具，最终可以将点云数据转换成 pcd 格式，之后利用点云库（PCL）进行进一步处理。

雷达点云数据以二进制形式存储，文件后缀名为 .bin。每行数据代表一个雷达点，包括其坐标（x，y，z）和强度（intensity），其中坐标单位为 m，强度的范围是 0 ~ 1.0。回波强度的大小取决于雷达与物体的距离及物体自身的反射率，通常在相关应用中不经常使用。这样的激光雷达即时点云数据信息非常详细，为无人驾驶汽车技术的研发和优化提供了重要支持。

图像数据保存为 .png 格式，可以方便地直接进行查看。以双目视觉系统的左侧图像为例，将雷达点云与图像数据进行融合处理时，三维点云到图像平面的投影变换过程可以通过图 3-21 清晰地理解：该过程将现实世界中的三维空间信息转换成特定视角下的二维图像信息，这种投影变换过程通常会牺牲一些深度信息。通过这种方式，我们可以将点云数据有效地结合到二维图像中，以便进行进一步的图像分析和处理。

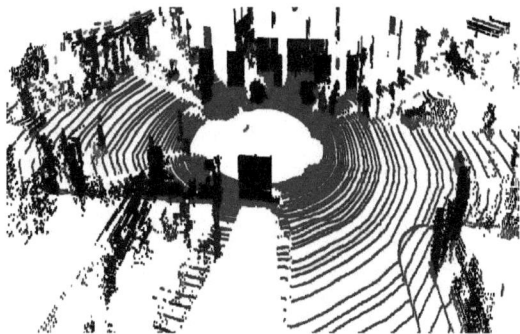

图 3-21 去除地面点云后的障碍物分布

如图 3-22 所示，深度学习在检测识别领域，虽强大但面临挑战，尤其在视觉实时识别方面。相较之下，激光雷达以其简单性和实时性优势显著，它通过三维轮廓检测，依据反射强度谱轻易区分不同障碍物，如草地、树木、车辆等。

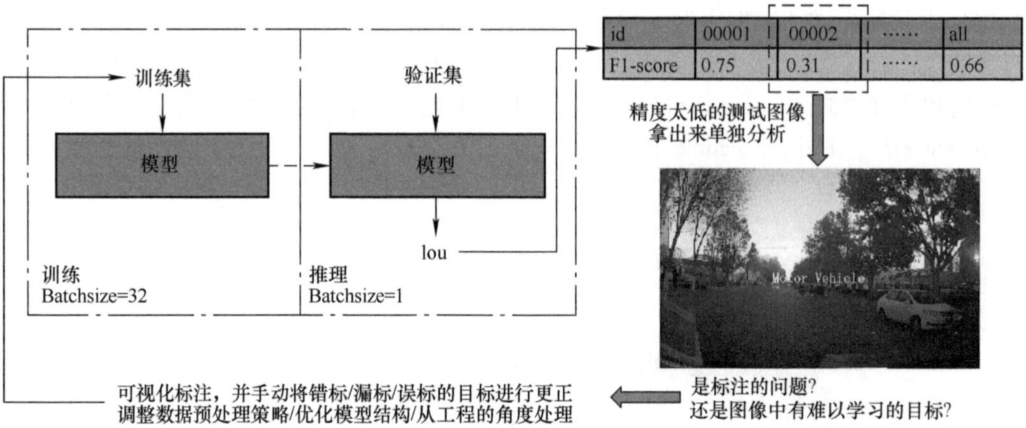

图 3-22   目标检测

一个关键案例是激光雷达在无人驾驶汽车中的应用。如图 3-23 所示，在动态环境中，激光雷达不仅检测障碍物，还通过其视频分析能力跟踪动态目标轨迹，预测未来路径。例如，当检测到前方有行人横穿时，激光雷达迅速反应，与深度学习模型结合（尽管后者在此处可能不是主角），帮助无人驾驶汽车规划出一条安全避让的路径，确保安全抵达目的地。这体现了激光雷达在环境感知、动态目标跟踪及路径规划中的核心作用，是无人驾驶技术中的关键环节。

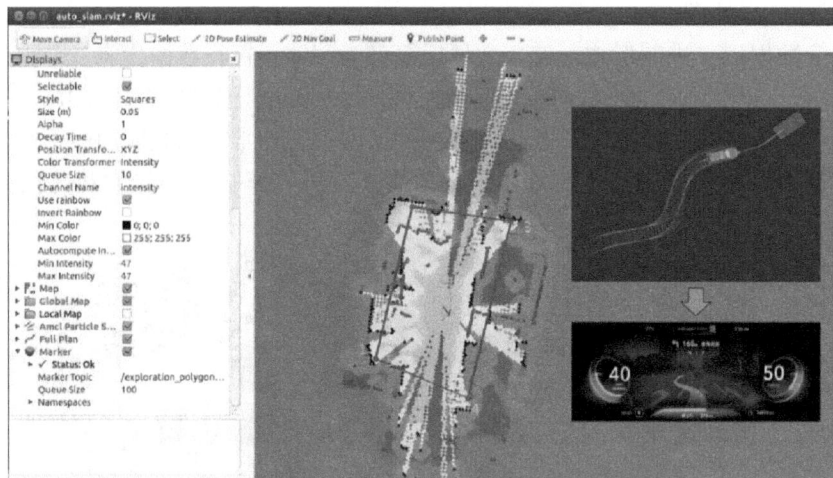

图 3-23   根据目标检测自动确定避开障碍的路径

3.2   智能驾驶汽车的路径规划

路径规划是一种寻找从一个地点到另一个地点最优路径的算法。这种算法广泛应用于各种领域，如导航系统、网络路由、供应链管理等。智能网联汽车的路径规划是一种非常重要的功能，它能帮助汽车决定最佳的行驶路线。这种路径规划涉及很多不同的因素，包括道路条件、交通状况、目的地距离等。路径规划原理如图 3-24 所示，在智能网联汽车中，路径规划技术的主要目标是找到一条从起点到终点的最优路径，使得汽车可以按照这条路径进行高效、安全的行驶。

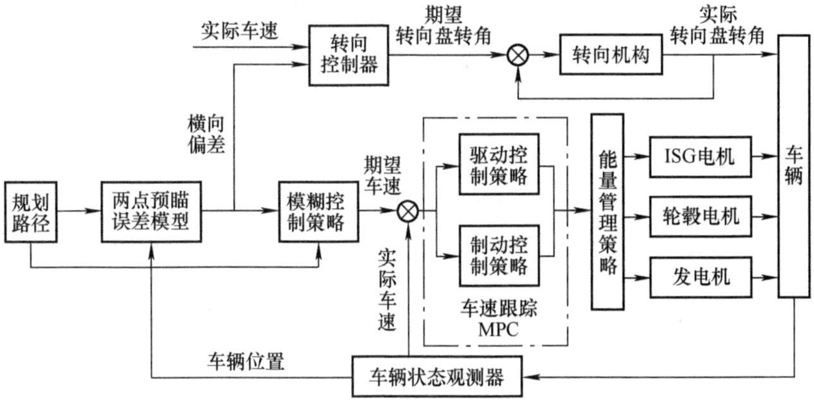

图 3-24　智能网联汽车路径规划原理

在无人驾驶汽车的路径规划中，下面几个关键因素尤为重要。

（1）目的地总距离　目的地总距离与路径选择紧密相连。以最小化时间和/或油耗为目标，路径规划需综合考量。例如，某次规划中，系统可能发现一条看似更短的路线，但因道路条件复杂（如多弯道、上坡），实际耗时更长。对于电动汽车，还需额外考虑充电站布局，以确保电量充足。

（2）道路条件　道路条件直接影响行驶安全与效率。如某次规划中，系统检测到某段道路因暴雨积水，即时调整路线，避免潜在风险。同时，道路设计与交通标志也需纳入考量，确保合规行驶。

（3）交通状况　交通状况的动态变化要求系统具备实时调整能力。如遭遇交通拥堵，系统迅速重新规划，引导车辆绕行畅通路段。车联网技术的应用，使得车辆能实时接收其他车辆和基础设施的反馈信息，大幅提升决策准确性。案例中，一辆无人驾驶汽车通过车联网得知前方道路因事故封路，立即变更路线，有效避免了长时间等待。

（4）能源消耗　对于电动汽车，能源消耗成为路径规划的关键考量。在一次长途旅行规划中，系统精心策划路线，确保沿途有充足的充电站，避免因电量不足而中断行程。这一过程中，不仅考虑了距离，还细致权衡了充电时间与行驶效率的平衡。

（5）路径规划算法　如图 3-25 所示，利用各种先进的路径规划算法，可以帮助智能网联汽车在满足上述多种因素的前提下，计算出从起点到终点的最优路径。

所以，路径规划需要根据实时路况、目的地距离和能源消耗等多元信息进行综合分析，实现安全、高效地行驶，最大化地节约时间和能源。

智能网联汽车路径规划的核心是通过收集大量的数据（包括车辆状态、道路条件、交通信息等），然后运用各种算法（如 Dijkstra 算法、A＊搜索算法、遗传算法等）进行计算，找出满足特定条件（如最短、最快、最省油等）的路径。这些算法可以根据当前的道路和交通信息，计算出最优的行驶路径。同时，由于路况和交通状态可能随时变化，因此这个规

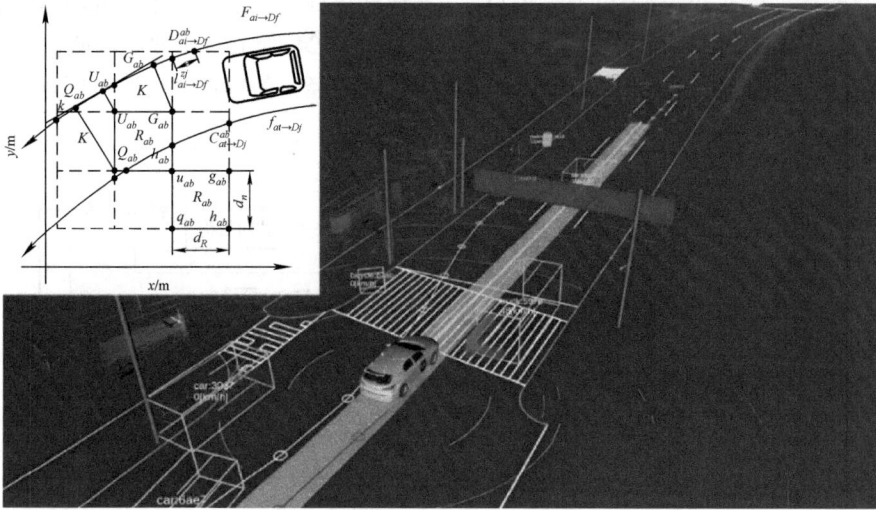

图 3-25　全局路径规划原理

划过程需要是动态的，即实时接收新数据，实时更新路径。

（1）Dijkstra 算法　如图 3-26 所示，Dijkstra 算法是一种用于寻找图中最短路径的算法，它在网络路由协议、GIS（地理信息系统）、硬件设计等领域得到了广泛应用。该算法使用广度优先搜索，在每步操作中都会选择最短的未标记边，并根据边的权值进行更新，目的是最小化一个给定开始节点到各个节点的距离。

图 3-26　Dijkstra 算法

初始时，源节点将自己的距离设为 0，其他所有节点设为无限大。然后，从源节点开始，选择边的权值最小的邻接顶点，该顶点就作为当前节点，更新所有与当前节点相连的其他顶点的距离；然后访问下一个当前节点，直到所有的顶点都被访问过，这个过程被称为松弛。最后，每个节点储存的就是从源节点到自己的最短距离。

（2）A * 算法　A *（A Star）算法是一种启发式搜索算法，常常用在路径查找和图形遍历。这种算法通过采用启发式方法，评价哪个节点最可能导向目标。如图 3-27 所示，在每一步的路途中估计从起始点到目标点的代价，其中 $f(n) = g(n) + h(n)$，$g(n)$ 是从起始点

到节点 n 的实际距离，$h(n)$ 是从节点 n 到目标节点的启发式估算距离（也就是预测的距离）。算法在执行中，会选择 $f(n)$ 的总代价最小的节点进行拓展，直到找到目标节点或者没有节点可以拓展为止。

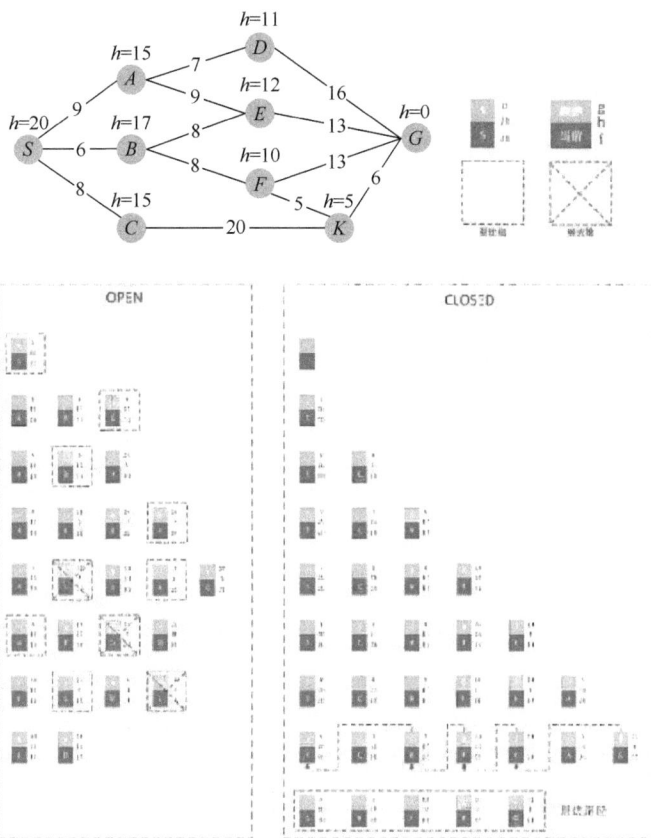

图 3-27　A ∗ 算法

如图 3-27 所示，S 为起始（start）节点，G 为目标（goal）节点。

节点之间连线是两点的路径长度，如 A 到 E 的路径长度 $c(A,E)=9$。

节点旁的 h 值是当前节点到达目标节点（G）的预估值，如 $h(A)=15$，表示从当前点 A 到达目标点 G 的估计路径长度为 15，此处 $h(x)$ 即为启发函数。

从起点 S 到达当前节点 x 的路径长度表示为 $g(x)$。

从起点 S 到达目标 G 并通过点 x 的估计距离长度表示为 $f(x)=g(x)+h(x)$，该公式是 A ∗ 算法的核心公式。

A ∗ 算法经过不断地选择估计距离 f 最小的节点，逐渐构建最短路径。

（3）遗传算法　遗传算法是一种借鉴生物界自然选择和遗传学机制的搜索算法，它通过组合和变异找到问题的最优解。如图 3-28 所示，遗传算法采用编码技术将问题的解空间——染色体映射为一个二进制字符串，然后生成一定数量的染色体，形成初始种群。对种群进行适应度评估，按照适应度大小进行筛选并进入交叉突变环节，产生新的种群。这个过程一直重复进行，直至满足停止条件（达到迭代次数，或者找到满意解）。因此，遗传算法

73

是一种从大量解空间中寻找最优解的有效方法，特别适合处理那些难以通过确定性方法求解的问题，如车辆路径问题、任务调度问题等。

（4）GIS（地理信息系统）　GIS主要是一种地理数据集成、管理和分析的技术，通过计算机系统对地理信息进行输入、储存、查询、分析和显示，已广泛应用于城市规划、交通导航、环境管理等领域。GIS的实现主要分为以下几个步骤：首先是地理数据的收集，包括卫星图像、地籍图等。然后，这些数据会被转换为电子地图，并基于地理数据库进行储存。之后，用户可以通过查询、分析和显示功能，来获取不同的地理信息。

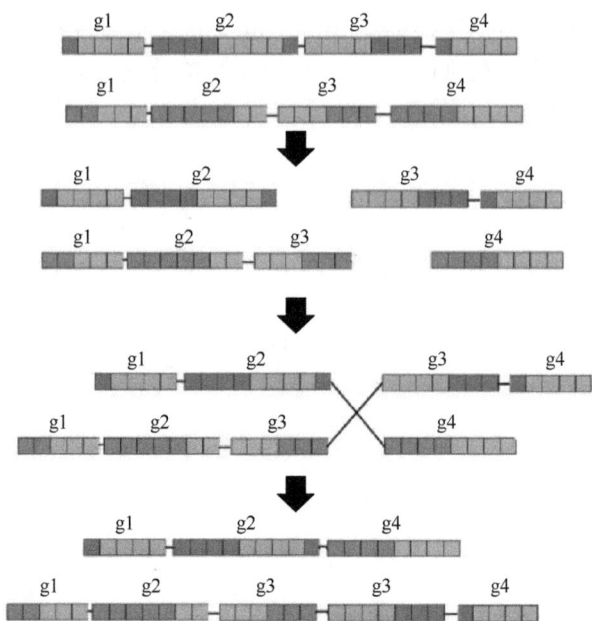

图 3-28　遗传算法

（5）大数据分析　大数据分析是指从大量的无结构和半结构数据中提取有价值的信息，并对这些信息进行深度挖掘以获取更多的洞察力。它涵盖了数据采集、数据整合、数据管理、数据分析和数据可视化等环节。大数据分析通常包含以下几个步骤：首先，需要收集大量的数据，并清洗这些数据，去除噪声和不准确的信息。然后，通过数据挖掘技术，找出数据中的模式和关联。最后，通过数据可视化工具，将这些数据转化为易于理解的形式，帮助用户做出决策。

（6）机器学习　机器学习是人工智能的一个重要方向，它是让计算机模拟或实现人类的学习行为，以获取新的知识或技能，并重新组织已有的知识结构，以使之不断改善自身的性能。机器学习工作过程主要包括模型学习和模型使用两个环节。在模型学习阶段，计算机通过接收大量数据输入，然后利用某种算法对这些数据进行学习，生成相应的模型。在模型使用阶段，根据新的输入数据，利用学习得到的模型进行预测或者分类。机器学习算法主要包括监督学习、无监督学习、强化学习等。

值得注意的是，智能网联汽车的路径规划需要考虑很多复杂的实际情况，如交通堵塞、道路施工、突发事件等。因此，这需要一个强大的系统来支持实时的数据处理和分析。

3.3　无人驾驶行为决策与控制

决策控制是智能驾驶系统中将感知信息转化为具体驾驶行为的关键环节。基于环境感知的结果，智能驾驶系统需要做出行驶路径规划、避障策略、车速控制等一系列决策。

首先是路径规划。路径规划主要分为全局路径规划（图3-29）和局部路径规划。全局路径规划基于高精度地图和实时交通信息，计算出从起点到终点的最优路径。常用的全局路径规划算法有 A∗算法（A Star）、Dijkstra算法等。这些算法能够考虑道路的长度、交通规则和实时路况信息，为车辆提供一条最优行驶路径。

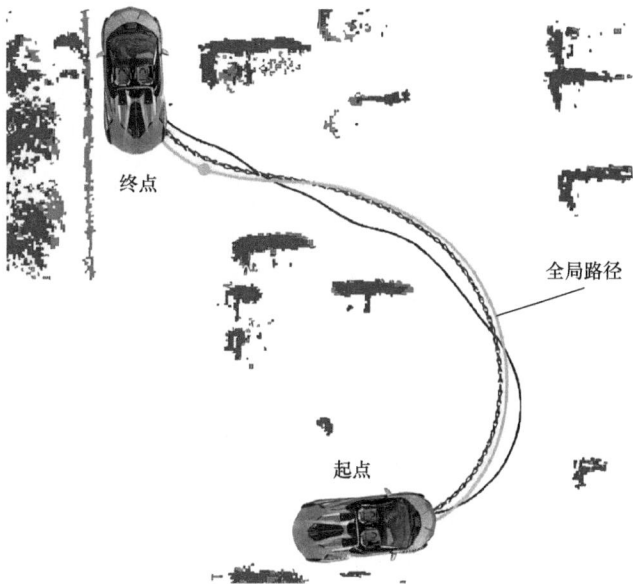

图 3-29　全局路径规划

　　局部路径规划则需要根据实时感知数据进行动态调整。如图 3-30 所示，在实际行驶过程中，可能会遇到各种障碍物和突发状况，局部路径规划算法需要实时调整行驶轨迹，以确保安全行驶。常用的局部路径规划算法有快速扩展随机树（RRT）、动态窗口法（DWA）等。这些算法能够在复杂动态环境中，为车辆规划出一条安全的行驶路径。

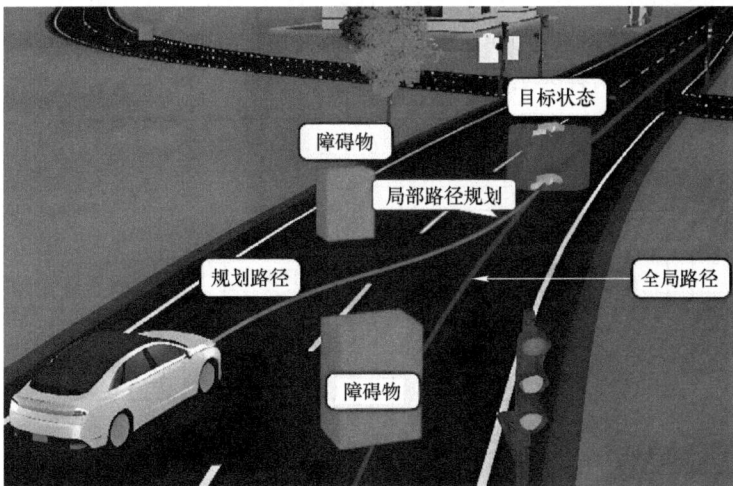

图 3-30　局部路径规划

　　在路径规划的基础上，轨迹生成算法需要计算出车辆在每一时刻的具体行驶轨迹，包括位置、速度和加速度等参数。常用的轨迹生成算法有五次多项式插值、Bezier 曲线等。这些算法能够生成平滑且符合车辆动力学约束的行驶轨迹。

　　如图 3-31 所示，动作决策是智能驾驶系统基于路径规划和轨迹生成的结果，系统需要做出具体的驾驶决策，如加速、减速、转向、换道等。决策算法通常采用基于规则的方法、机器学习方法和强化学习方法等。基于规则的方法是根据预定义的驾驶规则和逻辑来进行决策，具有可解释性强、实现简单的优点，但在复杂环境中可能会遇到局限性。机器学习方法能够通过大量驾驶数据进行训练，自动学习驾驶行为模式，适应性强。强化学习方法则能够通过与环境的互动，不断优化决策策略，适应动态变化的驾驶环境。

图 3-31　轨迹生成与执行

在决策控制过程中，还需要融合驾驶员意图。对于半自动驾驶系统，驾驶员仍然参与部分驾驶操作，系统需要感知和理解驾驶员的意图，如转向、加速、制动等操作。通过人机交互界面，系统能够与驾驶员进行有效的沟通和协同，共同完成驾驶任务。在全自动驾驶系统中，驾驶员意图的融合主要体现在对紧急情况的处理和手动接管的响应上。

智能驾驶决策系统需要在实时条件下快速准确地处理大量数据，并做出反应。因此，它们通常依赖于强大的计算平台和先进的软件架构。随着技术的进步，智能驾驶决策系统在安全性和复杂环境适应能力方面也在不断提升。

在智能驾驶中，决策制定模块基于从环境感知和定位模块接收的数据，运用一系列算法（如路径规划、避障算法等）来制定车辆的行驶策略。如图 3-32 所示，这包括速度控制、换道决策、避障和响应交通信号等。该模块主要由处理单元（CPU）、图形处理单元（GPU）、神经网络处理单元（NPU）等部件构成，这些部件负责分析来自传感器和感知系统的数据，并做出相应的决策。例如，它们可能需要根据道路条件、交通规则和周围环境等因素进行实时路径规划，或者决定何时和如何加速、减速、转向等。

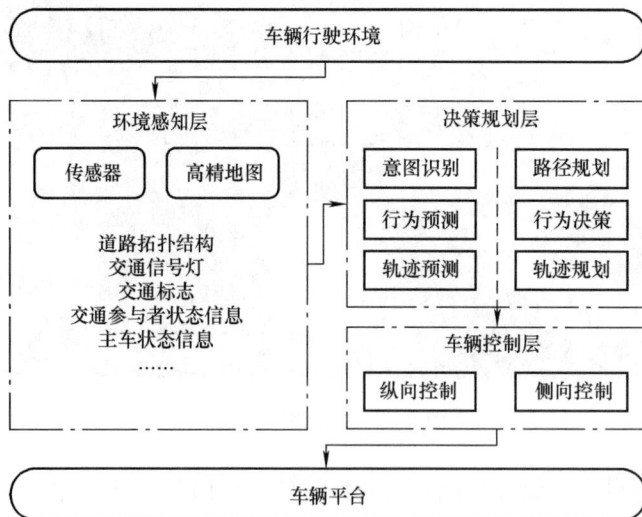

图 3-32　决策制定原理

CPU 是计算机的核心部分，负责执行大部分的基础运算和逻辑运算操作。在自动驾驶汽车中，CPU 通常用于处理传感器数据，执行算法和运行操作系统等任务。

GPU 具有强大的并行处理能力，非常适合执行与图像和视频处理相关的任务。在自动驾驶汽车中，GPU 常常被用于执行深度学习算法，特别是对输入图像进行分类、物体检测和语义分割等操作。

NPU 是专门设计来加速深度学习任务的硬件。它可以快速处理大量的并行操作，这对于执行复杂的神经网络算法是非常关键的。与 CPU 和 GPU 相比，NPU 在执行这些任务时更加高效，并且消耗的电力更少。

控制模块将决策制定模块的输出转换为对车辆的实际操作，包括加速、转向和制动等。这通常通过控制系统实现，确保车辆按照计划的路径安全行驶。

决策与控制系统是自动驾驶汽车的"大脑"，通过数据处理、环境感知、决策制定和执行控制命令这四个步骤，使汽车能够在各种复杂环境中自主安全行驶。无人驾驶工作过程控制原理如图 3-33 所示。

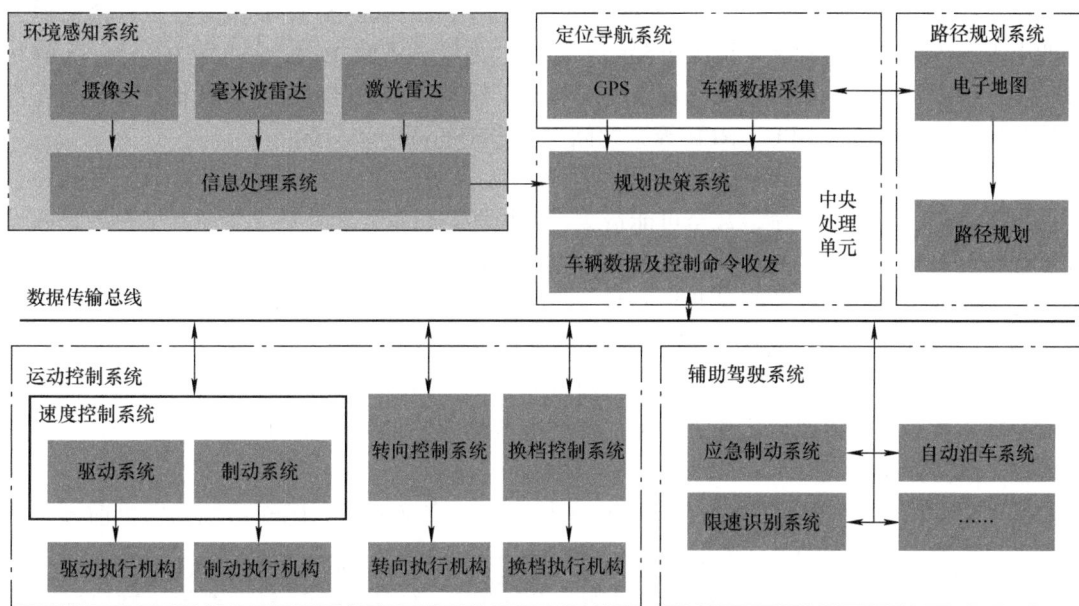

图 3-33 无人驾驶工作过程控制原理

（1）数据处理 首先，系统会从各种传感器接收数据，并通过预处理转化为适合进一步分析的格式。

（2）环境感知 然后，系统会解析预处理的数据，识别出汽车周围的环境特征，包括其他车辆、行人、障碍物、道路标识等信息。

（3）决策制定 在理解了环境之后，系统需要根据预设的策略或者通过机器学习得出的策略，来做出驾驶决策。这可能包括路径规划、避障、选择车道、加速或减速等行动。

（4）执行控制命令 最后，决策系统将其决策转化为车辆可以执行的具体指令（如转向角度、加速踏板和制动踏板的压力等），并发送到车辆的驱动系统以实施这些操作。

除了以上提到的组成和工作流程外，其他方面还包括：

（1）人工智能和机器学习 当代自动驾驶汽车的决策与控制系统大量使用人工智能和

机器学习技术。例如，深度学习模型常被用于对传感器数据进行解析和理解，而强化学习模型则可能用于优化驾驶策略和决策。通过不断地学习和优化，汽车能够在复杂的未知环境中表现得越来越好。

（2）软件和硬件的整合 为了高效运行，决策与控制系统需要将软件算法和硬件设备紧密结合。例如，神经网络的推理计算可能会直接在专门的 NPU 硬件上完成，而操作系统则需要和 CPU 等处理单元协同工作以确保系统的稳定运行。

（3）实时性和安全性 由于自动驾驶汽车需要在实时条件下处理大量传感器数据并做出决策，因此决策与控制系统需要具备足够的实时性。同时，为了保证乘客和行人的安全，系统还需要具备出色的稳定性和故障恢复能力。

（4）与人的交互 在许多情况下，自动驾驶汽车需要与人类驾驶员或乘客进行交互。这可能需要通过语音识别、手势识别或触摸屏等方式完成。因此，决策与控制系统还需要包含相关的人机交互模块。

（5）电力管理 决策和控制系统需要大量的计算资源来执行算法和任务，这会消耗大量的电力。因此，电力管理是至关重要的一环。电力管理策略主要包括设备的休眠/唤醒状态管理，根据计算任务的需求动态调整处理器的工作频率和供电电压，以及将计算任务在不同计算设备（如 CPU、GPU、NPU 等）之间进行合理的调度和分配。

（6）热量管理 处理器在高速运行时会产生大量的热量，如果不加以管理，可能导致硬件设备过热并降低其寿命，甚至可能造成设备损坏。热量管理策略主要包括散热装置的设计和选择（如风扇、散热片等），以及通过软件调控处理器的工作温度（比如在温度过高时降低处理器的工作频率或关闭某些核心）。

（7）噪声控制 人工智能和深度学习的计算任务会产生大量的噪声，这可能影响驾驶员的驾驶体验。物理层面的噪声控制主要通过隔音材料和结构设计来减少噪声传播，而软件层面的噪声控制则可以通过优化算法和任务调度策略来降低处理器的工作频率和工作负载，从而减少噪声产生。

案例：如图 3-34 所示，当自动驾驶汽车行驶至一交叉路口，感知系统识别出前方有行人准备过马路。预测系统基于行人的当前状态和历史行为数据，判断其可能的行走轨迹。接着，规划与决策系统迅速生成多个策略，如减速让行、轻微转向避让等，并评估各策略的安全性、合法性和效率。最终，系统选择最优策略，确保汽车既安全又高效地通过路口。这一过程展示了智能网联汽车如何通过感知、预测与规划，实现对复杂交通环境的智能应对。

图 3-34 紧急加塞变道

例如，假设一辆自动驾驶汽车正行驶在城市街道上，突然发现前方 100m 处有一辆汽车停车。自动驾驶系统会立即进入规划和决策阶段。首先，系统会生成多个驾驶策略。比如，策略 1 可以是保持当前速度直到距离停车车辆 30m 时开始减速，然后在距离停车车辆 10m 时完全停下来。策略 2 可以是立即开始减速，并在距离停车车辆 50m 时完全停下来。策略 3 可以是立即变换到旁边的车道并绕过停车的车辆。接下来，系统会评估每个策略的性能。为此，它需要考虑各种因素，包括道路交通规则、车辆安全、乘客舒适度以及行驶效率等。例如，如果变道可能会引发交通事故，或者道路交通规则不允许在这种情况下变道，那么策略3会被排除。

再比如，如果策略2可能会造成车辆的急速减速，给乘客带来不适，那么策略2也可能被排除。然后，系统会根据这些评估结果选择最优策略。例如，如果策略1被认为既安全又舒适，那么系统就会选择实施策略1，然后通过控制系统指示车辆按照策略1的要求进行行驶。但是，这个决策过程不是一次性的。随着车辆的行驶，环境会发生变化，自动驾驶系统会不断重新评估并调整其驾驶策略。例如，如果在执行策略1的过程中，前方的停车汽车突然起动并继续行驶，那么系统就需要重新规划并决定是否需要改变现有的驾驶策略。

在智能网联汽车的自动驾驶系统中，决策阶段涵盖了感知、预测和规划三个部分。它们是一个完整的连续过程，旨在通过周围环境的精确感知，进行有效的未来情境预测，最后制定出最优的行驶策略和路径。智能网联汽车中的决策技术是一个复杂而精细的过程，其目标是实现安全、高效，并能够应对各种复杂情况的自动驾驶。

3.4 智能驾驶执行系统

如图3-35所示，执行系统负责将来自决策与控制系统的命令转化为汽车的实际行驶操作环节，采用各种传感器（如车速传感器、方向角传感器、加速度传感器等）实时监测车辆的运动状态，并将反馈信息与预设目标进行比较，调整控制信号，以确保车辆按计划轨迹运动。执行系统通过精确的控制算法和高效的执行机构，将智能驾驶系统的决策结果转化为具体的车辆操作，确保车辆能够安全、稳定、舒适地按照规划的轨迹行驶，并实时反馈，有效补偿外部干扰和系统误差，提高控制精度和系统稳定性。

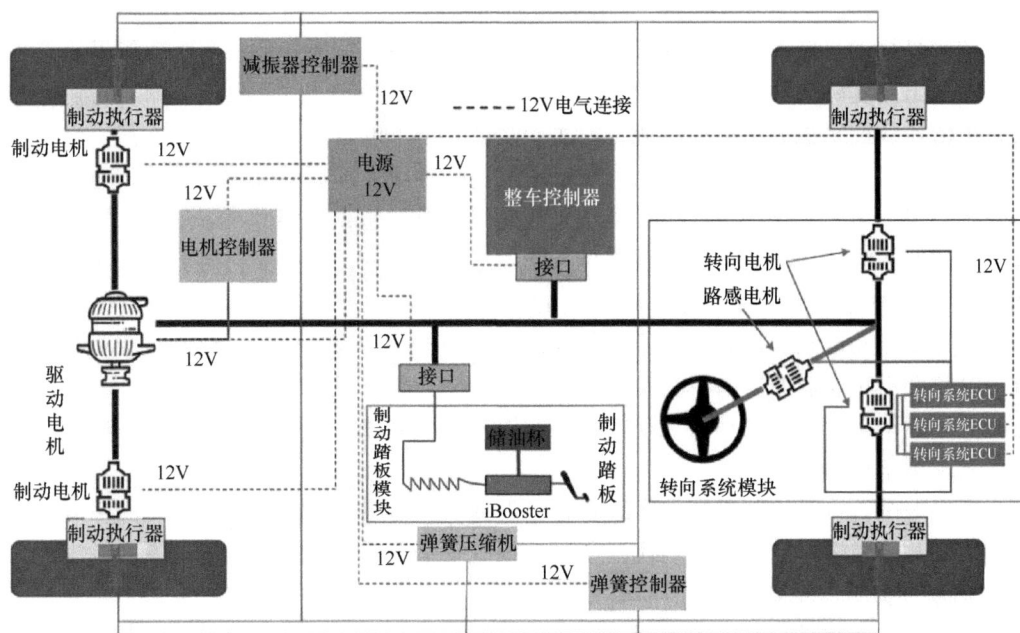

图3-35 智能驾驶执行系统原理

线控底盘技术摒弃了传统的机械传动方式，转而依托先进的电气与电子技术，通过精细编排的电缆网络、高灵敏度的传感器阵列及智能控制器，实现对车辆各项功能的精准操控，如图 3-36 所示。

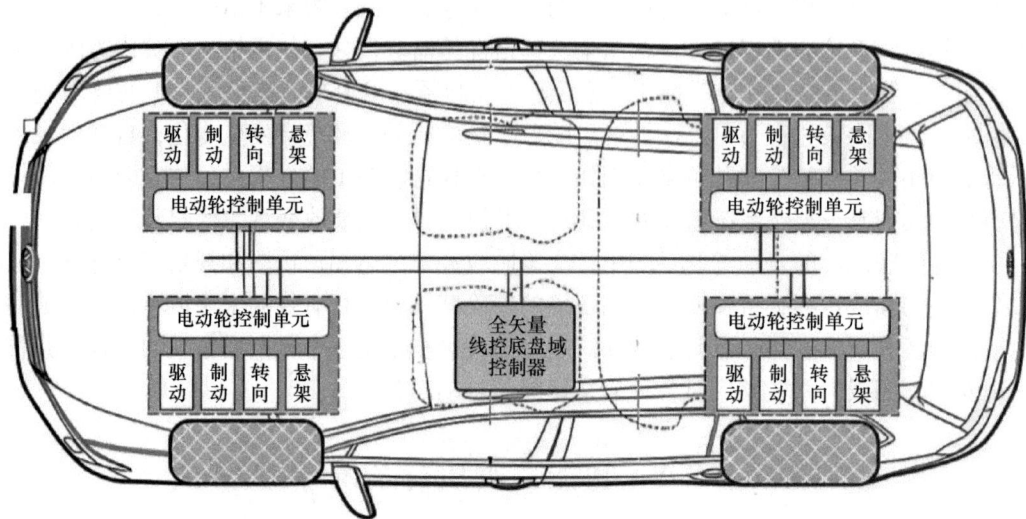

图 3-36　线控底盘控制原理

线控底盘的核心在于其高度集成的电子架构。首先，遍布车身的传感器如同车辆的感官系统，实时捕捉车速、转向意图、制动需求等关键信息。这些信息随后通过高效的数据传输电缆，无缝对接至执行控制器。控制器作为智能决策的核心，运用复杂的算法处理这些数据，并精准生成控制指令，指导执行器（如电机、电液阀等）精准执行，完成加速、转向、制动等一系列操作。

线控底盘技术与自动驾驶系统紧密协作，在数据共享、实时控制、自主决策及安全保障等方面展现出高度协同性。以"沿当前道路继续行驶并在前方十字路口左转"为例，自动驾驶系统依托线控底盘的精准控制能力，实现复杂环境下的自主导航。

在接收到这一驾驶策略后，自动驾驶系统的控制模块立即启动并解析策略。它首先识别出"继续行驶"和"左转"两个核心动作，随后根据车速、道路状况及交通规则等因素，计算出合适的驱动、制动及转向角度调整方案。这一过程中，系统实时融合激光雷达、摄像头和 GPS 等多种传感器数据，确保决策的精准性。

控制指令被发送到线控底盘的相关硬件设备，如电动助力转向器、电子稳定程序及制动系统。电动助力转向器根据指令精确调整转向盘角度，电子稳定程序则稳定车速并准备应对转弯时的车辆动态变化，制动系统则在必要时提供制动支持。这一连串的动作在极短时间内完成，实现了车辆的平稳左转。

为确保安全，执行控制系统中融入了容错设计。当传感器失效或执行机构故障时，系统能迅速识别并采取应对措施，如切换至备用系统或安全停车，有效防止意外事故的发生。

1. 电动助力转向系统

转向控制是通过转向执行机构来调整车辆的方向，电动助力转向系统（Electric Power Steering，EPS）是一种利用电机提供辅助力的转向系统，能够显著减轻驾驶者的操作负担，使其轻松操纵汽车。技术架构如图 3-37 所示。在自动驾驶汽车中，EPS 系统接收来自决策与控制系统的转向命令，通过电机直接产生助力。该助力通过齿轮机构传递至转向轴，从而改变汽车的行驶方向。EPS 的应用不仅提高了驾驶舒适性和安全性，还提升了车辆的整体性能和响应速度。EPS 系统控制原理如图 3-38 所示。

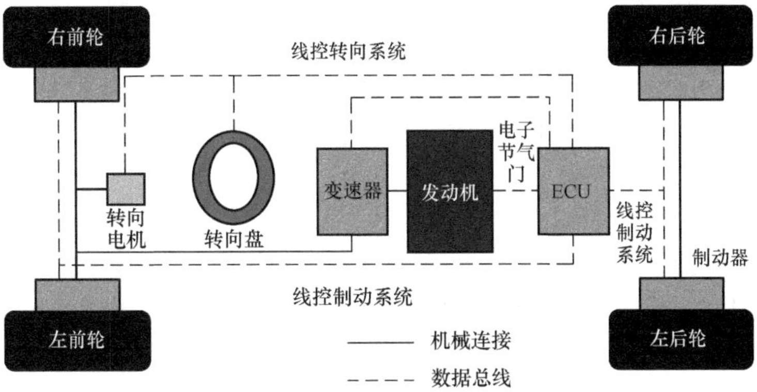

图 3-37　线控转向系统技术架构

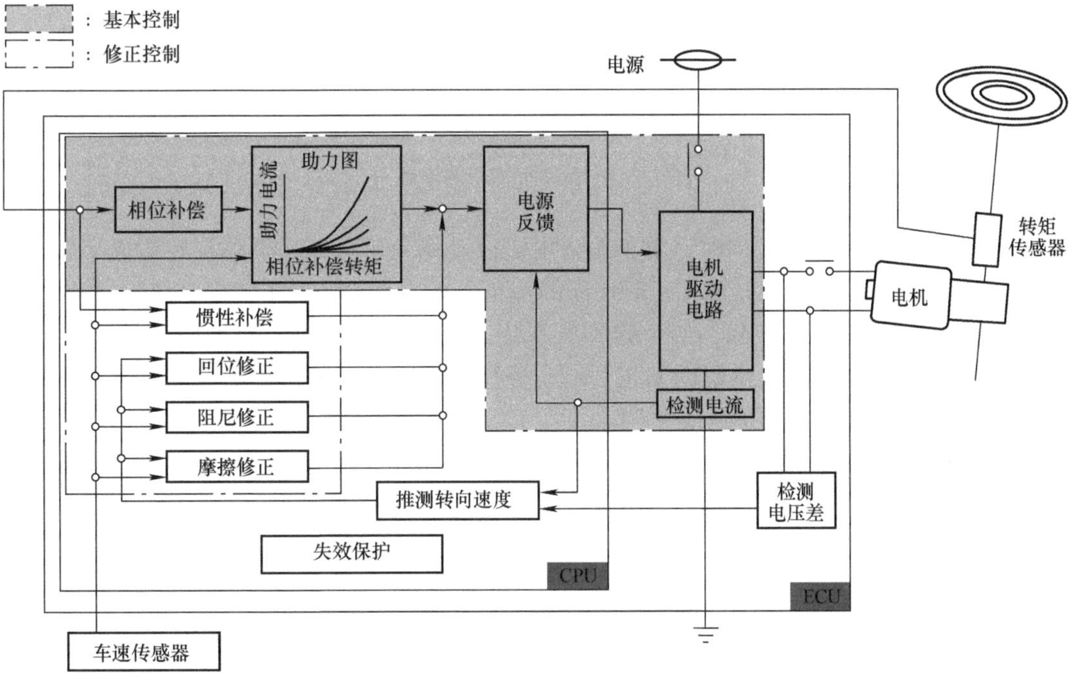

图 3-38　EPS 系统控制原理

　　EPS 的核心组成包括电源、电控单元（ECU）、电机和传感器，各部件协同工作以确保转向的精确与顺畅。

　　（1）电源　主要由汽车蓄电池提供稳定电能，确保 EPS 在各种驾驶条件下均能可靠运行。

（2）电控单元 EPS 的"大脑"，采用高性能微处理器，迅速处理来自传感器的车速、转向转矩等信号，通过精密算法生成控制指令，直接影响系统的响应速度和精度。

（3）电机 作为执行部件，现代 EPS 多采用无刷直流电机，以其高效、低噪、长寿命的特点，为转向提供直接助力，助力驾驶员轻松驾驭。

（4）传感器 包括车速、转矩和角度传感器等，实时监测车辆状态，并将精准数据反馈给 ECU，确保 EPS 系统响应迅速且准确，提升驾驶安全性与操控性。

为实现高精度与高响应速度的转向控制，EPS 常采用先进的控制算法，如 PID 控制，通过精细调节参数实现转向角度的精准控制。这些技术共同作用，确保车辆按照预定轨迹稳定转向，提升驾驶体验。

EPS 系统的控制策略主要有基本助力控制、回正控制、阻尼控制三种形式。如图 3-39 所示，基本助力控制主要是为了降低转向时驾驶员所需提供的转向盘力矩；回正控制主要是为了改善装载有 EPS 系统汽车的回正性能；阻尼控制主要是为了提高汽车高速行驶时的操纵稳定性。

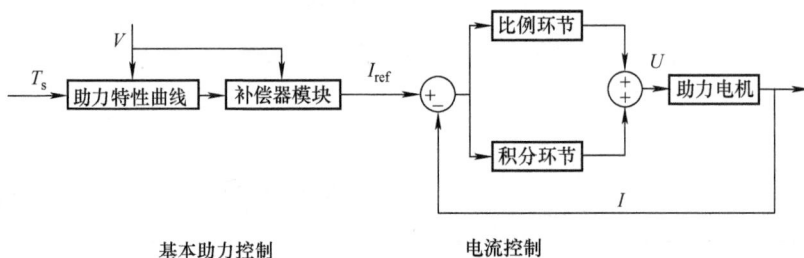

图 3-39 基本助力控制原理

装有 EPS 系统的车辆转向时，由于助力电机以及蜗轮蜗杆减速器的存在增大了转向系统间的摩擦力矩，从而导致转向回正时所需的回正力矩增加，降低了转向系统的回正性能。为了解决 EPS 系统的上述缺陷，如今的 EPS 系统一般会在控制策略中设置有回正控制，通过助力电机在车轮回正时提供辅助回正力矩，进行主动回正干预，在改善 EPS 系统的回正性能的同时而不影响驾驶员的操纵手感。

该策略的核心在于利用助力电机在车辆即将或正在进行回正时，主动提供辅助回正力矩，以增强系统的回正能力，同时确保这一过程不影响驾驶员的驾驶感受与操控精准度。具体实现时，回正控制采用基于转向盘转角的闭环控制方法。转角闭环 PID 控制公式表达如下：

$$T_{m\_return} = \left(K_p + \frac{K_i}{s} + K_d s \right) \theta_c(s)$$

首先，如图 3-40 所示，系统需准确识别驾驶员的转向意图，使用转向盘转角 θ_c 与转向盘转速 ω_c 的方向来判断是否进入回正准备状态。当检测到驾驶员意图松手让车辆自行回正时，EPS 系统会迅速切换到回正控制模式，准备对转向盘的回正过程进行主动干预。此时，系统会将转向盘的中心位置（即零位）设定为回正控制的目标转角，而实际的转向盘转角则作为反馈信号，实时输入控制系统中。

为了实现精准的回正控制，如图 3-41 所示，系统内部采用 PID 控制器，根据目标转角与

图 3-40　回正控制原理

实际转角的偏差，计算出助力电机应输出的目标回正力矩信号。这一信号随后被传递给助力电机，驱动其产生相应的辅助回正力矩，从而帮助车轮及转向盘迅速且平稳地回正至中心位置。

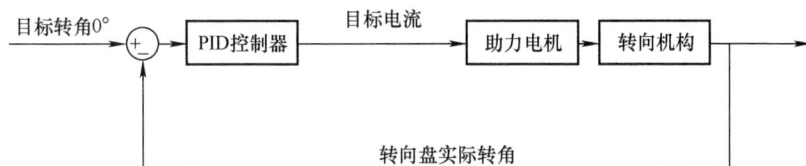

图 3-41　EPS 系统转角闭环 PID 控制原理

EPS 系统控制电路如图 3-42 所示。在判断驾驶员意图的过程中，系统主要依据转向盘的力矩、转角以及转速信号进行综合分析。具体而言，当转向盘转角与转速方向相反时，可视为车辆已处于回正准备状态。然而，仅满足这一条件并不足以触发回正控制；系统还需进一步检测转向盘的转矩信号。若该信号低于预设的阈值，则表明驾驶员已放松对转向盘的控制，此时 EPS 系统将正式启动回正控制模式。相反，若转矩信号高于阈值，则说明驾驶员仍在主动操纵转向盘进行回正，此时系统应保持基本助力模式，以避免干扰驾驶员的正常操作。

EPS 在接收到转向指令后，通过内置电机调整转向盘角度，实现车辆转向。其工作依赖于旋转角度和转矩传感器，实时感知驾驶员或自动驾驶系统的操作意图。当自动驾驶系统检测到前方障碍物需转向避让时，会计算新行驶路线并发送指令给 EPS。EPS 根据指令控制电机转动转向盘，同时传感器确保转向精确无误，最终实现车辆安全避障。

类似地，ESP 在复杂路况下能保障车辆稳定。例如，在湿滑路面转弯时，ESP 检测到车轮滑移趋势，通过调整驱动和制动，确保车辆按预设轨迹行驶。在高速行驶中，ESP 亦能检测并纠正车身侧倾，维持车辆稳定。这一快速响应机制显著提升了无人驾驶车辆在各种环境下的行驶安全性。

案例：如图 3-43 所示，特斯拉 Cybertruck 采用的线控转向系统（Steering-By-Wire），取消了转向盘和转向车轮之间的机械连接部件，彻底摆脱了机械固件的限制，完全由电能来实现转向。线控转向系统的特点是可以实现机械系统难以做到的角传递特性的优化。

在线控转向系统中，驾驶员的操纵动作通过传感器变成电信号，信号经分析处理后，通过导线直接传递到执行机构。由于不受机械结构的限制，可以实现理论上的任意转向意图。简单来说就是线控转向可以随时进行转向比的调整，如低速掉头时调大转向比更易操控，高速行车时调小转向比更加稳健，除此之外对于日益深入的自动驾驶来说，线控转向也更有优势。

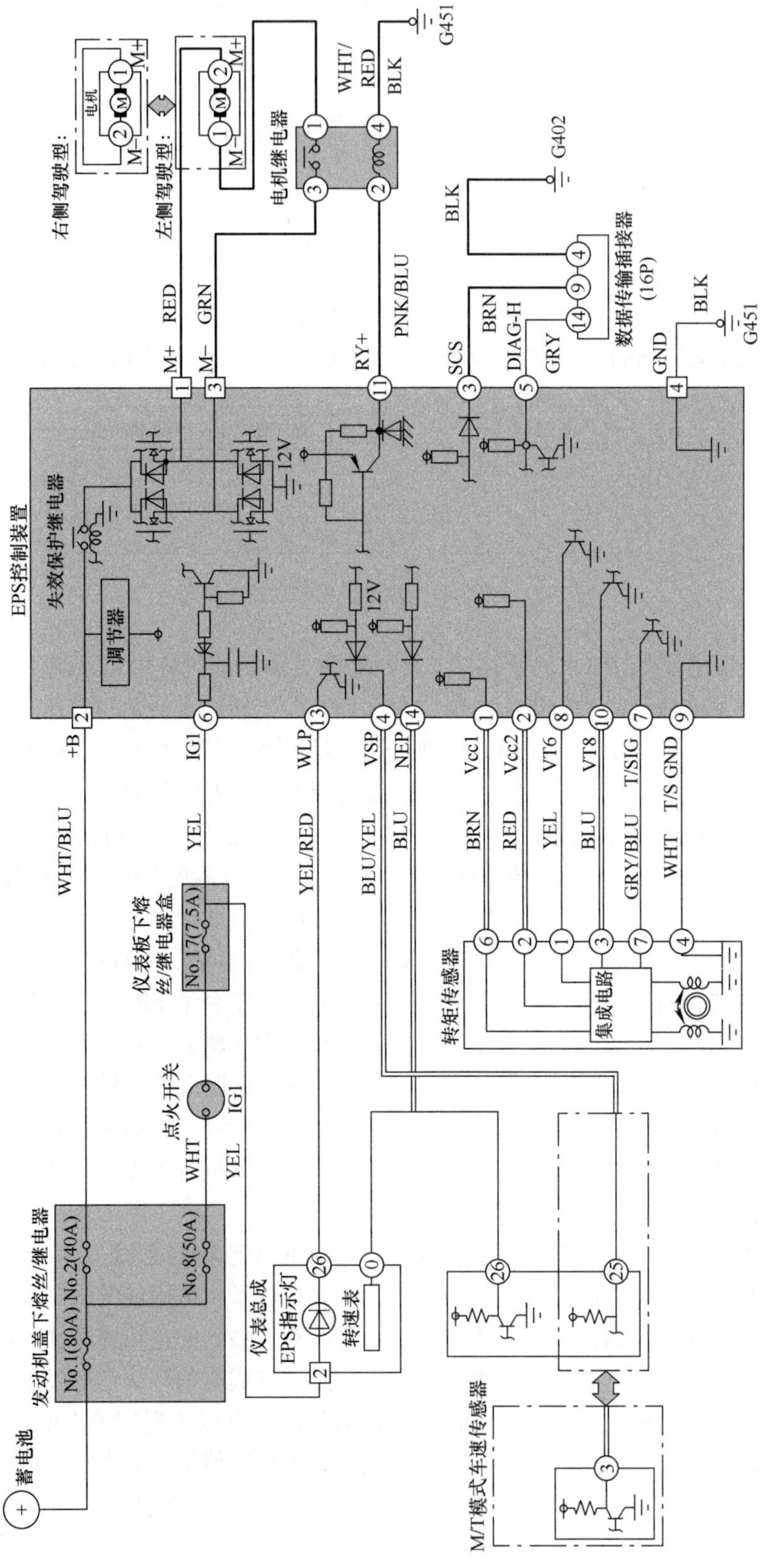

图 3-42　EPS 系统控制电路

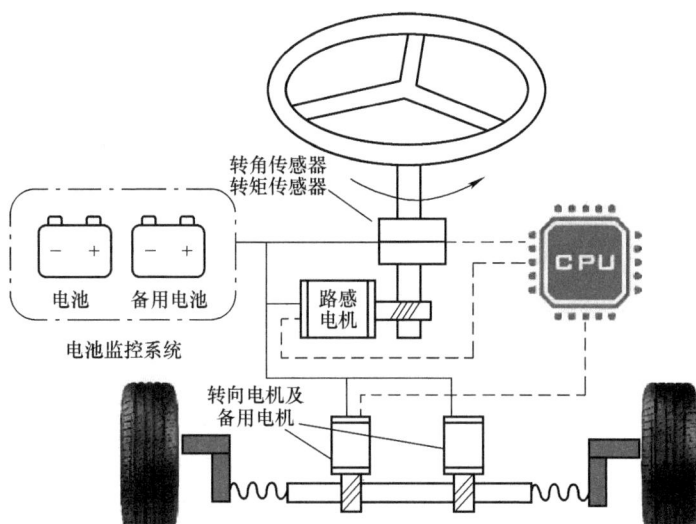

图 3-43　特斯拉 Cybertruck 线控转向系统结构与原理

2. 线控制动系统

驱动和制动控制分别调控车辆加速与减速，其中制动系统借助 ABS 和 ESC 等安全技术，确保紧急制动和极端工况下的稳定与安全。在自动驾驶领域，线控制动系统（BBW）尤为关键，它通过电信号传输驾驶员的制动意图。例如，当自动驾驶汽车需紧急制动时，BBW 系统接收制动命令，将电信号发送至控制器，随后控制器驱动液压制动器实现减速或停车。BBW 的核心部件包括制动踏板传感器，它能精准捕捉踏板的多维信息，转化为电信号供系统快速响应，确保制动操作的高效与安全。

BBW 是一种重要的汽车电子化技术，它通过使用电力而不是机械或液压力来操作制动系统，主要由制动踏板传感器、电子控制单元（ECU）、执行器和液压制动器四个部分组成。

（1）制动踏板传感器　作为 BBW 系统的关键部件，制动踏板传感器将驾驶员踩下的机械运动转化为高精度、低延迟的电信号。这些信号不仅包含制动踏板的位置信息，还涵盖了踏板行程、速度和加速度等多维数据，精确反映了驾驶员的制动意图和力度。传感器采用霍尔效应或电位计等先进技术，确保了传感器的高性能和长期稳定性。

（2）电子控制单元（ECU）　如图 3-44 所示，作为制动系统的"大脑"，ECU 负责接收并处理制动踏板传感器等部件发来的电信号，同时结合车速、车辆质量、路面状况等实时信息，通过复杂算法计算出最佳的制动力。ECU 与 ABS、ESP 等系统紧密协作，共同维护车辆的稳定性和安全性。其高性能的硬件支持确保了处理速度和计算能力的优越，为制动系统的快速响应和精确控制提供了坚实保障。

（3）执行器　执行器作为 BBW 系统中的重要组件，负责将 ECU 的电信号转换为制动系统的机械运动。它由电磁阀、液压泵和伺服电机等组成，精确控制液压系统的压力和流量，以实现快速且准确的制动响应。在自动驾驶汽车中，执行器的高效性和精确性对于确保行车安全至关重要。

（4）液压制动器　液压制动器是最终施加制动力的部件，包括制动卡钳和制动盘。当

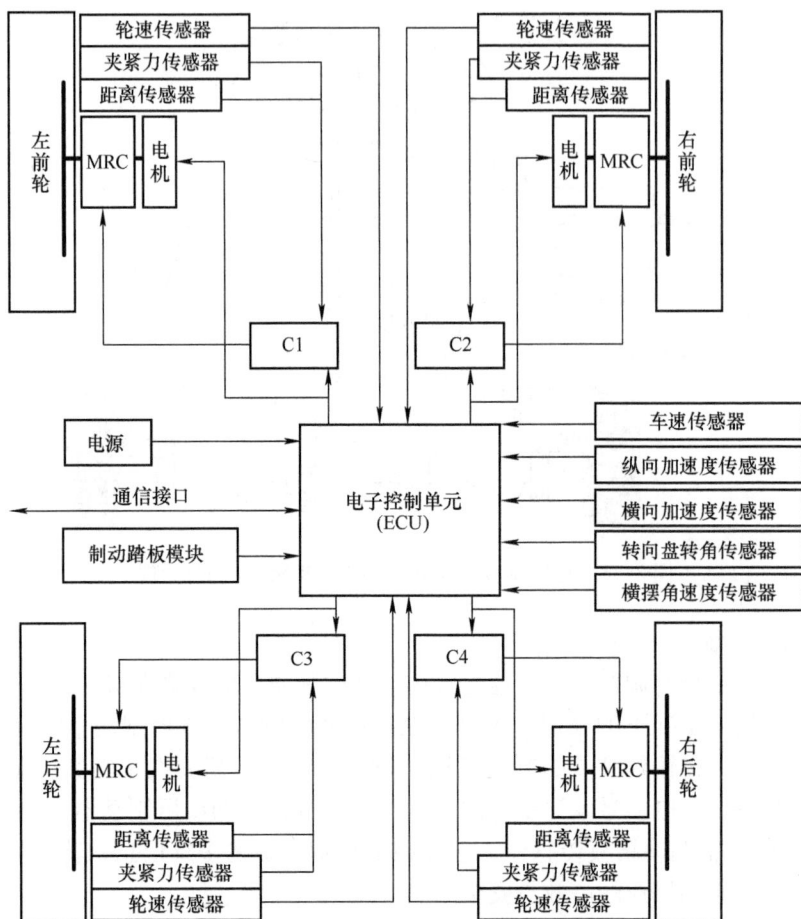

图 3-44　线控制动系统控制原理

执行器传来的液压信号作用于制动卡钳时，卡钳夹紧制动盘产生摩擦力，使车辆减速或停车。液压制动器的设计和制造精度决定了制动效果的好坏，是保障车辆安全性的重要环节。

案例：当无人驾驶汽车在城市街道上行驶，遇到红灯时，通过摄像头、激光雷达等传感器检测到前方的红灯信号，并将信息发送至主控制单元。主控制单元分析后，判定需要制动并发送命令至电子制动系统。电子制动系统迅速响应，通过执行器控制液压制动器施加制动力，使车辆在适当距离内安全停车。此过程中，BBW 系统展现了其高效、精确和自动化的特点，有效保障了自动驾驶汽车的行驶安全。

此外，电子制动系统还能根据路面状况、车速等实时信息自动调整制动力度，确保在各种复杂环境下都能提供最佳的制动效果。这种智能化的制动控制方式不仅提高了行车安全性，也提升了驾驶的舒适性和便利性。

3. 线控驱动系统

线控驱动系统通过电信号精确控制发动机或电机的输出功率，实现车辆速度的调节。在自动驾驶汽车中，该系统根据决策与控制系统的指令工作，确保汽车行驶的安全与精确。

案例：当自动驾驶汽车需要加速时，决策与控制系统会发出驱动命令。加速踏板传感器虽不直接由驾驶员操作，但在此系统中模拟了驾驶员踩踏板的动作，将预设或计算出的加速需求转化为电信号。这一信号随即被传递给电控单元（ECU）。

ECU 作为系统的核心，接收到电信号后，迅速分析当前车辆状态、路况信息及驾驶策略，计算出最佳的燃油喷射量和节气门开度。通过内置的高性能微处理器和复杂算法，ECU 确保每一次加速都既经济又高效。

随后，ECU 向执行器发送电子命令。执行器作为一个精密的电磁设备，将电信号转化为机械运动，精确控制节气门的开度。这一过程中，执行器展现了其高精度、高可靠性和长寿命的特点，确保节气门在任何工况下都能准确响应。

最终，节气门根据执行器的控制调整进气量，进而控制燃油喷射量和发动机的输出功率。现代节气门的设计兼顾了空气流动的顺畅性和密封性能，为发动机提供了稳定且高效的进气环境。

线控驱动系统控制原理如图 3-45 所示。在自动驾驶汽车中，线控驱动系统需要和车辆的决策与控制系统进行高度集成。例如，当决策与控制系统决定车辆需要加速时，线控驱动系统会增加节气门的开度，以提高发动机的输出功率和汽车的行驶速度。使用线控驱动系统的另一个好处是可以实现更多的驾驶辅助功能，如巡航控制、牵引力控制和稳定性控制等。这些功能能够根据驾驶环境和状态，自动调整节气门开度，从而改善驾驶性能，提高行驶安全性。

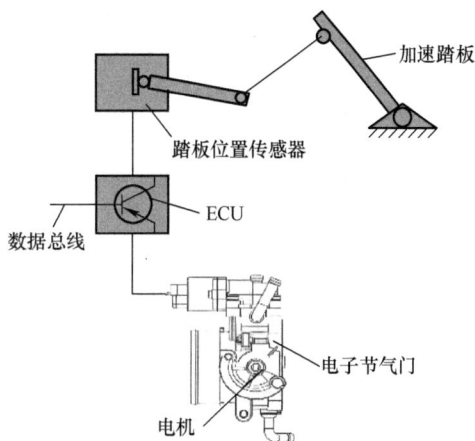

图 3-45　线控驱动系统控制原理

自动驾驶系统的执行阶段涵盖感知、预测、规划与决策以及控制四大环节，各环节紧密协作，确保汽车灵活应对多变环境。

例如：在繁忙的城市十字路口，自动驾驶汽车启动执行流程。首先，通过雷达、激光雷达和高清摄像头，系统全面感知周围路况，包括行人、其他车辆及交通信号灯状态。随后，系统预测各参与者的未来动向，如行人可能横穿马路、前方车辆可能减速停车。

基于感知与预测信息，系统迅速规划出最优行驶路径，决定减速慢行并准备在合适时机右转。当突然有行人闯入视野，系统立即重新评估并生成新的紧急避让策略。

最后，控制环节将这一策略转化为具体指令，如调整制动力度、微调转向角度，确保车辆平稳减速并安全避让行人。整个过程中，控制系统保持高度实时性，确保车辆对环境的即时响应，实现安全、高效的自动驾驶。

思政阅读

智能驾驶决策、控制与执行是智能网联汽车的核心技术，它代表了科技对人类出行方式的深刻变革。这一过程不仅涉及复杂的技术算法，更蕴含着对人类行为决策的深刻理解。在追求技术先进性的同时，我们更应关注其对社会伦理、道德规范的影响。智能驾驶的决策应基于人类价值观，确保在紧急情况下做出符合伦理的选择。同时，控制与执行系统的可靠性直接关系到行车安全，需严格把控质量，确保技术成熟后再投入应用。智能驾驶的发展，应是科技与人文的和谐共生，共同推动人类社会向更加智能、安全的方向迈进。

3.5 思 考 题

本章的学习目标你已经达成了吗？请通过思考以下问题的答案进行结果检验。

序号	思考题	自检结果
1	请说明深度学习的工作原理。	
2	请说明 CNN 的卷积层、池化层、全连接层的作用与原理。	
3	请说明目标识别的基本原理。	
4	请说明目标跟踪与识别步骤。	
5	请说明目标图像的语义理解原理。	
6	请说明图像语义分割的基本原理。	
7	请说明立体视觉的基本原理。	
8	请说明场景流的基本原理。	
9	请说明视觉里程计的基本原理。	
10	请写下常用传感器在环境感知中的工作原理。	
11	请写下数据处理、融合技术的原理。	
12	请写下决策算法类型与原理。	
13	请说明线控转向系统技术架构。	
14	请说明线控制动系统控制原理。	
15	请说明线控驱动系统控制原理。	

第4章 智能网联汽车通信与定位技术

学习目标

1. 掌握车内通信网络类型与工作原理。
2. 掌握 V2X 系统技术架构与工作原理。
3. 掌握 4G/5G/6G 移动通信系统的作用与工作原理。
4. 掌握车辆定位技术的类型与工作原理。
5. 知道云计算和大数据处理技术的作用与应用方法。

4.1 车内网络系统

车辆内部网络（车内网）是指汽车内部各个电子控制单元（ECU）通过特定的通信协议连接形成的一个综合网络系统。如图 4-1 所示，这一系统集成了多种通信技术，包括但不限于控制器局域网络（CAN）、局部互联网（LIN）、柔性射频（RF）、以太网（Ethernet）、

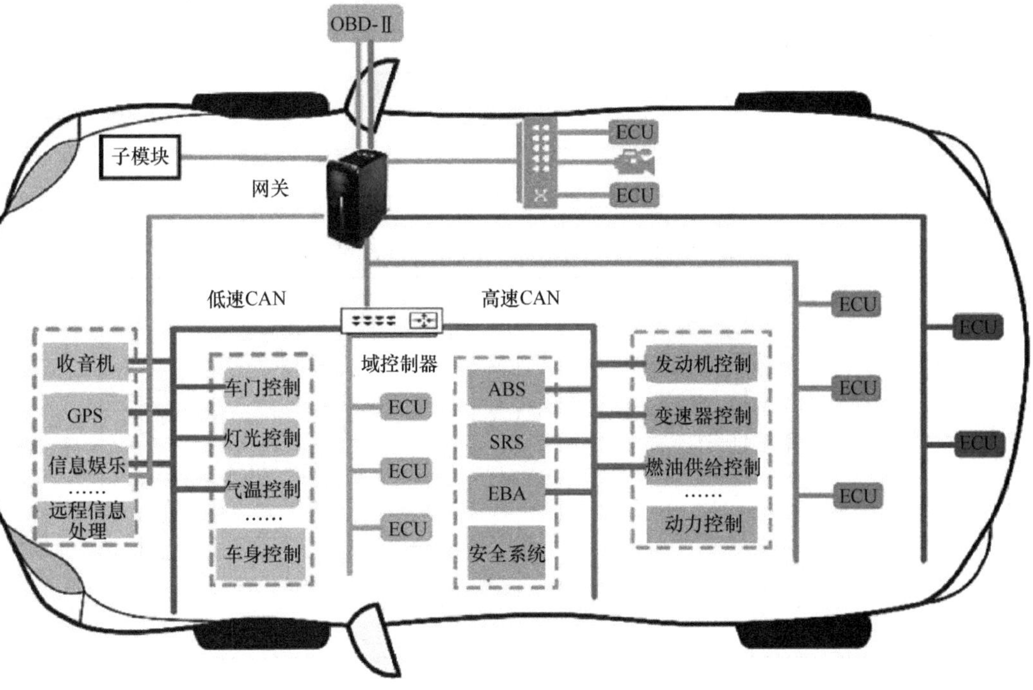

图 4-1 某燃油汽车网络通信原理

移动通信模块（如4G/5G）及卫星定位系统等。通过这些技术，智能网联汽车得以实现远程操控、指令下发、准确定位以及与其他车辆和交通基础设施之间的数据交流。

车载以太网在智能网联汽车中起关键作用，它支持复杂数据协议，为多媒体、远程诊断提供强大数据传输。以燃油型智能网联车为例，GPS导航通过移动通信与以太网连接车内网络，同时车辆环境监测与发动机状态信息也通过以太网传输，保障高效稳定通信。乘用车用CAN总线，商用车用J1939总线，以适应不同数据传输需求。现代智能网联汽车内部ECU通过CAN总线等连接成复杂网络，覆盖车身控制、电机控制等。Ethernet总线用于ADAS等高速场景，LIN总线用于低速辅助设备，MOST总线专用于多媒体系统。电动智能网联车虽架构相似，但电气控制更精细且分域管理。例如，一个典型的分域控制模型可

图4-2 辅助驾驶域控制器

能包括动力域、车身域、辅助驾驶域（图4-2）和信息娱乐域等，每个域中包含若干个专门的ECU进行专门任务的处理。

在这种结构中，Ethernet网络因其高数据吞吐量和灵活的网络配置能力，成为连接这些不同域控制器的理想选择。高速的Ethernet连接不仅保证了数据在各域之间的高效传输，还支持高带宽应用的实时性要求，如复杂的辅助驾驶算法处理、高清视频传输等，从而为用户提供了更加安全、舒适和娱乐化的驾驶体验。

如图4-3所示，通过运用多种通信总线技术和精细化的域划分控制策略，电动型智能网联汽车在保持网络通信的高速度和可靠性的同时，也实现了电气控制系统的高度集成和智能化，为未来汽车技术的发展奠定了坚实的基础。

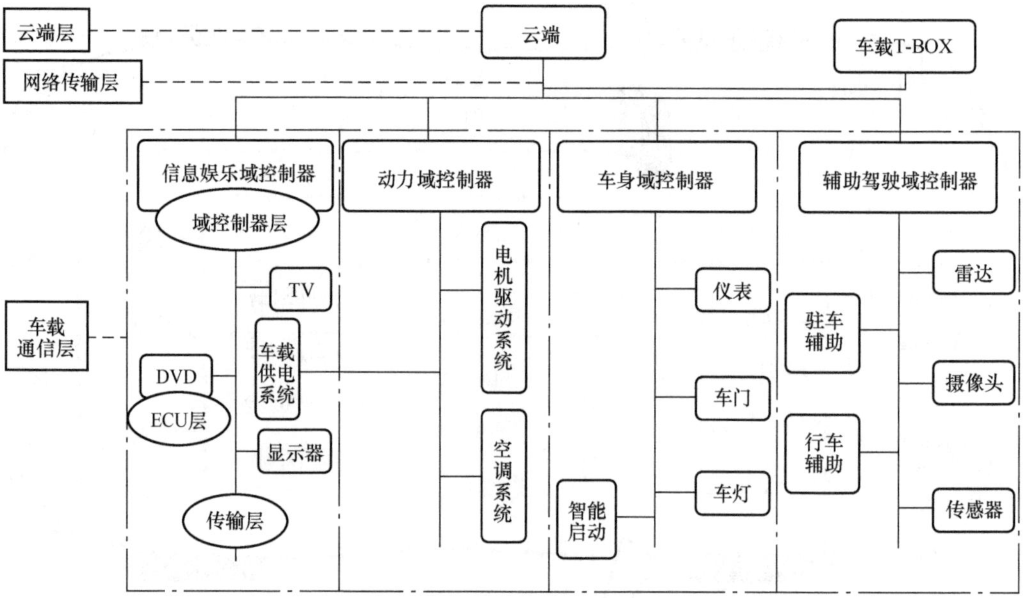

图4-3 汽车域控制策略

以下内容将重点介绍不同类型的通信技术方案。

在当今的汽车技术领域，随着智能网联汽车技术的快速发展，车辆内部的通信系统变得更加复杂和多样化。为了满足不同车辆系统间高效、可靠的数据交换需求，采用了多种汽车通信协议，包括控制器局域网络（CAN）、J1939 总线、局部互联网（LIN）和 FlexRay 等。

（1）控制器局域网络（CAN） 如图 4-4 所示，CAN 总线是一种车辆中广泛使用的串行通信协议，也是汽车电子系统中最基础和应用最广泛的通信协议之一。CAN 总线允许不同电子控制单元（ECU）之间不需要主机即可相互通信。其工作原理基于广播机制，各节点（ECU）通过两根双绞线连接，一根为 CAN_ High，一根为 CAN_ Low。节点发送信息时，将信息以帧的形式广播到总线上，其他节点则根据帧的标识符判断是否接收该帧。帧包括数据帧、远程帧等多种类型，确保数据的实时性和可靠性。通过仲裁机制解决总线冲突，确保多个节点同时发送时只有一个能成功发送。

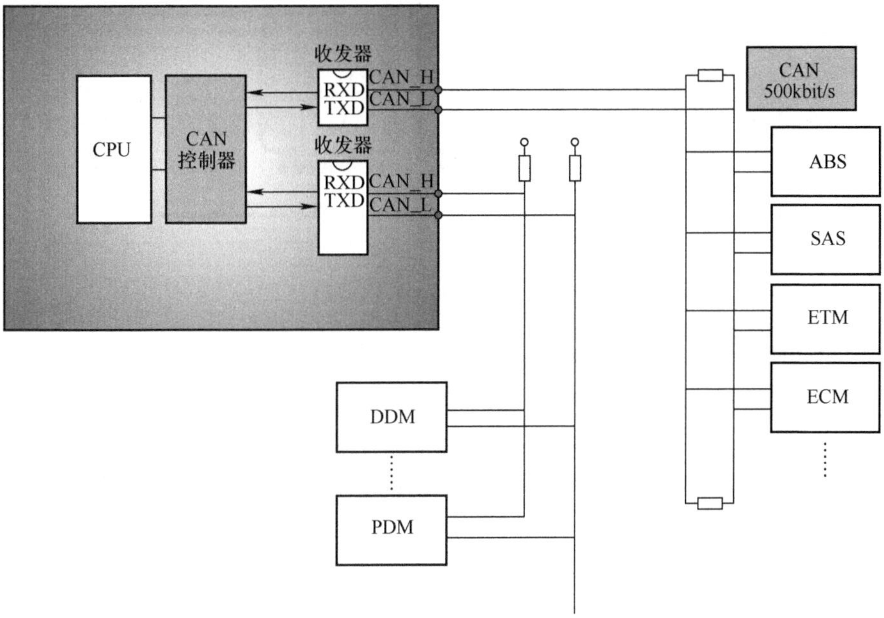

图 4-4　CAN 总线

通过消息传递协议，使得车辆内部各种传感器和控制单元如转向系统、制动系统和发动机管理系统等，不需要主控制器的介入即可实现互相通信。这种设计降低了车辆电子系统的复杂度，同时增强了信息处理的效率和可靠性。CAN 总线的强大功能，尤其在安全相关的应用如安全气囊、防抱死制动系统、车身稳定控制系统等方面展现得淋漓尽致。

（2）J1939 总线 针对商用车辆，尤其是重型货车和公交车。J1939 总线基于 CAN 总线技术并进一步扩展，以支持更长的数据长度和复杂的通信网络。通过规定数据的格式、传输周期以及故障诊断等，J1939 标准化了商用车辆中从物理层到应用层的信息交换，满足了这类车辆对于大量信息采集和传递的需求。特别是在动力传动电控系统方面，J1939 的应用促进了发动机和变速器电控系统间的数据共享，支撑了动力传动一体化技术的发展。

（3）局部互联网（LIN） 作为 CAN 网络的有力补充，LIN 总线主要用于车辆内部成本敏感型和不需要高速传输的设备之间的通信，如座椅调整、窗户控制等简单设备。LIN 网络的低成本和简洁性，使得其在处理车内基本通信任务时显得尤为合适，同时也极大地节省了系统成本并降低了复杂度。

（4）FlexRay 如图4-5所示，FlexRay 总线数据收发采取时间触发和事件触发的方式。利用时间触发通信时，网络中的各个节点都预先知道彼此将要进行通信的时间，接收器提前知道报文到达的时间，报文在总线上的时间可以预测出来。即便行车环境恶劣多变，干扰了系统传输，FlexRay 协议也可以确保将信息延迟和抖动降至最低，尽可能保持传输的同步与可预测。这对需要持续及高速性能的应用（如线控制动、线控转向等）来说，是非常重要的。它采用了周期通信的方式，一个通信周期可以划分为静态部分、动态部分、特征窗和网络空闲时间四个部分。静态部分和动态部分用来传输总线数据，即 FlexRay 报文；特征窗用来发送唤醒特征符和媒介访问检测特征符。

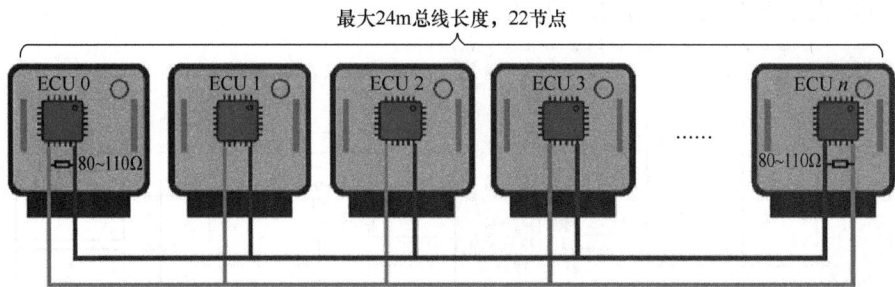

图 4-5　FlexRay 总线结构

对于需要处理高性能计算和时序严格的安全相关应用，如高级驾驶辅助系统（ADAS）、车辆稳定性控制系统等，FlexRay 提供了一个高速、可靠和确定性的通信解决方案。它支持实时和高带宽的数据传输需求，确保了在复杂车辆控制系统中的高效和安全通信。FlexRay 的高性能特性，特别适合连接高端传感器和执行器，处理大量数据流，确保了智能网联汽车在高速运行和复杂环境下的稳定性和可靠性。

随着汽车技术的快速发展，对于车内控制系统的速度和可靠性需求不断增加。FlexRay 技术凭借其高速率和强大的可靠性，在应对这些需求上展现出巨大潜力。相较于 CAN 网络的 1Mbit/s 和 LIN 以及 K-LINE 的 20kbit/s，FlexRay 在两个信道上能够提供高达 10Mbit/s 的数据速率，总速率可达到 20Mbit/s，使其网络带宽是 CAN 的 20 倍。这种优势让 FlexRay 成为车载网络的理想选择。

FlexRay 还具备冗余通信能力，能够通过硬件完全复制网络配置，这不仅增加了系统的可靠性，也提供了更为灵活的配置选项。它支持包括总线、星形和混合拓扑在内的多种网络拓扑结构，并能够满足车辆中不同系统的同步（实时）和异步数据传输需求，特别是对于需要同步数据传输的分布式控制系统来说尤为重要。

为了适应不同的通信需求，FlexRay 在每个通信周期内都提供静态和动态通信段。静态通信段保证了有界的延迟，而动态通信段则有助于根据系统运行时间内出现的不同带宽需求做出调整。静态段采用固定时间触发的方式传输信息，而动态段则采用更为灵活的时间触发方式。无论是作为单信道系统，还是双信道系统，FlexRay 都能有效运行，展现出极高的适应性和效率。

（5）MOST　MOST（媒体导向系统传输）作为一种专门用于音频/视频设备的高速多媒

体网络标准，在智能网联汽车中扮演了重要角色。它不仅提供了高数据带宽的音频、视频和数据通信，还确保了乘客在出行过程中享受到舒适和娱乐体验。MOST 协议的高带宽和低延迟特性，使其在多媒体数据传输和驾驶员与车辆的互动中起到了关键作用。

（6）柔性射频（RF） 随着车载网络对高数据量应用需求的日益增长，柔性射频（RF）和汽车以太网技术的应用也日渐增多。汽车柔性射频（RF）技术原理主要基于射频识别与无线通信，利用射频信号的空间耦合与传播特性实现目标物体的自动辨认与通信。射频识别是通过扫描器发射特定频率的无线电波能量给接收器，驱动接收器电路将内部代码送出，实现无接触、免刷卡的自动识别。无线通信是发射端通过天线发射无线电波，接收端接收无线电波，实现信息传输。无线电波的频率、功率和传播距离等参数影响通信效果。柔性射频技术支持包括远程键控和无钥匙进入系统在内的无线通信需求。

（7）汽车以太网 汽车以太网将核心域控制器（包括动力总成、车身、娱乐和 ADAS等）连接在一起，形成一个以骨干网络为基础的新架构。基于汽车以太网的车身域应用案例如图 4-6 所示，这种基于域控制器的架构不仅提升了控制功能的实现效率，还通过CAN FD 和 LIN 等通信协议，实现了各个部件之间的高效数据共享。这种架构改变了传统车载网络中 ECU 到 ECU 的点到点通信方式，为汽车技术的进步提供了强大的支持。

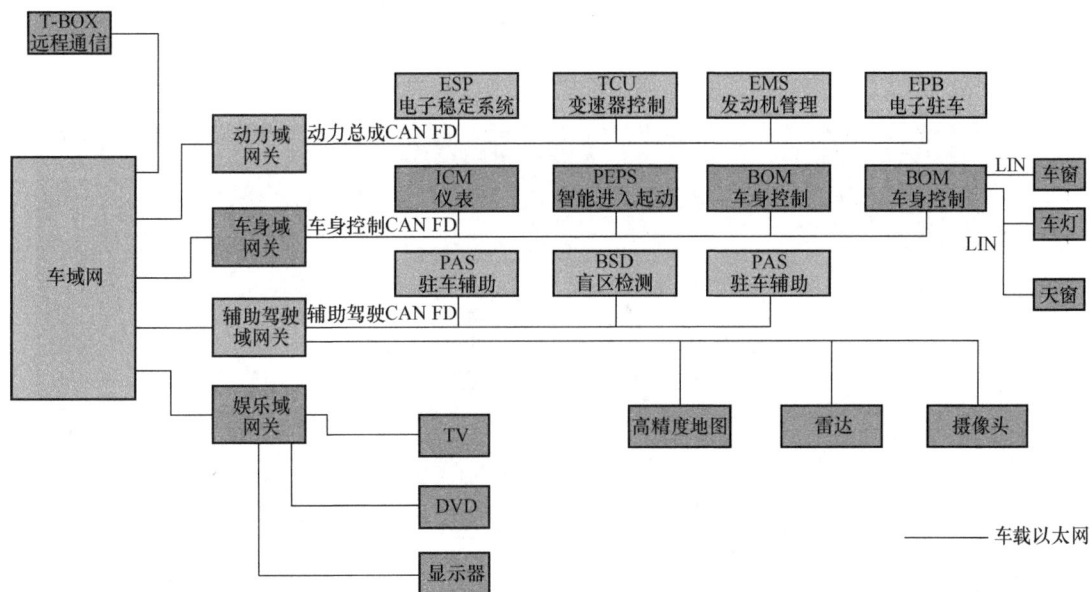

图 4-6 基于汽车以太网的车身域应用案例

汽车以太网技术采用单对非屏蔽双绞线提供高达 100Mbit/s 甚至 1Gbit/s 的传输速率。这种技术在物理层有别于传统以太网，但总体架构保持一致，包括数据链路层和物理层。如图 4-7 所示，数据链路层（MAC）主要负责地址定位、数据帧构建、错误检查和传输控制，并为网络层提供标准数据接口。物理层（PHY）则处理电和光信号的发送与接收、线路状态监测、时钟同步、数据编码和电路功能，并确保与 MAC 层的有效连接。这些特性使得汽车以太网在车载系统中的应用变得更为可靠和高效。

100BASE-T1 汽车以太网技术在单对双绞线上实现全双工传输，既提速又减重降成本。

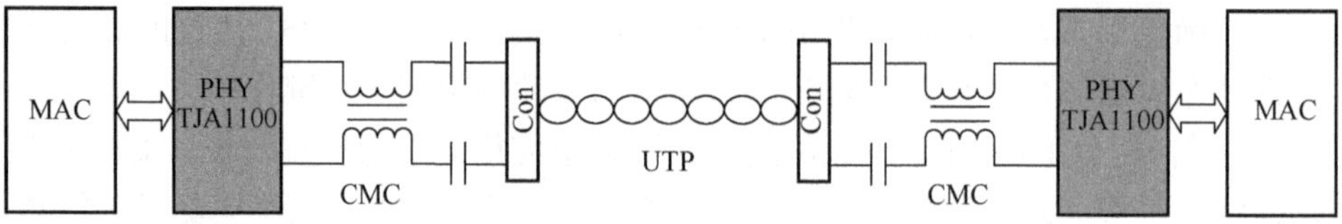

图4-7　汽车以太网原理

其整合了 SOME/IP、DoIP、XCP 及 UDPNM 等协议，推动车载网络系统智能化。比如，SOME/IP 简化不同系统间通信，DoIP 优化诊断升级，XCP 强化控制器标定与测量，UDPNM 提升节点管理。这些协议共同增强了网络的灵活性和效率，支持车辆维护、软件更新、标定与测量，确保车载网络高效运转与未来可扩展性。

　　以宝马汽车为例（图4-8），宝马汽车的以太网故障处理方法主要归纳为以下几个步骤：首先，针对显示屏幕和 iDrive 控制器的问题，应当进行详细的检查和测试，确认它们的连接状态是否良好且功能运作正常。这一步骤是排查硬件故障的基础。若硬件检查无误，则故障可能出现在软件层面上。此时，应检验 iDrive 系统的软件版本，对于过时的软件版本应尝试在线升级到最新版以消除软件层面的故障。如果更新软件后问题依旧，那么进一步确认控制器与屏幕的连接是否存在松动或破损情况。

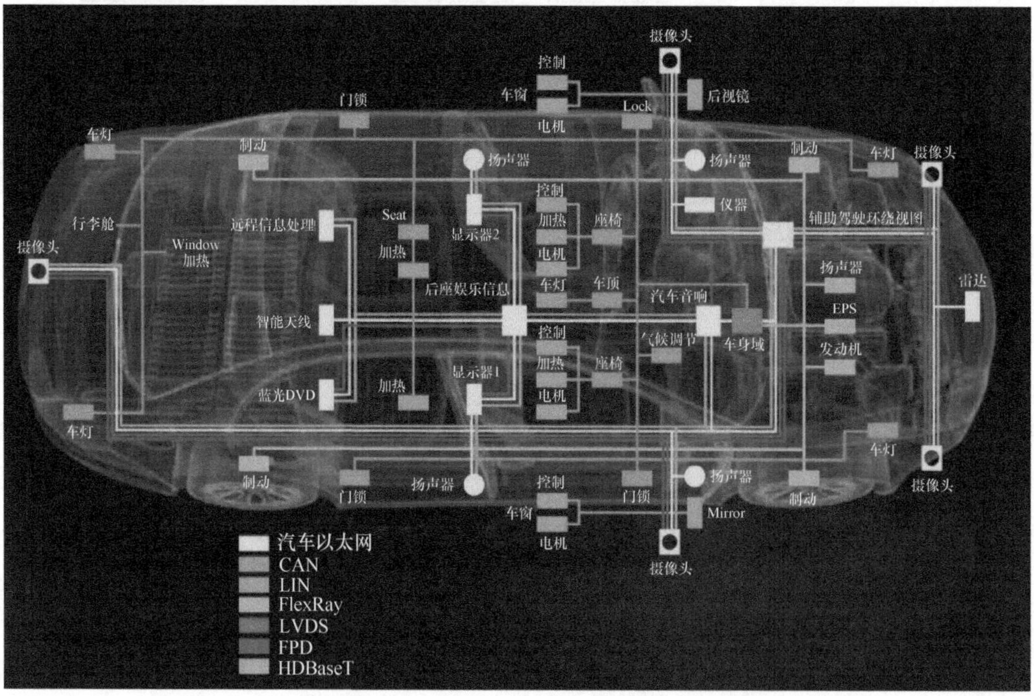

图4-8　宝马汽车内部通信网络结构

　　除此之外，应深入考量车辆内的电磁干扰情况，利用专业的电磁干扰检测设备和工具，诊断是否有外部电磁波频率影响了 iDrive 系统的正常工作。针对车辆网络系统的特殊性，为了提高网络效率和稳定性，优化网络的方法见表4-1。

表 4-1　优化宝马汽车网络的方法

序号	优化方法	详细说明
1	数据压缩技术	应用高效的算法减少传输的数据量，同时考虑场景需求选择无损或有损压缩，以优化存储和提升传输效率
2	流量控制机制	通过合理安排网络流量及优化数据发送顺序，避免网络资源浪费和拥塞，特别是优先处理紧急和重要数据，确保网络通畅
3	错误恢复策略	采取有效的错误处理机制，如重传策略和纠错编码等，确保数据在传输过程中的完整性和正确性，提高网络的可靠性
4	路由调整	采用智能化路由管理，根据网络实时状况动态选择最佳传输路径，以减少延迟和丢包，确保数据迅速准确地到达目的地

综上所述，通过这些综合性的策略和技术应用，可以显著提升宝马汽车以太网的通信效率和网络稳定性，进而提高整车系统的使用体验和可靠性。

4.2　V2X

车联网工作原理如图4-9所示，主要通过车载设备无线通信技术，实现车辆与信息网络平台之间的交互。具体来说，车联网以车内网、车际网和车载移动互联网为基础，利用卫星导航系统、射频识别、传感器、摄像头图像处理等装置，自动完成车辆自身环境和状态信息的采集。然后，通过互联网技术，车辆可以将这些信息传输汇聚到中央处理器，进行进一步的分析处理。车联网能够对所有车辆的属性信息和静、动态信息进行利用，并根据不同需求对所有车辆的运行状态进行有效的监管和提供综合服务，如智能泊车、自适应巡航、主动式碰撞预防等。

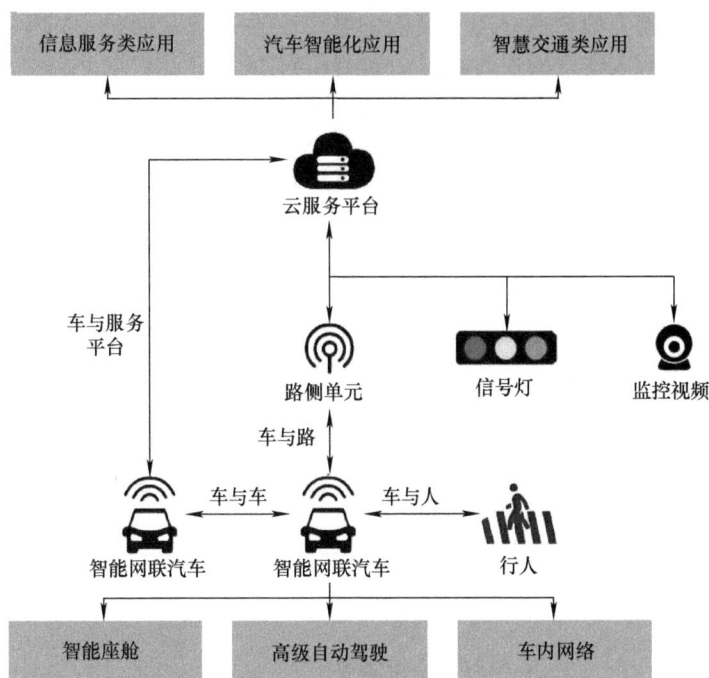

图 4-9　车联网系统示意图

在利用 4G/5G/6G 网络的自动驾驶技术中，如图 4-10 所示，通过 V2X（Vehicle to Everything）技术自动驾驶车辆可以通过高速、低延迟的移动通信网络与周围环境中的各种元素实现实时通信，包括其他车辆（V2V，Vehicle to Vehicle）、行人（V2P，Vehicle to Pedestrian）、城市基础设施（V2I，Vehicle to Infrastructure）以及整个网络系统（V2N，Vehicle to Network）。这种全面的互联互通不仅提供了传统的环境感知信息，更使车辆得以接入范围更广的信息网络，如获取前方路段的实时交通状况、了解交通信号灯的即将变化时间等，这些信息对于优化行车路径、调整行驶速度具有重要意义。

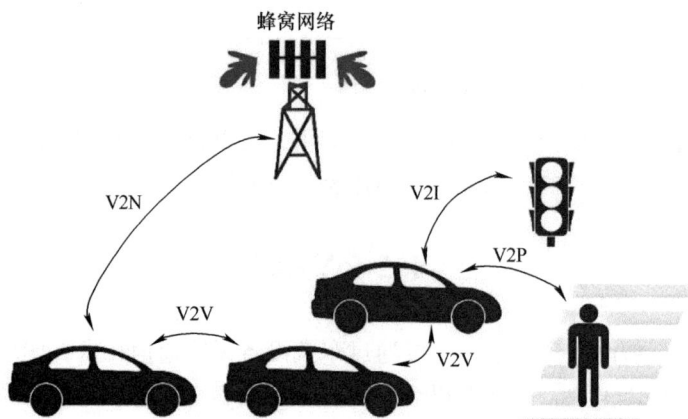

图 4-10　V2X 各系统原理简图

通过 V2X 技术，自动驾驶车辆显著提升了安全性和效率。在紧急情况下，车辆能迅速接收来自其他车辆和基础设施的反馈，预防事故。例如，V2V 通信使车辆能互相识别位置和速度，提前预判并避免潜在危险；V2I 则让车辆从交通信号灯等设施获取实时信息，优化行驶。这些技术共同助力构建更智能、高效的城市交通系统。同时，V2X 还支持车与行人间的通信，确保了对行人安全的快速响应，如图 4-11 所示。

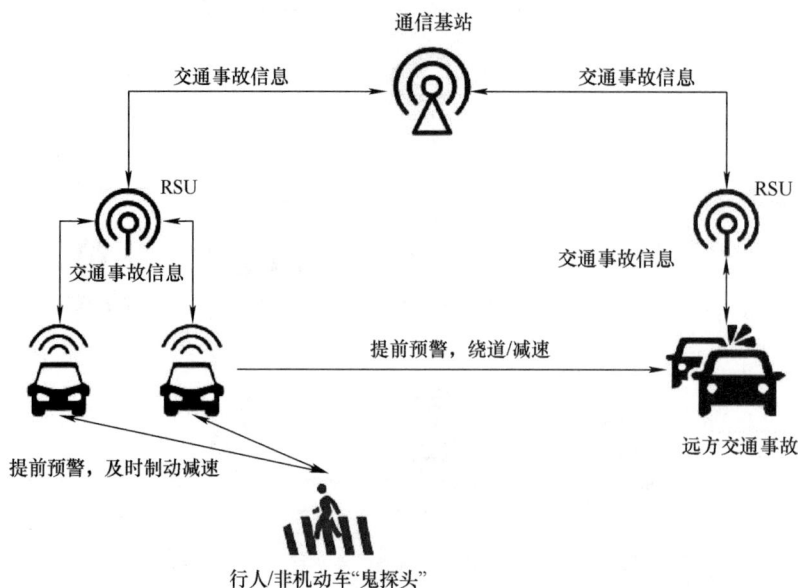

图 4-11　基于车联网技术的车辆超视距能力

这些综合通信机制不但增强了自动驾驶系统的环境感知能力，还极大提升了车辆的响应速度和处理复杂交通状况的能力，使自动驾驶变得更加安全、高效和可靠。

4.2.1 车际通信

车辆间的无线通信，或称为 V2V（车对车通信），是现代交通管理与自动驾驶技术中的重要组成。这项技术利用先进的无线通信手段，让各车辆得以实时共享其位置、速度和行驶方向等关键信息。借助于这些信息，每辆车都能够精确地定位自己在交通流中的位置，及时识别并应对前方可能出现的潜在风险，比如交通堵塞或是突发事故。

V2V 通信正逐渐成为未来汽车通信的一大趋势，如图 4-12 所示，它能使邻近的车辆互相交换关键信息，从而为驾驶者或自动驾驶系统提供重要反馈，帮助做出更合理的驾驶决策，比如加速、减速或改变行驶轨迹等。

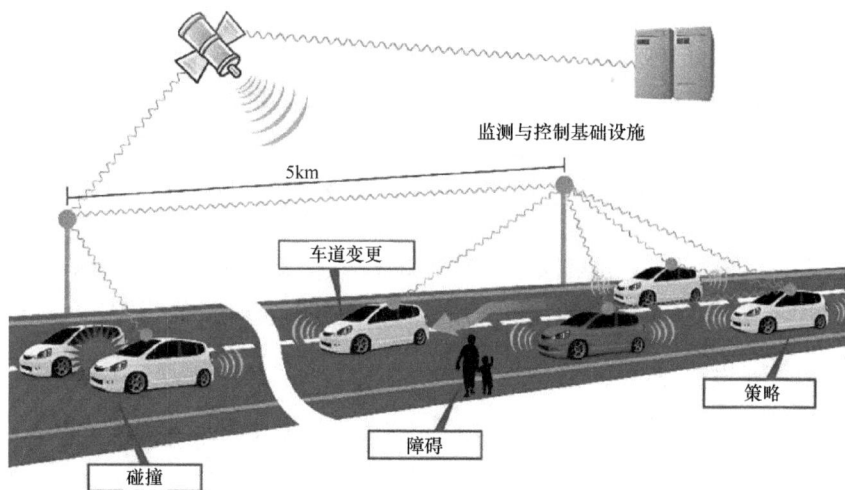

图 4-12　V2V 通信原理

在自动驾驶领域，V2V 通信通过实时信息交换，显著提升了自动驾驶车辆对周围交通状况的全面掌握和准确判断。例如，在超车场景中，自动驾驶车辆先通过 V2V 通信了解前方车辆状态，再制定最安全的超车策略。此外，V2V 还增强了车辆对其他参与者行为的预测能力，提前准备应对措施，提高了交通系统的安全性和效率。

V2V 技术工作流程简述如下：

（1）数据收集　车辆通过传感器收集自身状态及周边环境信息。

（2）数据广播　利用 DSRC、WiFi 或 5G 等通信技术，实时广播数据给周围车辆。

（3）数据处理与应用　车载系统分析数据，构建动态行驶模型，识别潜在威胁并自主决策，如制动或变道，以避免碰撞。

V2V 通信技术是智能交通和自动驾驶的关键，它不仅能提高行车安全，还能优化交通效率。然而，隐私保护、网络安全及标准化等问题仍需解决。当前，V2V 通信多基于 IEEE 802.11p 等标准，但随着 5G 的发展，C-V2X 等新技术正逐步应用于车辆通信领域。

车辆对车辆（V2V）通信技术具备显著的应用潜力，尤其在提升道路安全性、效率和驾驶体验方面，具体案例包括：

（1）碰撞预警　在复杂交通环境中，如多车道或交叉口，一辆车突然制动时，V2V 通信能即时传递信息给周围车辆，使它们有足够时间反应，避免碰撞。

（2）交通效率优化　结合 V2I 通信，车辆共享行驶信息，优化交通流，减少拥堵。例如，调整信号灯周期以匹配交通需求，提升整体交通效率。

（3）智能停车　停车场内，车辆通过 V2V 交换空闲停车位信息，极大缩短找车位时间，提升停车体验。

（4）电子紧急制动　当驾驶员未能及时应对潜在危险时，V2V 系统自动激活紧急制动，减少碰撞风险。

（5）合作驾驶　在护送或应急响应等任务中，V2V 技术实现车辆间信息共享和控制命令协作，确保任务高效完成。

在车辆到车辆（V2V）通信技术的实施过程中，隐私保护、网络安全和法规标准成为关键挑战。

（1）隐私保护　数据传输涉及位置、速度等敏感信息，易导致隐私泄露。可采用匿名化（如动态变化的匿名 ID）和数据加密技术来防范，确保驾驶者隐私不受侵犯。

（2）网络安全　V2V 系统开放性面临外部攻击风险。需部署多层次安全措施，如防火墙、入侵检测系统及安全认证机制。例如，利用数字签名技术确保信息来源和完整性，防止黑客干扰。

（3）法规和标准　国际标准和法规差异阻碍 V2V 技术全球推广。需国际标准化组织协调，制定全球统一的 V2V 通信标准，包括技术规范和数据处理法规，以促进技术健康发展。

4.2.2　车与基础设施之间的通信

车辆和基础设施间的通信（Vehicle to Infrastructure，V2I）技术是智能交通系统的关键组成部分。如图 4-13 所示，通过这项技术，车辆能够与交通灯、路标、监控摄像头等基础

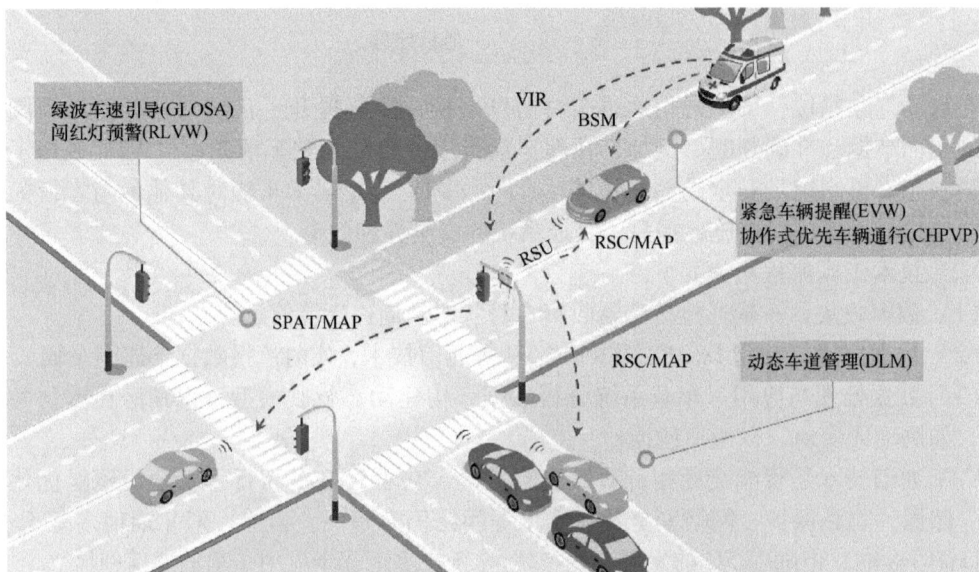

图 4-13　V2I 通信原理

设施实现双向信息交换。这种信息互通使得道路使用更为高效,有助于提升交通管理水平,增强道路安全性,同时还能有效节约能源。V2I技术的应用,不仅优化了车辆行驶路线,减少了交通拥堵,也为驾驶者提供了更加安全便捷的行车环境。

V2I技术实施流程的关键步骤见表4-2。

表4-2 V2I技术实施流程的关键步骤

序号	关键步骤	详细说明
1	信息采集	这一阶段,车辆通过搭载的传感器设备(如GPS、雷达和摄像头)搜集自身状态和周边环境数据。同时,道路基础设施,如交通灯、标志牌及路况监测系统等也同步收集交通相关信息
2	数据交换	接下来,通过采用先进的无线通信技术(如DSRC、LTE-V、5G等),实现车辆与道路基础设施之间的稳定、快速且高效的数据传输。这些技术能够确保即使在高速移动的条件下也能实现迅速而低延迟的通信
3	数据处理及应用	综合利用收集到的数据,通过处理分析,进而支持多种智能交通应用的实现,如实时导航调整、交通流量优化控制、智慧停车解决方案和交通安全预警系统等。例如,通过与交叉口交通灯的数据互联,驾驶员能提前获悉信号灯变化计划,据此做出更合理的行驶选择

为了保障V2I技术顺利部署并发挥最大效能,需要政府部门、车辆制造商、网络服务商、第三方服务提供者等多方面的紧密合作。同时,还面临一系列挑战需共同解决,包括确保信息传递的安全性、保护个人隐私、建立和遵循统一标准等。

V2I不仅在提高道路利用效率、增强驾驶安全等方面具有重要价值,同时其发展和实施过程中也涉及基础设施建设、信息安全、法规标准等方面的挑战,需要各方面共同努力克服。基于混合动力汽车的V2I技术架构如图4-14所示。

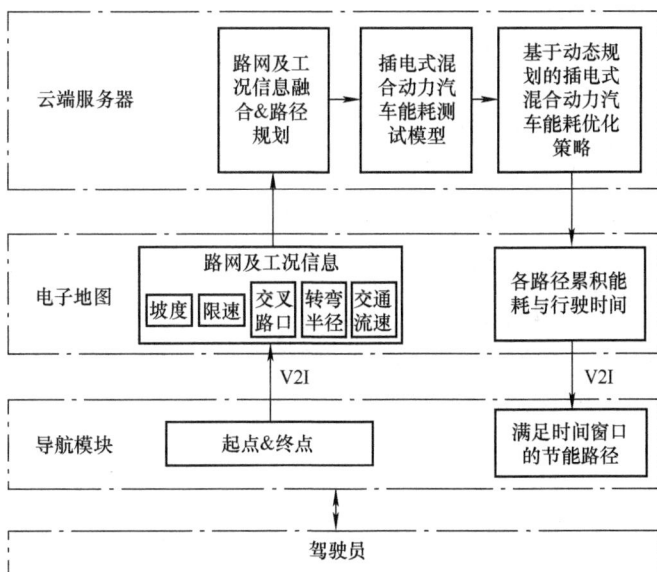

图4-14 基于混合动力汽车的V2I技术架构

具体包括:

(1)基础建设及其维护成本 车辆与基础设施间的通信技术依赖于大规模的基础建设。

例如，某城市为提升交通系统效率，投资引入 V2I 技术，这包括购置、安装通信塔、智能交通信号灯等设施，并涵盖长期的维护、更新及人员培训费用。为应对经济挑战，该市与技术供应商、通信企业等建立伙伴关系，确保 V2I 系统的无缝集成与高效运行。

（2）数据安全与隐私保护 V2I 系统处理大量车辆及交通数据，数据安全与隐私保护至关重要。例如，一辆配备 V2I 技术的车辆，其每日行驶数据若未得到妥善保护，可能暴露驾驶者隐私。因此，系统需采用高强度加密技术，并建立严格的数据管理规范，确保数据仅用于提升交通管理效率和用户驾驶体验。

（3）法规和标准建立 V2I 技术尚缺乏完整的法规框架和技术标准。为促进技术健康发展，各级政府和国际组织需协同工作，出台相应技术规范和法律法规。例如，在数据传输频段分配上需避免干扰，保障通信稳定性；同时，参照国际实践，确保用户隐私得到有效保护。

（4）技术挑战 V2I 技术在通信效率、系统稳定性和数据处理能力等方面仍面临挑战。科研人员、设备生产商和软件开发者需共同努力，通过技术创新和优化，提高系统性能。例如，利用先进算法和大数据技术提升系统处理大规模数据的能力，以更好地服务于城市交通管理和驾驶者需求。

4.2.3　车与行人之间的通信

车辆与行人之间的通信，简称为 V2P（Vehicle to Pedestrian），是通过智能手机或其他便携式设备实现信号传递的一种技术。这项技术允许车辆识别并向行人发出预警，同时也能向驾驶员警示，从而避免与行人发生碰撞。因此，V2P 技术在保障行人安全和城市交通管理中扮演了关键角色。

作为智能交通系统的组成部分，如图 4-15 所示，V2P 技术主要通过实现车辆与行人之间的通信来增强道路安全。其核心原理是车辆配备的传感器和装置（如摄像头、雷达等）能够实时采集车辆状态与周围环境信息。与此同时，行人携带的智能设备（比如智能手机或穿戴式设备）也能捕捉并传送他们的位置及移动数据。车辆与行人之间的通信主要依赖于现代无线通信技术，包括蓝牙、WiFi、专用短程通信（DSRC）、LTE-V、5G 等，通过这些技术，可以实现车辆与行人之间的数据实时交换。

图 4-15　V2P 技术

V2P 技术能显著提升道路安全，尤其在复杂城市环境中。例如，车辆检测到行人过马路时，能自动减速并通知行人，同时向驾驶员发出警告，避免碰撞。在视线不佳或交通密集时，V2P 技术尤为关键，通过无线通信提前预警，减少事故。该技术还助力交通管理，如某城市利用 V2P 数据调整红绿灯配时，高峰期延长行人绿灯时间，保障安全；低峰期缩短绿灯时间，提升车辆通行效率。然而，V2P 广泛应用需解决数据安全、通信稳定及设备兼容等挑战，需多方合作推进。

4.2.4 车与道路之间的通信

车辆与道路通信（V2R）技术如图 4-16 所示，是一种通过车辆与道路间的数据交换，实现对车辆行驶状态进行优化决策支持的先进通信技术。这种技术主要依赖于车辆与路侧设施之间的无线通信网络，以提升道路使用的效率与安全性。V2R 技术的实施，能有效地对车辆在行驶过程中遇到的各种情况做出响应，如交通堵塞、路面情况变化等，为驾驶员或自动驾驶系统提供即时的道路状况信息和驾驶建议。

V2R 技术通过车辆与路侧基础设施的信息交互，提升道路安全与效率。例如，雨天路面湿滑时，路侧传感器即时捕捉并通知车辆，提示驾驶员减速或激活防滑系统，确保安全。然而，实施 V2R 需大规模部署传感器，面临高投资与后期维护成本，同时需解决复杂环境下的通信稳定性和数据处理挑战。此外，数据安全与个人隐私保护也至关重要。

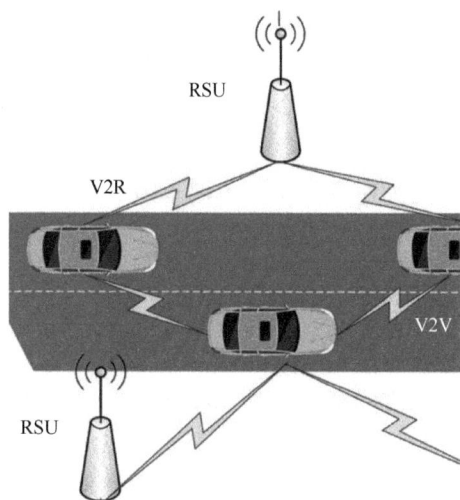
图 4-16 车辆与道路之间通信原理

在 V2R 环境中，车载设备与路侧终端通过无线通信连接，汇总分析数据，形成实时交通态势图，助力交通管理。

例如：如图 4-17 所示，当车辆离开上一个交叉口（点 A）时，系统开始记录所需行车数据，在离开下一个交叉口（点 D）时将在路段上生成的数据发送给 RSU2。从点 A 到点 D 间的时间间隔即为车辆在路段上的通过时间；当车辆进入 RSU2 的通信范围（点 B）时，双方将建立稳定的 V2X 通信。此后车载终端发送当前车辆的基本信息，并在 RSU2 请求 OBD 数据之前连续发送定位信息。

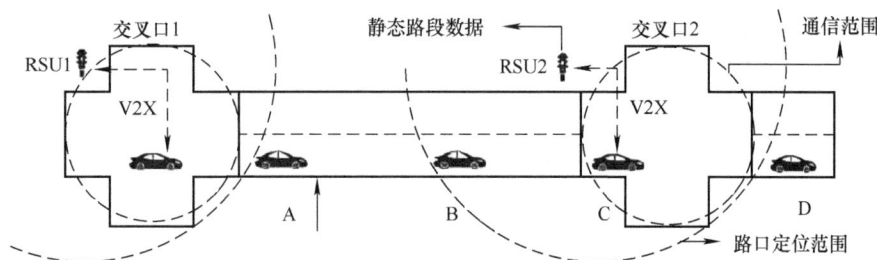
图 4-17 基于 V2R 技术的车辆实时数据更新原理

当车辆进入交叉口2（点C）时，由于车载终端中记载了上一次通信的主机RSU1信息，所以RSU2可以确定本次通信的数据来源于入口道（1→2）。根据该原理，路侧终端将根据一定时间段内的实时车辆数据更新多个方向的路段评价结果。

车路数据交互与数据交互流程如图4-18所示，在此过程中，车载终端与路侧终端的紧密协作，确保了数据的准确采集、有效处理及可靠上传，为城市智能交通管理提供了坚实的数据支撑。因此，V2R技术的成功应用，预示着一个更为智能、高效、安全的交通系统正在向我们走来。

V2R技术能够显著改善未来的交通系统。交通管理中心可以根据实时路况信息调整信号灯配时、优化交通流，减轻城市拥堵。进一步地，V2R技术能及时识别并处理交通安全隐患，比如违章停车、占用车道等问题，从而实现更加高效和安全的城市交通环境。

4.2.5 车与网络之间的通信

车与网络之间的通信（V2N）技术是指车辆与云端网络之间的无线通信，这种通信技术为车辆提供了实时获取交通动态、天气信息等服务的能力，同时也允许车辆将其状态和故障数据等反馈至云服务器，这对于车载信息服务、

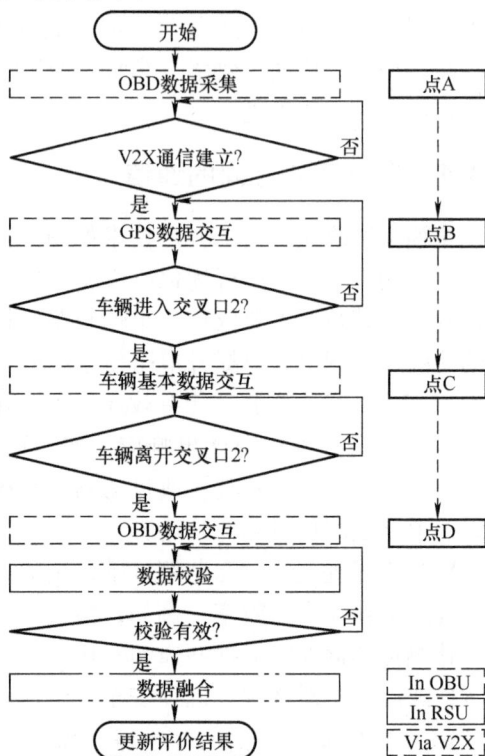

图4-18 车路数据交互与数据交互流程

遥控诊断以及车辆软件的在线更新等方面都有着极为关键的影响。通过利用LTE、4G/5G以及WiFi等多种无线通信手段，V2N实现了车辆与云端的深度连接，使得每一辆车都能作为一个动态的信息收发点，在高速流通的数据网络中既是信息的接收者也是贡献者，极大地丰富了智能驾驶和车辆管理的内容和形式。

如图4-19所示，车与网络之间的通信技术原理主要涉及先进的无线通信技术，如4G/5G、WiFi等。车辆通过内置的通信模块（TCU）与互联网或其他车辆、道路基础设施进行连接，实现信息的实时交互和共享。这些技术使得车辆能够接收来自互联网的实时路况、天气预报、新闻资讯等丰富信息，同时将车辆的状态信息、行驶数据等上传至云端服务器，实现远程监控、故障诊断和OTA远程升级等功能。通过车与网络之间的通信技术，车辆的智能化、安全性和便利性得到了显著提升。

V2N技术是现代智能交通系统的重要组成部分，其实现过程的主要关键步骤见表4-3。

整个V2N系统背后需要强大的数据处理和安全管理系统以确保数据的有效性和安全性。这通常涉及云计算、大数据分析和人工智能技术的综合应用，以实现数据的高效处理和隐私保护。

例如，利用V2N技术，驾驶者可以获得即时更新的路况信息，选择最佳行驶路线，避开交通拥堵区域，从而提升行驶效率和安全性。另外，当车辆检测到系统故障时，相关数据

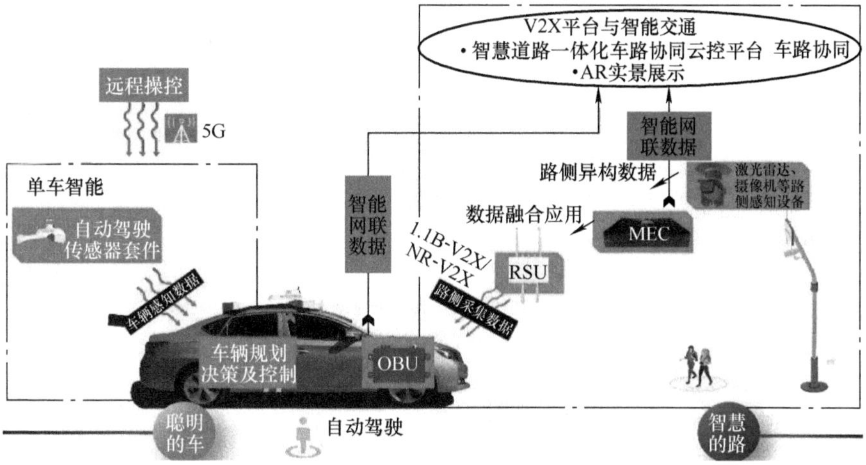

图 4-19　车与网络之间的通信原理

表 4-3　V2N 技术实现主要关键步骤

序号	关键步骤	详细说明
1	数据采集	车辆通过装备的传感器和控制系统实时采集各项运行数据，如速度、位置、燃油消耗量、发动机状况等。同时，车辆也能从云端网络获取外部信息，如实时交通状况、天气预报等
2	数据传输	车辆将采集到的数据通过内置的通信设备上传至云端服务器。这一过程依赖于高效、稳定和安全的无线通信技术，通常运用 LTE、4G/5G 或 WiFi 等
3	数据处理与分析	云端服务器接收并存储来自车辆的数据，并进行深入分析。这些数据分析支持车辆故障诊断、交通信息更新和车载软件的远程更新等应用。此环节是实现车载信息服务和远程诊断功能的核心

可以即刻上传至云端进行分析，快速得到维修建议或自动调整，极大地提高了车辆的运行可靠性和自我维护能力。

　　未来，随着 V2N 技术的进一步发展和应用普及，它还将促进自动驾驶技术的演变，通过车辆之间以及车辆与网络的持续互联互通，为自动驾驶车辆提供更加全面的环境感知和决策支持。然而，技术实施过程中需要克服的挑战包括网络的稳定性和数据安全性问题，确保技术的可靠性和用户的隐私安全是实施 V2N 的关键。

4.3　4G/5G/6G 移动通信系统

　　如图 4-20 所示，车联网 4G/5G/6G 技术实现了车辆与周围环境的全方位连接。例如，5G 技术因其高速度和低延迟特性，支持车辆间实时信息交换、远程监控和智能决策，显著提升道路安全与效率。6G 技术则进一步推动车联网发展，有望实现空天地海一体化覆盖，为自动驾驶和智能交通管理提供更强支撑。移动通信模块作为智能网联汽车的核心，依赖这些技术实现与互联网的无缝连接，支持丰富的高级应用和服务。

　　（1）远程控制与故障诊断　利用移动通信模块，车主可以通过智能设备对汽车进行远

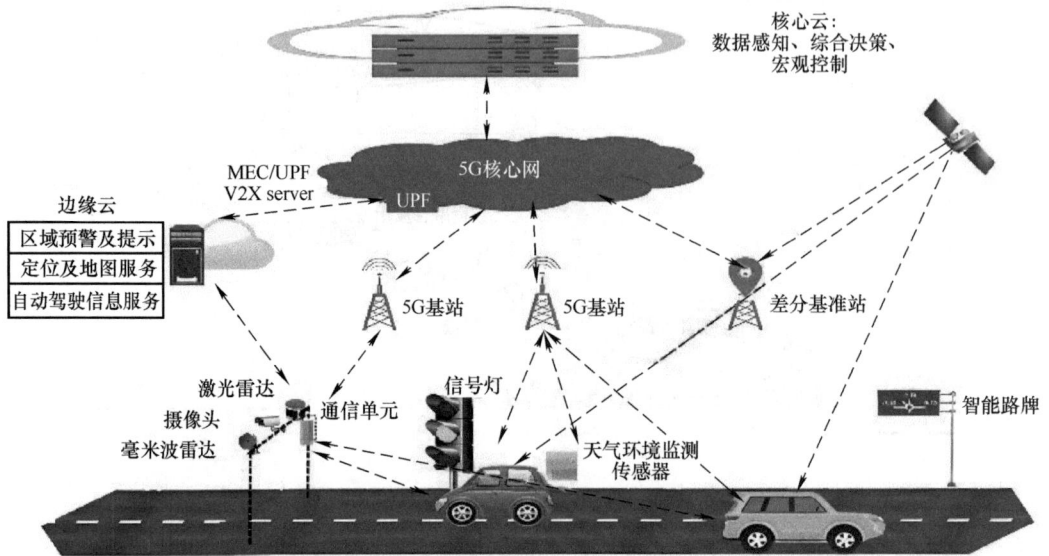

图 4-20 基于车联网的 4G/5G/6G 移动通信

程操作，如锁定或解锁车门、起动汽车、调节温度等。当车辆检测到系统异常或故障时，可将这些信息实时传输至维修中心或车主的移动设备上，实现快速故障诊断和处理，从而提高车辆的便利性和可靠性。

（2）软件远程升级 通过移动网络，汽车可以直接从制造商处获得最新的软件更新通知，并自动下载安装，无须用户手动干预。这项功能确保了车辆系统的持续更新，增强了功能性，同时也提高了驾驶的安全性。

（3）实时信息接收 车辆通过移动通信模块接入互联网，可实时获取各类重要信息，如路况变化、导航指引等，帮助驾驶员做出更合理的驾驶决策，优化行车路径，减少行驶时间。

（4）车对车与车对基础设施通信 随着5G和未来6G技术的进步，移动通信模块将使得汽车不仅能与网络互联，还能实现车辆之间、车辆与路边基础设施之间的直接通信。这种高级通信功能将极大地丰富车辆获取的外部环境信息，如前方车辆的速度和方位、交通信号灯状态等，进一步提升了驾驶的安全性和效率。

在智能网联汽车的通信系统中，多入多出（MIMO）、波束赋形（Beam forming）以及物理层新型编码技术等先进技术发挥着至关重要的作用，为车辆提供高效、稳定的数据传输及广泛的网络覆盖。

（1）多入多出（MIMO）技术 如图4-21所示，MIMO技术通过在发送端和接收端使用多个天线，可以大幅提升数据的传输速率和信号的可靠性。使用MIMO可以同时传输多个独立的数据流，与单输入单输出情况相比，MIMO可以实现更高的数据吞吐量。这一技术在4G和5G网络中得到了广泛应用，尤其适合于数据传输需求高的场景，如智能网联汽车在下载高清地图、上传车辆状态数据或接收实时交通信息时。例如，现代汽车集团的某些车型采用了支持MIMO技术的4G LTE模块，显著提高了数据处理和传输效率。

104

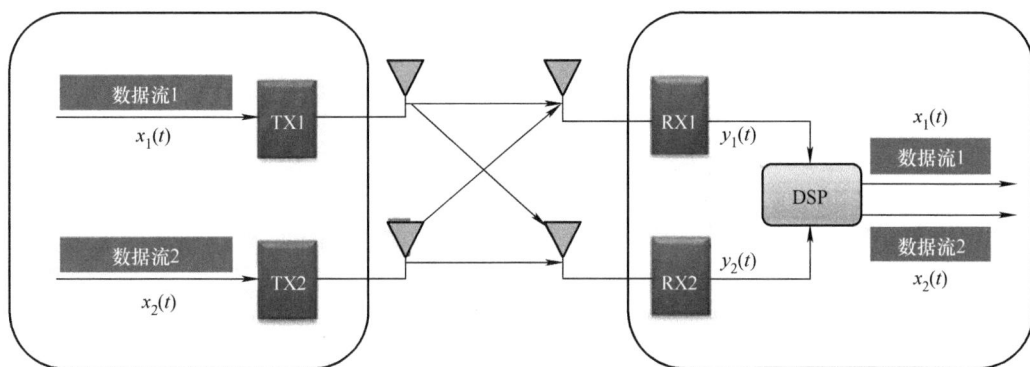

图 4-21　多入多出（MIMO）技术原理简图

（2）波束赋形技术　如图 4-22 所示，波束赋形技术通过调整天线阵列中每个阵元的相位和信号幅度，使电磁波在空间中形成具有方向性的波束。这种技术能够聚焦信号能量于特定方向，增强目标区域的信号覆盖和接收质量，同时减少对其他方向的干扰。在无线通信领域，波束赋形广泛应用于基站和用户设备之间，优化信号传输效率，提升网络性能和用户体验。在 5G 网络中，通过波束赋形技术，基站能够将信号精确地定向发送到特定用户或设备，这大大增强了信号质量和网络覆盖能力。例如，沃尔沃汽车利用 5G 波束赋形技术，在复杂的城市交通环境中保持稳定的网络连接，从而支持其自动驾驶和遥控泊车等高级功能，提升了安全性和便捷性。

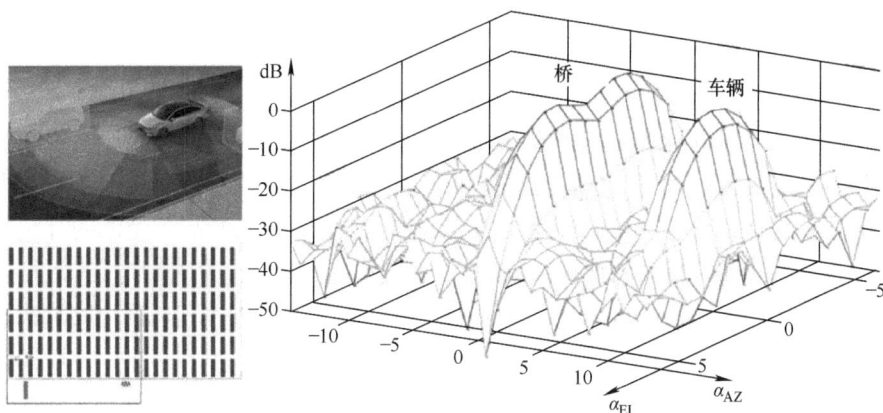

图 4-22　波束赋形技术

（3）物理层新型编码技术　如图 4-23 所示，5G 编码技术主要利用 Turbo 码、LDPC 码和 Polar 码等高级信道编码方案。这些编码技术通过增加数据的冗余信息，在传输过程中提高数据的纠错能力，从而提升信号传输的可靠性和效率。Turbo 码通过并行组合和迭代解码实现高效纠错，LDPC 码利用稀疏校验矩阵降低解码复杂度，而 Polar 码则通过信道极化理论达到接近香农极限的性能。这些编码技术共同构成了 5G 移动通信中高效、可靠的信道编码体系。在 5G 通信中，采用如极化码和低密度奇偶校验码等新型编码技术，有效提升了数据传输的错误纠正能力，优化了通信的稳定性和可靠性。比如宝马集团的自动驾驶系统中就应用了这些高级编码技术，确保了在高速移动环境下复杂数据的准确传输，增强了系统的整体性能。

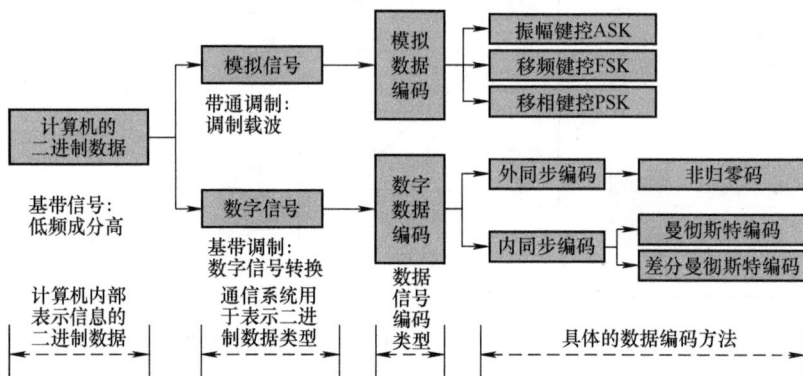

图 4-23　编码技术原理

通过这些技术的组合应用，智能网联汽车不仅可以在移动环境中保持高效的网络通信，还能够支持如导航、流媒体播放、智能驾驶辅助等多种应用的无缝运行。特别是在借助 5G 网络的低延迟特性时，智能网联汽车在远程控制和自动驾驶领域的潜力得到了进一步的释放和拓展。

4.4　定　位　系　统

4.4.1　卫星定位系统

卫星定位系统是车辆导航、定位、自动驾驶等功能的基石，主要包括全球定位系统（GPS）、北斗卫星导航系统等。它们能够提供车辆的精确位置信息，对于导航、定位、自动驾驶等功能至关重要。通过与车载传感器（如前向摄像头、雷达等）提供的环境感知信息相结合，可以实现准确的路径规划和精确的自动驾驶。

全球定位系统（GPS）和北斗卫星导航系统都是著名的卫星导航系统，它们提供精确的时间信息和地理位置信息，在车载网络中起到至关重要的作用。

（1）GPS　全球定位系统（Global Positioning System，GPS）是一种利用卫星信号进行导航和定位的系统，可以提供时间和地理位置信息。但是，GPS 的信号可能会受到建筑物、电子设备等物体的影响，并且在室内、隧道等环境中可能无法接收到 GPS 信号。

GPS 主要是由美国建造并维护的一个由 30 颗以上的卫星组成的导航系统。如图 4-24 所示，GPS 中的每颗卫星都会发射一个包含自身位置和当前时间信息的信号。在地球上的 GPS 接收器会捕捉到至少 4 颗 GPS 卫星发出的信号。每颗卫星发出的信号传播到接收器的时间是不同的，因为每颗卫星距离接收器的距离是不同的。利用接收到的卫星信号的时间信息和自身接收到信号的时间，可以计算出信号传播的时间，进而计算出接收器到每颗卫星的距离。当接收器知道了自己到 4 颗（或更多）卫星的精确距离后，就可以通过三角测量的方法计算出自己在地球上的精确位置。此过程通常称为三维定位，可以确定出接收器的经度、纬度和海拔。由于地球上的 GPS 定位时钟不可能像卫星上的原子钟那么精确,所以接收器还会进行一个时间修正的步骤,确保时间信息的准确性。

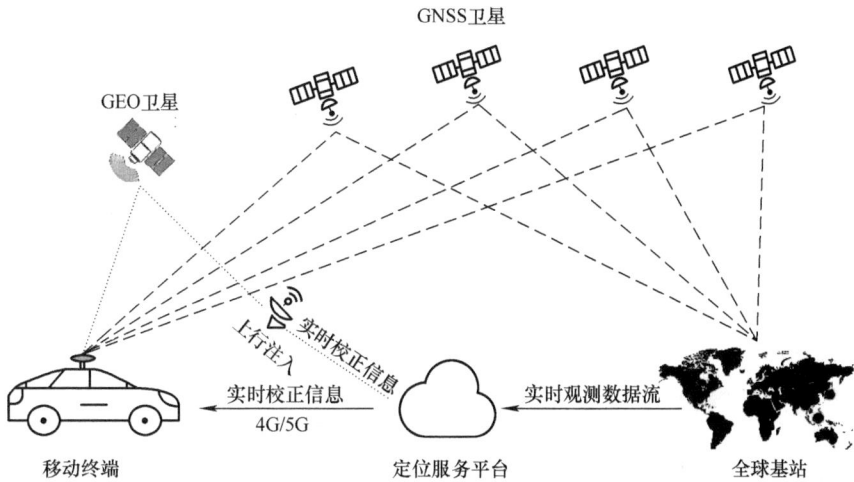

图 4-24 GPS 定位原理

虽然 GPS 在空旷地方的定位精度很高,但在城市的高楼大厦、森林或者室内等环境中,可能因为信号被遮挡或反射而影响定位精度。此外,GPS 也可能受到电磁干扰、大气效应等因素的影响。为了提高定位的精度,一些高精度的 GPS 采用了差分 GPS 技术,通过比较接收器所在位置和参考站的位置的差异,可以进一步减小误差。

GPS 作为一种卫星导航技术,主要用于提供地理位置与时间信息,在全球范围内无论天气条件如何都能提供服务。它对于民用和商业用途而言具有极大的便利性,比如在交通导航、灾害救援、地理勘探等领域中发挥重要作用。然而,任何技术的使用都存在潜在的双面性,GPS 也不例外。在涉及国家安全领域时,GPS 可能会带来一些潜在的风险或所谓的"危害"。

1)依赖性风险。对 GPS 的过度依赖可能会在其服务中断或干扰时造成严重后果,比如影响航空、海运的导航安全,以及军事应用中的定位和指挥。

2)安全漏洞。由于 GPS 信号是公开的,因此存在被恶意干扰或破坏(如 GPS 入侵攻击)的风险,这可能会误导用户,造成安全事故或者在军事上被敌对力量利用。

3)情报收集工具。GPS 设备可以被用作跟踪和监视工具,对个人隐私和国家安全构成威胁。

正因为这些潜在的风险,中国和其他一些国家已经开始发展自己的卫星导航系统,如中国的北斗卫星导航系统(BDS)。北斗系统提供了与 GPS 相似的服务,同时增加了一些针对区域用户的增值服务,旨在减少对外国导航系统的依赖,并增强国家安全和自主创新能力。

总的来说,GPS 和类似技术带来的便利与风险并存,关键在于如何平衡这两者,通过技术创新和制度建设来最大化利用其优势,同时有效管理和降低潜在风险。

(2)北斗卫星导航系统 北斗卫星导航系统是由中国自行研发、建设及运营的全球性卫星导航系统,属于全球四大卫星导航系统之一。它与 GPS 等系统在技术原理上相似,但在具体实现及服务上展示了其特色与优势。

北斗系统共部署了 50 多颗卫星，这些卫星分布在不同的轨道上，包括地球静止轨道（GEO）、倾斜地球同步轨道（IGSO）及中地球轨道（MEO）。北斗系统工作原理如图 4-25 所示。

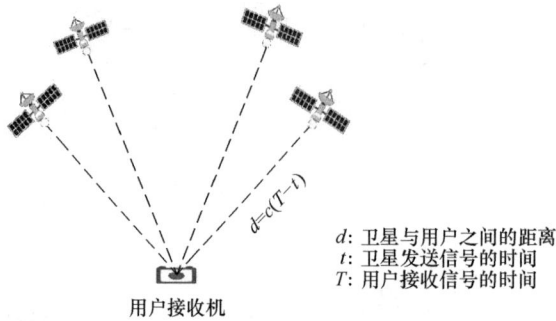

$d=c(T-t)$

d：卫星与用户之间的距离
t：卫星发送信号的时间
T：用户接收信号的时间

用户接收机

图 4-25　北斗卫星导航系统定位原理

如图 4-26 所示，汽车配备北斗定位导航设备能够接收到来自北斗卫星的导航信号，这些信号包含卫星的位置和时间信息。接着，系统处理从多个北斗卫星接收到的信号，通过三角测量法计算出汽车的当前位置。在定位时，车辆会整合其他传感器的数据，如惯性导航系统（INS）、激光雷达和摄像头等，使汽车在各种复杂环境中保持高精度定位。惯性导航系统可以在卫星信号弱或丢失的情况下，继续提供短时间内的高精度定位。激光雷达和摄像头则提供周围环境的三维图像和视频数据，有助于避开障碍物和识别道路标志。然后，通过高精度地图，北斗系统提供的位置信息与地图数据进行匹配，确保汽车在道路上的准确定位，并由路径规划算法规划出最优行驶路线。高精度地图不仅包含道路信息，还包括交通标志、车道线、红绿灯等详细信息，帮助无人驾驶汽车在复杂交通环境中做出正确决策。

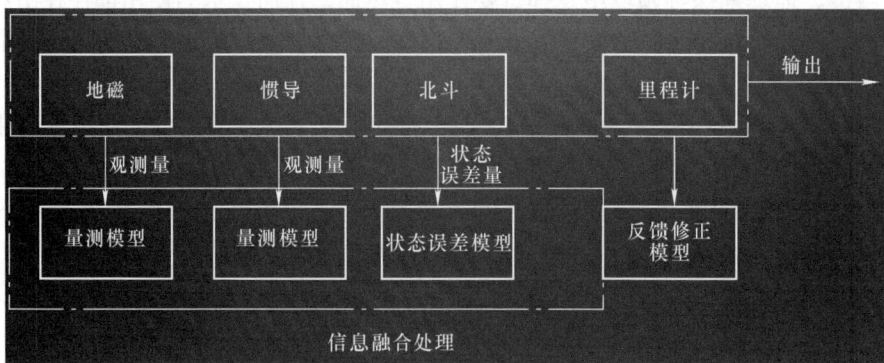

图 4-26　多信号源定位示意图

例如：智能网联车辆的实时导航。实时导航的工作原理主要基于 GPS/GNSS、通信网络、云计算技术和大数据分析等技术，但通常是通过 4G/5G 网络获取实时交通信息，包括路况、路线规划等，大大提升了导航的精准度和实用性。例如，车辆可以接收到实时的路况信息，自动规划出最优路径，避开交通拥堵地区。

举例来说，通过与高德地图或百度地图等导航平台的连接，智能网联汽车可以实时获取交通信息和最优路线。例如，特斯拉车辆中的导航系统就可以实时显示交通状况，并根据当前交通信息提供最优驾驶路线。

1）在车辆进行卫星定位时，汽车启动导航系统后，首先通过全球定位系统（GPS）获取当前的准确位置信息。在有些情况下，为了提高定位的准确性，还可能结合使用其他定位系统。

2）在车辆进行通信时，汽车的导航系统通过 4G/5G 或者 WiFi 等网络连接到云端的导航服务平台，发送位置信息并请求路线规划。

3）在车辆处理数据时，云端的导航服务器会收集并处理大量的交通信息，包括但不限于道路状况、交通流量、交通事故、施工情况、天气状况等。根据这些信息，服务器会规划出从当前位置到目的地的最优路线或者最快路线。

4）在车辆反馈信息给用户时，导航服务器将规划出的路线通过通信网络发送回车载导航系统。同时，如果在行驶过程中发生了交通状况变化，云端服务器会实时更新这些信息并重新规划路线，然后再次发送给车载导航系统。

5）在车辆进行导航时，用户在行驶过程中，车载导航系统会根据预设的路线，以语音和/或图像的方式，提供行驶方向、转弯、距离下一个路口的距离、预计的抵达时间等信息。

4.4.2　高精度地图与定位

高精度地图如图 4-27 所示，是一种精确度极高的数字化地图。这种地图对于自动驾驶技术的发展至关重要，它不仅是自动驾驶系统中不可或缺的组成部分，还在推动自动驾驶技术进步方面发挥着重要作用。高精度地图包含丰富的道路信息和交通相关的周围静态信息，车辆通过与车载传感器（如激光雷达、毫米波雷达、摄像头）探测到的周边环境进行比对，验证车辆行驶轨迹，并利用高精度地图提前预判拥堵或道路信息（如事故、损坏、维修等），规划出最优路径。地图中的车道线位置、类型、宽度等道路数据，以及交通标志、信号灯等固定对象信息，为无人驾驶汽车提供导航和控制依据。高精度地图主要应用于 L3、L4、L5 级的自动驾驶，L1、L2 级的低智能程度车辆则使用 2D 地图导航，不需要使用 3D 类的高精度地图。

图 4-27　高精度地图

如图 4-28 所示，创建一张高精度地图是一个复杂而精细的工作，该过程依赖于激光雷达、摄像头等高科技设备对道路及其周边环境进行详细扫描，以搜集必需的原始数据。具体来说，激光雷达通过发射和接收激光束，能够精确测量出与周围物体的距离，从而获取环境的三维信息；摄像头则辅以捕捉环境的颜色和纹理特征，结合起来为高精度地图的构建提供全面的原始数据。随后，这些搜集到的数据被输入专业的地图制作软件中，在软件里通过先进的数据处理及整合技术，将原始数据转换成高精度的数字地图模型。

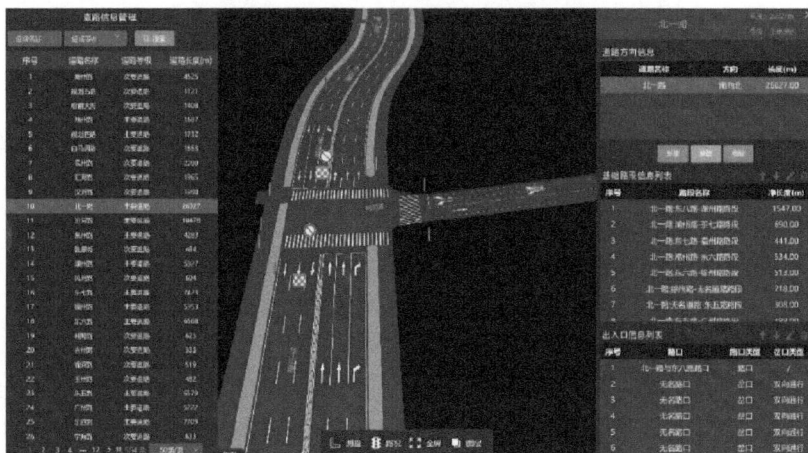

图4-28　高精度地图上描绘道路特性的环境信息

高精度地图是自动驾驶技术的重要基石，其数据质量及处理技术要求极高。例如，某自动驾驶车辆利用高精度地图，将GPS定位误差从数米缩减至亚米级，并实时掌握道路限速、弯道等环境信息。一次行驶中，车辆根据地图精确信息提前识别到前方急弯，及时减速并平稳转向，避免了潜在事故。此外，地图还能指导车辆遵循交通规则，如通过交通信号灯和标志信息，精准控制行驶节奏，确保行驶安全。这些实例凸显了高精度地图在自动驾驶领域的核心价值。

地图的更新则需要借助各种手段（如车辆行驶记录、道路监控设备等）来获取实时路况信息，从而将地图更新到最新状态。高精度地图的创建和更新步骤如下：

（1）数据收集　自动驾驶车辆装备了各种传感器，如激光雷达、视觉摄像头、红外线相机等，它们可以实时地捕捉周围环境的信息。比如，激光雷达能够获取物体的距离和空间位置，摄像头则可以捕捉到交通标志、道路线条等实体信息。在制作高精度地图时，我们通过车载传感器采集路面模型、地标特征、道路特征等数据，形成原始地图数据。

（2）数据融合与处理　高精地图数据结构如图4-29所示，由于每种传感器有其特点和限制，因此需要将不同传感器的数据进行清洗和整合，融合在一起，获取更全面、更准确的信息。将收集到的数据运用一些算法（如SLAM，即同时定位与地图构建）来生成地图，并将生成的地图进行压缩、抽象，使其适应不同的硬件平台。此外，为了减少噪声和误差，还需要进行数据清洗和预处理。高精度地图主要包含了路网模型、HD LANES（车道线）、HD POI（兴趣点）、及时交通信息等内容。接下来是数据处理阶段，将采集到的原始数据进行预处理，去除噪声和误差，提高数据质量。

（3）创建高精度地图　如图4-30所示，经过数据处理后，通过软件对预处理后的数据进行分析和整合，如将激光雷达扫描得到的点云数据和摄像头拍摄的图片数据融合在一起，形成包含三维形状、颜色和纹理等多元信息的地图模型。这个地图不仅包含物理环境（如道路、建筑物等）的信息，还包含诸如交通规则、道路标志等元信息。

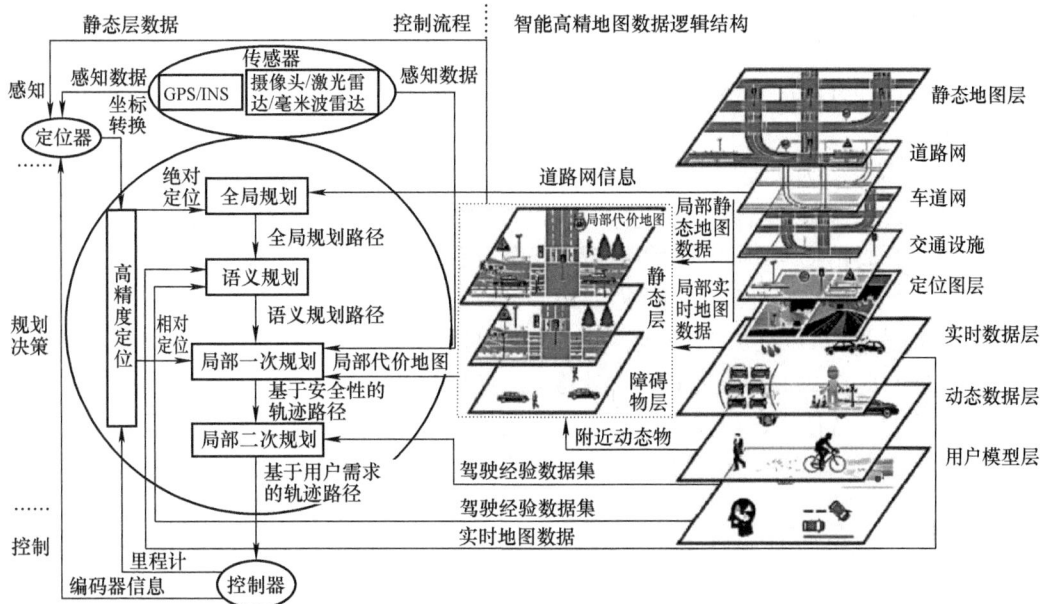

图 4-29　高精地图数据结构

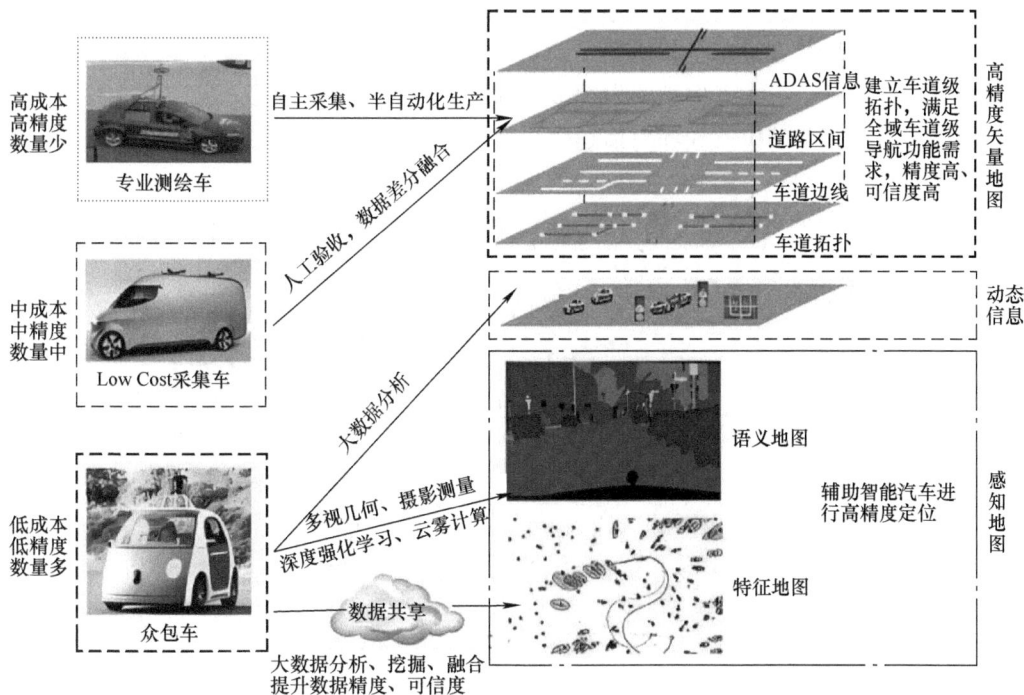

图 4-30　高精度地图众包更新架构

（4）实时更新　此外，还需要使用高级的算法和技术进行地图校正和优化，如利用卫星定位系统（如 GPS）对地图进行地理定位，保证地图的准确性和实时性。自动驾驶车辆在路上行驶时，会不断接收来自各种来源的新数据，如车载传感器、卫星定位系统、联网设备等。系统会将这些新数据实时地整合到高精度地图中，进行地图的实时更新，以适应环境的变化。最后在地图形成后，还需要进行不断的更新和维护，以反映现实环境中的变化，保证地图的可用性和有效性。通过以上的操作程序后，一份完整的具有三维信息特征的高精度地图就产生了。

（5）在线服务　为了使所有自动驾驶车辆都能访问到最新的地图信息，这些高精度地图通常会被上传到云服务器上，形成在线地图服务。车辆通过网络就可以随时获取和更新地图信息。因此，高精度地图的创建和更新不仅需要强大的硬件设备来捕捉大量的环境数据，也需要复杂的软件算法来处理这些数据，最后形成方便自动驾驶系统使用的地图信息。

（6）多传感器融合定位　多传感器融合定位是一种非常有效的技术，可以提高定位的精度和稳定性。此技术主要通过 GPS、激光雷达（LiDAR）、摄像头、惯性测量单元（IMU）等多种传感器的联合使用，获取更为准确的位置信息。这些不同类型的传感器会将各自的测量结果进行融合，通过卡尔曼滤波、粒子滤波等算法处理，从而极大地提高了定位的精准度和稳定性。

地图的更新流程如图 4-31 所示，自动驾驶车辆在行驶过程中，需要利用各种传感器（如雷达、摄像头等）采集周围环境的数据，并与高精度地图进行对比，以实现定位和环境识别等功能。例如，车载激光雷达和摄像头读取周边的地理特征，与地图中的信息相匹配，从而确定车辆在地图上的精确位置。要提高地面环境识别精度，就需要建立更加丰富、完整的参考对象模型，并将这些模型进行存储，从而可以得到更加准确的物体认知，因为在实际环境中，前方物体形状有很多是相似的。例如，前面的动物在识别时有可能是猫，也有可能是一条小狗，这样就会给无人驾驶的识别带来难度。为实现更加快捷、准确的行驶路径，自动驾驶系统还会将实时的位置和环境信息反馈给地图，用于地图的更新和优化，形成一个闭环的系统。

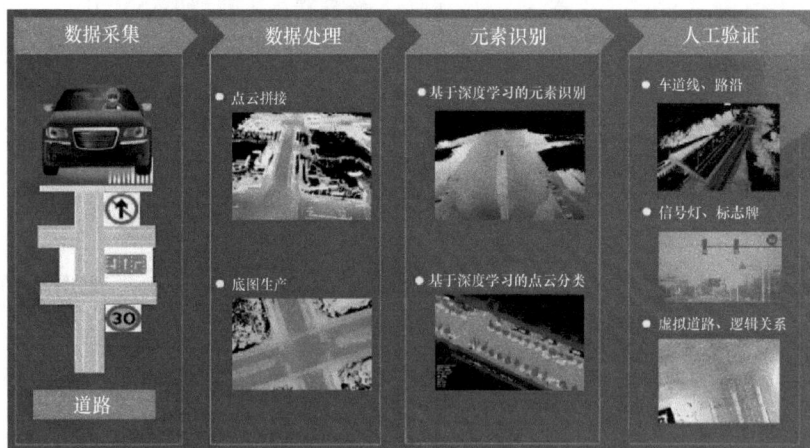

图 4-31　地图的更新流程

在以上过程中，高精度地图还有一个重要的功能，就是路径规划。自动驾驶系统可以在地图上规划出最短、最快、最安全的行驶路线。这也需要地图提供复杂的道路信息，如道路类型、限速信息、交通灯设置、斑马线位置等。

如图 4-32 所示，高精度地图包含了丰富的环境信息，如道路结构、交通标志、限速信息等，可以帮助自动驾驶系统更好地理解和适应周围的道路环境。例如，在拐弯、变道、停车等复杂操作时，高精度地图为自动驾驶系统提供了可靠的信息支持，自动驾驶系统可以根据高精度地图提供的详细路况信息，如实时交通情况、道路类型、道路状况等，智能地规划出最优或最安全的行驶路径。

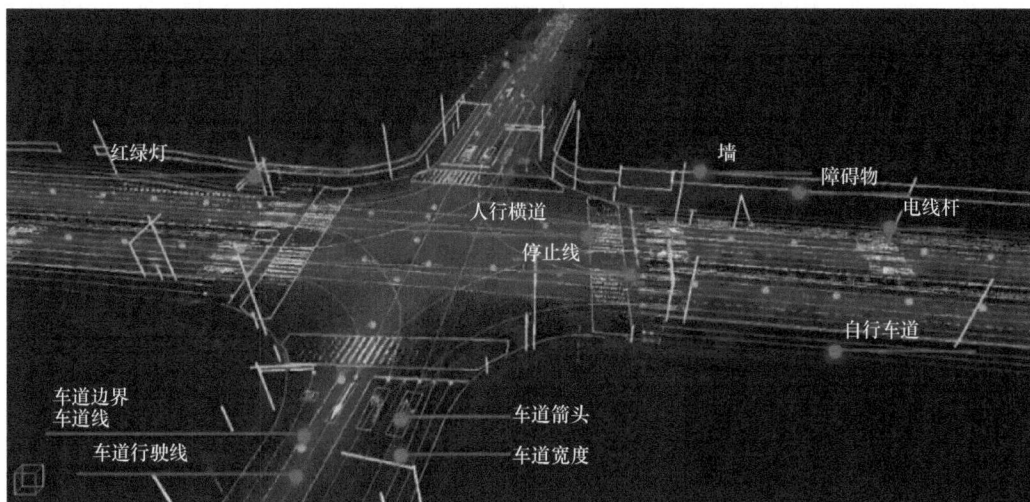

图 4-32　高精度地图包含的道路元素

自动驾驶技术的核心在于车辆如何精准地感知、理解并预测周围环境，以实现安全、高效的行驶。道路参考线、道路模型、车道模型和对象模型作为自动驾驶系统中不可或缺的组成部分，共同构成了车辆环境感知与理解的基础。

（1）道路参考线（Road Reference Lines）　如图 4-33 所示，道路参考线是定义道路几何形状的基本元素，由高精度地图提供，通常表示道路的中心线或边缘线。在自动驾驶中，这些参考线是车辆路径规划与控制的基础，确保车辆能够精确沿着预定路线行驶，避免偏离。

图 4-33　道路参考线

参考线的获取依赖于高精度地图，通过 GPS、IMU 等定位技术与地图数据匹配，实时计算车辆相对于参考线的位置和方向，指导车辆的路径调整。

（2）道路模型（Road Model） 如图 4-34 所示，道路模型综合描述了道路的结构和属性，包括道路宽度、坡度、曲率等物理特征，以及交通标志、信号灯、人行横道等静态信息。它是自动驾驶车辆理解道路环境、预测行驶路径和障碍物位置的关键。通过道路模型，车辆可以提前规划行驶策略，如在弯道减速、在交叉路口提前准备转向等，提升行驶安全性和效率。

（3）车道模型（Lane Model） 如图 4-35 所示，车道模型专注于描述车道的特性，包括车道线的类型（实线、虚线）、车道的宽度、车道的分隔方式等。在自动驾驶中，车道模型帮助车辆识别和保持在当前车道内，避免车道偏离。实现的原理是基于视觉识别（如摄像头）和雷达技术。

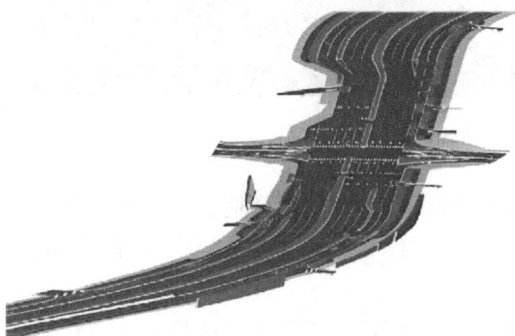

图 4-34　道路模型

图 4-35　车道模型

（4）对象模型（Object Model） 如图 4-36 所示，对象模型涉及识别和理解道路上的动态和静态对象，包括车辆、行人、自行车、障碍物等。它基于传感器（雷达、激光雷达、摄像头等）数据构建，用于预测对象行为，辅助决策。通过对象模型，自动驾驶车辆能够

图 4-36　对象模型

实时监测周围环境，预测潜在风险，如前方车辆减速、行人横穿道路等，提前采取避让或减速措施，确保行车安全。

道路参考线、道路模型、车道模型和对象模型在自动驾驶系统中各自通过相互协作，共同构建起车辆对环境的全面感知和理解能力，是实现智能驾驶不可或缺的基石。这些模型的准确性和实时性对自动驾驶系统的安全和效率至关重要，通过不断学习和更新，自动驾驶系统能够更准确地感知环境，做出更合理的驾驶决策。

4.4.3 SLAM

SLAM（Simultaneous Localization and Mapping，同时定位与地图构建）技术在自动驾驶系统中能够实现车辆对其周边环境的即时识别和地理位置的精确定位，是实现自动驾驶不可或缺的关键技术之一。

在自动驾驶领域中，SLAM 技术主要用于实时地生成车辆周围环境的高精度地图，并同时准确地确定车辆在该地图中的具体位置。为了完成这一过程，SLAM 依赖于一系列高端的传感器设备，包括激光雷达、视觉摄像头、毫米波雷达等。这些设备能够从不同角度获取车辆周围环境的综合信息。

通过将这些信息输入复杂的算法中，SLAM 可以生成详尽的三维地图，并在地图构建的同时，实时地计算和更新车辆的位姿，即车辆的位置和方向。这项技术不仅帮助自动驾驶车辆准确理解周边环境，还能够在行进过程中持续优化自身的导航和路径规划，是自动驾驶技术中实现高效、安全行驶的基础。

基于某小车的 SLAM 技术的实现原理如图 4-37 所示。SLAM 技术的实现涉及一系列复杂而精密的步骤，首先依靠多种传感器设备对车辆周围环境进行全面探测和测量。这些设备包括但不限于激光雷达、摄像头、惯性测量单元（IMU）、GPS 等，它们共同工作以收集车辆周边的环境信息和自身状态数据。

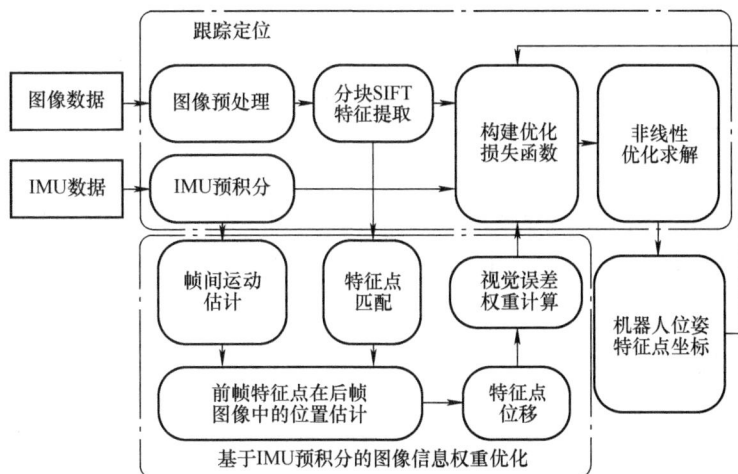

图 4-37　基于某小车的 SLAM 技术的实现原理

在获取必要的传感器数据后，下一步是对这些原始数据进行预处理操作。预处理操作主要包括对数据进行滤波、去噪和校准等，以提升数据的质量和准确性。数据的质量直接影响到后续步骤的效果，因此这一步骤至关重要。通过预处理后，系统将从处理过的数据中提取出有价值的特征信息，并进行数据关联。数据关联的目的是把不同时间点、不同传感器采集到的数据有效连接起来，为之后的位置和姿态估计打下基础。

随后，系统利用各类算法，如卡尔曼滤波器、粒子滤波器或图优化算法等，对车辆的状态（包括位置与姿态）进行估计。SLAM 图片优化过程如图 4-38 所示，这一过程中，系统会根据新获得的观测数据不断更新状态估计值，以实现对车辆位置的实时、准确追踪。最终，基于传感器数据和状态估计值，系统构建出与车辆周围环境相对应的地图。这一地图可能是二维的栅格地图，也可能是三维的点云地图，或者是蕴含丰富环境信息的基于特征的语义地图。地图的类型取决于 SLAM 系统的设计目标和应用场景需求。

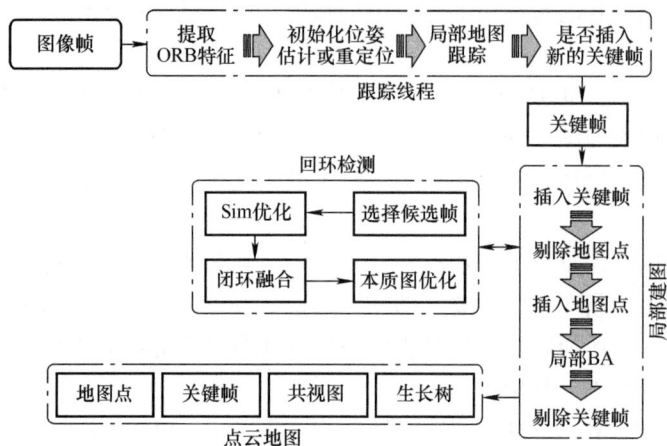

图 4-38　SLAM 图片优化过程

如图 4-39 所示，在实践中，自动驾驶系统结合 SLAM 技术构建高精度地图时，常通过以下案例增强地图的语义信息：系统先利用目标检测网络获取物体的 2D 标签，再结合 SLAM 算法生成环境的稀疏点云地图。随后，结合彩色图像、深度图像及关键帧信息，生成含有语义信息的稠密点云标签。进一步，通过图的分割算法处理稠密点云，并将标签与分割后的点云融合，最终构建出环境的稠密点云语义地图。

SLAM 技术与高精度地图紧密联系，特别是在复杂环境中，通过多次 SLAM 处理并整合优化，生成了更精确、细节丰富的地图信息。为提升 SLAM 的精度和鲁棒性，常将高精度地图作为先验信息引入 SLAM 过程，有效识别和校正误差，提升实时地图和位置估计的准确性。

4.4.4　卡尔曼滤波

在自动驾驶车辆的系统中，车辆为了准确掌握周围环境和自身的状态信息，需要依赖多种传感器技术，这些包括激光雷达、摄像头、全球定位系统（GPS）、惯性测量单元（IMU）等。然而，每种传感器都存在某种程度的测量误差，这些误差可能会对车辆的定位精度产生不利影响。因此，为了从这些带有噪声的传感器数据中提取出更加准确和可靠的信息，采用卡尔曼滤波技术对传感器数据进行融合成为一种关键策略。

卡尔曼滤波是一种有效的线性动态系统状态估计方法，它基于自回归模型（即系统输

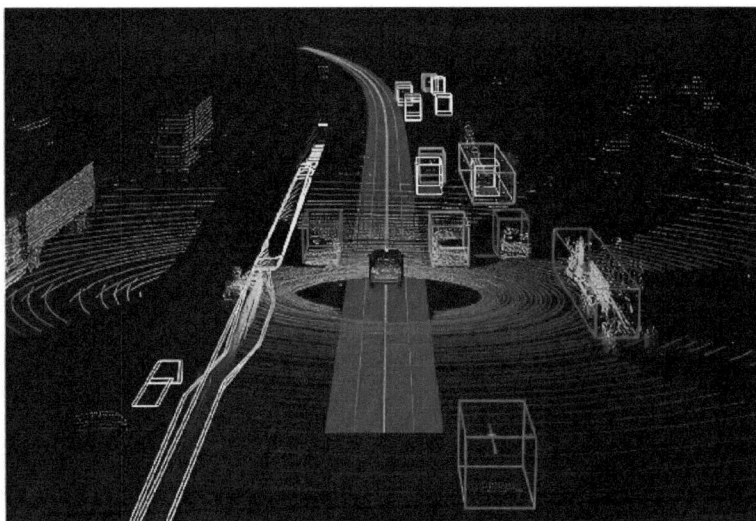

图 4-39 利用 SLAM 算法构建环境稀疏点云地图

出是对输入的一种线性反应并夹杂有噪声）。如图 4-40 所示，卡尔曼滤波过程主要包含"预测与更新"两个基本步骤：首先，它根据系统的先前状态估计值和内在的系统模型，预测出下一个时刻的状态；随后，当新的观测数据到来时，卡尔曼滤波会将这些实际观测值与预测值进行对比，并对初步预测进行修正，以得出该时刻系统状态的最优估计值。

图 4-40 基于单目摄像头/IMU 卡尔曼滤波原理

通过这种预测和更新的迭代循环，卡尔曼滤波能够在持续不断地接收新的观测数据的情况下，逐步减小估计误差，提高系统状态的估计精度。这使得卡尔曼滤波成为自动驾驶系统中不可或缺的一个组成部分，通过有效地融合来自不同传感器的数据，极大地增强了自动驾驶车辆对环境的感知能力，从而为车辆的安全行驶提供了坚实的技术支撑。

（1）预测步骤 这是卡尔曼滤波器进行状态估计的第一阶段。如图 4-41 所示，在自动驾驶环境中，基于物理模型或者运动模型，卡尔曼滤波器会对车辆在下一个时间点的位置和速度进行预测。然后，它会根据预测的不确定性（如传感器的误差、环境的变化等）来预测协方差。

在目标跟踪的过程中，首先会通过传感器获取观测数据，这些数据包含了不同的状态变量，如位置和速度等信息。然后，通过卡尔曼滤波的预测阶段，使用上一时刻的状态信息和

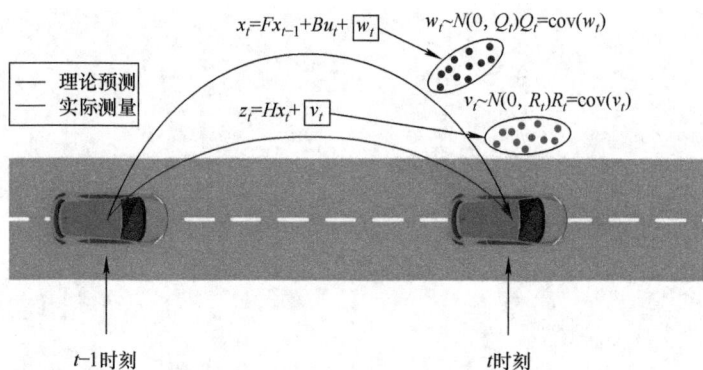

图 4-41　卡尔曼滤波器状态估计

系统动态模型预测当前时刻的状态。预测阶段结束后，将得到一个预测的状态，但这个状态可能并不准确。这时候，就需要进行更新。

卡尔曼滤波在目标跟踪中的核心工作流程就是预测-观测-修正。其中，预测阶段是通过系统模型和历史状态预测未来的状态，观测阶段是获取新的传感器数据，修正阶段是根据新的观测数据来修正预测的状态。通过这种方式，卡尔曼滤波能够有效地融合多种传感器的数据，提高对目标位置和速度的连续预测和更新的精度，增强了目标跟踪的鲁棒性。

（2）更新步骤　这是卡尔曼滤波器进行状态估计的第二阶段。在这一阶段，卡尔曼滤波器会采集传感器（如激光雷达、摄像头、惯性测量单元等）的新数据，然后将这些新观测数据与预测步骤中得出的预测状态进行比较，以此来修正预测误差并更新状态估计。同时，如图 4-42 所示，卡尔曼滤波器也会更新协方差，反映出状态估计的新的不确定性。

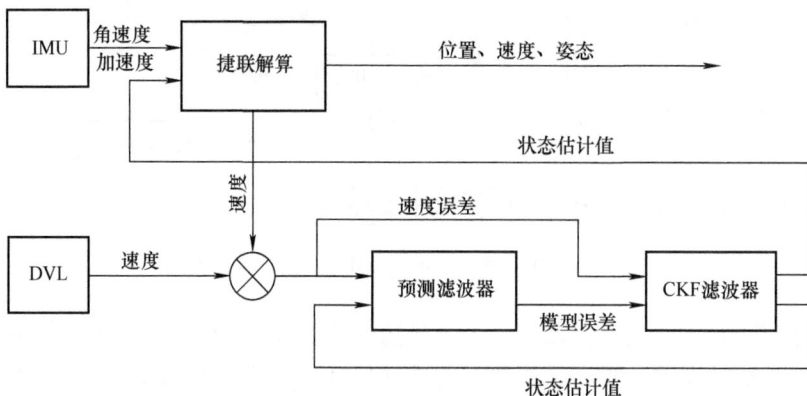

图 4-42　卡尔曼滤波器状态估计更新

在更新阶段中，会再次收集传感器的观测数据，并根据新的观测数据调整预测的状态。具体来说，会计算观测数据和预测状态之间的差异（也称为残差或者创新），然后根据这个差异来修正预测的状态。修正过程可以看作是在预测状态的基础上，按照残差的大小和方向进行了一次调整。通过这样的调整，使得修正后的状态更接近真实的状态，从而提高了预测的精度。

在整个过程中，卡尔曼滤波器会不断重复预测和更新两个步骤，通过处理和融合各种传感器数据，来实现对车辆真实状态的最优估计。在目标跟踪过程中，卡尔曼滤波器通过以下步骤工作。

（1）初始化　设定目标的初始状态（如位置、速度）及其协方差矩阵，反映状态的不确定性。这通常基于目标的初步观测数据。

（2）预测　利用目标的运动模型（如匀速或匀加速）和前一时刻的状态估计，预测当前时刻的目标状态及其不确定性（协方差矩阵）。预测时考虑了过程噪声。

（3）观测　收集来自不同传感器（如激光雷达、摄像头）的新数据，作为当前时刻的目标观测值。这些观测值包含关于目标位置、运动等信息，并伴随测量噪声，用协方差矩阵表示其不确定性。

（4）更新　卡尔曼滤波器将预测状态与观测值进行比较，通过计算卡尔曼增益来加权融合预测值和观测值，得到当前时刻的最优状态估计。这一过程修正了预测误差，提高了目标跟踪的准确性。同时，更新状态协方差矩阵，反映新估计的不确定性。

（5）迭代　将当前时刻的最优状态估计作为下一时刻的初始状态，重复预测、观测和更新的过程，实现目标的连续跟踪。这一过程有效地融合多源数据，提高目标跟踪的准确度和鲁棒性。

通过这样的循环迭代，卡尔曼滤波器在自动驾驶的目标跟踪任务中，能够精确估计目标状态，为自动驾驶系统的导航和控制提供重要支持。

在自动驾驶的实际应用中，卡尔曼滤波面临着诸多挑战，包括：

（1）非线性系统　自动驾驶的许多系统都是非线性的，而标准的卡尔曼滤波假设系统是线性的。因此，需要采用扩展卡尔曼滤波（EKF）或无迹卡尔曼滤波（UKF）等变体来处理非线性系统。

（2）多目标跟踪　在复杂环境中，可能需要同时跟踪多个目标。这要求卡尔曼滤波能够处理多个目标的状态估计和关联问题。

（3）实时性要求　自动驾驶系统对实时性要求极高，因此卡尔曼滤波的算法实现需要优化以满足实时性要求。

卡尔曼滤波在自动驾驶的目标跟踪任务中提供了一种在不确定环境中进行有效估计和预测的方法，为自动驾驶系统的稳定性和可靠性提供了有力保障。

4.4.5　多传感器融合定位

多传感器融合定位技术在自动驾驶领域发挥着至关重要的作用，它旨在通过整合多种数据源，以获取更为精确且稳定的车辆位置与行驶方向信息。这一过程尤其强调了技术的互补性与协同性，以确保在各类复杂环境中都能实现高效导航。

（1）GPS　地球上的 GPS 车载定位导航设备通过捕捉至少四颗卫星的信号，利用信号传播时间的差异（因卫星与接收器间距离不同而异）及光速，计算出车载定位导航设备与各卫星之间的实际距离。随后，采用三角定位法，结合这四个距离值，可精确推算出接收器的经度、纬度和海拔。

（2）北斗卫星导航系统　该系统的工作原理与 GPS 相似，均基于卫星信号的收发与三角定位法实现精确定位。但北斗系统在具体实现上有所创新，如增加卫星数量以提升系统冗余度与可靠性。

在自动驾驶汽车中，如图4-43所示，车端北斗定位导航设备通过接收来自北斗卫星的导航信号，结合惯性导航系统（INS）、激光雷达（LiDAR）、摄像头等多种传感器数据，进行多传感器融合定位。在卫星信号良好的情况下，北斗系统能够准确计算出车辆的当前位置；而当卫星信号受限时，INS则能在短时间内继续提供高精度定位支持。LiDAR与摄像头则负责构建车辆周围环境的三维模型，辅助识别道路标志、障碍物等，为自动驾驶决策提供关键信息。同时，高精度地图作为另一重要数据源，与北斗系统提供的位置信息进行实时匹配，确保车辆在复杂交通环境中的精准导航与路径规划。

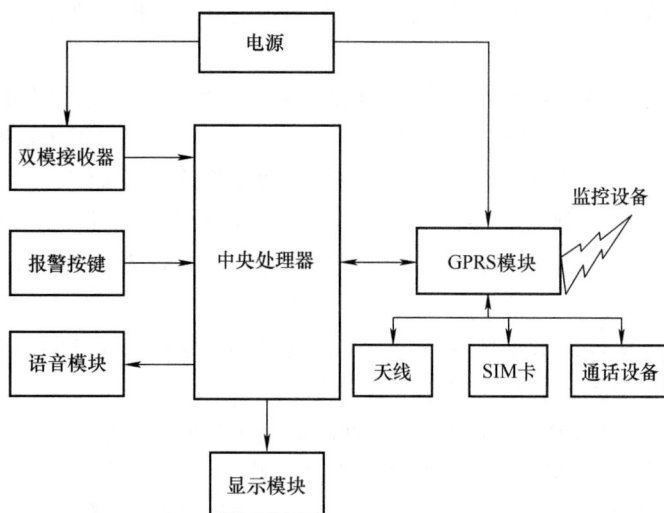

图4-43 接收器内部工作原理

（3）激光雷达 激光雷达是一种光学遥感技术，它使用激光光束来测量目标到传感器的距离。通过向环境发射激光脉冲，然后接收反射回来的信号，来计算激光脉冲来回的时间，得出物体离激光雷达的距离，从而创建周围环境的三维模型。它的优点是分辨率高、精度高，但是成本高，且对天气和光线条件有一定要求。

在实际应用中，激光雷达通常会和其他类型的传感器（如摄像头、雷达等）结合使用，以提高系统的鲁棒性和可靠性。

（4）摄像头 在智能网联汽车领域中，摄像头作为环境感知的核心部件，其主要作用是通过捕捉周围环境的图像，让系统能够洞察并理解车外的静态与动态世界。被采集到的图像数据，经过图像处理器与计算机视觉技术的精心雕琢，转化为车辆决策的重要依据。

但是摄像头虽强，亦有其局限性，在极端光照条件下，其性能可能大打折扣。因此，智能网联汽车的多传感器融合定位技术应运而生。如图4-44所示，GPS、IMU、LiDAR等传感器各展所长，共同绘制出车辆前行的精准路径。通过数据预处理、融合策略的选择与实时定位技术的加持，这一系统如同一位技艺高超的导航专家，引领车辆穿越复杂多变的环境。

在这个过程中，高精地图作为不可或缺的辅助工具，不仅提供了详尽的道路信息，还通过与实时传感器数据的相互印证，进一步提升了定位系统的精度与可靠性。多传感器融合定位技术，正是这样一位集大成者，它融合了多种传感器的优势，克服了单一传感器的局限，

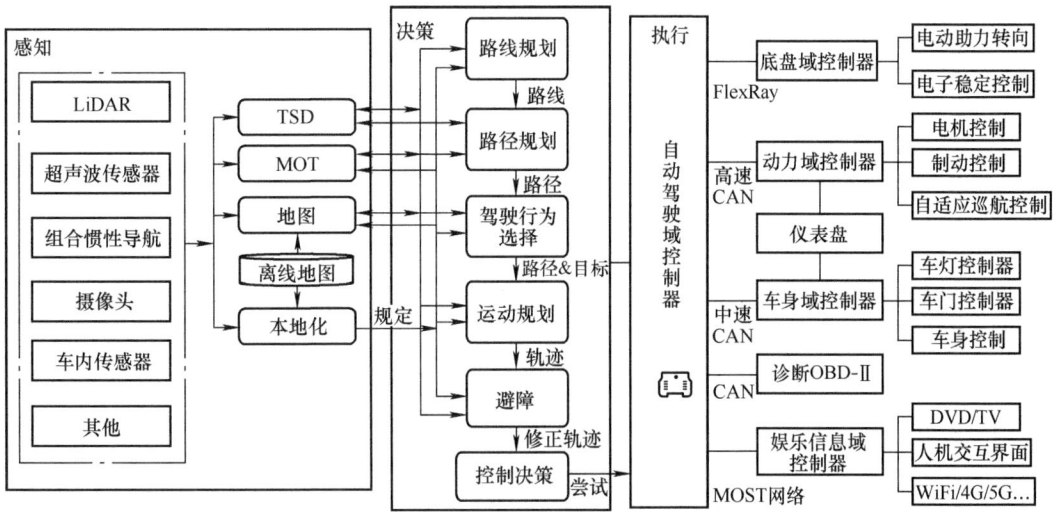

图 4-44 多传感器融合定位与控制

为智能网联汽车的安全行驶提供了强有力的保障。

案例：GPS/DR 组合定位

GPS/DR 组合定位技术，作为一种先进的导航策略，其核心在于将全球定位系统（GPS）的精准定位能力与航位推算（DR）技术的自主导航优势巧妙融合，旨在提升车辆在各种环境条件下的定位精确性与可靠性。

GPS 是基于卫星网络的全球导航定位系统，通过捕捉并分析来自多颗卫星的无线电信号，能够精确计算出接收设备（如车载 GPS 导航）的三维坐标、运动方向、速度以及精确时间。然而，在复杂的城市环境、隧道穿越或深邃山谷中，GPS 信号可能会因遮挡、多径效应或信号衰减而受到影响，导致定位精度波动甚至定位中断。

航位推算（DR）技术作为一种不依赖于外部信号的自主导航方法，展现了其独特的价值。DR 技术依赖于车辆内置的传感器，如里程表用于测量行驶距离，电子罗盘或陀螺仪用于捕捉行驶方向，通过数学模型推算出车辆的当前位置。这种方法的优势在于其连续性和自主性，但长时间依赖会导致累积误差，影响最终定位的精确度。

如图 4-45 所示，GPS/DR 组合定位技术的精髓在于两者的互补。在系统初始化阶段，或当 GPS 信号重新变得稳定可靠时，利用 GPS 提供的高精度位置信息对 DR 系统进行校准，确保 DR 推算的起点准确无误。随后，在车辆行驶过程中，系统同时采集来自 GPS 和 DR 的数据流。在 GPS 信号充足且质量高的区域，系统优先采用 GPS 数据进行定位，以确保定位的精确性。而当 GPS 信号减弱或完全丢失时，DR 系统则无缝接管，依靠其自主推算能力保持定位连续性，并通过智能算法对两种数据源进行融合处理，以削弱单一系统缺陷对整体定位精度的影响。

GPS/DR 与 GPS/IMU 组合定位系统通过融合多种传感器的优势，克服了单一技术在复杂环境中的局限性，为车辆导航、自动驾驶等领域提供了强有力的支持。

惯性测量单元（IMU）作为该技术的另一核心组件，通过内置的陀螺仪和加速度计，实时测量并记录载体的角速度和线性加速度。这些数据随后被用于推算载体的姿态、速度和位

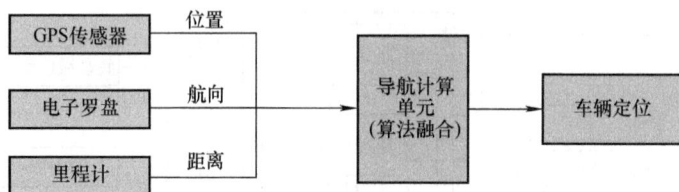

图 4-45　GPS/DR 组合定位原理

置信息，无须依赖外部信号源。然而，IMU 的长时间运行会面临积分漂移和误差累积的问题，影响了定位的长期稳定性。

如图 4-46 所示，多传感器融合定位算法的核心在于整合 GNSS/INS 与车速辅助信息的导航结果，并融合高精度地图数据，以精确估算车身与左右车道线的相对距离。此估计值随后与单目摄像头直接观测到的车身至车道线距离进行对比，通过计算两者之间的差异（即紧组合策略），将这一差异作为关键约束输入 Kalman 滤波器中。这一反馈机制优化了组合导航算法的计算过程，从而实现了更高精度的定位输出。

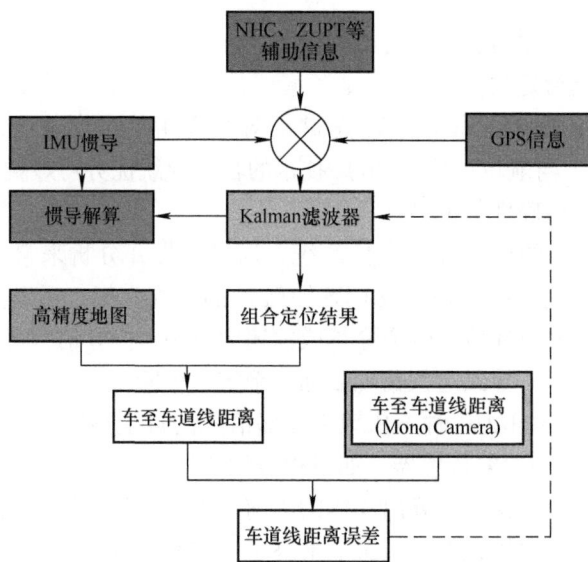

图 4-46　GPS 与 IMU 的传感器融合定位

如图 4-47 所示，GPS/IMU 组合定位技术采用先进的数据融合策略。首先，对 GPS 和 IMU 的原始数据进行预处理，包括差分处理、低通滤波、零偏校准等，以剔除噪声和干扰，提高数据的可靠性。随后，利用先进的滤波算法（如卡尔曼滤波）对 GPS 和 IMU 的数据进行深度融合。该算法不仅能够实时修正 IMU 的推算误差，还能结合 GPS 的精确位置信息，对整体定位结果进行优化，从而实现高精度、高连续性的定位输出。

在导航与定位技术领域，GPS 与 IMU 的融合应用是提升精度与稳定性的关键途径。GPS 凭借其全球覆盖能力，能够提供物体的绝对位置信息，包括经度、纬度和海拔，这些信息构成了导航的基础框架。而 IMU 则通过其内置的陀螺仪与加速度计，实时感知并报告物体的姿态、角速度和加速度，为动态环境中的导航提供了宝贵的补充。

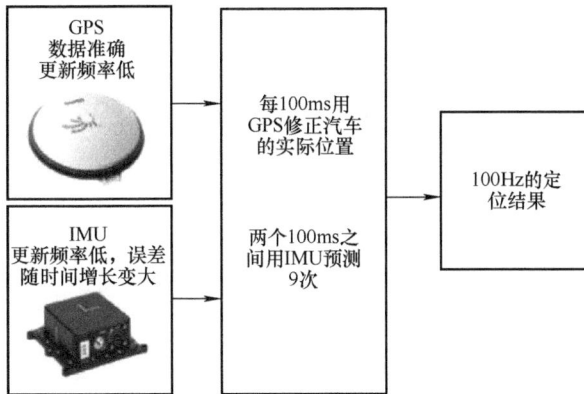

图 4-47　GPS/IMU 组合定位原理

GNSS/INS 组合导航技术，正是基于 GPS 与 IMU 数据的深度整合，旨在克服各自局限，实现更优的导航性能。该技术的核心在于，通过同时利用两个传感器对同一导航参数的测量，构建误差估计模型，并利用滤波算法对子系统误差进行精确修正，从而获得更加精准的位置、速度和姿态估计。

在 GNSS/INS 组合导航的实践中，根据数据融合层次的不同，可分为松散组合与紧密组合两大策略。如图 4-48 所示，松散组合模式下，GPS 与 IMU 各自独立运行，GPS 首先提供位置和速度数据作为基准，IMU 系统则连续跟踪并调整其内部状态以匹配 GPS 数据，通过滤波器算法实现对误差的实时校正。此模式结构简单，计算负荷低，适用于多种应用场景，但在复杂环境中可能表现出一定的鲁棒性不足。

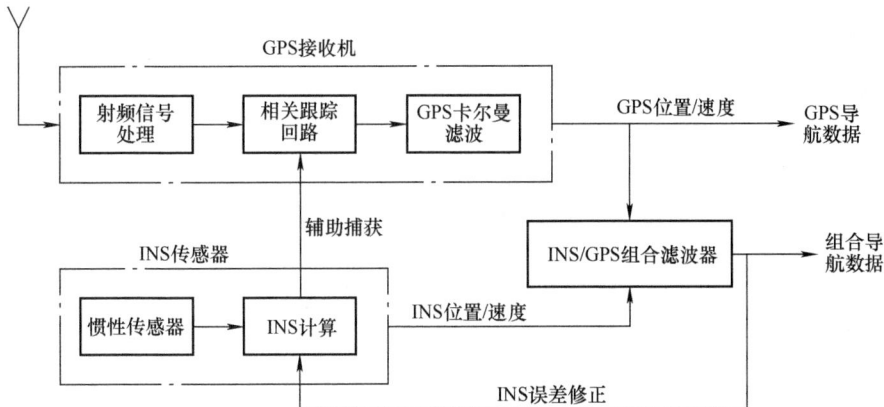

图 4-48　松散组合导航原理

相比之下，紧密组合模式则实现了更深层次的融合。如图 4-49 所示，它直接利用 GPS 的原始观测数据（如伪距、伪距率）与 IMU 输出的位置、速度预测值，构建更为精细的误差模型，并通过高级滤波算法（如扩展卡尔曼滤波）进行联合估计。这种方式不仅提升了模型的准确性，还减少了因数据处理层级过多而引入的误差，从而实现了更高的导航精度和更快的响应速度。在高速运动或 GPS 信号受限的环境中，紧密组合模式展现出了更强的适应性和稳定性。

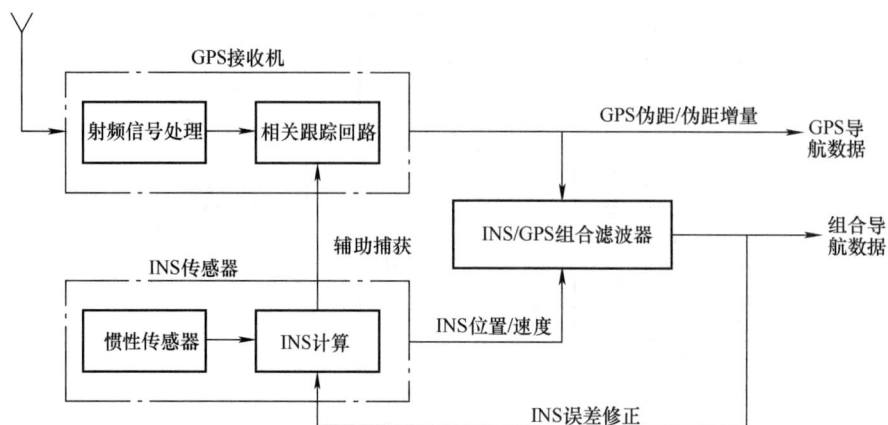

图 4-49　紧密组合的导航方法

此外，惯性组合导航系统（如 SPAN 系统）作为 GNSS/INS 融合技术的典范，通过整合高精度惯性导航技术与 GPS 绝对定位能力，实现了三维空间内的位置、速度和姿态的精确解算。该系统利用 GPS 的原始星历数据，结合 IMU 的连续测量，有效克服了 IMU 累积误差的问题，并提升了导航系统的整体性能。

在 IMU 与激光雷达等其他传感器的协同标定过程中，精确确定各传感器之间的坐标系转换关系至关重要。通过收集并匹配地理坐标系下的标记点与激光雷达点云数据，利用 IMU 的姿态信息计算转换矩阵，可以实现传感器间的高效校准，为后续的数据融合奠定坚实基础。

综上所述，GPS/IMU 组合定位技术凭借其高频互补、误差校正与环境适应性强等显著优势，在航空航天、自动驾驶、精准农业等众多领域展现出了广阔的应用前景。随着技术的不断进步与算法的持续优化，这一组合导航解决方案将为用户提供更加精准、可靠的定位与导航服务。

4.5　云计算和大数据处理技术

在智能网联汽车的生态系统中，云计算不仅为远程服务、OTA（Over The Air）升级等关键功能提供了强有力的技术支撑，而且还在数据处理和分析方面发挥重大作用，进一步推动了智能出行和自动驾驶技术的发展。

（1）远程服务与数据传输　云平台在远程服务方面的应用主要包括远程诊断和远程控制。通过云平台的支持，汽车可以将各种传感器收集到的数据实时上传至云端，由云中的高性能服务器进行分析处理。这不仅可以帮助车主及时了解汽车状况，还可以在出现问题时提供远程故障排查，大大减少了物理维修的需求。此外，云平台还能支持远程控制功能，如远程起动汽车、调节空调温度等，为用户提供更加便捷的智能生活体验。

（2）OTA 升级与系统更新　OTA 升级是智能网联汽车一个极为重要的功能，它允许制造商通过无线网络直接向汽车的 ECU 发送最新软件版本，实现系统功能的在线更新与升级，无须车主到店进行物理更新。这一过程依赖于云平台的高效数据处理能力，以及对数据传输的安全加固，确保升级过程中数据的安全性与可靠性。

（3）数据处理与智能应用　云平台在数据处理方面功不可没。智能网联汽车每天会产生大量数据，包括车辆状态数据、驾驶行为数据、环境感知数据等。云平台通过强大的数据处理能力，可以对这些海量数据进行存储、管理和分析，挖掘出有价值的信息，为智能出行和自动驾驶等应用提供精准的数据支持。比如，通过分析车辆行驶数据，云平台可以优化路线规划，提高行驶效率；通过学习驾驶行为数据，可以让自动驾驶算法更加智能，提高安全性。

总之，云计算在智能网联汽车领域中的应用原理如图4-50所示，它不仅提升了汽车的智能化水平，也为汽车的安全、便捷和高效运营提供了有力保障，是推动未来汽车产业发展的关键技术之一。

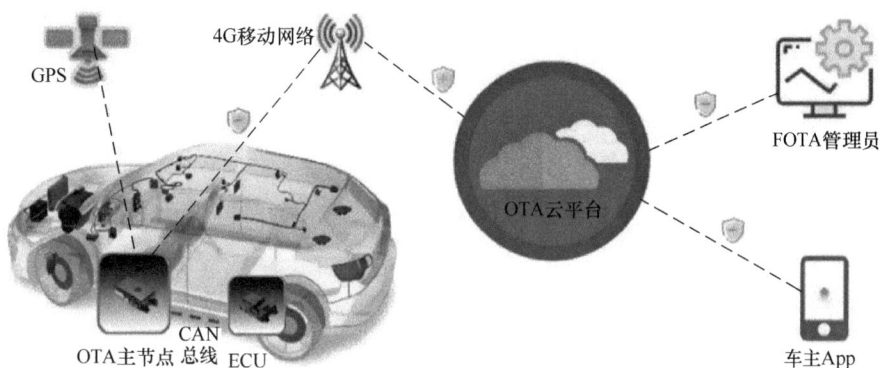

图4-50　云计算在智能网联汽车领域中的应用原理

云计算与大数据处理在智能网联汽车及车联网领域展现出关键作用。当智能网联汽车面临服务需求激增时，云计算平台能迅速动态扩展资源，如增加计算能力、存储空间和网络带宽，确保用户在高峰时段仍享受流畅服务，避免延迟和服务中断。同时，在需求回落时，云平台自动调整资源配置，降低成本，实现资源的高效利用。

在数据安全性方面，云计算通过高度冗余的备份机制，有效保障了数据的安全与可靠性。即使在车载设备故障等突发情况下，也能通过云端备份迅速恢复关键数据，维护服务连续性。

边缘计算在自动驾驶领域尤为关键。通过云计算支持，数据处理任务被分配到距离车辆更近的边缘服务器，大幅减少数据传输延迟，使得自动驾驶系统能够即时响应环境变化，提升行车安全。

车联网服务则依托于大数据处理。通过车载传感器等设备收集的海量数据，经清洗去噪后，运用大数据分析工具和算法深入挖掘，为优化驾驶模式、规划高效行驶路径等提供数据支持，助力车联网生态的智能化发展。

大数据在智能网联汽车领域展现出其深远的影响力，不仅深刻洞察汽车运行状况与驾驶者行为习惯，更通过精准分析交通动态与行驶轨迹，实现了行驶路径的优化与燃油效率的显著提升。传感器实时捕捉的速度、转速、制动状态等数据，犹如汽车的健康监测师，能预见性地诊断潜在机械故障，确保车辆维护的及时性与有效性，防患于未然。

进一步地，大数据深入挖掘驾驶者的每一次制动、加速，量身定制个性化驾驶策略，既优化了驾驶体验，又引导驾驶行为的正向变革，为道路安全筑起坚固防线，有效降低了交通事故的风险。同时，针对路况的大数据分析，如同智能交通的先知，精准预测并规避拥堵，为出行者规划出最为顺畅的路线，大幅缩减了旅途时间。

大数据在实际应用中通过对海量驾驶数据的深度学习与解析，自动驾驶算法能不断精进，即便面对复杂多变的道路环境，也能做出精准无误的驾驶决策，保证车辆的自动执行。

大数据已经成为车联网中不可或缺的一部分，数据挖掘技术可以从大量的车辆数据中发现规律和模式，如驾驶行为预测、驾驶模式识别等。AI 技术，尤其是深度学习技术，则可以构建复杂的模型，对数据进行更高级别的分析和预测，如通过分析历史故障数据，预测汽车的故障风险，从而实现故障预警。这些都为提高汽车的智能化、个性化水平，提供了技术支持。

如图 4-51 所示，数据挖掘技术能通过自动或半自动的方式从庞大的汽车数据集中提取出隐藏的、有价值的信息。这些信息包括但不限于类别划分、关联规律、时间序列分析及异常检测等。这些发现的模式对于预测驾驶行为、识别驾驶模式，乃至预测交通流态极为关键，它们为汽车智能化应用的决策支持奠定了坚实基础。

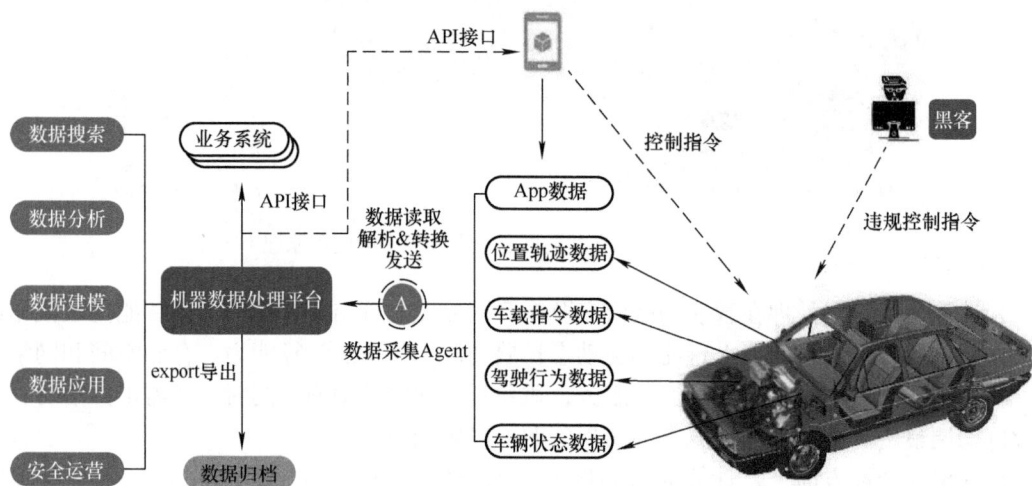

图 4-51　数据挖掘技术原理

同时，人工智能技术，特别是深度学习领域的进展，对于构建更加复杂且精确的预测与分类模型具有革命性的意义。例如，利用深度学习构建的神经网络模型能够有效地进行故障风险预测，并及时发出预警，显著提高驾驶安全性，减少因故障可能引发的安全事故。此外，在自动驾驶系统中，深度学习技术通过分析和学习大量驾驶数据，使得汽车能够适应和应对各种复杂的环境和场景，实现真正意义上的自主驾驶。这些先进技术的应用不仅提升了汽车智能化水平，也为智能交通系统的发展奠定了科技基石。

案例：特斯拉的远程服务和 OTA 升级

特斯拉公司是智能网联汽车领域的领导者之一，其车辆广泛应用了云计算和大数据技术。

（1）远程诊断和控制　特斯拉的车辆配备了大量传感器，这些传感器实时采集车辆的各种数据（如电池状态、速度、制动等）。这些数据通过车载网络上传至云平台，特斯拉的工程师可以在远程对车辆进行诊断和监控。例如，如果某辆车的电池出现问题，特斯拉可以在云端分析数据，确认问题所在，然后通过远程控制对车辆进行调整。

（2）OTA 升级　如图 4-52 所示，特斯拉的车辆支持 OTA 升级，即通过无线网络向车辆发送最新的软件版本，以实现系统的更新和功能的增强。这一过程依赖于云平台的支持，从版本管理、数据传输到升级过程的监控，均在云端完成。例如，当特斯拉发布自动驾驶新功能时，车主可以在家中通过 OTA 方式将新功能安装到自己的车辆上，而不需要到 4S 店进行升级。

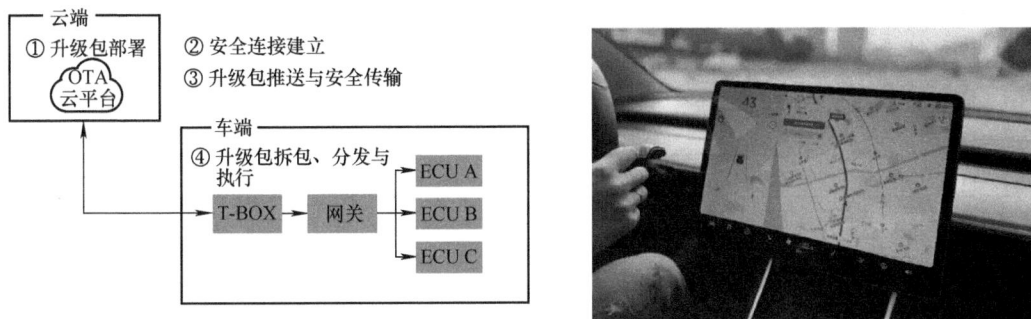

图 4-52　特斯拉车辆的 OTA 升级

思政阅读

智能网联汽车的通信与定位技术，是连接车辆与外界的桥梁，也是实现智能交通的关键。这些技术不仅提升了行车效率，更让出行变得更加智能化、个性化。然而，随着技术的深入应用，我们也应警惕其带来的隐私泄露、网络安全等风险。在享受技术带来的便利时，我们需强化数据保护意识，建立健全网络安全体系，确保用户信息的安全。同时，智能网联汽车的通信与定位技术也应服务于社会公共利益，如优化交通流量、减少事故等，为构建智慧城市贡献力量。科技的发展，应始终以人民为中心，让技术之光照亮每一个角落。

4.6　思　考　题

本章的学习目标你已经达成了吗？请通过思考以下问题的答案进行结果检验。

序号	思考题	自检结果
1	什么是车内通信？车内通信技术有哪些类型？	
2	请说明汽车以太网的技术特点有哪些？	
3	请说明 CAN 总线技术原理。	
4	请说明 J1939 总线技术原理。	
5	请说明 LIN 总线技术原理。	
6	请说明 FlexRay 技术原理。	
7	请说明 MOST 技术原理。	
8	请说明 RFID 技术原理。	

（续）

序号	思考题	自检结果
9	请说明汽车以太网技术原理。	
10	请说明车与车之间的通信技术原理。	
11	请说明车与道路之间的通信技术原理。	
12	请说明车与人之间的通信技术原理。	
13	请说明车与网络之间的通信技术原理。	
14	请说明 GPS 技术原理。	
15	请说明北斗卫星导航系统技术原理。	
16	请说明高精度地图技术原理。	
17	请说明 SLAM 技术原理。	
18	请说明卡尔曼滤波技术原理。	
19	请说明 GPS/DR 组合定位技术原理	
20	请说明 GNSS/INS 组合导航技术原理。	
21	请说明云计算技术在智能网联汽车中的作用是什么？	
22	请说明大数据应用技术在智能网联汽车中的作用是什么？	

第5章 智　能　座　舱

1. 知道智能座舱功能与技术原理。
2. 掌握语音识别方法与工作原理。
3. 明白手势识别方法与工作原理。
4. 知道人脸识别方法与工作原理。
5. 熟知生物特征识别方法与工作原理。

5.1　智能座舱功能、技术原理

  智能座舱是汽车内部空间的智能化升级，涵盖内饰和电子系统，提供多样化功能。智能座舱相较于传统座舱，如图5-1所示，融合了计算机科学、电子工程、机器学习等众多领域的技术，在智能化和人性化方面取得了显著进步，实现了车与车、车与后台、车与云数据的全面互联互通，具体功能包括信息娱乐、导航系统、语音识别、安全监测等。

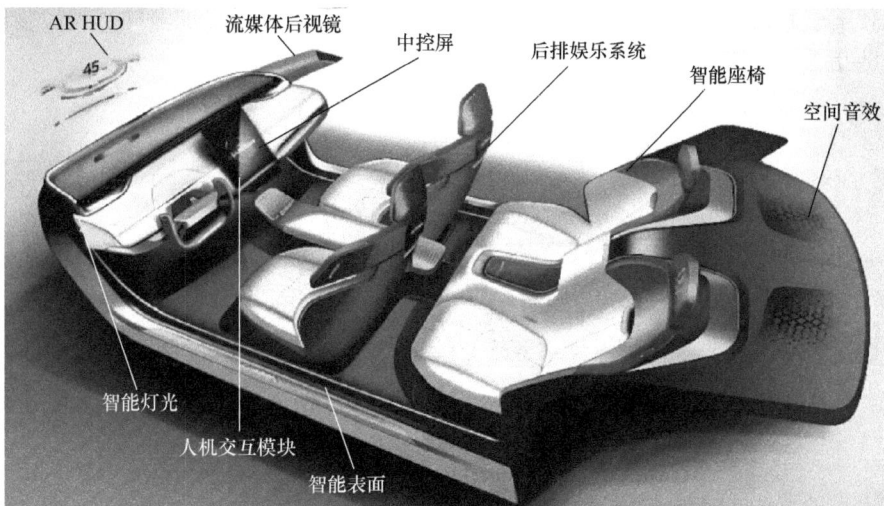

图5-1　智能座舱重要组成

  汽车座舱的发展历程可分为三个主要阶段：机械仪表时代、传感器与数字仪表时代，以及智能化全面渗透的时代。

  在早期的机械仪表时代，大致在20世纪80年代之前，汽车座舱的设计极其简单，仅有机械式的仪表盘，偶尔搭配一些基础的音频播放设备。那时候的座舱没有集成化设计，更无显示屏，所有的物理按钮功能都相当基础。驾驶员与车辆的交互基本上是单向的，即人发出指令，机器被动执行。

随着电子技术的发展，汽车座舱进入了第二阶段，大致从 20 世纪 80 年代持续到 2015 年左右。这一时期，如图 5-2 所示，电子化座舱开始流行，各种传感器和芯片技术的应用使得座舱开始具备智能化的雏形，网络连接功能也逐渐成为标配。座舱的功能不再局限于单纯的驾驶指令执行，娱乐和导航功能也逐步融入。此时，人机交互开始通过小尺寸的液晶显示屏或多屏融合技术实现，非接触式的交互方式，如语音控制，也开始出现。

图 5-2　奥迪某车型配置的虚拟驾驶舱

目前正处于汽车座舱发展的第三阶段，即智能化时代的全面渗透。自 2015 年起，智能座舱的概念迅速发展，如图 5-3 所示，座舱设计趋向高度集成化，多联屏设计成为新的趋势。汽车不再只是简单的交通工具，而是成为集娱乐、办公、生活、社交等多功能于一体的人机交互智能平台。在这一阶段，驾驶员与乘客之间的交互形式更加多样，智能化座舱不仅能理解复杂指令，还能根据乘客的需求提供个性化服务。

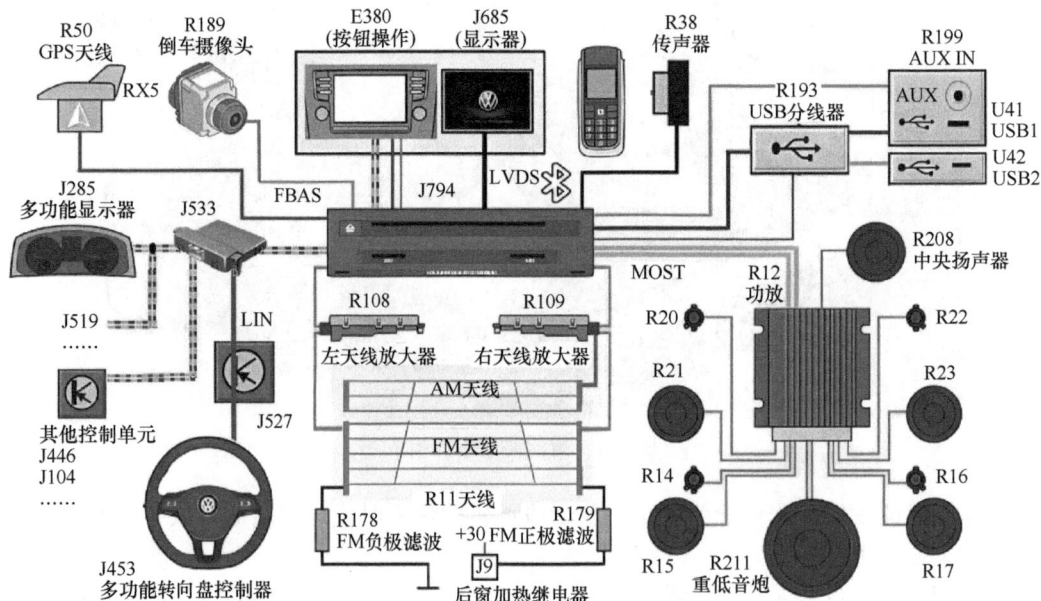

图 5-3　大众汽车 IVI 车载信息娱乐系统

如图 5-4 所示，座舱内安装有多种传感器（如温度传感器、压力传感器、摄像头等），会实时地收集各种数据，这些数据包括但不限于环境温度、乘客位置、外部环境情况等。传感器将收集到的数据随后发送到中央处理器。中央处理器会根据预先设定的规则或者通过人工智能算法来分析和处理这些数据。这个处理过程通常涉及数据的清洗、分类以及解析，以确保响应措施的准确性和及时性。处理结束后，处理器会根据分析结果向各个执行器件发送指令。这些执行器件包括但不限于可调节的座椅、自动调节的音响系统、环境光控制、显示屏等。例如，如果系统检测到驾驶者疲劳驾驶，它可以自动调整座椅角度，改变内部灯光设置，甚至通过中控屏幕显示警告信息，以提高驾驶安全性。

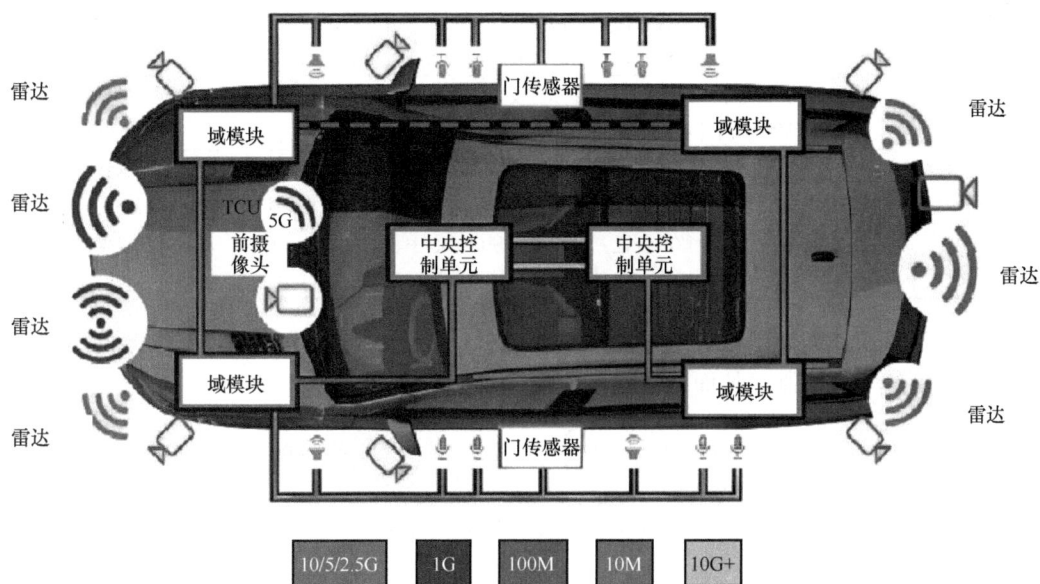

图 5-4 智能座舱系统的工作原理

为实现人机交互功能，智能座舱整合了语音识别、手势识别、生物特征识别以及人脸识别等交互技术，营造出了一个既提升驾驶体验又增强乘坐安全的车内环境。这些核心功能的融合不仅使得智能座舱能够理解并响应乘客的需求，还将驾驶体验推向了一个更加舒适、自动化和个性化的新阶段，这些关键技术见表 5-1。

表 5-1 智能座舱关键技术

序号	关键技术	详细说明
1	环境感知系统	智能座舱通过搭载多种传感器，如雷达、激光雷达（LiDAR）、摄像头等，能够对车辆周围环境进行实时监测，识别行人、障碍物或路况，以增强驾驶安全
2	语音识别	语音识别技术让驾驶者能够通过简单的口令控制车辆的各种功能，如导航、电话通话或者媒体播放，从而避免在驾驶过程中分散注意力
3	手势识别	手势识别技术允许驾驶员通过特定的手势来操作车载系统，如调节音量或切换音乐，进一步增加了驾驶的便捷性和安全性
4	生物特征识别	通过指纹或其他生物特征来识别驾驶者，不仅可以用于车辆的起动，还可以根据不同驾驶者的偏好自动调节座椅、镜子等设置，实现真正意义上的个性化设置

（续）

序号	关键技术	详细说明
5	人脸识别	人脸识别技术能够识别乘员的身份，自动加载个人偏好设定，并且在安全方面，可以用于监测驾驶员的注意力和疲劳程度，及时给出警告，保障行车安全
6	触摸屏	提供直观的用户界面，用户可以轻松地访问和控制车辆的各种信息娱乐系统
7	语音控制系统	允许用户通过语音命令控制车辆的导航、电话、娱乐系统等，极大地提升了操作的便利性和安全性
8	座椅控制系统	不仅能够记忆驾驶者的座椅位置偏好，还能够根据驾驶状态自动调整座椅以保证最佳的舒适性和支撑性
9	增强现实显示（AR-HUD）	增强现实显示系统可以将重要信息（如速度、导航提示、警告信息）直接投影到驾驶员的视野中，减少驾驶员查看仪表盘的次数，从而增强行车安全和便利性
10	情感分析	智能座舱未来可能融入情感分析技术，通过分析驾驶者的语音及表情，判断其情绪状态，并据此调整车内环境或播放相应的音乐，以改善驾驶体验
11	车联网通信（V2X）	车与车、车与基础设施之间的通信能力，使得车辆能够接收到交通信号灯或其他车辆的信息，优化行车路线和提高行车安全
12	智能健康监测	座舱内置健康监测装置，可监测驾驶员的心率、血压等生理指标，若检测到异常状态，系统可自动启动安全措施，如自动减速、寻找就近医疗机构等

智能座舱核心功能如图 5-5 所示，该系统通过这些创新的技术和设备的融合使用，实现了对车辆环境的全面控制，从而使得驾驶变得更加轻松、安全和享受。

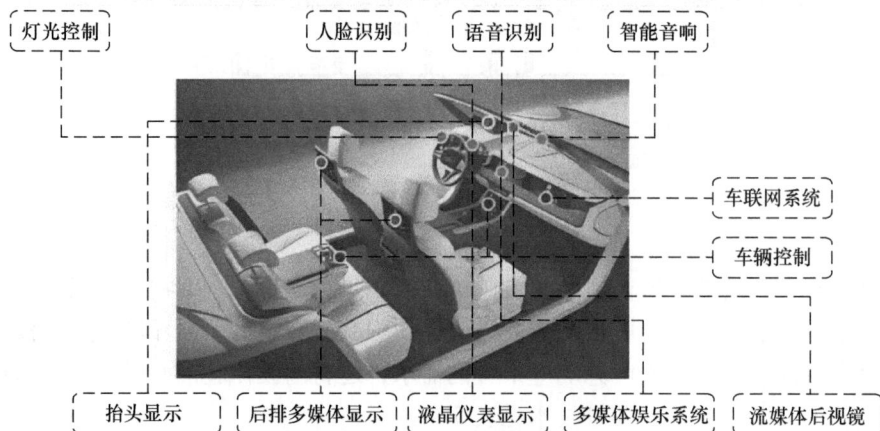

图 5-5　智能座舱核心功能

在智能座舱中，如图 5-6 所示，ADAS 或 ADS 通过集成多种传感器，为驾驶者提供实时的辅助。这些系统能够监测车辆周围的环境，预测潜在的危险，并在必要时自动介入，如自动紧急制动，以提高行车安全。

随着技术的进步，ADAS 正逐步向全自动驾驶过渡。这些系统可以提供各种安全功能，如自动紧急制动、行人检测、车道保持辅助等。在某些情况下，高级驾驶辅助系统甚至可以完全接管驾驶，实现真正的自动驾驶。

智能座舱的娱乐和信息系统为用户提供了丰富的车内生活体验。如图 5-7 所示，除了基本的导航和音乐播放功能外，现代智能座舱还能够连接智能手机，实现电话接听、消息读取

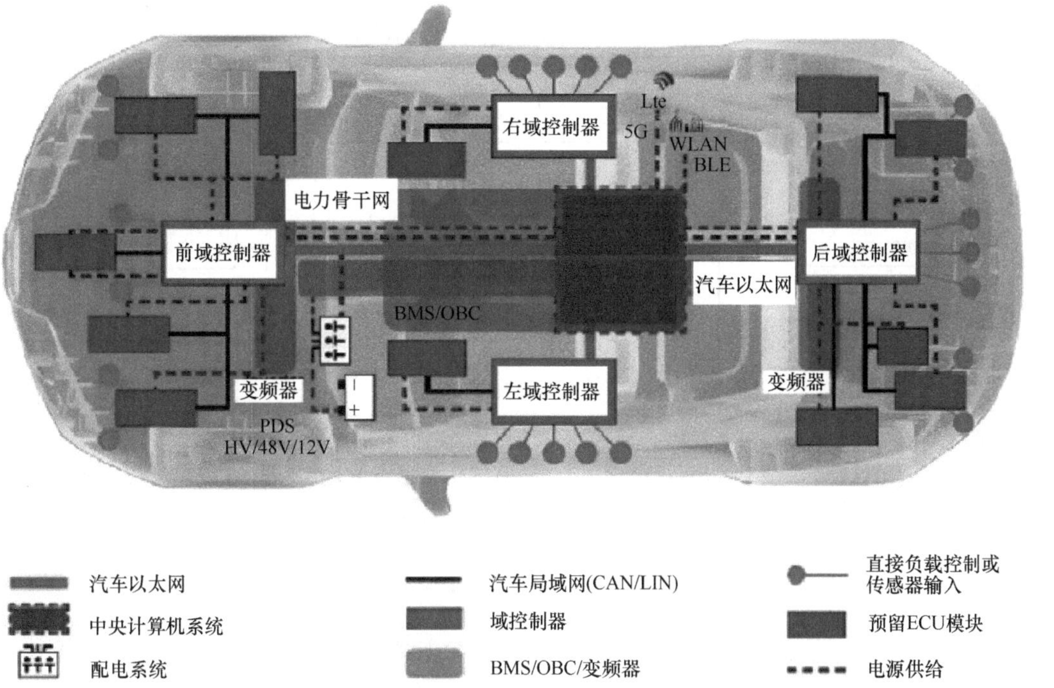

图 5-6　智能座舱电气控制与布局

和应用程序的扩展。用户可以通过语音控制、触摸屏或传统的物理按键与系统交互,享受便捷的信息娱乐服务。

图 5-7　案例:奥迪虚拟驾驶舱的显示终端

　　未来的智能座舱可能会更进一步地满足用户的个性化需求,如通过深度学习技术更准确地理解和预测用户的行为和需求。当前汽车制造商不仅仅销售车辆设备,还提供一系列由智能座舱支持的数字化、连网化的服务,如在线娱乐、远程服务等。随着共享经济的发展,智能座舱可能需要能够快速适应不同用户需求的技术,如快速切换用户配置等。

　　智能座舱的技术架构如图 5-8 所示,原理主要基于三个方面:计算硬件、传感器技术和软件算法。

　　(1)计算硬件　现代汽车智能座舱的计算硬件需要具备强大的处理能力,以支持导航、音频视频播放、传感器数据处理以及人工智能等复杂运算。这通常涉及一个中央处理器

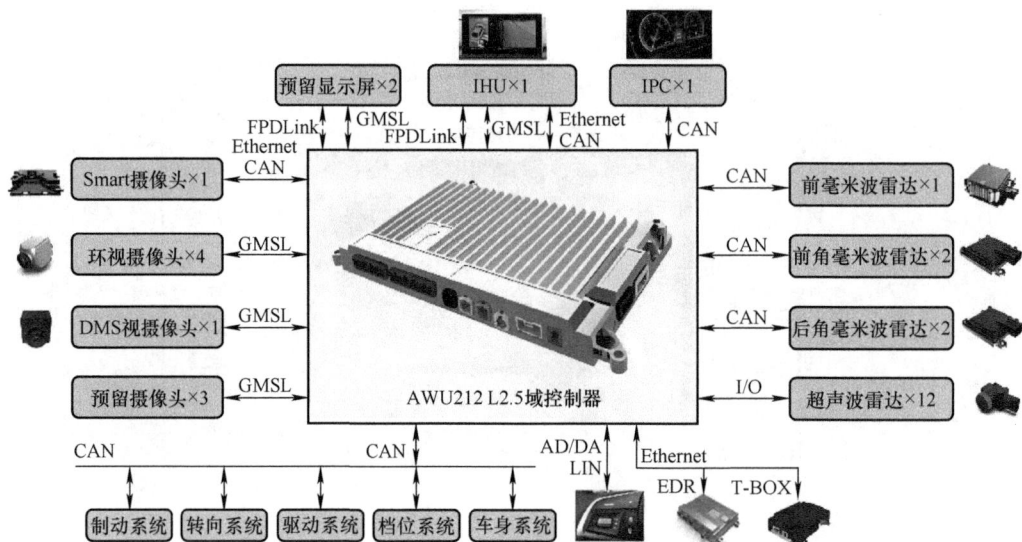

图 5-8　智能座舱技术架构

（CPU），如 ARM 架构的高通骁龙系列或英特尔 x86 架构处理器，来执行核心计算任务。同时，图形处理器（GPU）如英伟达的 Jetson 系列，因其并行处理能力在图像识别和深度学习等视觉计算任务中发挥着关键作用。此外，为了提升 AI 算法的运算效率，可能还会集成专门的硬件加速器，如 TPU（Tensor Processing Unit，图 5-9）。为了确保这些高性能硬件的稳定运行，汽车智能座舱还需要配备有效的散热系统，如散热风扇、散热片或液冷系统，以及符合汽车级标准的电源供应系统，以应对振动、高温和电磁干扰等挑战。

图 5-9　TPU

为了保障座舱内设备的稳定运行，需要一套能提供稳定电压、电流的电源供应系统，这通常需要一个或者多个 DC-DC 变换器将车辆的 12V 电源转换成适合各种设备使用的电压。此外，用于应急的 UPS（不间断电源）也非常重要。

考虑到汽车在行驶过程中的环境复杂性，抗振动、抗高温、抗电磁干扰这些要求都必须考虑进去。例如，抗振动是因为发动机和行驶本身会产生振动；抗高温是因为车辆需要具备在高温环境下运行的能力；抗电磁干扰是因为车辆中的各种设备会相互产生电磁干扰，影响设备的正常运行。这些都必须通过设计和特殊的防护材料来实现。

（2）传感器技术　智能座舱通过各种传感器获取车内和车外的信息。常见的传感器包括摄像头（用于人脸识别、手势识别等）、传声器（用于语音识别）、雷达和激光扫描仪（用于环境感知和自动驾驶）、生物识别传感器（如指纹识别器和虹膜识别器）等。这些传感器获取的信息被用于控制车内的各种设备，如座椅、空调、音响等。各种传感器在智能座舱系统中起着核心作用，它们负责收集车辆内部和外部的各种信息，为智能控制系统提供数据支持。

以下是这些传感器的主要功能。

1）摄像头。一般用于人脸识别、手势识别以及环境感知等功能。例如，通过人脸识别技术，可以实现无钥匙进入并根据驾驶员的个人设置自动调整座椅位置、空调温度等；手势识别则可以让驾驶员在开车时减少对物理按键的依赖，降低驾驶风险。摄像头主要用于捕捉图像，并将图像转化为数字信号进行处理。具体来说，它利用镜头聚光在感光元件上产生像，然后由图像传感器把像转换成电信号，经放大和调制后由输出电缆送至显示器成像。

2）传声器。传声器通常用于语音识别和通话功能。通过语音识别，驾驶员可以通过语音指令控制车载信息娱乐系统，比如导航、播放音乐、接电话等，大大增强了驾驶的便捷性。传声器是将声波转化为电信号的设备。当声波到达传声器时，会促使元件产生物理变化（如位移、形变等），这些变化被转化为电信号，然后通过放大器进行放大处理，最后通过语音识别算法转译为计算机命令。

3）雷达和激光扫描仪。雷达和激光扫描仪主要用于环境感知和自动驾驶。例如，通过LiDAR（Light Detection And Ranging）扫描技术收集周围环境的三维信息，可以帮助自动驾驶系统更精确地识别路况和障碍物。雷达通过发射无线电波并接收反射回的信号来探测范围、速度和其他特性。激光扫描仪则发射数百万束激光，然后测量每束光射出并返回接收器所需的时间，由此计算出距离，然后生成环境的三维映射。

4）生物识别传感器。如指纹识别器和虹膜识别器，可以提供更高级别的安全保护。通过生物特征进行身份验证，不仅可以防止未经授权的人使用车辆，还可以根据不同驾驶员的个人喜好来自动调整车内设置。指纹识别器依赖对人手指上特有的细纹结构的检测；虹膜识别器则对人眼中独特的虹膜模式进行检测。这些设备通常使用一个小型摄像头，拍摄指纹或虹膜的图片，然后将这些图片与数据库中的样本进行对比，以验证用户的身份。

智能座舱中的传感器是连接现实与数字车载系统的桥梁，它们采集的数据被应用于各种控制系统，进一步提升驾驶体验，增强安全性。传感器通过巧妙的设计和工程，接收相应的物理或化学信号，然后通过一系列变换过程，将环境信息转化为计算机可以处理和理解的电信号，从而支持智能座舱中的各种功能，并操控车辆的各项功能。

（3）软件算法 智能座舱的核心是一套复杂的软件算法，用于处理从传感器获取的数据，并使座舱能够对用户的行为做出响应。这其中最重要的算法可能是人工智能算法，包括深度学习、机器学习等，用于实现语音识别、手势识别、人脸识别、生物特征识别等功能，从而提供更加个性化和便捷的使用体验。

在智能网联汽车中，如图5-10所示，智能座舱的应用案例十分丰富。

（1）人脸识别和生物特征识别 通过摄像头和其他传感器，智能座舱可以识别驾驶员和乘客的身份，并根据他们的个人习惯和偏好，自动调整座椅位置、空调温度、音乐选择等。同时，它还可以监测驾驶员的疲劳状态，提醒他们休息或者采取安全措施。人脸识别和生物特征识别技术原理主要是通过摄像头采集驾驶员或乘客的面部信息，然后使用深度学习算法进行分析识别。识别的过程包括检测、对齐、归一化、编码和匹配五个步骤。同时，通过红外传感器等设备可以对驾驶员的眼睛瞳孔等生理特征进行实时监测，从而评估驾驶员的精神状态。

（2）声音控制 驾驶员可以通过语音命令来控制车内的各种系统，如导航、空调、音

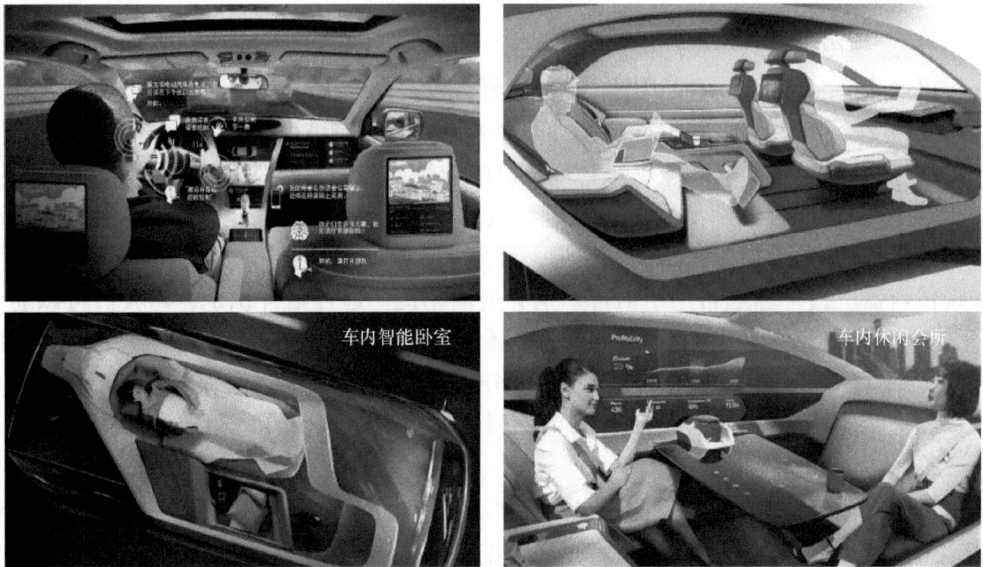

图 5-10　智能座舱的应用案例

响等。这不仅提高了驾驶的便利性，也可以避免驾驶员在驾驶过程中分心。声音控制技术主要是基于语音识别技术，它通过收集驾驶员的语音指令，然后利用深度学习算法将语音转化为文本，并通过自然语言处理技术理解指令的含义，最后执行相应的操作。

（3）手势控制　除了语音控制，一些智能座舱还支持手势控制。例如，驾驶员可以通过挥手等简单的手势来改变音量、切换频道等。手势控制技术主要通过摄像头或红外传感器等设备捕捉驾驶员的手部运动，然后使用影像识别技术进行解析，得出相应的控制指令。

（4）自适应界面　智能座舱的显示屏界面可以根据不同的情况进行自适应调整，以提供最佳的用户体验。例如，当车辆处于自动驾驶模式时，显示屏可能会切换到娱乐模式，播放电影或者游戏；而当驾驶员需要集中精力驾驶时，则会切换到驾驶模式，显示必要的驾驶信息。自适应界面技术主要是通过人机交互设计理念，结合驾驶员的行为模式和当前车辆状况，动态调整座舱界面。这一技术通常会结合 AI 算法，根据用户的行为和习惯，以及车辆的当前状态进行智能推断，从而自适应地调整车载显示屏的显示内容和模式。

（5）虚拟助手　一些智能座舱还搭载了虚拟助手功能，驾驶员可以向它提问或者请求帮助。例如，驾驶员可以询问路线、天气、新闻等，也可以请求虚拟助手发送信息或者打电话。虚拟助手技术是基于自然语言处理、语音识别和人工智能等多项技术的综合应用。它可以理解和执行驾驶员的语音命令，提供所需的信息服务，如查询导航路线、实时天气等。同时，还可以通过深度学习技术学习驾驶员的习惯和偏好，提供更个性化的服务。

5.2　语音识别系统原理

如图 5-11 所示，在智能座舱系统中，集成了语音识别系统、手势识别系统、人脸识别系统、生物特征识别系统等技术。语音识别允许用户通过语音命令进行交互，无须转移视线或使用手动输入，大大增加了安全性和便利性。

图 5-11 车内语音识别系统应用

语音识别的主要任务是将人类的语音信号转化为文本信息。其核心技术包括声学模型和语言模型。其中，声学模型用于描述声音信号如何生成，语言模型则用于表示语言的统计规律。下面以深度学习中的长短期记忆网络（LSTM）为例，详细说明语音识别的工作原理。

首先，需要对输入的原始语音信号进行预处理，如图 5-12 所示，这通常包括采样、预加重、窗口化等操作，最终得到一系列声学特征向量。这些声学特征向量能够反映语音信号的重要信息，如音高、音色等。接着，将音频特征向量输入一个声学模型中。声学模型的任务是学习语音信号与对应发音之间的关系。在现代的语音识别系统中，声学模型通常是一个深度神经网络，如长短期记忆网络（LSTM）。

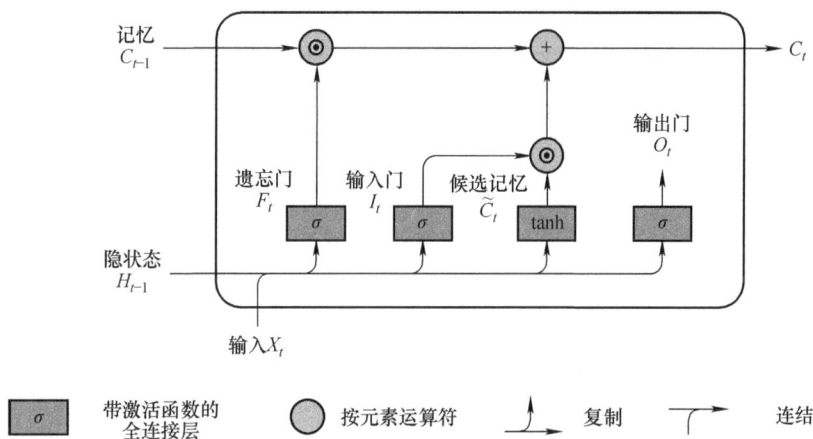

图 5-12 语音信号的处理

LSTM 是一种特殊的循环神经网络（RNN），它通过引入"门"机制来缓解传统 RNN 的梯度消失问题，使得网络能够更好地学习长距离的依赖关系。在语音识别中，因为语音的每个部分都可能与前面和后面的部分有关，所以 LSTM 是很合适的选择。

在声学模型预测出每个声音片段可能对应的文字之后，还需要用到语言模型。语言模型的任务是预测一句话中某个词出现的概率，或者预测接下来的词是什么。这有助于排除声学模型的一些错误预测，确保输出的文字在语义上是通顺的。最后，结合声学模型和语言模型的预测结果，我们就可以得到语音信号对应的文本信息。

在智能网联汽车上，如图 5-13 所示，当驾驶者发出声音后，车辆内置的高质量传声器会即时捕捉这些声音信号。为了能够清晰地获取语音信息，在设计时需要考虑到噪声抑制和回声消除等技术的应用。收到的声音信号首先需要进行预处理，包括放大、滤波、采样等步骤，以提高信号质量，并将其转换成适合后续处理的格式。然后，提取声音信号的特征，这包括诸如韵律、音高、倒谱系数等与语言内容和发音方式有关的特征，再将提取的特征输入到已经训练好的语音识别模型（如深度神经网络）中，模型会将这些特征映射到特定的词汇或短语。

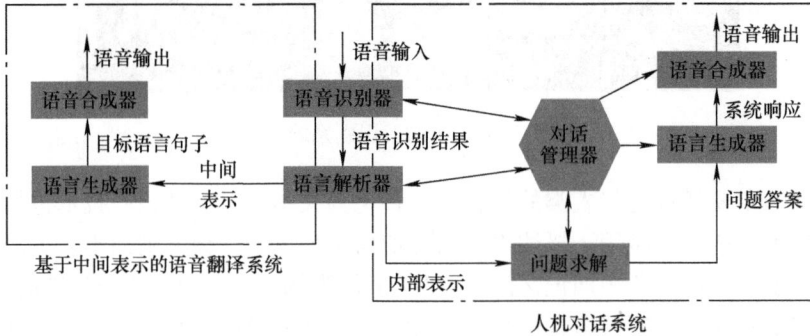

图 5-13　人机对话系统原理

在语音识别系统中，正确理解用户意图是关键。例如，指令"打开空调"和"开启空调"，尽管用词有所不同，它们的目标是一致的。因此，系统需要通过深入的语义分析来确保执行正确的操作，如调节温度或设定导航目标。操作完成后，系统应通过语音或文本反馈给用户，如通知"空调已开启"或"正在导航至指定地点"。

如图 5-14、图 5-15 所示，为了提高识别准确性并满足用户的个性化需求，语音识别系统会根据使用情况与用户反馈进行学习优化。这可能包括模型的更新训练、数据收集与分析等步骤。在此过程中，保护用户数据的安全与隐私至关重要。所有采集的数据均需进行严格的加密处理，并且只有在得到用户的明确授权后才能用于改善服务质量。若系统无法理解或响应用户的指令，应有适当的异常处理机制，如向用户询问更多信息或提供可能的选择方案供用户决定。

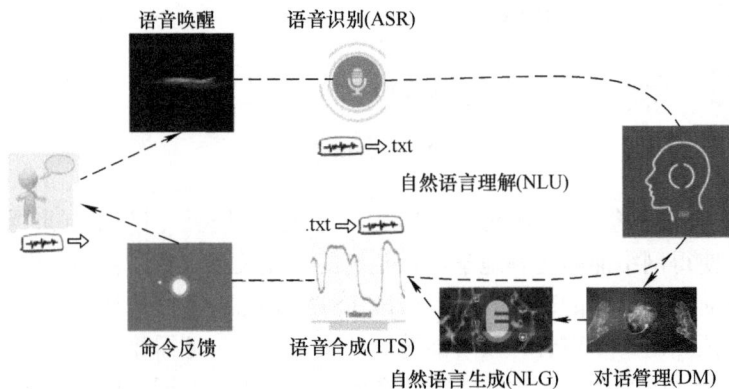

图 5-14　语音对话流程

语音交互技术的基础流程包含以下关键处理阶段。

（1）语音唤醒 设备通过获取环境声音，识别出特定的唤醒词，如"嘿 Siri"或"小爱同学"，以此从低功耗状态被动激活至待命状态，准备接收进一步的指令。此过程要求高度的灵敏度与低误触发率，以保证用户体验与设备效能。

唤醒词是设备从休眠状态切换到激活状态的关键指令，如小鹏汽车的"你好，小P"。唤醒词的选择需要具备独特性和易识别性，确保设备能够在各种环境音和背景噪声中准确地识别。唤醒词的设计还需要考虑用户的语言习惯和文化背景，以便用户能够自然且方便地使用。除此之外，设备还需支持多种语言和口音的识别，以满足全球用户的需求。

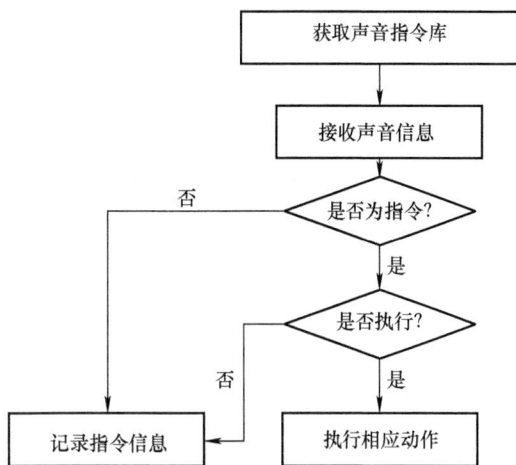

图 5-15 语音获取后的响应处理

评估语音唤醒技术的效果时，有几个关键指标需要考虑：召回率（Recall Rate）、虚警率（False Alarm Rate）、实时率（Real-Time Rate）和功耗（Power Consumption）。召回率衡量设备在各种环境下正确识别唤醒词的能力。虚警率则衡量设备误识别非唤醒词为唤醒词的频率，低虚警率意味着更少的误唤醒。实时率反映了设备从接收到唤醒词到进入激活状态所需的时间，理想情况下，这个过程应该是瞬时的，以确保用户的指令能够得到迅速响应。最后，功耗是一个重要考虑因素，特别是对于便携式设备和智能家居设备，低功耗设计可以延长设备的电池寿命并提高用户满意度。

（2）语音识别（ASR） 语音信号识别原理如图 5-16 所示，此阶段涉及接收用户的语音输入并将之转换成机器可处理的文本格式，同时尽力保持语音原有的属性（如语速、音量、情感等），这一转换过程关键在于精确度和速度，以达到近乎实时的反馈。

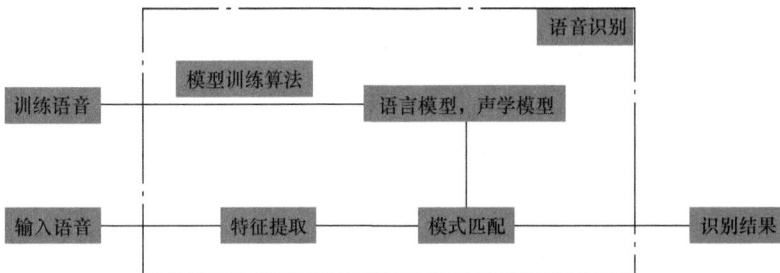

图 5-16 语音信号识别原理框图

语音识别的流程一般包括以下几个步骤：声音输入→预处理（降噪、回声消除）→特征提取→模式匹配→识别结果。首先，设备接收用户的声音输入，通过传声器将声音转换为电信号。接着，进行预处理，包括降噪和回声消除，目的是提高语音信号的质量，减少背景噪声和回声对识别的干扰。然后，如图 5-17 所示，进行特征提取，提取语音信号中的重要特征，如梅尔频率倒谱系数（MFCC），以便后续的模式匹配。接下来，模式匹配阶段会将提取的特征与已有的语音模型进行比对，识别出相应的词语或句子。最后，根据匹配结果生成识别输出，供应用程序或设备进一步处理和使用。

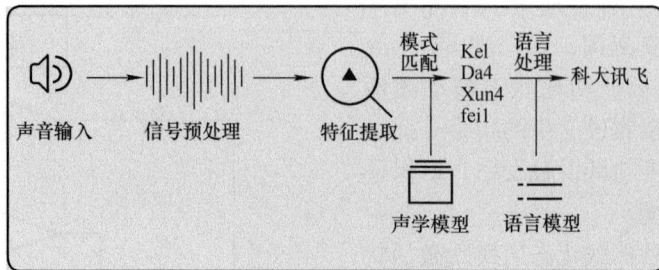

图 5-17　语音特征提取

语音识别的准确性和效果受到多种因素的影响，包括环境噪声、口音、语速、专业词汇等。环境噪声是指背景中的各种声音，如人声、交通噪声等，会干扰语音信号的清晰度，从而影响识别效果。口音差异是另一个重要因素，不同地区和国家的用户可能有不同的发音习惯，这需要语音识别系统具有强大的适应能力。语速也是一个影响因素，过快或过慢的语速都会对系统的识别造成挑战。此外，专业词汇的使用也是一个难点，特别是在医学、法律等专业领域，特定术语和短语需要系统具备相应的词汇库和识别能力，以确保准确识别和理解用户的语音输入。

（3）自然语言理解（NLU）　机器对转换后的文本进行分析，识别出用户的意图和相关信息（如时间、地点等）。这一步是理解用户请求的核心，决定了接下来应该采取何种行动，需要强大的算法支撑以理解多样和复杂的语言结构。

如图 5-18 所示，NLU 的主要功能是从文本中提取用户意图、进行分类和内容分析。首先，NLU 系统会分析用户输入的文本，识别其中表达的意图，如查询信息、下达命令或提出问题。然后，系统将这些意图进行分类，根据预定义的类别（如预订、查询、投诉等）对文本进行归类。此外，NLU 还包括内容分析，即深入理解文本的含义，提取关键信息和上下文关系，以便提供更精准的响应和服务。例如，在客服机器人中，NLU 可以帮助识别用户的具体问题，并提供相应的解决方案。

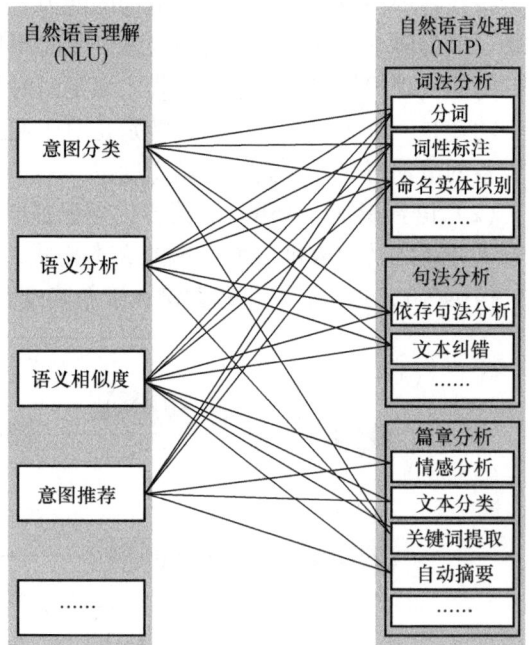

图 5-18　人类自然语音信息分类与定义

自然语言的理解流程如图 5-19 所示，自然语言处理模型旨在让计算机理解、生成和处理人类语言。这些模型融合了语言学、计算机科学和数学的知识。其中，Transformer、CNN 和 RNN 是三种常见的自然语言处理模型。Transformer 通过自注意力机制有效地捕捉长距离依赖关系，为许多任务带来了显著进步。

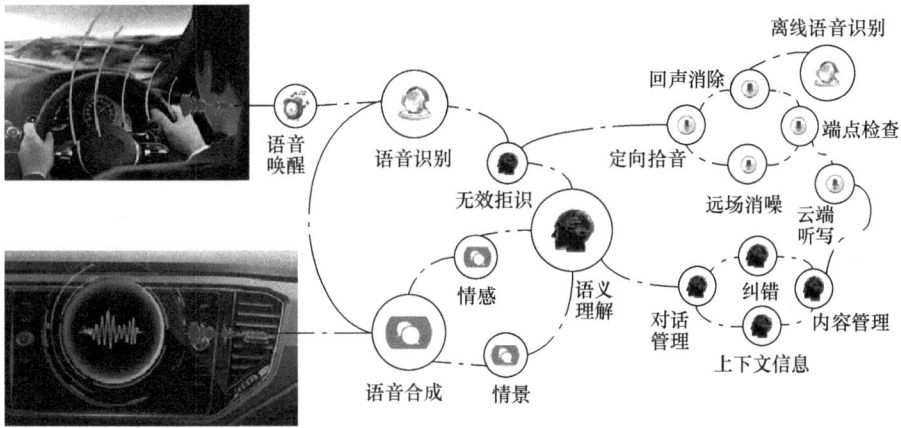

图 5-19　自然语言的理解流程

自然语言处理模型如图 5-20 所示，CNN 主要应用于图像处理和语音识别，其核心在于卷积层，可以自动学习特征。RNN 则是一种序列模型，可以处理长度不定的序列数据，捕捉序列中的长距离依赖关系。此外，BERT 和 GPT 系列等大型预训练模型也在自然语言处理领域发挥着重要作用。

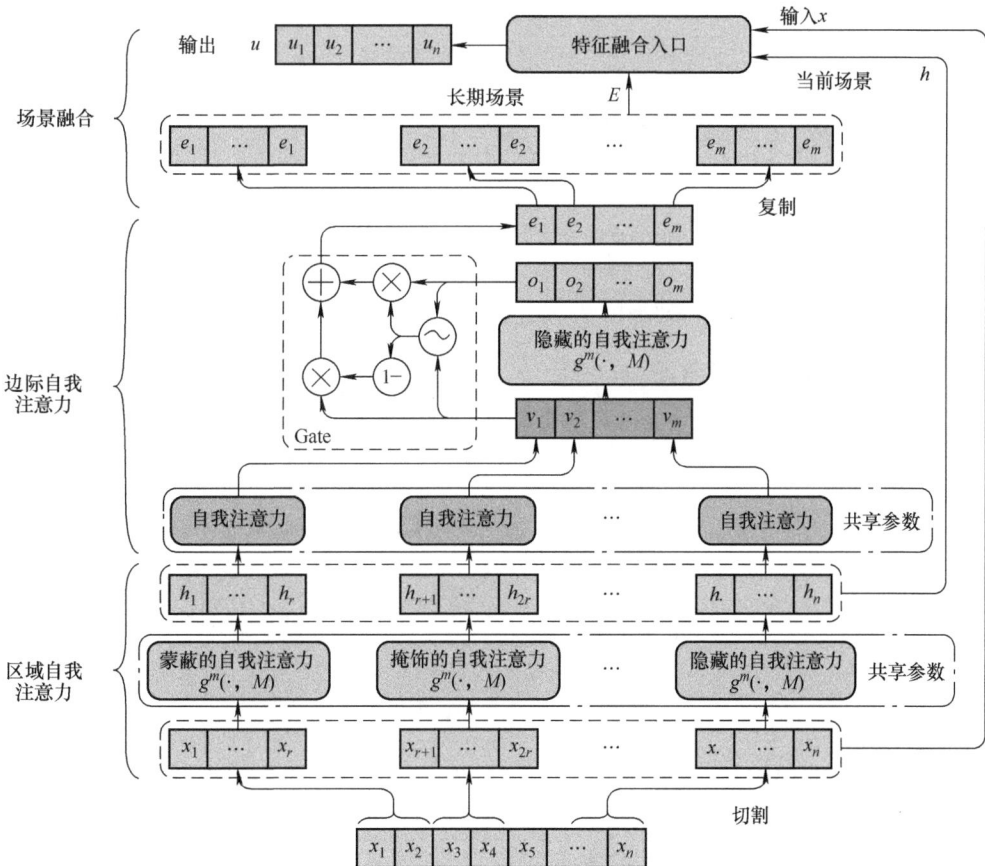

图 5-20　自然语言处理模型

141

自然语言理解面临诸多技术难点，包括语言多样性、理解鲁棒性和内容依赖性。语言多样性指的是世界上存在大量不同的语言和方言，每种语言都有其独特的语法、词汇和表达方式，这给 NLU 系统带来了巨大的挑战。模型鲁棒性测试流程如图 5-21 所示，理解鲁棒性是指系统在面对不同用户、不同表达方式时，能够稳定、准确地理解意图，即使在语法错误、拼写错误或复杂句式的情况下，仍能有效工作。内容依赖性则是指文本的理解往往需要依赖特定的背景和上下文，NLU 系统需要具备足够的上下文感知能力，以便在不同场景中提供准确的理解和响应。例如，同一句话在不同场景下可能有不同的含义，这需要系统具备足够的智能和灵活性来处理。模型鲁棒性测试案例如图 5-22 所示。

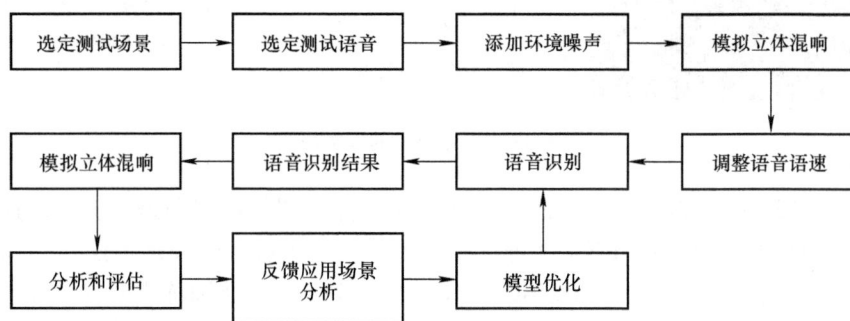

图 5-21　模型鲁棒性测试流程

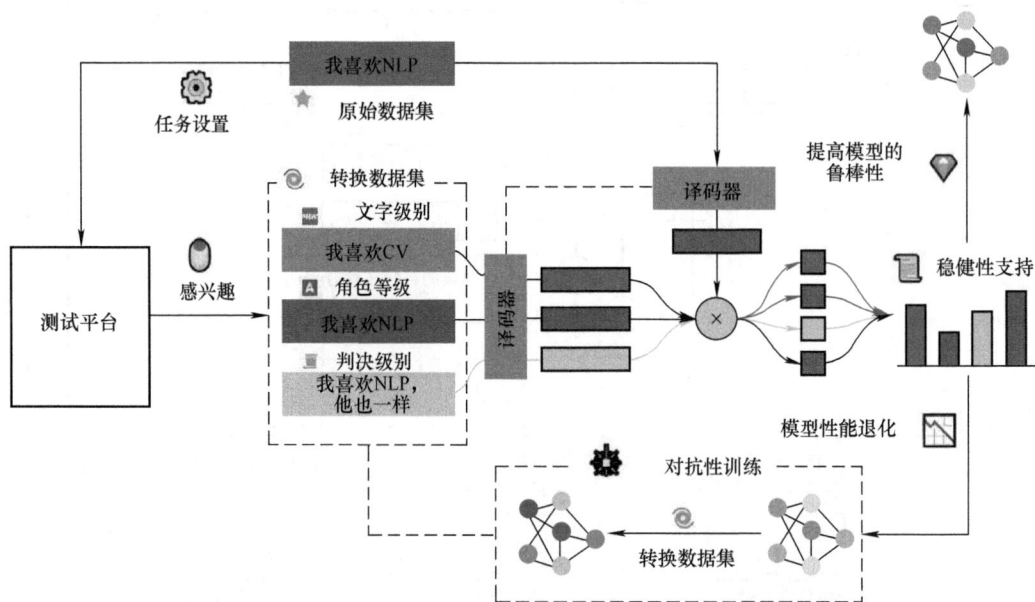

图 5-22　模型鲁棒性测试案例

（4）对话管理（DM）　基于对用户意图的理解，系统决策如何响应，这可能包括提出回应问题、执行命令或者推进任务等。对话管理负责维护对话的连贯性，使交流尽可能自然且高效。

对话管理（DM）的主要作用是维护和更新对话状态，并根据当前对话状态和上下文决策下一步动作。在一个对话系统中，DM 模块会跟踪用户与系统之间的交流，记录对话历史和状态，以确保系统理解用户的当前需求和上下文。例如，当用户询问一个问题后，DM 模块会决定是提供直接答案、请求更多信息，还是引导用户进行其他操作。此外，DM 还需要根据对话的进展，动态调整系统的响应策略，以实现自然流畅的人机交互。

对话管理面临的技术难点主要包括对话状态的主观性、多轮对话的容错性以及多场景切换与恢复。对话状态的主观性是指用户表达意图的多样性和模糊性，导致系统需要在不确定的情况下推断用户的真实意图，这对 DM 的智能和灵活性提出了高要求。多轮对话的容错性是指在多轮交互过程中，系统需要能够识别和纠正自身或用户的错误，确保对话的连贯性和有效性。例如，用户可能会在对话中提供错误信息或改变意图，系统需要具备纠错和调整能力。多场景切换与恢复则是指在复杂对话中，用户可能会在不同主题之间频繁切换，DM 模块需要能够有效管理这些切换，并在适当的时候恢复到之前的对话上下文，以提供连续一致的用户体验。这要求系统具备强大的上下文记忆和管理能力，能够处理多任务和多主题的对话需求。

（5）自然语言生成（NLG） 将机器的决策、信息或命令转化为自然语言文本，以便用户可以理解。该过程不仅要考虑语句的准确性，也要注重其自然度和流畅性，以提供更贴近人类交流方式的体验。

自然语言生成（NLG）的主要功能是将机器决策或数据信息转换为自然语言文本形式，用于生成文本回复。在对话系统中，NLG 模块扮演着至关重要的角色，它负责根据对话管理模块的指示和当前对话的上下文，构造出符合语言习惯、逻辑连贯且容易理解的文本回复。这一过程涉及多个步骤，包括内容决定、句子规划和表面实现等。例如，当系统需要回答用户查询时，NLG 会先确定需要传达的关键信息（内容决定），然后决定信息的组织结构（句子规划），最终生成流畅自然且准确表达了所需信息的文本（表面实现）。NLG 技术的挑战在于如何有效地模拟人类的语言表达方式，生成既准确又自然的文本，同时还要考虑到文本的多样性和富有表达力，以满足不同场景和用户需求的复杂性。这要求 NLG 系统具备深入理解上下文和高度灵活性，在保证信息准确传达的同时，也能够调整语气、风格以适应不同的对话环境和用户偏好。

（6）语音合成（Text-to-Speech，TTS） 最后，系统将生成的文本回复转化为语音输出，完成人机交互的整个过程。在这一阶段，合成的声音质量、自然度及表情丰富程度将直接影响用户对交互体验的总体感受。

如图 5-23 所示，语音合成的过程可以分为多个步骤。首先是文本输入阶段，系统接收到用户提供的文本信息。接下来是语言处理阶段，这一步骤包括对输入文本进行断句处理和韵律处理，断句处理确保系统能正确理解文本的语法结构，而韵律处理则为文本添加合适的语调和重音，使生成的语音更加自然流畅。随后，系统进行音素拼接，即将处理过的文本转化为一系列音素，并将这些音素根据预设的音库进行拼接和调整。最后，经过一系列复杂的信号处理算法，生成最终的语音输出。这个过程不仅要求系统具备强大的语言理解能力，还需要有精细的语音合成技术，以确保输出的语音能够清晰、自然且具有良好的可理解性。

语音合成技术在现代社会中有着广泛的应用。例如，在读书 App 中，TTS 技术可以将电子书中的文字转化为语音，使用户能够通过听书来获取信息，这对于视力障碍者或在开车等不方便阅读的情况下尤为实用。在导航播报系统中，语音合成技术可以实时提供路线指导，

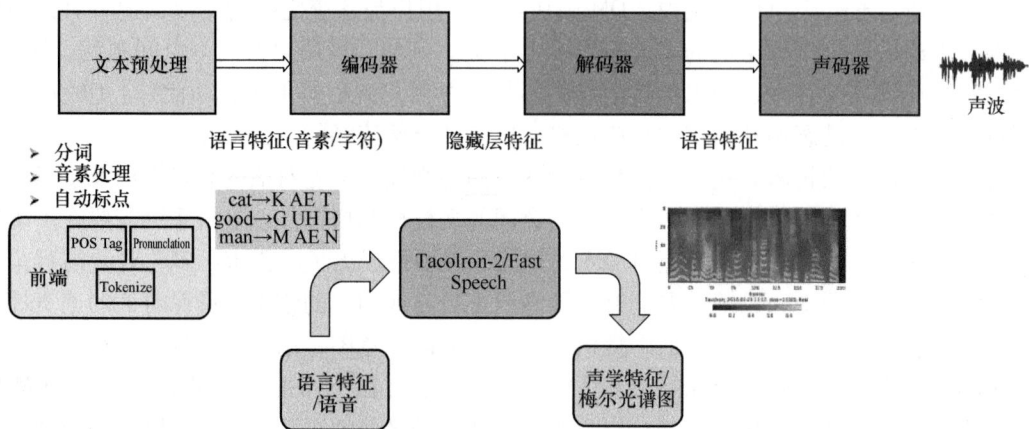

图 5-23 语音合成的工作流程与原理

使驾驶员无须分心阅读屏幕。在智能语音机器人中，TTS 技术是实现人机对话的重要组成部分，它可以使机器人发出自然的人类语音，从而提升用户体验和交互效果。总之，语音合成技术不仅提高了信息获取的便利性，还在一定程度上促进了无障碍交流的发展。

语音交互技术的升级是从传统语音识别到深度学习技术的引入。传统的语音识别技术主要采用声学模型和语言模型相结合的方法进行语音识别，需要大量的人工干预和处理，无法达到较高的准确率。而深度学习技术则采用了多层的神经网络，能够自动提取语音特征，从而实现更加准确的语音识别和语义理解。此外，语音交互技术的升级还包括从语音交互到多模态交互的转变，如从无屏的智能助手变成带屏的智能助手，以及针对用户画像的个性化交互等优化方法，旨在提升用户体验和交互效果。

（1）回音消除　回音消除是语音交互技术中的重要环节，其主要目的是在语音信号传输过程中消除回音干扰，以确保通话或语音交互的清晰度。这项技术通过检测和过滤回音信号，从而减少背景噪声和回音对语音识别的影响，使系统能够更准确地识别和理解用户的语音输入。回音消除技术的应用范围广泛，包括电话会议、智能音箱和各种语音交互设备，为用户提供了更高质量的语音通信体验。

（2）定向拾音　定向拾音技术旨在通过多个传声器阵列来定位和捕捉特定方向的声音，从而增强目标语音信号并抑制环境噪声。这项技术对于提升语音交互系统在嘈杂环境中的性能至关重要。定向拾音技术广泛应用于智能家居设备、车载语音助手和远程会议系统中，使设备能够更清晰地接收用户的语音命令，提高识别准确率和用户体验。

（3）离线命令词　离线命令词技术使得设备能够在没有网络连接的情况下识别特定的语音指令。这项技术通过预先存储和训练常用命令词，确保设备能够在离线状态下仍然响应用户的基本操作需求，如播放音乐、调节音量或开启应用。离线命令词技术在提高语音交互系统的可靠性和响应速度方面发挥了重要作用，特别是在网络不稳定或无法连接互联网的情况下。

（4）端点检测　端点检测技术用于确定用户语音输入的起始和结束点，从而准确分割语音信号以便进一步处理。这项技术通过分析语音信号的能量变化和时间特征，快速检测到用户语音的开始和结束，提高了语音识别系统的响应速度和准确性。端点检测在实时语音交互应用中尤为重要，如智能助手、实时翻译和语音导航等。

（5）无效拒识　无效拒识技术旨在识别和过滤掉无效或错误的语音输入，避免系统对无意义的语音信号做出错误响应。这项技术通过分析语音信号的特征和上下文语境，判断输入的有效性，并拒绝处理噪声、无意义的声音或错误指令。无效拒识技术在提高语音交互系统的鲁棒性和用户体验方面发挥了重要作用，确保系统在复杂的环境中仍能提供准确的语音服务。

语音交互其他相关技术如下。

（1）语音通信传输　语音通信传输技术包括单工、半双工和全双工三种模式。单工模式允许数据单向传输，典型应用如广播。半双工模式支持双向通信，但双方不能同时说话，常见于对讲机中。全双工模式则允许双向同时通信，类似于日常电话通话，使得对话更加流畅。不同模式的选择取决于应用场景的需求，如实时性、带宽等因素。全双工技术是现代语音通信中的主流模式，广泛应用于电话、视频会议等场合。

（2）声纹识别　声纹识别技术通过分析用户的声音波形特征来识别身份。这项技术利用声音的独特生物特征，如声调、频率和声纹等，以实现个人身份验证。声纹识别在安全性和便利性方面具有独特优势，不需要用户记住密码或携带卡片即可进行身份认证。该技术广泛应用于金融、安防和智能家居领域，如电话银行身份验证、门禁系统和语音助手的个性化服务。

（3）知识图谱　知识图谱技术通过将零散的知识点结构化管理，实现信息的高效组织和检索。它通过节点和关系的形式，表示不同实体及其之间的联系，从而形成一个庞大而复杂的知识网络。知识图谱在提高信息检索效率和准确性方面具有重要作用，同时也为自然语言处理、数据分析和智能问答系统提供了基础支持。通过结合机器学习和自然语言处理技术，知识图谱能够动态更新和扩展，适应不断变化的知识领域。

总之，语音交互技术通过一系列复杂的处理步骤，实现了从唤醒到响应用户指令的全流程，每个环节都至关重要，不同技术的结合提升了整体性能和用户体验。

5.3　手势识别系统原理

如图 5-24 所示，手势识别技术主要是通过摄像头或其他传感器捕捉用户的手势动作，然后通过预先训练的机器学习模型来识别这些动作并将其映射到特定的命令或操作，实现与计算机的交互。这是一种无须直接触摸硬件设备，即可实现人机交互的方式。

汽车手势识别技术主要由以下几个关键部分组成。

（1）传感器与摄像头　用于捕捉驾驶员的手势动作，包括红外摄像头、3D 摄像头等，这些设备能够捕捉手部动作并将其转化为数字信号。

（2）处理芯片与算法　对捕捉到的手势动作进行实时处理和分析，通过复杂的算法识别手势的类型和意图。

（3）控制单元　根据手势识别的结果，输出相应的控制指令，实现对车辆功能（如音量调节、空调控制）或车载娱乐系统（如音乐播放、游戏控制）的操作。

这些组成部分共同协作，实现了汽车手势识别技术的精准与高效。

手势识别技术的工作原理：如图 5-25 所示。在工作时，首先，需要通过摄像头或其他

图 5-24　手势识别

图像传感器捕获到用户进行手势的视频或图像。这些图像应该清晰显示用户的手部和/或手指的形状和位置。接下来，这些图像经过一系列的预处理步骤，包括灰度化、二值化、滤波等，以去除噪声和不相关的信息，增强图像中手部的视觉特征。然后，这些预处理后的图像会被送入一个手部检测算法中，此算法的任务是从图像中定位出手部的具体区域。在视频中，还会涉及手部的跟踪问题，需要连续地定位手部的位置。

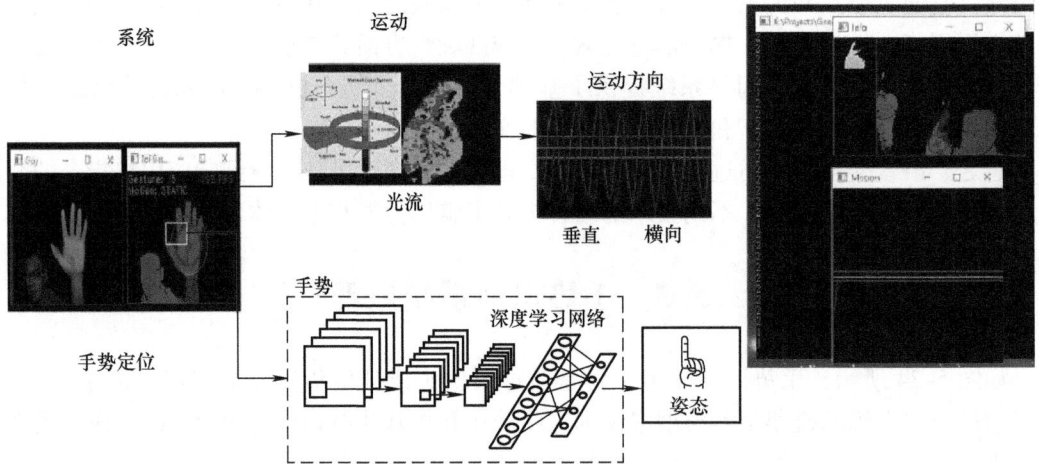

图 5-25　基于深度学习的手势识别算法

在确定了手部的位置之后，需要对手部的形状和姿态进行分析，提取出能够用于识别不同手势的特征。这些特征可能包括手部的轮廓、手指的位置和状态（伸展或弯曲）等。最后，将这些特征输入一个已经训练好的机器学习模型中，此模型会根据这些特征预测出当前的手势是什么。常用的机器学习模型包括支持向量机（SVM）、随机森林、深度神经网络等。一旦识别出手势，就可以将其映射为程序中的特定命令或操作，然后由计算机执行这些命令，完成用户的意图。

146

5.4 人脸识别系统原理

人脸识别主要包括两个步骤：人脸检测和人脸认证。人脸检测是从图像中检测和定位人脸的过程，而人脸认证则是通过比较待识别的脸部图像和数据库中已知的脸部图像，以确定待识别脸部的身份。

某动态即时人脸识别方法与流程如图 5-26 所示。智能座舱的人脸识别中，深度学习的卷积神经网络（CNN）是实现人脸识别的一种常用方法。

（1）人脸检测　这是人脸识别的第一步，其目标是从复杂的背景中准确地定位出人脸。这个过程通常涉及的技术有深度学习、机器学习等，其中最常用的是基于卷积神经网络（CNN）的深度学习方法，可以有效地从图像中提取和学习特征，从而实现精准的人脸定位。

（2）人脸认证　一旦找到了人脸，接下来就需要进行身份认证。这个步骤是通过比较待识别的脸部图像和数据库中已知人脸图像来完成的。同样，基于 CNN 的深度学习网络在这里也发挥了关键作用，它能够根据已知的人脸图像学习到人脸的关键特征，并将这些特征用于未知人脸的身份认证。

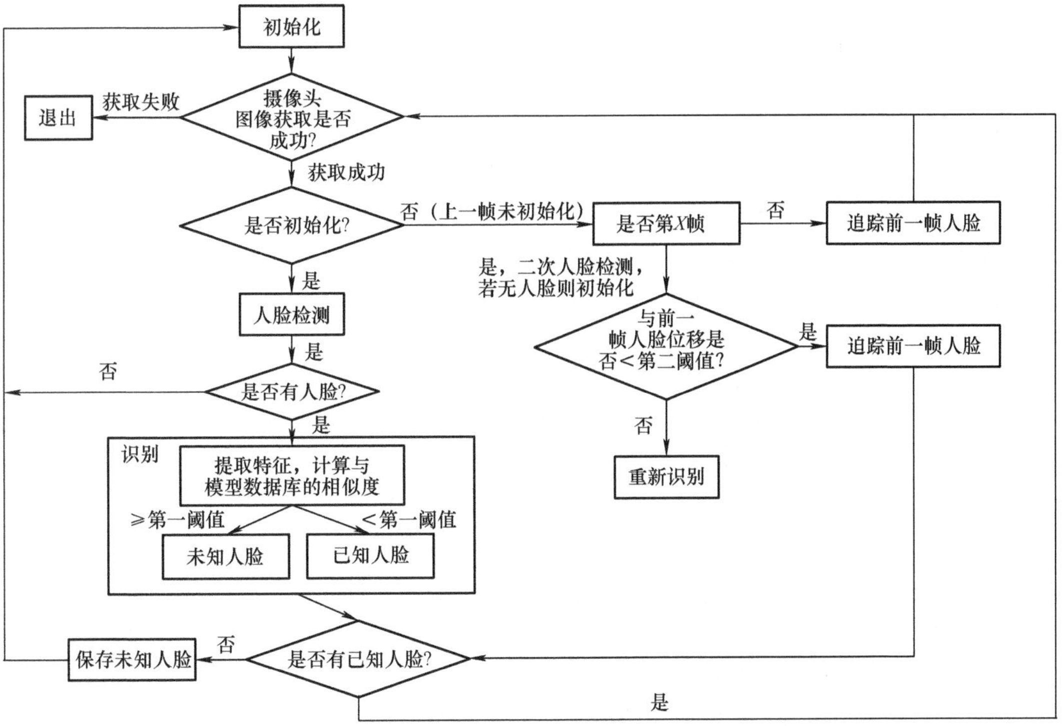

图 5-26　某动态即时人脸识别方法与流程

在智能座舱中，人脸识别可用于驾驶员身份确认、疲劳驾驶监测、驾驶员情绪检测等多种应用，大大提升了驾驶的安全和舒适性。通过图像获取、人脸检测、人脸对齐、特征提取和特征比对等步骤，实现了对驾驶员身份的快速、准确识别，提高了车辆的安全性和便利性。下面以汽车无钥匙人脸识别系统为例，介绍其应用原理。

汽车无钥匙人脸识别系统作为汽车安全领域的一大创新，巧妙地融合了无线射频识别技术（RFID）与人脸识别技术，为车辆安全防护与便捷操作树立了新标杆。该系统不仅利用RFID技术的无线电信号识别功能，通过智能芯片在车钥匙内的感应信号，即时验证钥匙的合法性，而且自动控制车门解锁与防盗状态的切换，当车主携带合法钥匙踏入车辆识别区域，车门即应声而开，防盗系统随之解除。

此外，该系统更进一步，在 RFID 验证钥匙合法性的基础上，引入了先进的人脸识别技术。如图 5-27 所示，当驾驶员靠近车辆时，高清摄像头即刻捕捉其面部图像，随后利用复杂的人脸识别算法，将捕获的图像与预先存储在系统中的合法驾驶员面部特征进行精准比对。一旦确认面部特征与数据库中的记录高度匹配，车辆即刻获得起动授权，无须传统钥匙介入，实现了身份验证与车辆起动的一站式无缝对接。若比对结果不符，车辆将拒绝起动，有效防止了未经授权的访问，极大地提升了车辆的安全性能。综

图 5-27　长安欧尚汽车无钥匙人脸识别系统

上所述，汽车无钥匙人脸识别系统以其高度的安全性与便捷性，重新定义了未来汽车的进出与起动方式。

汽车无钥匙人脸识别系统技术原理主要包括以下几个步骤。

（1）图像获取　汽车无钥匙人脸识别系统的第一步是通过安装在车辆上的高清摄像头捕获人脸图像。这些摄像头通常位于驾驶员侧车门把手附近、车内中控台上方或后视镜周围，以确保能够清晰地捕捉到驾驶员的面部。摄像头捕捉到的图像会被实时传输到系统的图像处理单元进行处理。

（2）人脸检测　在图像获取之后，系统需要利用人脸检测算法来识别图像中是否存在人脸，并精确定位人脸的位置。人脸检测算法基于计算机视觉和模式识别技术，通过分析图像中的颜色、纹理、形状等特征来判断是否存在人脸。一旦检测到人脸，算法会标记出人脸在图像中的具体位置和大小，为后续的人脸对齐和特征提取做准备。

（3）人脸对齐　人脸对齐是预处理步骤中非常关键的一环。由于人脸在拍摄时可能受到角度、光照、表情等多种因素的影响，导致图像中的人脸形状和位置存在差异。因此，在进行特征提取之前，需要对检测到的人脸图像进行对齐处理，以消除这些差异对识别结果的影响。人脸对齐主要包括姿态校准和光照补偿两个方面。姿态校准通过旋转、缩放和平移等操作，将人脸图像调整到统一的标准姿态；光照补偿则通过调整图像的亮度和对比度，消除光照不均对人脸特征的影响。经过对齐处理后的人脸图像将更加一致，有利于后续的特征提取和比对。

（4）特征提取　特征提取是人脸识别系统的核心步骤之一。在这一步骤中，如图 5-28 所示，系统会从经过对齐处理的人脸图像中提取出能够代表人脸特征的关键信息。这些特征可以是人脸的轮廓、五官的位置和形状、纹理特征等。常用的特征提取方法包括基于几何特

征的方法、基于统计特征的方法和基于深度学习的方法等。其中，基于深度学习的方法通过训练神经网络来自动学习人脸图像中的复杂特征表示，具有更高的识别精度和鲁棒性。

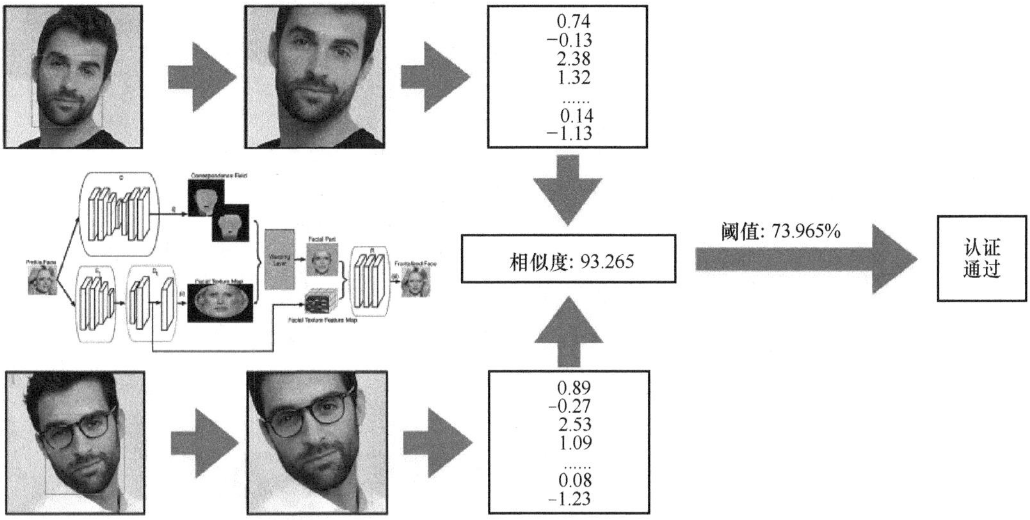

图 5-28　特征提取

（5）特征比对　在特征提取完成后，系统会将提取到的人脸特征与预先存储在数据库中的合法驾驶员人脸特征进行比对。这一步骤通常通过计算特征之间的相似度或匹配度来实现。常用的相似度计算方法包括欧氏距离、余弦相似度、曼哈顿距离等。系统会根据设定的阈值来判断相似度是否足够高，从而判断当前驾驶员是否为合法驾驶员。如果相似度高于阈值，则系统认为识别成功，允许车辆起动；否则，系统将拒绝起动车辆，并可能触发报警机制。

注意事项：

1）面部识别算法可能存在误判或被泄密、破坏的风险，因此系统需要不断优化以提高准确性和鲁棒性。

2）在采集和使用人脸数据时，必须严格遵守相关法律法规，确保用户隐私得到保护。

5.5　生物特征识别原理

生物特征识别是根据人体的生物特征（如指纹、面部特征、虹膜等，如图 5-29 所示）进行身份认证的技术。与传统的密码或身份证件相比，生物特征识别具有更高的安全性和便捷性。以下是一些常见的生物特征识别技术。

（1）指纹识别　如图 5-30 所示，这是最常见的生物特征识别方式之一，将用户的指纹独特的脊线图案转化为数码信息，进行身份验证。它的优点是精确度高且成本相对较低，但是会受到手指干燥、划伤等因素的影响。指纹是由皮肤上的皮褶形成的独特而复杂的图案。在进行指纹识别时，系统会收集并分析这些图案中的特殊点，如中心点、分叉点等，然后将这些信息转化为数码数据，并与数据库中已有的数据进行比对，从而确定身份。

（2）面部识别　如图 5-31 所示，基于人的面部特征进行识别，包括眼睛、鼻子、口、

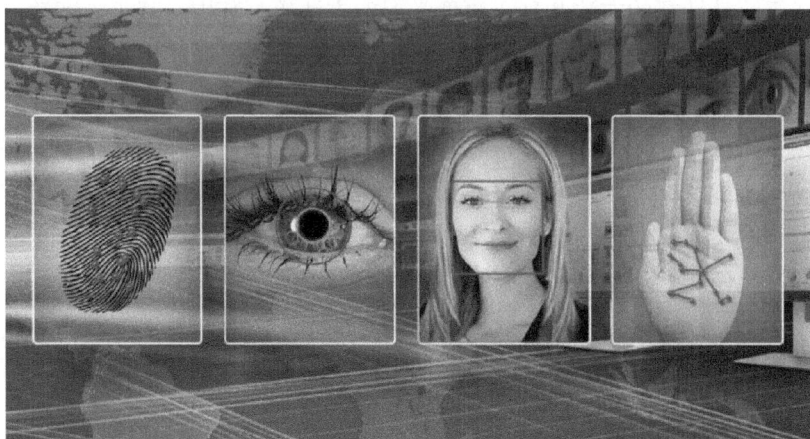

图 5-29　生物特征识别技术

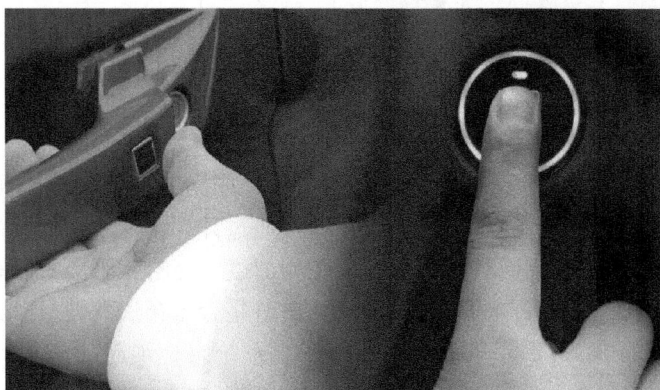

图 5-30　指纹识别技术在汽车上的应用

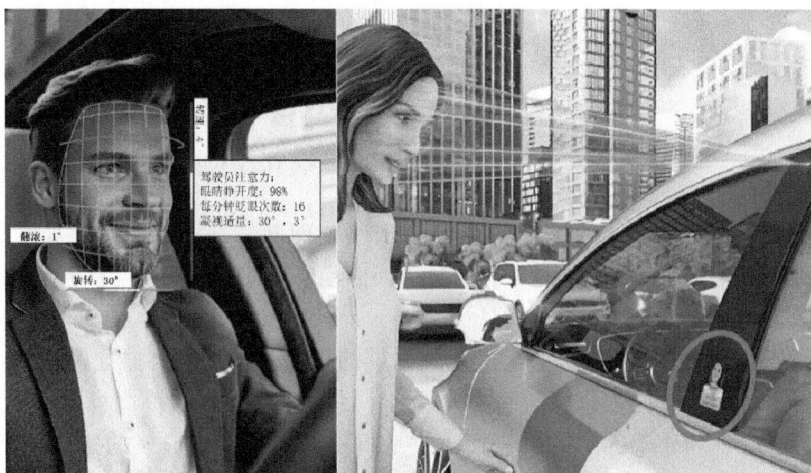

图 5-31　面部识别技术在汽车上的应用

面颊等面部信息。现代的面部识别技术可以适应各种光照和姿态变化，精度也在不断提高。面部识别是通过算法对人脸的特性进行捕捉、比较，寻找母体中的相同或者相似的面部图片。具体地说，系统会分析面部的各种属性，包括眼睛、鼻子、嘴巴、下巴，甚至面部线条，新的技术如深度学习则连皮肤质地都可以分析，然后将这些属性转化成一种数学表示，即面部识别模型。

（3）虹膜识别　如图5-32所示，虹膜是人眼中最具个体差异的部位，可通过扫描并匹配虹膜特征进行身份验证。同时虹膜不易受环境影响且不能被复制，因此具有极高的安全性。虹膜识别首先需要采集目标虹膜的高质量图像，然后使用专门的算法对虹膜编码，生成虹膜模板。之后，再将此模板与数据库中存储的虹膜模板进行比对，完成身份验证。其主要步骤包括虹膜定位和提取、虹膜特征编码以及虹膜比对等。

（4）声纹识别　如图5-33所示，声纹识别根据人的语音特征进行识别，其识别率受到许多因素的影响，如声音大小、语速、语调等，因此通常作为二次验证方式使用。声纹识别技术是通过对人类发音系统（如声带、口腔、鼻腔等）所产生的声波进行分析，提取出发声者的声纹特性。声纹的提取特性通常包括频率、幅度、相位和声波速度等。

图5-32　虹膜识别技术在汽车上的应用

图5-33　声纹识别技术在汽车上的应用

（5）掌纹识别　如图5-34所示，掌纹识别是根据人的掌纹纹路、形状进行识别，其稳定性和唯一性都相当高，具有非常好的准确率和可靠性。掌纹识别是通过测量和比较掌纹的独特特征进行身份确认的。系统会通过扫描或摄像头捕获到的掌纹图像，进一步提取特征点和其他几何特征，如掌纹线位置、方向、长度、宽度、形状等，然后将这些信息转化为数码数据，并与数据库中已有的数据进行比对。

以上这些技术原理都使得智能座舱能够以更人性化、更智能化的方式对用户的行为进行响应和互动。然而应注意的是，尽管生物特征

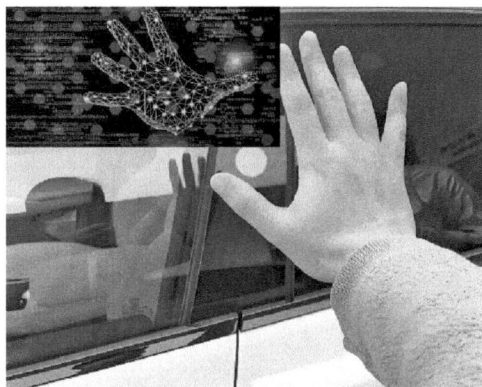

图5-34　掌纹识别技术在汽车上的应用

识别技术具有高安全性和便捷性，仍需要注意其隐私安全问题，以及遵循相关法规和道德

原则。

思政阅读

  智能座舱作为智能网联汽车的重要组成部分，其功能与技术原理不仅提升了驾驶的舒适性与便捷性，更体现了科技对人性化设计的追求。语音识别、手势识别、人脸识别等技术的应用，让驾驶者能够以更加自然、直观的方式与车辆互动，增强了驾驶的乐趣与安全性。然而，智能座舱的发展也需关注隐私保护与数据安全，确保用户信息不被滥用。同时，我们应思考如何将智能座舱技术与人文关怀相结合，如通过情感识别技术提升驾驶者的情绪管理，让科技真正服务于人的需求。智能座舱的发展，应是科技与人文的完美融合，共同推动汽车行业向更加人性化、智能化的方向迈进。

5.6 思 考 题

  本章的学习目标你已经达成了吗？请通过思考以下问题的答案进行结果检验。

序号	思考题	自检结果
1	汽车座舱的发展分为哪三个主要阶段，请详细说明。	
2	请说明智能座舱系统的工作原理。	
3	请说明智能座舱关键技术有哪些？	
4	请说明智能座舱核心功能有哪些？	
5	请说明智能座舱的技术架构包括哪些？	
6	请说明语音识别系统的工作原理。	
7	请说明手势识别系统的工作原理。	
8	请说明人脸识别系统的工作原理。	
9	请说明指纹识别系统的工作原理。	
10	请说明虹膜识别系统的工作原理。	

第6章　ADAS

学习目标

1. 掌握前碰撞警告系统组成与工作原理。
2. 掌握行人检测系统组成与工作原理。
3. 掌握盲点检测系统组成与工作原理。
4. 掌握驾驶员疲劳检测系统组成与工作原理。
5. 掌握夜间视野增强系统组成与工作原理。
6. 掌握交通标志识别系统组成与工作原理。
7. 掌握自适应巡航控制系统组成与工作原理。
8. 掌握车道保持辅助系统组成与工作原理。
9. 掌握自动变道系统组成与工作原理。
10. 掌握自动泊车系统组成与工作原理。
11. 掌握紧急制动辅助系统组成与工作原理。

ADAS 是高级驾驶辅助系统（Advanced Driver Assistance Systems）的缩写，它是一种全新的驾驶辅助技术。它通过安装在汽车上的各种传感器、摄像头和雷达探测设备，进行环境感知，并通过数据分析、处理，实现对车辆的高效控制，辅助驾驶员安全驾驶，防止交通事故的发生。如图 6-1 所示，其主要功能包括自适应巡航控制（ACC），可以通过测量前车的

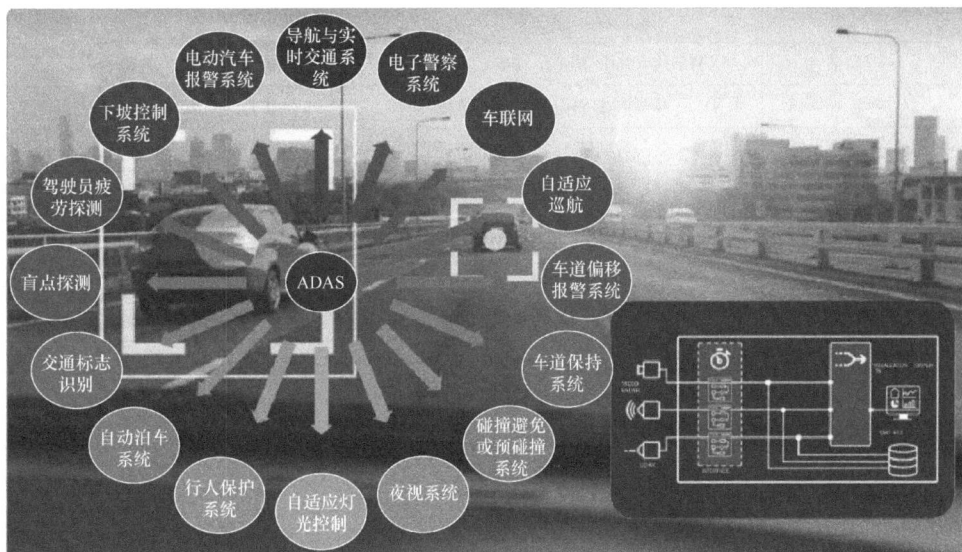

图 6-1　高级驾驶辅助系统主要功能

153

速度和距离自动调整车速以保持安全车距；前碰撞警告（FCW），通过车载雷达或者摄像头等传感器监测可能引发碰撞的障碍物，并及时提醒驾驶员；车道保持辅助系统（LKA），利用摄像头监测车道线，并在车辆偏离车道线时自动纠正；盲点检测系统（BSD），通过雷达检测车辆两侧的盲点，并在有车辆进入盲点区域时发出警告；自动泊车系统（APA），通过摄像头和超声波传感器辅助驾驶员完成复杂的停车操作；等等。

从对驾驶员辅助的方式分类，ADAS 可以分为预警类辅助驾驶系统和控制类辅助驾驶系统两个部分。

预警类辅助驾驶系统可以实现的主要功能见表 6-1。

表 6-1　ADAS 预警类辅助驾驶系统的主要功能

序号	主要功能	英文简称	功能相关介绍
1	驾驶员疲劳监测	DFM	驾驶员疲劳监测系统，通过摄像头与传感器监测驾驶员面部特征与行为，结合生理信号分析，及时预警疲劳驾驶，提升行车安全
2	驾驶员注意力监测	DAM	驾驶员注意力监测系统，利用摄像头与算法分析驾驶员视线与行为，实时监测注意力状态，预防分心驾驶，保障行车安全
3	车辆检测	VD	是一种基于视觉或传感器技术的车辆识别与跟踪系统。它能实时检测道路上的车辆，并可用于防碰撞、自适应巡航控制等多种功能，是智能交通和自动驾驶领域的重要技术。通过摄像头、雷达等传感器，VD 系统能够识别车辆的位置、速度、方向等信息，为车辆安全行驶提供有力支持
4	交通标志识别	TSR	是一种利用图像识别技术来识别道路上的交通标志的系统。它帮助驾驶员及时识别限速、禁止转向等标志，提升驾驶安全性
5	智能限速提醒	ISLI	智能限速提醒系统通过实时识别道路限速标志，自动调整车载导航或显示屏上的速度限制信息，提醒驾驶员遵守交通规则，确保行车安全
6	弯道速度预警	CSW	智能分析路况，及时提醒减速慢行，保障行车安全，减少弯道事故风险
7	抬头显示	HUD	信息直投前风窗玻璃的视野区，驾驶信息一目了然，提升驾驶安全，尽享科技驾趣
8	全景影像监测	AVM	360°无死角视野，行车泊车更安心，智能辅助，驾驶无忧
9	夜视	NV	黑夜如白昼，清晰洞察前路，安全驾驶新升级，让夜行更加从容无忧
10	行人检测	PED	智能识别行人，提前预警守护安全，为城市交通增添一份安心与智慧
11	前向车距监测	FDM	是一种智能安全技术，通过车辆传感器实时监测与前方车辆的距离，并在安全距离不足时发出预警，有效提升行车安全
12	前向碰撞预警	FCW	通过雷达和摄像头实时监测前方车辆，当存在潜在碰撞风险时，向驾驶者发出预警，提高行车安全性，是现代汽车智能安全系统的重要组成部分
13	后向碰撞预警	RCW	通过传感器监测后方来车，当预测到可能发生追尾时，及时发出警告，帮助驾驶者避免后向碰撞，增强行车安全保障
14	车道偏移报警系统	LDWS	实时检测车辆行驶轨迹，一旦车辆偏离车道，即刻发出警示，提醒驾驶者及时纠正，保障行车安全
15	变道碰撞预警	LCW	通过雷达和摄像头监测盲区车辆，预测变道时可能发生的碰撞，及时提醒驾驶者，有效避免变道事故，提升行车安全

（续）

序号	主要功能	英文简称	功能相关介绍
16	盲区监测	BSD	精准识别车辆侧后方盲区内的其他车辆，通过视觉或声音警示驾驶者，有效预防因盲区引发的交通事故，增强驾驶安全
17	侧面盲区监测	SBSD	专为车辆侧面盲区设计，实时检测并警示驾驶员，避免变道时与邻近车辆发生碰撞，提升行车安全性与驾驶信心
18	转向盲区监测	STBSD	精准捕捉转向时的盲区车辆，提前预警，助力驾驶员安全变道，减少碰撞风险，让驾驶更加安心无忧
19	后方交通穿行提示	RCTA	实时监测后方交通状况，及时预警即将穿行的车辆，让倒车更安全，避免碰撞事故发生，驾驶更放心
20	前方交通穿行提示	FCTA	精准预警前方交通动态，让驾驶者提前知晓，及时调整行驶策略，保障行车安全，让旅程更加顺畅无忧
21	车门开启预警	DOW	智能监测后方来车，避免开门碰撞风险，保障乘客与行人安全，让每次开门都安心无忧
22	倒车环境辅助	RCA	通过高清影像清晰呈现后方路况，辅助驾驶者精准判断，避免盲区碰撞，让倒车变得轻松又安全
23	低速行车环境辅助	MALSO	实时监测周围环境，智能预警潜在危险，提升驾驶安全性，让低速行驶更加安心无忧

控制类辅助驾驶系统主要功能见表6-2。

表6-2 ADAS控制类辅助驾驶系统主要功能

序号	主要功能	英文简称	功能相关介绍
1	自动紧急制动	AEB	关键时刻主动介入，有效避免碰撞，守护驾驶安全，为出行增添一份安心保障
2	紧急制动辅助	EBA	预测危险提前介入，增强制动效果，缩短制动距离，确保紧急情况下的行车安全
3	自动紧急转向	AES	识别碰撞风险，辅助车辆自主转向避让，提升行车安全，减少事故发生的可能性
4	紧急转向辅助	ESA	通过感知周围环境并预测潜在碰撞风险，自动调整车辆转向系统，帮助驾驶员在紧急情况下迅速且安全地避开障碍物，减少交通事故的发生，保障行车安全
5	智能限速控制	ISLC	能够自动获取车辆当前应遵守的限速信息，并实时监测车辆行驶速度。当车速超出限速范围时，ISLC会辅助驾驶员控制车速，确保车辆保持在规定的限速内，从而提升驾驶的安全性和便捷性
6	车道保持辅助	LKA	通过摄像头和传感器实时监测车辆与车道线的位置关系。当检测到车辆偏离车道时，LKA会发出警告并自动调整转向盘，帮助车辆保持在车道内行驶，提高驾驶安全性和稳定性
7	车道居中控制	LCC	通过车辆前方的摄像头和传感器识别车道标记，并利用电子控制单元（ECU）调整车辆转向，确保车辆在行驶过程中始终保持在车道线内

（续）

序号	主要功能	英文简称	功能相关介绍
8	车道偏离抑制	LDP	实时监测车辆与车道线的相对位置，当检测到车辆有无意识偏离车道的趋势时，系统会自动介入并控制车辆横向运动，将车辆保持在原车道内行驶。LDP的工作原理通常涉及前视摄像头、传感器和电子控制单元的协同工作，通过计算车辆与车道线的相对距离和角度，实时调整转向盘转角，实现车辆的稳定行驶
9	智能泊车辅助	IPA	通过车辆周围的传感器（如雷达和摄像头）实时感知周围环境，自动检测并评估适合的停车位。在驾驶员确认后，IPA能够自动控制车辆的转向、加减速等，实现车辆的自动泊入和泊出，极大地提升了泊车的便捷性和安全性
10	增强现实导航	AR NAVI	通过摄像头捕捉实时道路视图，并在屏幕上叠加导航指示（如箭头、路线等），使驾驶者能够更直观地理解导航信息
11	自适应巡航控制	ACC	通过雷达或摄像头等传感器监测前方车辆的距离和速度，自动调整车辆行驶速度，以保持预设的安全距离。该系统能在高速公路或拥堵道路上显著提升驾驶的安全性和舒适性，减轻驾驶员的疲劳程度
12	全速自适应巡航控制	FSRA	通过雷达和摄像头等传感器实时监测前方车辆，自动调整车速以维持设定的安全距离或速度，适用于城市拥堵、高速公路等多种驾驶场景，显著提升驾驶的便利性和安全性
13	交通拥堵辅助	TJA	通过集成自适应巡航控制（ACC）功能并扩展其能力，TJA能够在低速或停滞不前的车流中自动调整车辆，实现加速、减速和轻微转向，以提升驾驶的安全性和舒适性。该系统依赖车距传感器和前置摄像头等传感器收集道路信息，并通过算法处理来规划行驶策略
14	加速踏板防误踩	AMAP	实时监测驾驶行为和车辆状态，在检测到误踩加速踏板的迹象时，自动抑制车辆加速，从而保护乘客和道路使用者的安全。AMAP系统结合了先进的传感器技术和智能算法，能够在关键时刻提供有效的干预，是自动驾驶和驾驶辅助技术中的重要组成部分
15	酒精闭锁	AIL	该装置在车辆起动前要求驾驶员进行呼气测试，以检测其体内酒精含量。如果测试结果超过安全标准，系统将自动锁闭车辆动力系统，阻止汽车起动，从而有效防止酒后驾驶行为的发生
16	自适应远光灯	ADB	通过车辆配备的摄像头、雷达等传感器实时监测前方路况和车辆行驶状态，自动调整远光光束的亮度、角度和形状，以减少对其他道路使用者的眩目影响，提升夜间驾驶的安全性和舒适度。ADB系统不仅能在会车时避免远光直射对方驾驶员，还能在多种复杂路况下提供最佳的照明效果
17	自适应前照灯	AFS	该系统能够根据车辆的行驶速度、转向角度以及路况等信息，自动调整前灯的照射角度和亮度，以提供更加精确和安全的照明效果。AFS系统通过集成多种传感器和先进的控制算法，确保在不同驾驶条件下都能为驾驶员提供最佳的照明视野，从而提升夜间和复杂路况下的行车安全
18	远近光自动控制	IHC	利用车辆后视镜中的摄像头实时监测前方道路情况，当检测到对面有来车时，系统会自动将远光灯切换为近光灯，以避免对来车驾驶员造成眩目影响，保障夜间行车的安全。在确认前方无来车后，系统又会自动切换回远光灯，以提供更广阔的照明范围

6.1 预警类辅助系统

6.1.1 前碰撞警告系统

前碰撞警告系统（FCW）利用传感器如雷达、激光雷达或摄像头监测车辆前方情况。当系统检测到潜在的碰撞风险时，会通过声音、视觉信号或振动提醒驾驶员采取行动。如果驾驶员未做出反应，且系统集成了自动紧急制动（AEB）功能，可启动自动减速或停车操作，以避免碰撞或减轻碰撞事故的严重性。FCW 系统通过实时监控和智能预警，可大幅提高行车安全。

前碰撞警告系统的作用有如下几点。

1）如图 6-2 所示，前碰撞警告系统通过搭载的传感器技术（如雷达、摄像头等）实时监测车辆前方环境。这些传感器能够检测到前方车辆、行人或其他障碍物的存在，及时识别出潜在的碰撞风险，并通过系统分析预测碰撞的可能性，从而为驾驶员提供关键的安全预警。

图 6-2 车辆相隔的定义

2）如图 6-3 所示，驾驶员在开车过程中可能会遇到注意力分散的情况，如使用手机、与乘客交谈或疲劳驾驶等。前碰撞警告系统能够在这些关键时刻发出警告，通过声音、视觉甚至触觉信号（如转向盘或座椅的振动），提醒驾驶员集中注意力，避免或减轻事故。

3）如图 6-4 所示，当系统检测到前方存在碰撞风险时，不仅会对该风险发出警告，同时还能根据车速、车辆间距以及其他因素评估碰撞的可能性和严重性。此功能为驾驶员提供了重要信息，帮助他们更快做出判断并采取避险措施，如减速或变道，有效提高驾驶安全性。

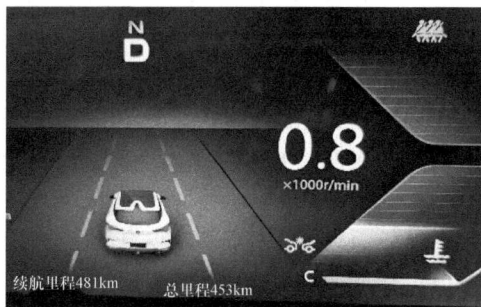

图 6-3 警告距离

4）如图 6-5 所示，尽管前碰撞警告系统旨在通过预警帮助避免碰撞，但在某些情况下，碰撞仍然不可避免。此时，系统的预警功能至关重要，它可以促使驾驶员在碰撞前采取减缓措施，如减速，从而相对减轻碰撞带来的伤害和损失。即便无法完全消除事故的发生，也能显著降低碰撞的严重程度，保护车内乘员

图 6-4 危险距离

的生命安全。

前碰撞警告系统主要由传感器、ECU、警告系统、人机交互界面等部件组成。

（1）传感器　传感器是前碰撞警告系统的"眼睛"，主要包括雷达、摄像头和激光雷达等。这些传感器负责监测车辆前方的环境，能够实时检测到前方的车辆、行人及其他障碍物的位置和速度。通过这种高精度的环境感知能力，传感器为系统提供了可靠的数据基础，确保了系统预警的准确性和有效性。

图 6-5　碰撞不可避免时的处理

（2）ECU　ECU 是前碰撞警告系统的"大脑"，对来自传感器的信息进行集中处理和分析。它通过先进的算法评估碰撞的风险程度，同时决定是否以及如何向驾驶员发出警告。ECU 的高效处理能力确保了系统能够在关键时刻迅速做出响应，增强了驾驶安全性。

（3）警告系统　警告系统是前碰撞警告系统与驾驶员之间直接沟通的桥梁。当检测到潜在碰撞风险时，警告系统通过声音、视觉甚至触觉信号向驾驶员发出警告，促使其采取避险行动。这种多模式的警告方式大大提高了警告的有效性，确保驾驶员能够在第一时间内意识到潜在的危险。

（4）人机交互界面　人机交互界面是前碰撞警告系统信息输出的终端，它向驾驶员展示碰撞警告信息，包括但不限于仪表盘显示、抬头显示等方式。这些界面设计人性化，信息展示直观易懂，确保驾驶员能够快速准确地获取警告信息，并做出判断和反应。通过人机交互界面，系统与驾驶员之间建立起有效的信息沟通渠道，提高了整个系统的使用效率和安全性。

例如：在拥挤城市或狭小空间，FCW 尤为关键。它能在碰撞危险前 2.7s 发出警报，提醒制动，并使车尾灯闪烁，警示后车，有效预防追尾，显著提升行车安全。然而，FCW 虽强大，但仍需驾驶员谨慎驾驶，且在极端条件下可能受限。

以宝马汽车为例，如图 6-6 所示，宝马 E70 的高级碰撞系统负责识别对乘员有危险的事故情况，并根据事故严重程度和碰撞方向有选择地启用所需乘员保护系统。碰撞和安全模块进行内部诊断并监控所有输入和输出。可能出现的故障以非易失性方式存储在碰撞和安全模块内并通过组合仪表内的安全气囊指示灯显示给驾驶员。与车辆系统网络内其他控制单元的通信通过 K-CAN 和 F-CAN 进行。发生碰撞事故时，系统利用车内所安装的电话通过一条附加的独立数据导线将一个 K 总线电码传输给远程通信系统控制单元（TCU）并触发紧急呼叫。碰撞和安全模块的诊断通过至网关的诊断 CAN 进行，在 E70 中该网关位于接线盒控制单元内。

如图 6-7 所示，宝马 E70 在碰撞和安全模块内集成了一个纵向和一个横向加速度传感器。这些传感器用于识别和确认正面、侧面和尾部碰撞。碰撞和安全模块内还有一个翻车识别传感器。卫星式控制单元安装在 B 柱上。卫星式控制单元分别由一个纵向和一个横向加速度传感器组成。这些横向加速度传感器与碰撞和安全模块内的横向加速度传感器一起用于侧面碰撞识别。纵向加速度传感器与碰撞和安全模块内的纵向加速度传感器一起用于正面和尾部碰撞识别。加速度传感器分别在 x 方向和 y 方向上测量正加速度（＋）和负加速度（−/减速度）。由 x 和 y 信号得到的信息是识别碰撞方向的重要因素。

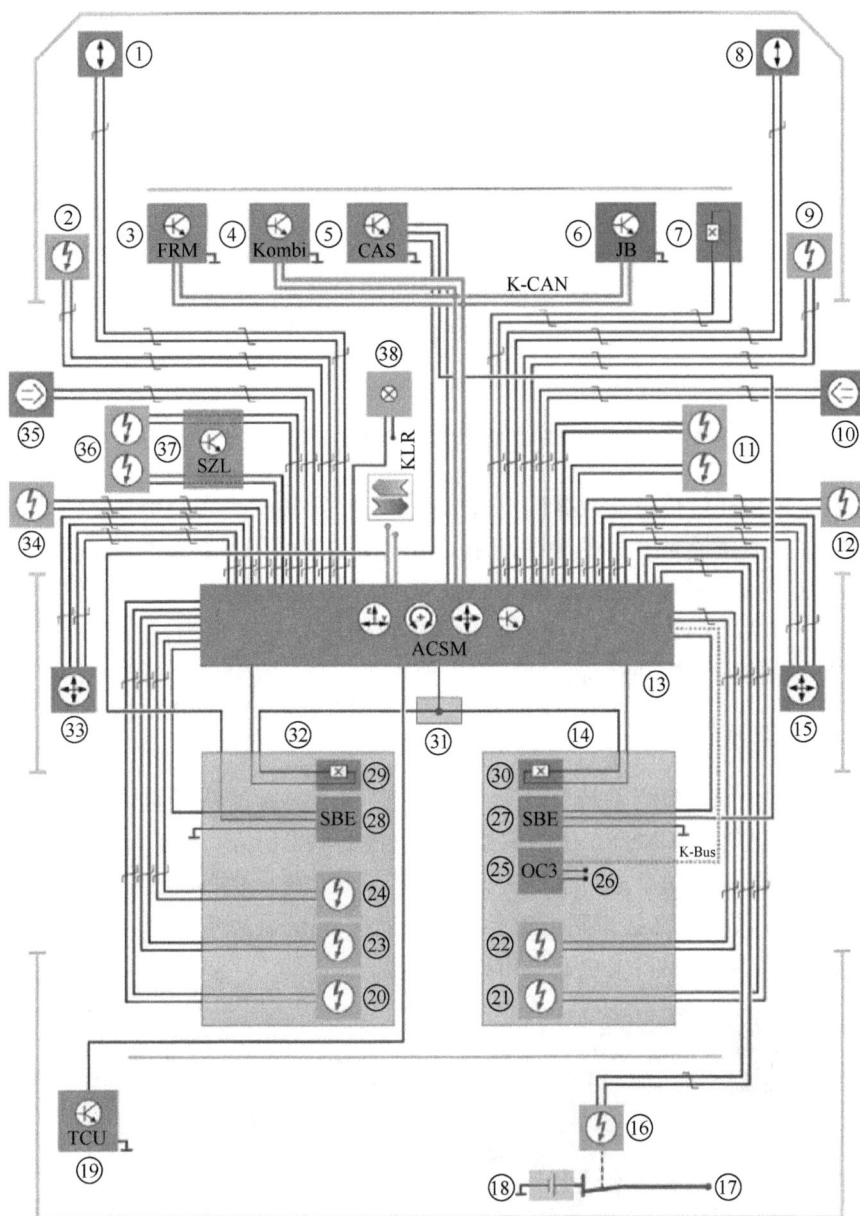

图 6-6　宝马 E70 的高级碰撞系统电路控制

1—左侧前端传感器　2—前乘客侧头部安全气囊　3—脚部空间模块 FRM　4—组合仪表　5—便捷登车及起动系统 CAS

6—接线盒控制单元　7—前乘客安全气囊关闭开关　8—右侧前端传感器　9—驾驶员侧头部安全气囊

10—右侧车门压力传感器　11—2 级前乘客安全气囊　12—右侧自适应带力限制器　13—ACSM 控制单元

14—前乘客座椅　15—右侧 B 柱卫星式控制单元　16—安全型蓄电池接线柱　17—至起动机和发电机的主电流接口

18—接地　19—电话　20—左侧安全带拉紧器　21—右侧安全带拉紧器　22—右侧侧面安全气囊　23—左侧侧面安全气囊

24—端部固定式拉紧器　25—座椅占用识别装置　26—座椅占用识别装置　27—前乘客座椅占用识别装置

28—驾驶员座椅占用识别装置　29—驾驶员侧安全带锁扣开关　30—前乘客侧安全带锁扣开关　31—接地点

32—驾驶员座椅　33—左侧 B 柱卫星式控制单元　34—左侧自适应带力限制器　35—左侧车门压力传感器

36—两级驾驶员安全气囊　37—转向柱开关中心 SZL　38—前乘客安全气囊关闭指示灯

K-CAN：车身 CAN　K-Bus：车身总线　KLR：总线端 R

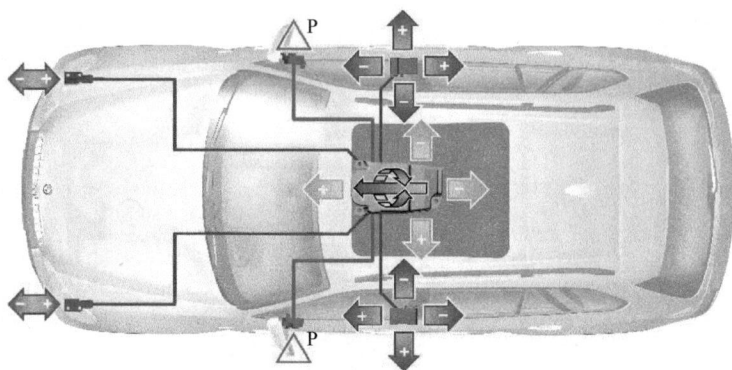

图 6-7　宝马 E70 纵向和横向加速度传感器安装位置

碰撞和安全模块通过传感器数据确定碰撞方向和严重程度，需两个独立传感器同时识别到相关限值，如正面碰撞时 B 柱卫星控制单元与纵向加速度传感器需共同确认。ADAS 中的FCW 系统不仅提供碰撞预警，还与 AEB、ACC 等技术协作，构建全方位行车安全网。例如：在智慧交通中，FCW 与 V2V、V2I 技术融合，车辆间实时共享预警信息，形成智能交通网络中的智能节点，协同预测并规避碰撞风险，促进更安全、高效的出行环境。

6.1.2　行人检测系统

如图 6-8 所示，行人检测系统利用计算机视觉技术，通过特征提取（如 HOG、LBP）和分类算法（如深度学习 CNN），从图像或视频中自动识别行人，并确定其位置、大小。此技术不仅可以辅助驾驶预防事故，也能提升公共场所安全性。例如，某智慧城市采用行人检测系统，结合 CNN 技术，高效识别街道上行人，通过 NMS 处理重叠检测，确保精确追踪每位行人，有效保障了市民出行安全及城市秩序管理。

图 6-8　行人检测系统的识别场景

行人检测系统是一种高度集成的多模块系统，包含数据采集、预处理、特征提取、分类识别、跟踪、决策输出以及控制与交互等关键组件，关于这些零部件的作用见表6-3。

表6-3 行人检测系统组成部件与相应作用

序号	关键部件	相关作用与说明
1	数据采集模块	这个模块的主要职责是从摄像头或其他图像获取设备中捕获实时视频流或图像数据。在系统运行过程中，它需要保证图像数据的连续性和稳定性，以便于系统能够实时有效地进行图像分析。例如，在一个繁忙的商场入口安装了高清智能摄像头，这些摄像头不断地捕捉进出人员的实时视频流。摄像头选用的是具有高分辨率和低光灵敏度的型号，确保在各种光照条件下都能获得清晰的图像数据，为系统提供稳定而连续的数据输入
2	预处理模块	预处理模块对采集到的图像数据进行初步处理，包括去噪声、调整图像的亮度和对比度等操作。这一步骤旨在改善图像质量，减少环境因素对图像识别准确率的负面影响。通过预处理，可以提升系统对图像中关键信息（如行人特征）的识别能力，从而增强后续模块的处理效果和准确率。例如，在捕捉到的视频流传输到处理中心之前，预处理模块自动调整视频质量，比如使用数字滤波技术去除图像噪点，对比度增强算法调整图像的亮度和对比度，使之更适合后续处理。这些优化措施使得图像中的人物轮廓更加清晰，大大提高了识别的准确性
3	特征提取模块	该模块从预处理后的图像中提取有助于识别行人的关键特征信息。通过应用高级算法如直方图方向梯度（HOG）、卷积神经网络（CNN）等，系统能够提取出有效的特征来描述行人的外观和形态。例如，在预处理后的视频流中，特征提取模块应用卷积神经网络（CNN）深入分析每一帧图像，从中提取行人的关键特征，如身体轮廓、衣着颜色和样式等。通过深度学习模型训练，系统能够从众多复杂的背景特征中提取出与行人特征最相关的信息，为准确判别行人提供数据基础
4	分类识别模块	在特征提取之后，分类识别模块利用机器学习或深度学习模型根据特征来判断图像中是否存在行人。例如，如果系统被配置于地铁站入口，它可以识别特定特征的行人并进行分类，如区分工作人员和乘客，或者识别怀疑的行为模式，以确保乘客的安全
5	跟踪模块	对于系统检测到的行人，跟踪模块将记录并追踪其在视频序列中的运动轨迹。这不仅有助于分析行人的行为模式，也对后续的安全监控或行为预判提供了数据基础。跟踪算法需要能够适应不同的动态环境，并且精确追踪目标对象。在无人驾驶系统中，跟踪模块应用于识别并追踪行人及其他动态障碍物。系统通过摄像头捕捉行人的运动轨迹，实时分析其可能的移动趋势和方向，以预测未来位置，确保行车安全
6	决策输出模块	此模块根据前面模块的检测和跟踪结果，进行信息整合和输出。可以是简单的信息显示，如统计数据、行人数量，也可以是复杂的输出，如触发警报或其他自动控制命令。在无人驾驶车辆中，决策输出模块综合感知系统的数据，如障碍物位置和行人动态，做出驾驶决策，比如调整车速、变道或紧急制动，以避免潜在碰撞，确保行车安全
7	控制与交互模块	无人驾驶汽车的控制与交互模块通常会包含一个直观的触摸屏用户界面（UI），驾驶者可以通过它进行多种操作：设置目的地、选择路线偏好（如避开拥堵或收费路段）、调整车内环境设置（如空调、音乐等）。在实时信息反馈的应用中，控制与交互模块需要实时显示车辆的状态信息和周围环境信息，比如车速、电池电量、预计到达时间、当前路况等。在历史数据查询的应用中，用户可以通过控制与交互模块查询历史行程数据，包括行驶里程、路线详情、耗电量等。在紧急情况处理的场景应用中，在遇到紧急情况时，如系统故障或突发道路情况，控制与交互模块应能快速提供故障诊断报告，并引导用户进行应急操作或直接联系客服支持

无人驾驶汽车的行人检测系统电路控制涉及传感器数据采集、信号处理、决策算法运算和执行动作的控制命令输出。首先，通过摄像头、雷达、激光雷达（LiDAR）等传感器并行采集周围环境数据。这些传感器提供的信息包括图像、物体距离、速度和角度等，并确保所有传感器数据在同一时间基准上进行记录和分析，以便数据之间能够精确匹配。

图6-9所示为基于激光雷达的行人图像数据处理流程。

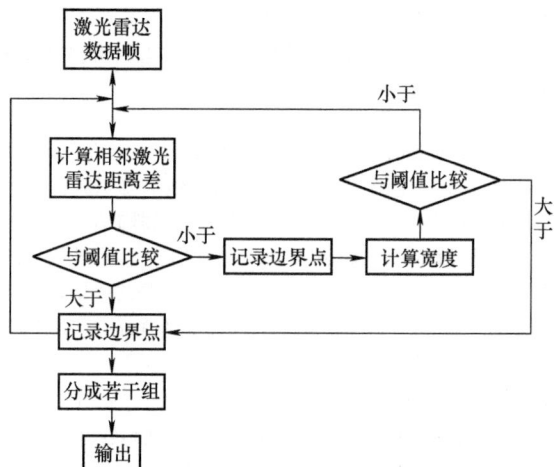

图6-9　基于激光雷达的行人图像数据处理流程

案例：如图6-10所示，大众汽车行人检测系统是利用在车前大众标志正后方安装的小型雷达实现的。这个雷达能够在不同光照条件下工作，如白天或黑夜，每分钟对车辆前方122m的范围进行数百次扫描。该系统专门寻找可能会横穿车辆前方道路的行人的动态特征。

图6-10　大众汽车的行人检测系统应用场景

根据车速的不同，大众汽车的行人检测系统有不同的工作模式。

1）当车速在6.4~30km/h之间时，如果系统探测到前方有行人或移动物体，汽车将自动启动紧急制动功能，以避免撞到行人。

2）当车速在30~64km/h之间时，系统会分别向驾驶员发送视觉和听觉警报，以提醒可能发生的碰撞风险。

3）如果在收到警报后驾驶员未能及时做出反应，系统将会自动介入，激活制动以减缓车速，从而降低事故发生的可能性。

以上是德国大众汽车公司的车载行人检测系统的案例，通过运用这种行人检测系统，大众汽车显著提升了行车安全性，有效减少了行人与车辆的碰撞事故发生率，在行业内树立了安全的典范。

值得注意的是，行人检测系统在复杂环境（如雨天、雾天、夜晚）下识别效果可能受限。但技术进步正逐步克服这些挑战。在自动驾驶领域，面对夜间复杂的光照变化，某行人检测系统通过优化算法，如引入红外传感器与深度学习融合技术，显著提升了夜间检测准确性，有效应对了光照变化及部分遮挡情况，确保了行车安全。这一案例展示了技术如何在实际应用中不断适应与改进，以满足高实时性和复杂环境下的检测需求。

6.1.3 盲点检测系统

智能网联汽车盲点检测系统通过集成传感器、摄像头、雷达等装置，结合高性能的算法和数据分析技术，对车辆四周的环境进行实时检测。其主要目的是帮助驾驶员识别车辆盲点区域内的潜在障碍物，从而显著提升行车安全性能。

例如：如图 6-11 所示，A 车行驶时因盲区视角无法看到 B 车。为保障行车安全，当 B 车进入探测范围时，警告灯会亮起闪烁；若 A 车打转向灯意图变道，系统将发出声光警报，即灯光闪烁并伴随"滴滴滴"提示音，以此提醒驾驶员谨慎变道，避免潜在危险。

智能网联汽车盲点检测系统主要由以下几个关键部分构成。

（1）传感器 传感器作为智能网联汽车盲点检测系统的重要组成部分，扮演着感知器官的角色，负责捕捉并收集车辆周边环境的各类信息。不同的传感器有着各自独特的功能和应用。

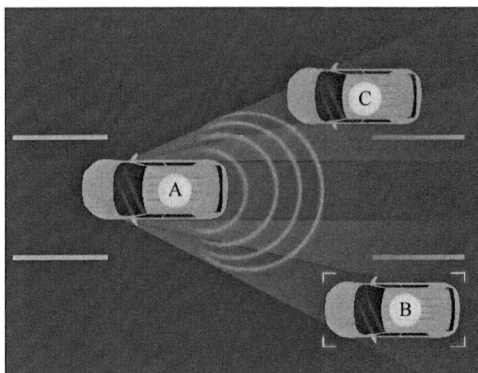

图 6-11 盲点检测系统

1）超声波传感器：这些传感器的主要作用是探测车辆附近的静态和动态障碍物，无论是其他车辆、行人，还是路边的物体，都可以通过超声波传感器来实现检测。它们通常安装在车辆的侧面或后方，以覆盖盲点区域。

2）摄像头：作为视觉信息的捕捉工具，摄像头能够识别和记录交通标志、车道线以及周围环境中的各种物体。通过高清摄像头，系统可以分析道路状况和交通信号，为驾驶员提供辅助。

3）雷达：雷达技术通过发射无线电波并接收其反射波，来探测周围物体的位置和速度。这种技术在恶劣天气条件下也能保持较高的准确性，是实现自动驾驶的关键技术之一。

4）激光雷达（LiDAR）：通过发射激光脉冲并测量反射光的时间差，激光雷达能够获取高精度的三维环境信息。这项技术在自动驾驶领域尤为重要，因为它能够提供关于周围环境的详细三维模型，帮助车辆更好地理解周围环境。

（2）控制单元 智能网联汽车的控制单元，相当于整个系统的中央处理器，承担着至关重要的角色。它负责接收传感器收集的大量数据，并对其进行深入的处理和分析。具体来说，控制单元的功能可以细分为以下几个方面。

1）数据处理：传感器收集到的数据往往包含大量的噪声和不准确的信息。控制单元通过滤波算法去除噪声，通过校准过程提高数据的准确性，并通过数据融合技术将不同传感器的信息综合起来，从而提升数据的整体质量，为后续的决策提供准确的依据。

2）决策制定：控制单元利用各种算法对处理后的数据进行分析，以判断车辆周围是否存在潜在的障碍物或其他危险情况。它能够根据分析结果决定是否需要启动警报系统，或者采取其他预防措施，确保行车安全。

3）控制指令输出：基于决策制定的结果，控制单元会向执行器发出指令，这些执行器可能是车辆的制动系统、转向系统、驱动系统等。控制单元的指令将直接影响到车辆的实际操作，从而使车辆能够根据环境变化做出相应的反应。

（3）执行器　执行器在智能网联汽车系统中的作用是将控制单元的决策转化为实际的物理动作，以此来响应外部环境或提醒驾驶员。具体来说，执行器的功能有以下几点。

1）转向灯：执行器会根据控制单元的指令自动控制转向灯的开启和关闭，以提示驾驶员盲点区域内的交通情况，或者在自动转向时通知其他车辆的转向意图。

2）警报器：当检测到潜在的危险或需要驾驶员注意的情况时，执行器会启动警报器，通过声音或视觉信号来提醒驾驶员，确保驾驶员能够及时做出反应，避免事故发生。

3）车辆控制系统：在自动驾驶模式下，执行器会根据控制单元的指令直接控制车辆的转向、驱动或制动系统。例如，如果控制系统判断前方有障碍物，它将指令执行器减速或停车，或者调整车辆的方向以避开障碍物。

这些执行器的动作不仅有助于提高行车安全，还能在自动驾驶技术中发挥关键作用，使车辆能够自动响应各种道路状况，为驾驶员提供便捷和安全的驾驶体验。随着智能网联汽车技术的发展，执行器的功能和智能化程度将不断提升，进一步推动汽车行业的创新和变革。盲点检测系统加装图例如图6-12所示。

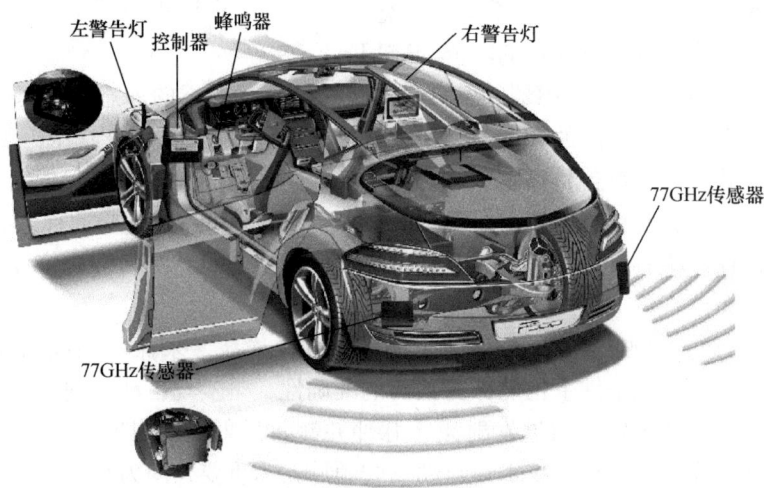

图6-12　盲点检测系统加装图例

盲点检测系统具体的工作流程如下：

1）在数据采集阶段，系统依赖于多种传感器，如雷达、摄像头、超声波传感器等，这些传感器协同工作，不断收集车辆四周的环境数据。这些数据包括车辆周围物体的位置、速度和大小等信息，为后续的处理提供原始数据。

2）控制单元（ECU）接收到传感器收集到的数据后，会对这些数据进行实时处理和融合。这一过程涉及图像识别、信号处理和数据压缩等技术，目的是构建一个准确的环境模型，以便更好地理解和预测车辆周围环境的变化。

3）系统会进行障碍物检测，通过对处理后的数据进行分析，系统能够判断盲点区域内是否存在障碍物。这一步骤需要借助先进的算法，如深度学习、机器学习等，以提高检测的准确性和可靠性。

4）在警告与干预阶段，如果系统判断盲点区域内存在潜在的障碍物，并且可能会对车辆的安全造成威胁，控制单元会立即采取行动。根据具体情况，执行器可能会激活转向灯，以提示驾驶员盲点区域内的障碍物；或者通过声音警报、座椅振动等方式，提醒驾驶员注意盲点区域内的危险情况。在高级别的自动驾驶系统中，执行器可能会直接干预车辆的转向、驱动或制动系统，以避免或减轻碰撞的风险。

如图 6-13 所示，智能网联汽车盲点检测系统的技术应用十分广泛。例如，通过先进的技术手段，识别并警告驾驶员车辆盲点区域内的其他车辆或障碍物，从而避免发生碰撞事故；在驾驶员尝试变道时，系统会自动检测相邻车道是否有其他车辆，以确保变道安全，防止发生交通事故；在巡航过程中，系统能够自动调整车速，以保持与前车的安全距离，提高行车舒适性和安全性；辅助驾驶员完成复杂停车操作，如并列停车或倒车入库，使停车过程更加轻松便捷。

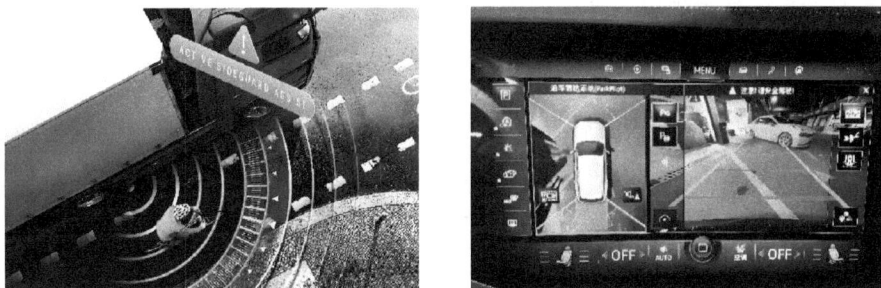

图 6-13　汽车盲点检测系统的技术应用

随着科技的不断发展，盲点检测系统正逐渐变得更加智能化和精准，不仅能够提高智能网联汽车的安全性，还能提升驾驶的舒适性和车辆的自动化水平。在未来的智能网联汽车发展中，盲点检测系统将继续发挥重要作用，为人们的行车安全提供更加全面的有效保障。

6.1.4　驾驶员疲劳检测系统

如图 6-14 所示，智能网联汽车驾驶员疲劳检测系统是一个高度集成的智能监测平台，它通过一系列精密的传感器来收集驾驶员的关键信息。这些传感器可能包括高精度的摄像头、灵敏的红外探测器以及传声器等，它们能够实时监测驾驶员的面部表情、眼部活动以及声音变化等。收集到的数据被传输到数据处理单元，这个单元相当于系统的"大脑"，它对收集到的信息进行快速分析和处理，以判断驾驶员是否出现了疲劳迹象。

在数据处理单元之后，系统中的决策模块起着至关重要的作用。它依据分析结果，判断驾驶员是否处于疲劳状态，这个过程需要依赖先进的算法和人工智能技术，以确保判断的准确性。当系统判断出驾驶员出现疲劳状态时，会启动反馈系统，通过声音、振动或者视觉信号等方式来提醒驾驶员。这种反馈机制设计得十分人性化，目的是确保驾驶员能够及时得到休息，避免因疲劳驾驶而可能引发的交通事故，从而大大提高行车的安全性和道路的通行效率。系统通常包括以下几个部分。

图 6-14　驾驶员疲劳检测系统

（1）传感器　传感器是智能网联汽车驾驶员疲劳检测系统的感知层，负责捕捉驾驶员的行为和生理信号。这些传感器包括但不限于高清晰度的摄像头，用于捕捉驾驶员面部表情的变化；红外传感器，用于监测驾驶员的眼部活动，从而判断其是否出现疲劳；还有传感器，用于捕捉驾驶员的声音特征，如语速、音量等，进一步分析其疲劳状态。

（2）数据处理单元　数据处理单元负责收集传感器捕获的数据，并进行有效的分析处理。这个单元相当于系统的"大脑"，采用先进的计算机技术和算法对数据进行实时处理，为后续的决策提供可靠的数据支持。

（3）决策模块　决策模块是根据处理后的数据判断驾驶员是否处于疲劳状态的关键部分。它运用人工智能、模式识别等技术，对收集到的驾驶员生理和行为数据进行分析，从而判断驾驶员是否出现疲劳现象。这个过程需要依赖丰富的数据样本和持续的算法优化，以确保判断的准确性。

（4）反馈系统　当决策模块判断驾驶员处于疲劳状态时，反馈系统会立即启动，通过声音、振动或视觉信号等方式提醒驾驶员休息。这种提醒方式可以有效分散驾驶员的注意力，避免因疲劳而导致的安全隐患，确保行车安全。反馈系统的设计充分考虑了驾驶员的使用体验，力求在保证安全的前提下，尽可能地减少对驾驶员的干扰。

驾驶员疲劳检测系统是一种基于生物识别和行为分析的解决方案，旨在实时监测驾驶员的生理和行为状态，以判断其是否处于疲劳状态。如图 6-15 所示，系统主要通过多渠道收集驾驶员的生物信息和行为数据。例如，利用高清晰度的摄像头捕捉驾驶员的面部表情和眼睛活动，通过分析面部肌肉的松弛程度和眼皮的运动来评估驾驶员的疲劳程度；利用红外传感器检测驾驶员的脉搏波形，通过分析脉搏信号的频率和幅度变化来推断驾驶员的生理状态；还可以通过传声器收集驾驶员的语音特征，如语速、音调等，进一步分析驾驶员的精神状态。这些传感器收集到的数据将作为评估驾驶员疲劳状态的重要依据。

驾驶员疲劳检测系统电路控制部分是整个系统的"大脑"和指挥中心，负责协调和控制各个传感器的工作，确保数据采集的准确性和实时性。例如，控制器会根据系统的工作需求，向摄像头发送指令，要求其捕捉特定的画面，以便更准确地分析驾驶员的行为特征；同时，控制器还会根据传感器的工作状态和环境条件，调整红外传感器的灵敏度，以获得更准确的脉搏波形数据。此外，控制器还会对收集到的数据进行处理和分析，通过算法模型判断

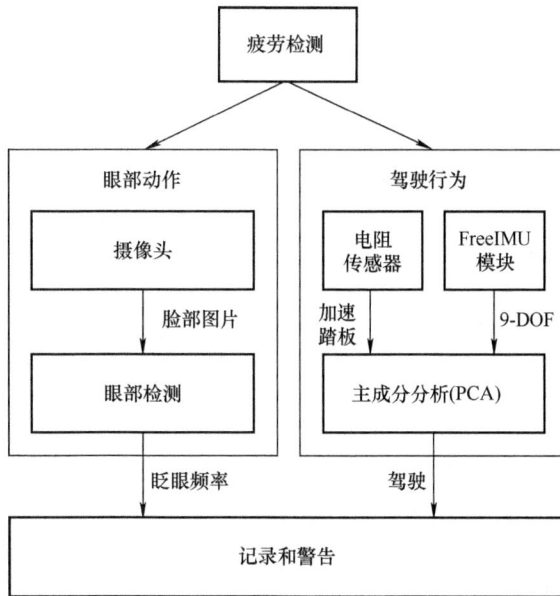

图 6-15　驾驶员疲劳检测系统工作原理

驾驶员的疲劳状态，并根据判断结果触发相应的反馈机制，如发出声音提示、振动提醒或视觉警示，以提醒驾驶员休息，确保行车安全。整个电路控制逻辑的设计既要保证系统的稳定性和可靠性，又要兼顾到驾驶员的使用体验，力求在保障安全的同时，减少对驾驶员的干扰。驾驶员疲劳检测系统控制技术架构如图 6-16 所示。

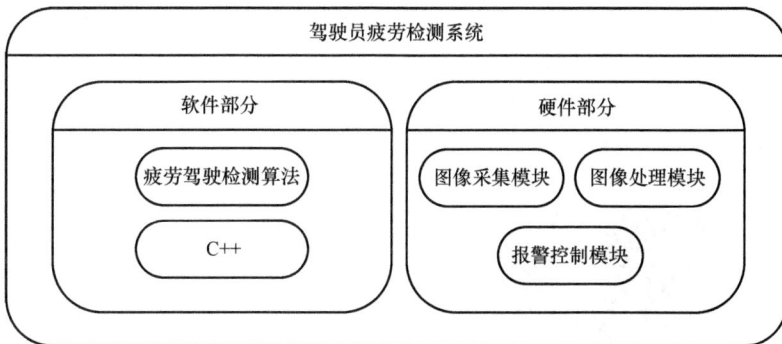

图 6-16　驾驶员疲劳检测系统控制技术架构

驾驶员疲劳检测技术在智能网联汽车领域中的应用日益广泛，具体应用场景包括：

（1）驾驶员监控系统（DMS）　主要通过高精度的摄像头、传感器和其他监测设备，对驾驶员的行为和生理信号进行实时分析，如面部表情、眼睛活动、身体姿态等，以准确判断驾驶员是否出现疲劳。当检测到驾驶员疲劳时，系统会发出警告，提醒驾驶员休息，确保行车安全。

（2）自动驾驶辅助系统（ADAS）　这是通过各种传感器和摄像头收集道路信息和驾驶员状态数据，当检测到驾驶员疲劳时，系统会自动调整车速、控制转向盘或停车，以防止因驾驶员疲劳而导致的交通事故，确保行车安全。

（3）智能交通管理系统（ITS） 这是一套利用信息技术和数据通信技术对交通进行管理和优化的系统，它通过收集和分析大量驾驶员疲劳数据，可以实时监测交通状况，优化交通流量，提供交通安全管理，减少交通事故的发生。

随着智能网联汽车技术的不断发展和完善，驾驶员疲劳检测系统将更加精准和智能化，它将采用更先进的技术，如人工智能、大数据分析等，以更准确地判断驾驶员的疲劳状态，提供更加个性化的预警和服务，从而为行车安全提供更加有力的保障。

6.1.5 夜间视野增强系统

如图 6-17 所示，智能网联汽车夜间视野增强系统是一种利用现代电子技术和智能算法，提高夜间驾驶时驾驶员视野清晰度和范围的技术。该系统通过增强现实（AR）和夜视成像技术，帮助驾驶员在夜间或低光条件下更好地识别道路状况和障碍物，从而提高行车安全。

夜间视野增强系统电气控制系统通常包括传感器、处理单元、显示设备以及与车辆其他系统（如导航、自动驾驶辅助系统）的接口。

在摄像头的热敏图像上识别出人随后做上黄色的标记

图 6-17　夜间视野增强系统

（1）传感器模块 传感器模块是智能网联汽车夜间视野增强系统的感知层，包括多个不同类型的传感器，如前视摄像头、红外夜视摄像头和激光雷达。每个传感器都有一个控制单元，负责调整传感器的灵敏度、分辨率和采样频率，以适应不同的夜间环境条件。例如，夜视摄像头可能会在检测到低光照条件时自动增加灵敏度，以便更好地捕捉图像。激光雷达（LiDAR）通过发射激光脉冲并测量反射信号来获取周围环境的详细三维信息。这些传感器共同工作，为系统提供丰富的数据基础。图 6-18 所示为奥迪 A8 汽车前部摄像头，该摄像

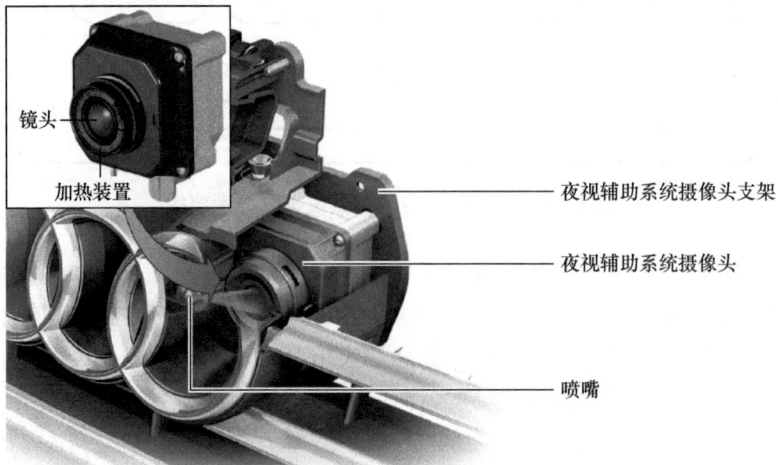

图 6-18　奥迪 A8 汽车夜间视野增强前部摄像头

头还具有防冻功能，在温度低于6℃时，如果摄像头有结冰危险，那么会对摄像头保护窗进行加热。这个温度是由摄像头自己的温度传感器来侦测的，加热电流可根据温度来调节。

（2）处理单元（CPU） 处理单元通常包括高性能的 CPU 和专用的图像处理芯片，是系统的核心。它负责接收传感器模块收集的数据，并进行实时处理。这包括图像的去噪、对比度增强、颜色校正等预处理步骤，以及后续的图像识别和目标检测算法，如机器学习和深度学习模型。处理单元还负责执行增强现实算法，将虚拟信息叠加到真实世界的景象中，以增强驾驶员的视野。

（3）显示模块 显示模块负责将处理后的图像信息呈现给驾驶员。这可以通过多种方式实现，如车内的抬头显示（HUD）系统，它将信息投影到驾驶员的前风窗玻璃上，不会分散驾驶员的注意力；或者通过特殊的透明显示屏直接将信息显示在前风窗玻璃上，提供无缝的视觉体验。

（4）控制单元 控制单元是系统的决策层，它集成了自动驾驶控制器和车辆动态控制系统。它不仅接收处理单元的分析结果，还与其他车辆系统和外部基础设施进行通信，以获取更多信息。根据这些信息，控制单元可以调整车辆的速度、方向和制动，以保证夜间行驶的安全性。

（5）通信模块 通信模块是系统与外部环境交互的桥梁。它通过车载网络与其他车辆和基础设施进行数据交换，如通过 V2X（车对一切）技术传输传感器数据和车辆状态信息。这样，夜间视野增强系统可以利用周围车辆和基础设施的信息，如交通灯状态、其他车辆的行驶意图等，进一步优化夜视效果和行车决策。

如图 6-19 所示，夜间视野增强系统的实现主要包括数据采集、图像处理和增强现实显示三个步骤。

步骤 1 数据采集：传感器模块在夜间行驶中扮演着至关重要的角色，它负责收集周围环境的数据。这包括利用前视摄像头捕获可见光下的景象，红外夜视摄像头探测人眼无法直接感知的红外辐射，从而捕捉到热源信息，如行人或动物的

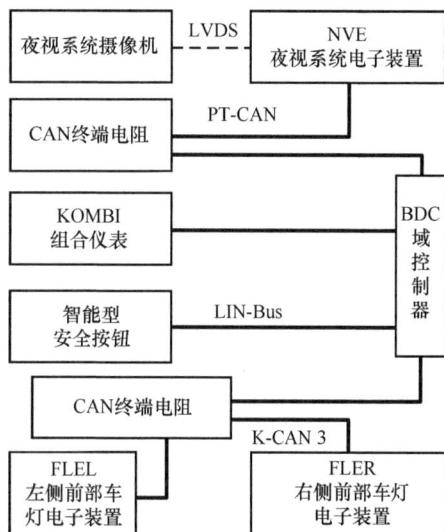

图 6-19 夜间视野增强系统工作原理

热体征。激光雷达（LiDAR）则通过向四周发射激光脉冲并记录反射信号，构建起周围环境的三维地图。这些传感器协同工作，为夜间视野增强系统提供全面的数据支持。以奥迪 A8 为例，如图 6-20 所示，要想在车上实现夜视系统的全部功能，夜视辅助系统控制单元 J853 需要用到很多数值和信息。这些数值和信息很多是来自于其他控制单元，这些控制单元通过 LIN 总线、CAN 总线、FlexRay 总线和 MOST 总线来彼此进行通信。

步骤 2 图像处理：图像处理单元负责接收传感器输出的原始数据，并对其进行处理，包括噪声过滤、对比度增强和热成像转换等。在数据采集完成后，它会应用噪声过滤技术，去除图像中的随机噪声，使得图像更加清晰。接下来，通过对比度增强算法改善图像的明暗分布，使得道路标志和障碍物更加醒目。此外，系统还会利用热成像技术，将红外图像转换为

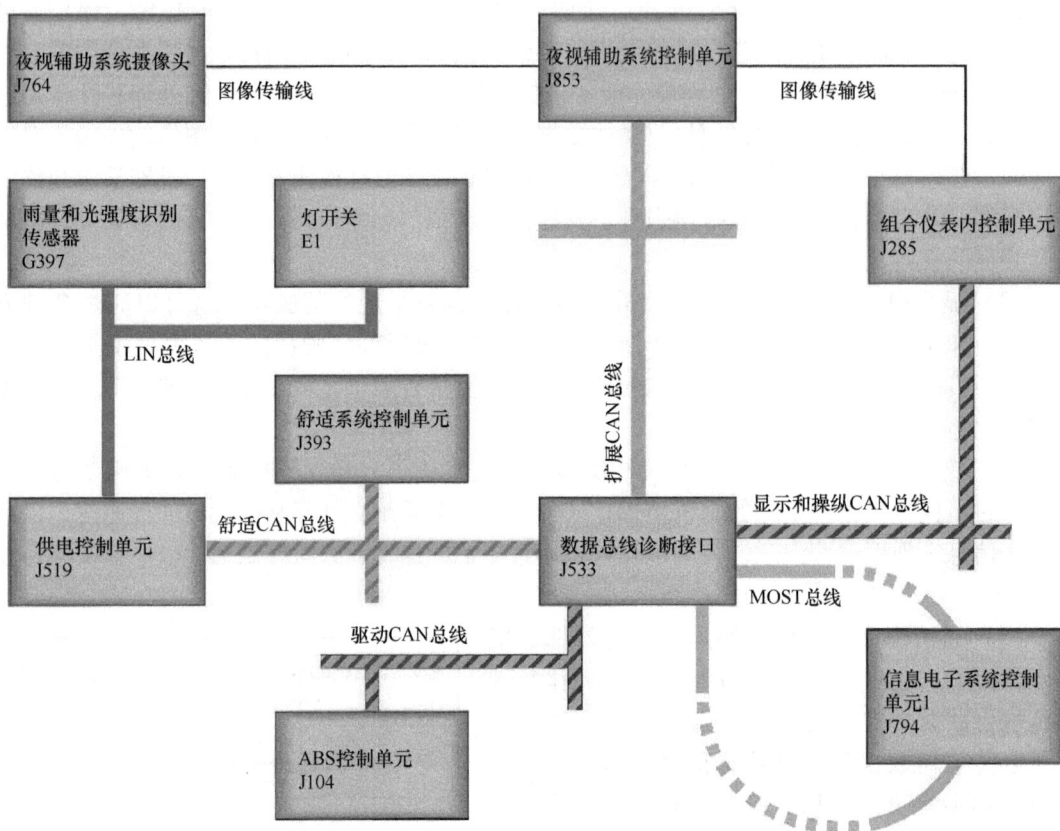

图 6-20　奥迪 A8 汽车夜间视野增强系统数据通信原理

可视化图像，帮助驾驶员在夜间识别热源相关的潜在危险。这些图像处理步骤都旨在提升图像质量，为驾驶员提供更为准确的夜间视野。并且它还负责处理来自导航系统和自动驾驶系统的附加数据，以便进行场景理解和目标检测。

步骤 3 增强现实显示：经过精心处理的图像信息，将通过显示模块呈现给驾驶员。这个模块可以采取多种形式，比如车内抬头显示（HUD）或车外前风窗玻璃显示。这些显示技术能够在驾驶员视野中直接展示处理后的图像，而不需要驾驶员查看其他显示屏。此外，夜间视野增强系统还可以与车辆的导航系统和自动驾驶辅助系统相结合，将导航信息、车辆状态以及自动驾驶系统的决策等虚拟信息，叠加到真实道路场景中。这种增强现实显示技术，能够帮助驾驶员更为直观地理解路况，做出更快更准确的反应，从而提高夜间行车的安全性和舒适性。

以奥迪 A8 为例，如图 6-21 所示，夜视辅助系统控制单元 J853 是一个"15 号线"控制单元，它的供电线是"15 号线"和"31 号线"。J853 用两条专用总线来与夜视辅助系统摄像头 J764 进行通信联系。通信内容包括诊断信息、数据和命令等。摄像头的原始图像通过两条图像传输导线传给控制单元。两条专用总线与两条图像传输导线都采用屏蔽隔离进行处理。此外，还有两根从控制单元到摄像头的供电线，控制单元给摄像头提供蓄电池电压。一条双绞线（没有外包皮，也没有经过屏蔽处理）从夜视辅助系统控制单元 J853 到组合仪表内控制单元 J285，模拟的图像信号就通过这条导线被送往组合仪表显示屏。有两条扩展

CAN 总线通向数据总线诊断接口 J533，用于与其他控制单元进行数据交换。这个诊断接口在扩展 CAN 总线和其他总线系统之间交换信息。因此，这个诊断接口使得不同总线系统之间可进行数据交换。

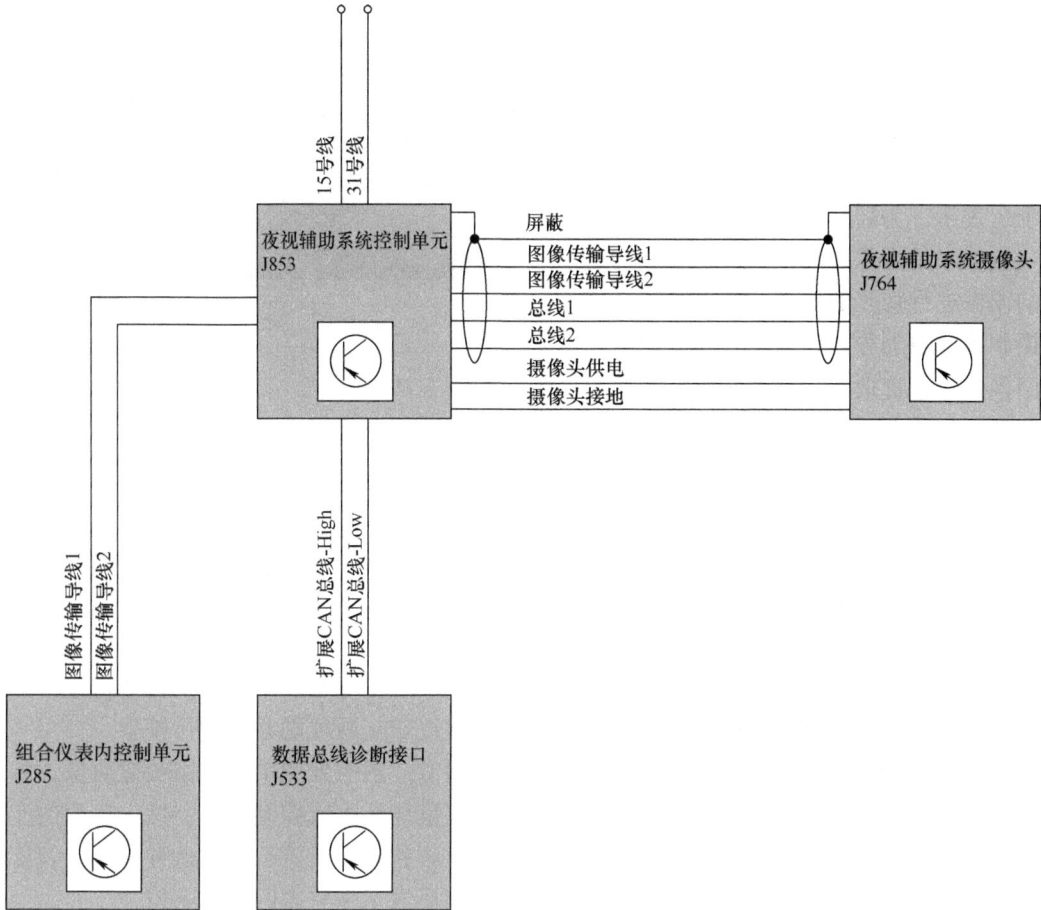

图 6-21　奥迪 A8 汽车夜间视野增强系统控制原理

夜间视野增强系统需要与车辆的其他系统（如 ABS、ESP）进行通信，以便在必要时提供车辆控制建议或执行紧急制动。系统集成控制逻辑确保信息的实时传输和正确解读，同时保持与其他车辆系统的兼容性和互操作性。

整体而言，这些电子零部件的电气控制逻辑必须协同工作，以确保夜间视野增强系统能够在各种复杂的夜间驾驶条件下，为驾驶员提供清晰、准确和及时的视觉信息，从而提升行车安全。随着技术的进步，夜间视野增强系统将更加智能化和集成化，成为智能网联汽车标配的一部分，显著提高夜间行车的安全性和舒适性。

6.1.6　交通标志识别系统

如图 6-22 所示，智能网联汽车交通标志识别系统是利用计算机视觉、模式识别、人工智能等技术，对道路上的交通标志进行自动识别和理解的系统。它的主要作用是实时监测和解读道路上的交通标志信息，为智能网联汽车提供准确的法规和指示遵守，增强驾驶安全，提高交通效率。

交通标志识别系统旨在为智能网联汽车提供准确的道路交通标志信息，以保证行驶安全并提高道路使用效率。该系统的核心组成部分包括以下几个关键模块。

首先是摄像头或传感器，这是系统的视觉输入设备，负责捕捉道路上的交通标志图像。这些图像是对现实世界中的交通标志的数字化表示，为后续处理提供了数据基础。

接下来是图像处理单元，它负责对捕获到的图像进行初步的处理，包括去噪、灰度转换和边缘检测等。这些预处理步骤旨在改

图 6-22 交通标志识别

善图像质量，提取更清晰的标志特征，为后续分析打下基础。

然后是特征提取单元，它从预处理后的图像中提取出交通标志的关键特征。这些特征可能包括标志的形状、颜色、大小、纹理等，它们对识别交通标志至关重要。通过提取这些特征，可以为后续的识别单元提供准确的信息。

特征提取之后，识别单元接管，它使用机器学习算法或深度学习模型对提取出的特征进行分析，以确定交通标志的具体类型和含义。这一步骤是整个系统实现其功能的关键，因为只有正确识别了交通标志，才能对其含义做出准确解读。

最后是决策单元，它根据识别单元提供的信息，生成相应的控制指令。这些指令可能包括调整车速、改变车道等，以确保智能网联汽车能够遵守交通规则并安全行驶。

整个系统的工作流程可以概括为：摄像头捕捉图像，图像处理单元提高图像质量，特征提取单元提取关键特征，识别单元进行标志识别，决策单元生成控制指令。这一流程的实现依赖于各个单元之间的紧密配合，以及背后强大的算法和模型支持。通过这种方式，智能网联汽车交通标志识别系统为自动驾驶和智能交通管理提供了强有力的技术支持。

交通标志识别系统的工作原理如图 6-23 所示。

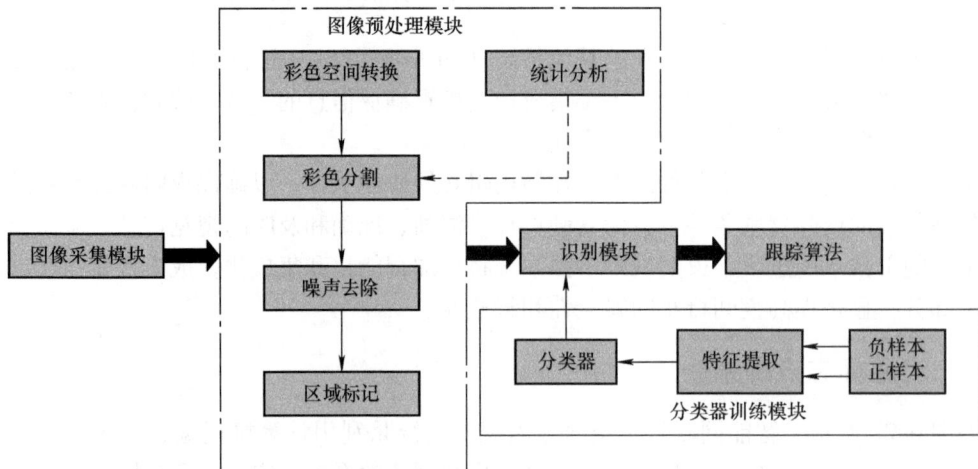

图 6-23 交通标志识别系统的工作原理

自动驾驶技术中的交通标志识别系统能够帮助自动驾驶汽车深入理解和严格遵守交通规则，从而提升道路行驶的安全性。这一系统能够准确识别各种交通标志，包括速度限制、车道指示、交叉口信号等，确保自动驾驶汽车在各种交通情境下做出正确的决策和操作，这对于实现高度自动化和智能化的驾驶至关重要。

在车联网领域，交通标志识别系统同样具有举足轻重的地位。它能够实时捕捉并识别道路上的交通标志信息，将这些信息及时传递给智能网联汽车，使其能够根据当前的交通状况和规则做出相应的调整，如改变车速、选择车道等。这样不仅能够提高交通的效率，减少拥堵，还能够增强驾驶的便捷性和安全性。

在智能交通管理系统中，交通标志识别系统的应用也十分广泛。它可以通过对交通标志的智能识别和分析，实现对交通违规行为的自动检测，如超速、闯红灯等，从而提高交通执法的效率和准确性。此外，交通标志识别系统还能够对交通流量进行实时分析，为交通管理部门提供数据支持，帮助优化交通布局，提升整体交通系统的运行效率和安全性。通过这些应用，交通标志识别系统不仅能够减少交通事故的发生，还能够为城市交通的智能化管理提供强有力的技术支撑。

6.2 控制类辅助系统

6.2.1 自适应巡航控制系统

智能网联汽车自适应巡航控制（Adaptive Cruise Control，ACC）系统是一种基于雷达、激光雷达、摄像头等传感技术，结合计算机算法和网络通信技术，实现汽车智能跟车行驶的系统。其作用是使车辆在高速公路或城市道路上实现自动化行驶，减轻驾驶员的疲劳，提高行车安全性和舒适性。

系统结构主要由以下三部分组成。

（1）传感器　ACC系统利用多种传感器，如雷达、激光雷达（LiDAR）和摄像头等，来感知车辆周边的环境。这些高精度的传感器能够检测前方车辆的速度、位置以及与本车之间的距离等信息，为系统提供实时数据。传感器常见安装位置如图6-24所示。

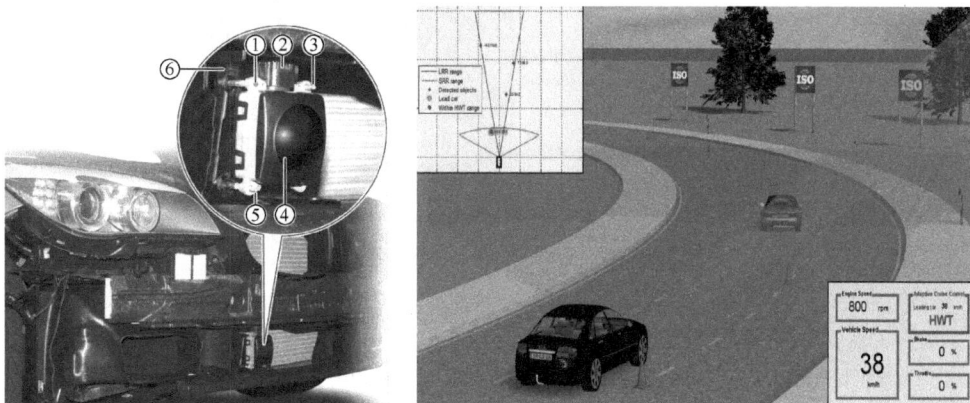

图6-24　传感器安装位置与工作测试场景

1—固定支座　2—插头　3—水平调节螺钉　4—壳体/雷达天线罩　5—垂直调节螺钉　6—固定支架

（2）控制器　控制器是 ACC 系统的核心部分，它负责对传感器收集到的信息进行处理和分析。根据设定的跟车距离和速度，控制器通过复杂的算法计算出维持这一距离和速度所需的车辆动作，如车速和制动力度。控制器还会根据实际情况对车辆的加速和减速进行精细调节，以适应前方车辆的动态变化。在必要时，控制器还会激活紧急制动系统，确保车辆安全。

（3）执行器　执行器是 ACC 系统实现控制指令的实体部分，包括节气门（throttle）、制动（brake）和离合器（clutch）等。根据控制器的指令，执行器会调整车辆的速度和制动力度，以实现跟车、保持安全距离等功能。节气门控制单元负责调节发动机的输出功率，从而控制车速；制动系统则根据需要增大或减少制动力度，以维持或改变车速；而离合器则在自动起停等功能中起到切换发动机与变速器连接的作用。

启动 ACC 系统后，传感器开始工作，实时监测前方车辆的速度和距离。控制器根据前方车辆的速度和距离，计算出所需的车速和制动力度，并向执行器发送指令。执行器根据指令，调整车辆的速度和制动力度，使车辆与前方车辆保持设定的跟车距离。当前方车辆速度变化或距离变化时，传感器实时检测并传递给控制器，控制器重新计算并发送指令给执行器（如调整节气门、制动和离合器等，使车辆保持合适的速度和制动力度），以保持合适的车速和跟车距离。

以宝马 1 系车型为例，如图 6-25 所示，宝马 1 系的自适应巡航控制系统利用了毫米波雷达技术，通过发射毫米波段的电磁波并利用障碍物反射波的时间差和频率偏移来确定障碍

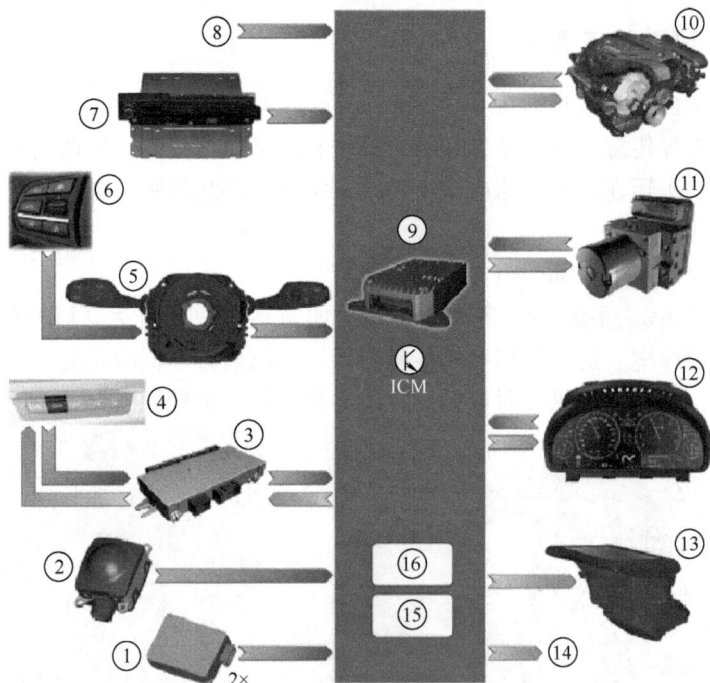

图 6-25　宝马 1 系 ACC 系统组成与工作原理框图

1—近程传感器　2—远程传感器　3—脚部空间模块　4—驾驶员辅助系统操作单元　5—转向柱开关中心
6—MFL 按钮组件　7—车辆信息计算机　8—其他输入信号　9—集成式底盘管理系统（ICM）
10—动力传动系统（DME/DDE 和 EGS）　11—动态稳定控制系统（DSC）　12—组合仪表
13—平视显示屏　14—其他输出信号　15—调节功能　16—状态控制

物（前方车辆）的距离和相对速度。这些传感器探测主车前方的目标车辆，并向电控单元提供主车与目标车辆间的相对速度、相对距离、相对方位角度等信息。

该车的自适应巡航控制系统电路控制如图 6-26 所示。电控单元根据驾驶员设定的安全车距及巡航行驶速度，结合雷达传送来的信息确定该车的行驶状态。如果该车前方无行驶车辆，该车将根据设定车速安全行驶；当该车前方有目标车辆时，且目标车辆的行驶速度小于设定速度时，自适应巡航控制系统会让汽车根据设定车速安全行驶，同时雷达会不断测定前方目标，根据实际路况对车辆速度进行调整，保持与前方车辆的一定安全距离。通过转向盘上的操作元件，驾驶员可以预先设定车速，并通过组合仪表上的指示灯显示系统状态。系统会在制动、踩离合器等情况下自动中断，要变更车速，只需频繁按压平衡杆即可。

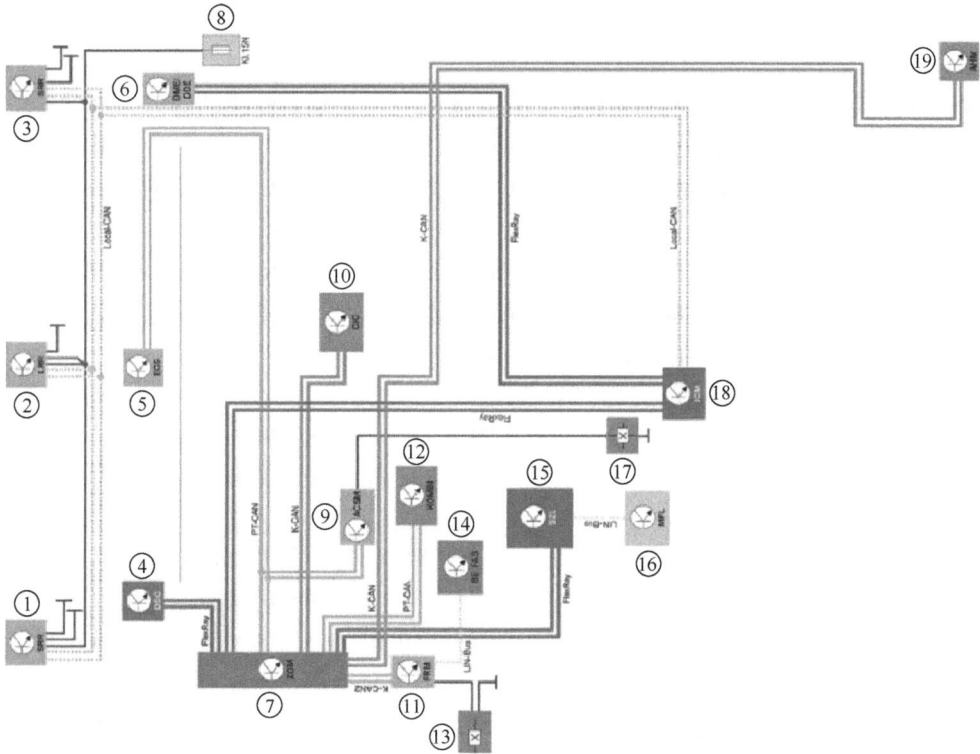

图 6-26　宝马 1 系的自适应巡航控制系统电路控制

1—左侧近程传感器（SRR）　2—远程传感器（LRR）　3—右侧近程传感器（SRR）　4—动态稳定控制系统
5—变速器电子控制系统　6—数字式发动机电子系统　7—中央网关模块　8—远程传感器和近程传感器的熔丝
9—碰撞和安全模块　10—车辆信息计算机　11—脚部空间模块　12—组合仪表　13—驾驶员侧车门触点
14—驾驶员辅助系统操作单元　15—带转向角传感器的转向柱开关中心　16—多功能转向盘按钮组件
17—驾驶员安全带锁扣触点　18—集成式底盘管理系统　19—挂车模块

如图 6-27 所示，传感器技术是自适应巡航控制（ACC）系统的基础，它利用雷达、激光雷达（LiDAR）和摄像头等多种传感技术，实现对前方车辆的实时监测和距离检测。例如，雷达传感器能够检测前方的车辆和障碍物，并计算出它们与本车的距离和速度；激光雷达则通过发射激光光束，测量反射光的时间差来获取周围环境的三维信息，从而实现对前方车辆和道路状况的精确识别。

175

图 6-27　ACC 下的外部环境感知

　　计算机算法在自适应巡航控制系统中的作用是通过对传感器收集到的数据进行处理和分析，能够实现对车辆速度和制动力度的自动调整。例如，在 ACC 系统中，控制器会根据设定的跟车距离和速度，通过算法计算出所需的车速和制动力度，以确保车辆能够与前车保持安全的跟车距离。

　　通过车载网络，传感器、控制器和执行器之间能够实现数据的传输和指令的发送。例如，控制器会通过网络通信技术，将计算出的车速和制动力度指令发送给执行器，如节气门和制动系统，从而实现对车辆行驶的自动化控制。

　　智能控制技术是通过控制器实现对车辆行驶的自动化控制。例如，在 ACC 系统中，控制器会根据传感器收集到的数据和设定的跟车距离，自动调整车辆的速度和制动力度，以保持与前车的安全距离。在遇到前方车辆加速或减速时，控制器还能够自动调整车辆的跟车速度，以适应前车的变化。

　　以上技术在实际应用中，如特斯拉的 Autopilot 系统、奔驰的 Distronic Plus 系统等，都得到了很好的体现。这些系统通过传感器技术、计算机算法、网络通信技术和智能控制技术的综合应用，实现了自动驾驶辅助功能，为驾驶安全提供了有力保障。智能网联汽车自适应巡航控制系统是汽车行业的一个重要发展方向，有助于提高行车安全性和舒适性，降低驾驶员的疲劳，减少交通事故的发生。

6.2.2　车道保持辅助系统

　　如图 6-28 所示，智能网联汽车车道保持辅助系统（Lane Keeping Assist System，LKAS）是一种通过传感器、计算机算法和执行器协同工作，实现对车辆在行驶过程中车道偏离预警和辅助修正的系统。其作用在于提高驾驶安全性，减少因驾驶员疲劳、分神或操作失误导致的车道偏离事故。

　　在学习车道保持辅助系统之前，应先了解一下车道偏离预警（LDW）系统，LDW 是一种通过声音、振动或视觉信号来提醒驾驶员车辆即将偏离车道的智能系统。它通常由传感器、控制器以及相应的显示或提醒装置组成。当车辆在高速公路或车道明确的道路上行驶时，LDW 系统会持续监测车辆是否在车道内行驶。如果系统检测到车辆即将离开车道，它将通过车内的警示音、座椅振动或者仪表盘上的视觉信号来提醒驾驶员注意，从而给驾驶员足够的时间来调整转向盘，保持车辆稳定行驶在车道线内。

智能网联汽车技术概论

实训任务书

姓　　名：＿＿＿＿＿＿＿＿＿＿＿＿＿＿＿＿

系　　部：＿＿＿＿＿＿＿＿＿＿＿＿＿＿＿＿

专　　业：＿＿＿＿＿＿＿＿＿＿＿＿＿＿＿＿

班　　级：＿＿＿＿＿＿＿＿＿＿＿＿＿＿＿＿

任课教师：＿＿＿＿＿＿＿＿＿＿＿＿＿＿＿＿

目　　录

智能网联汽车技术实训安全要求与注意事项

1. 进入实训室前，每位学生必须详细了解并遵守实训室的安全规则和操作流程。
2. 实训期间，学生需穿戴合适的个人防护装备，如安全鞋、安全帽、防护眼镜等。
3. 严格遵守实训室的规章制度和纪律要求。
4. 保持实训室内安静、整洁，文明实训，不打闹嬉戏。
5. 尊重指导老师和其他同学，积极合作，共同进步。
6. 爱护实训室内的设备和器材，不损坏、不浪费。
7. 实训室内仅允许授权的学生和指导老师进入，其他人员需获得特别许可。
8. 熟悉实训室内的紧急出口位置及疏散路线，确保在紧急情况下能够迅速撤离。
9. 了解实训室内消防器材的位置和使用方法，定期进行消防演练。
10. 实训前对智能网联汽车进行全面检查，确保无机械故障、电气系统正常、传感器及控制器完好。
11. 注意车辆高压系统实训规范，注意动力电池的安全管理，避免短路、过充、过放等情况发生。
12. 确保实训设备（如计算机、传感器、数据采集器等）稳固固定，防止跌落伤人以及损坏设备。
13. 保持电线与线缆整洁有序，避免踩踏或绊倒，定期检查绝缘层是否破损。
14. 验证车辆紧急制动系统的有效性，确保在紧急情况下能够迅速停车。
15. 使用正版软件，避免因非法软件带来的安全隐患。
16. 保持车辆控制系统、仿真软件等处于最新版本，及时修复已知漏洞。
17. 实训网络应与外部网络隔离，防止外部攻击和数据泄露。
18. 对敏感数据进行加密处理，确保数据安全传输和存储。
19. 设置强密码，并定期更换，避免使用弱密码或共享密码。
20. 实训前充分准备，明确实训步骤和注意事项，避免盲目操作。
21. 部分高风险操作需两人协作完成，一人操作，一人监督。
22. 在实训场地内行驶时，严格控制车速，避免超速行驶。
23. 注意观察周围环境，及时避让障碍物和行人。
24. 未经允许，不得私自改动车辆控制系统、软件设置等。
25. 遵守用电安全规范，不私拉乱接电线，不使用违规电器。
26. 实训结束后，及时关闭电源，拔掉插头，防止电器长时间待机。
27. 发现电气设备故障或异常时，应立即停止使用并报告指导老师。
28. 使用绝缘工具进行电气设备的检修和维护。
29. 确保实训室内通风良好，避免有害气体或物质积聚。
30. 控制实训室内的温度和湿度，避免对设备造成不良影响。
31. 保持实训室内清洁整洁，定期清理垃圾和杂物。

32. 对易滑区域进行防滑处理，防止人员滑倒摔伤。

33. 实训过程中涉及的技术文档、图纸、手册等资料应妥善保存，便于后续查阅和学习。

34. 实训结束后，按要求认真撰写实训报告，总结实训经验，反思存在的问题，并提出改进建议。

35. 鼓励学生以团队形式展示实训成果，通过 PPT、视频等形式分享学习心得和收获。

第1章 概　　述

实训任务　智能网联汽车结构认识

综合评分：_____

　　智能网联汽车是现代汽车工业的前沿技术，通过车载传感器、车联网、大数据等技术实现车辆的自主驾驶、智能决策、远程信息交互等功能。本实训旨在通过对智能网联汽车的实车操作和认识，使学生了解智能网联汽车的基本构造、工作原理及应用场景，加深对智能网联汽车技术的理解和掌握。通过本次实训，学生应能全面理解智能网联汽车的技术特点、操作方法及应用场景，掌握智能网联汽车的基本操作技能，为将来深入学习智能网联汽车技术和从事相关工作打下坚实基础。同时，通过实际操作实践，提高解决实际问题的能力，增强团队合作意识。

训练目标	1. 认识并理解智能网联汽车的关键技术和应用。 2. 掌握智能网联汽车操作流程及注意事项。 3. 增强实际操作能力和问题分析解决能力。
训练时间	90min
注意事项	1. 严格遵守安全操作规程，穿戴好安全防护装备。 2. 在教练或指导老师的监督下进行操作。 3. 注意保护实训车辆，避免造成不必要的损坏。 4. 注重团队合作，共同完成实训任务。
实训前提条件	1. 了解基本的汽车构造和原理。 2. 拥有基础的计算机操作能力和程序理解能力。 3. 对智能网联汽车技术有一定的初步认识。
实训准备	1. 实训场地：安全的封闭道路或测试场地。 2. 实训车辆：具备典型智能网联功能的汽车。 3. 工具设备：用于检测、诊断的电子设备以及个人安全防护装备。 4. 教学资料：智能网联汽车技术相关资料、操作手册。
实训内容	步骤一：基础知识讲解和实车介绍 1）通过理论讲解，了解智能网联汽车的关键技术、构造和应用。 2）对实训用车进行外观和内部功能部件的认识介绍。 步骤二：操作流程演示和学习 1）指导老师演示智能网联汽车的起动、驾驶、停车等操作流程。 2）学生按照指导书上的操作流程尝试进行模拟操作。 步骤三：实车操作与体验 1）在教练的指导下，学生进行实车操作，体验自动驾驶、智能导航等功能。 2）进行智能网联汽车的基本功能测试，如自适应巡航、自动泊车等。

操作参考	1. 起动 1）智能网联汽车通常采用无钥匙进入系统，只需将智能卡或手机靠近车门，即可解锁车门。 2）进入车内后，可以通过座椅上的传感器或车载触摸屏进行身份认证，如指纹识别、人脸识别等。 3）认证通过后，可以通过车载触摸屏或语音控制系统起动车辆。起动过程中，车辆会自动进行系统检查，确保各项功能正常。 2. 驾驶 1）在自动驾驶模式下，可以选择车辆预设的驾驶模式，如经济模式、舒适模式等。 2）用户可以通过车载触摸屏或语音控制系统调整驾驶设置，如导航、音乐、空调等。 3）在 L3 级别的自动驾驶下，车辆可以在特定的路况和条件下自动驾驶，但要求驾驶员在系统要求时接管控制。 4）在 L4/L5 级别的自动驾驶下，车辆可以在任何路况下自动驾驶，不需要驾驶员干预。 3. 停车 1）智能网联汽车具有自动寻位功能，可以通过车载导航系统或手机 App 设定目的地，车辆会自动规划停车路线。 2）在接近停车位时，车辆会自动调整速度和方向，进入停车位。 3）到达停车位后，车辆可以通过车载传感器感知周边环境，自动完成泊车操作，如平行泊车、垂直泊车等。 4）驾驶员下车后，车辆还可以通过远程控制或预设程序自动驶入停车位。 注意：不同品牌和型号的车辆操作方法和功能可能会有所不同。同时，由于技术标准和法规的不断更新，操作方法也会随之调整。
实训记录	
测试验证	1. 学生能够熟练地描述智能网联汽车的关键技术和构造。 2. 成功完成智能网联汽车的基本操作和功能体验。

课后作业

请完成第 1 章的课后作业。

序号	思考题
1	请解释什么是智能网联汽车？并简要说明其关键技术有哪些。
2	请说明美国和中国对智能网联汽车是如何划分等级的？

序号	思考题
3	智能网联汽车的特点有哪些？请展开说明。
4	智能网联汽车的技术架构有哪四个层级？请展开说明。
5	智能网联汽车技术构成有哪些？
6	智能网联汽车技术给人类带来了哪些应用与变革？
7	智能网联汽车的应用会带来哪些道德与伦理问题？
8	我国智能网联汽车技术发展的方向有哪些方面？

第2章 智能网联汽车结构原理

实训任务一 毫米波雷达标定

综合评分：_____

通过此次实训，学生应能够熟练掌握智能网联汽车前部毫米波雷达的安装和标定流程，了解如何通过适当的标定来提升毫米波雷达的精确度，进而增强整个车辆系统的安全性能和辅助驾驶能力。此外，学生还应能够理解毫米波雷达在智能网联汽车系统中所起的关键作用。

训练目标	1. 理解毫米波雷达的基本工作原理及其在汽车行业中的应用。 2. 掌握毫米波雷达的安装要求和调试步骤。 3. 学习并实践毫米波雷达系统的标定流程。
训练时间	90min
个人防护	在实训车间工作要时刻注意人身安全，自我防范的好习惯是从平时的训练与个人保护意识中逐渐形成的，车间里的意外大多数是工作中疏忽大意突然引发的，而职业病是在长期的工作中慢慢积累出来的，所以做好个人防护是非常重要的事情。
注意事项	1. 在进行雷达安装和标定过程中，务必遵守实训室的安全规程。 2. 确保所有电源连接正确无误，避免电击事故。 3. 实训区域应保持清洁整洁，设备摆放应有序，以防止跌倒等安全事故。
实训工具与设备	1. 毫米波雷达设备。 2. 标定用的反射目标（如角反射器）。 3. 专用标定软件。 4. 笔记本计算机，用于运行标定软件。 5. 测量工具，包括卷尺、测速仪等。 6. 测试车辆（如配备有毫米波雷达的汽车）。
毫米波雷达安装	1. 请选择毫米波雷达安装位置。 2. 请写下毫米波雷达安装过程。

	1. 毫米波雷达标定准备工作	1）确保所有设备完好无损。 2）确保测试区域平坦，并且远离大量金属物体和电磁干扰源。
毫米波雷达标定	2. 毫米波雷达标定步骤	1）使用标定软件，输入必要的初步参数，如雷达型号、安装高度和角度。 2）将反射目标放在规定的距离和角度位置。 3）进行静态标定，调整雷达，使其能准确识别反射目标。 4）进行动态标定，测试雷达在车辆移动时的反应和准确性。 5）根据软件反馈调整参数，直至达到最佳性能。
	标定记录	
结果验证	1. 对标定结果进行验证，确保雷达能准确识别其他车辆、行人等目标	
	2. 记录标定数据，进行分析，为后续的使用或二次标定提供参考	

实训任务二　前视觉摄像头标定

综合评分：_____

通过本次实训，学生应能熟练掌握前视觉摄像头的安装与标定技术，并了解其在现代车辆中的重要应用。通过对标定过程的深入学习，学生能够在未来的工作中更好地利用这一技术，为智能驾驶安全贡献力量。

训练目标	1. 理解智能网联汽车前部摄像头的功能及其对车辆安全系统的重要性。 2. 掌握前部摄像头的安装位置和角度要求。 3. 学习并实践前部摄像头的标定方法和步骤，确保其正确输出数据用于车辆辅助驾驶系统。
训练时间	90min
注意事项	1. 标定过程中，注意摄像头和标定板的安全固定，避免因设备掉落造成的伤害或损坏。 2. 保证标定区域的安全，无杂物干扰，尤其是移动的物体，如其他车辆和行人。 3. 操作人员须穿戴适当的安全装备，如工作服、手套等。

实训工具与设备	1. 智能网联汽车前部摄像头。 2. 标定板或标定图像（含有特定图案的标板）。 3. 专用标定软件。 4. 笔记本计算机或终端操作设备，用于运行标定软件。 5. 测量工具：包括卷尺、水平仪等。 6. 合适的测试车辆。	
摄像头安装	1. 根据车辆型号和制造商指南，确定前部摄像头的最佳安装位置和角度，并写出选择的位置。	
	2. 按照制造商的安装指导手册进行摄像头的安装，确保固定牢靠，视角符合要求，并写下安装方法和过程。	
摄像头标定	准备阶段	1）验证所有工具和设备是否正常工作。 2）在一个开阔且光线充足的环境中设置标定区域。
	标定步骤	1）安置标定板在车辆前方特定距离处。 2）运行标定软件，输入初步参数，如摄像头安装的高度、倾角等。 通过软件引导，进行多个不同角度和距离的摄像头捕捉图像的操作。 根据软件提示调整摄像头或标定板，直至软件分析表明标定符合预设标准。
	标定记录	
测试验证	1. 进行实际道路测试，验证摄像头捕捉到的道路情况是否清晰，特别是各种交通标志、线条是否准确可识别	
	2. 调整和重复标定，直到达到最优性能	

实训任务三　激光雷达标定

综合评分：＿＿＿＿＿

通过本实训，学生应能够熟悉激光雷达的安装和标定流程，理解其在智能网联汽车中的关键作用。学生应掌握如何通过精确的标定实现对车辆周边环境的高效识别与分析，从而提升自动驾驶系统的整体性能和安全性。

训练目标	1. 理解激光雷达在智能网联汽车中的作用及其对高级驾驶辅助系统（ADAS）和自动驾驶技术的贡献。 2. 掌握激光雷达的安装位置和角度要求。 3. 学习并实践激光雷达的安装和标定过程，确保其准确性和可靠性。
训练时间	90min
注意事项	1. 安装和调试过程中应严格遵守操作规程，确保个人和设备的安全。 2. 避免直视激光源，使用专业眼镜保护视力。 3. 确保测试区域安全，无不必要的干扰及杂物。
实训工具与设备	1. 激光雷达设备。 2. 安装支架及固定工具。 3. 标定板或标定场景（包括特定的反射标记或图案）。 4. 专用标定软件。 5. 笔记本计算机或终端操作设备，用于运行标定软件。 6. 测量工具：包括卷尺、水平仪等。
激光雷达安装	1. 根据车辆型号和制造商的建议选择最佳安装位置和角度，并写下安装位置的选择。
	2. 按照制造商的指导手册进行激光雷达的安装，并写下安装方法和过程。
	3. 使用适当的工具和支架固定激光雷达，确保其稳定且方向准确，并写下安装方法和过程。

	标定前准备	1）确保所有设备运行正常。 2）在一个适宜的环境中设置标定区域，该区域应具备适当的照明和已知的空间参数。
激光雷达标定	标定步骤	1）根据标定软件的指南，放置标定板或设置特定的标定场景。 2）启动标定软件，按提示输入激光雷达的安装参数（高度、倾角等）。 3）开始捕捉数据，通过软件进行初步分析，调整激光雷达的参数或标定场景的位置直到满足标定要求。 4）多次测试以验证标定的一致性和准确性。
	标定记录	
结果验证	1. 进行场景重建测试和实际道路测试，检查激光雷达对车辆周围环境的识别能力	
	2. 如果需要，重复标定过程以优化性能	

课后作业

请完成第2章的课后作业。

序号	思考题
1	请说明智能网联汽车计算平台的结构组成与工作原理。
2	请说明智能网联汽车通信模块的结构组成与工作原理。

序号	思考题
3	请说明智能网联汽车控制与执行系统的结构组成与工作原理。
4	请写下毫米波雷达的工作原理。
5	请写下在智能网联汽车中，哪些功能会用到毫米波雷达？
6	请写出摄像头的类型、工作原理。
7	请讨论并写下标定对于摄像头性能和准确性的重要性。
8	请写出激光雷达的工作原理、类型及其在智能网联汽车中的应用。
9	请探讨激光雷达标定对提高测量精度和确保系统整体性能的必要性。
10	请写出惯性测量单元的工作原理、类型及其在智能网联汽车中的应用。

第3章 智能驾驶决策、控制与执行

实训任务一 感知系统实训

综合评分：_____

智能网联汽车感知系统是基于多传感器数据融合的关键技术，其作用是实时、准确地感知车辆周围环境信息，为智能网联汽车的决策与控制提供支持。本实训项目旨在通过对各类型传感器的操作，加深对感知系统工作原理和数据处理流程的理解。

训练目标	1. 掌握智能网联汽车感知系统中常用传感器（如雷达、激光雷达、摄像头等）的基本工作原理。 2. 学习传感器数据处理、融合技术，以及在仿真环境中的应用。 3. 提升对实际道路环境中感知系统面临挑战的认识及解决方法。
训练时间	90min
注意事项	1. 严格遵守实训室安全规范。 2. 在操作过程中注意保护传感器等贵重设备。 3. 保存代码和数据，便于分析和回溯。
实训前提条件	1. 具备一定的自动驾驶理论基础和计算机操作能力。 2. 熟悉至少一种编程语言（如 Python 或 C++）。 3. 理解基本的信号处理和图像处理概念。
实训准备	1. 准备相关软件和硬件，包括仿真软件（如 CARLA）、开发环境、传感器数据集等。 2. 确保实训场地安全，实训设备完好无损。
实训内容	1. 传感器原理与数据采集。 2. 数据预处理和特征提取。 3. 单传感器数据处理与解释。 4. 多传感器数据融合技术。 5. 感知系统在仿真环境中的应用与测试。
操作步骤	1. 认识传感器：熟悉雷达、激光雷达、摄像头的工作原理，了解它们的特性与适用场景。 2. 数据采集：使用模拟或现成数据集，收集不同传感器的数据。 3. 数据预处理：过滤噪声、校准传感器数据、同步时间戳等。 4. 特征提取与识别：从原始数据中提取车辆、行人等关键特征。 5. 单传感器算法开发：开发针对单一传感器数据的处理算法。 6. 多传感器融合：将不同传感器数据融合，提高感知的准确度和可靠性。 7. 仿真测试：在仿真环境中部署感知系统，验证算法性能。 8. 问题调试：分析测试结果，调整算法参数，优化系统性能。

实训记录	
测试验证	1. 根据预定指标评估感知系统性能，如准确率、响应速度等。 2. 通过日志记录和可视化工具分析系统在不同场景下的表现。 3. 调整参数，反复测试以达到最佳性能。
实训总结	在实训结束后，组织一次总结会议，分享实训成果，讨论在实训过程中遇到的问题和解决方案，并对未来可能的研究方向进行展望。撰写实训报告，归纳学习经验，为后续的学习和研究打下良好的基础。

实训任务二　决策算法实训

综合评分：_____

　　智能网联汽车的决策算法是自动驾驶系统的核心部分，主要负责根据感知信息和交通规则，做出如何控制车辆行驶的决策。本实训项目通过模拟环境和真实场景下的决策算法开发与测试，旨在培养学生对智能网联汽车决策层面的理解和实践能力。

训练目标	1. 理解智能网联汽车决策算法的架构和工作原理。 2. 掌握基于模型的和基于学习的决策算法设计与开发。 3. 提升算法在仿真环境和真实环境下的测试、评估与优化能力。
训练时间	90min
注意事项	1. 注重实训安全，尤其在进行真车测试时应采取严格的安全措施。 2. 保持代码规范，便于团队协作和项目维护。 3. 定期保存工作进展，以便分析和复盘。
实训前提条件	1. 熟悉自动驾驶相关基础理论。 2. 掌握至少一种编程语言（推荐 Python 或 C++）。 3. 具有基本的算法设计和数据结构知识。
实训准备	1. 准备所需软件，包括开发环境（如 Python IDE）、仿真平台（如 CARLA 或 Autoware）。 2. 整理相关数据集，包括道路、交通标志、行人、车辆等信息。 3. 确保有适宜的实训场地，进行真车测试时应保障安全。
实训内容	1. 决策算法理论学习。 2. 基于模型的决策算法设计与实现。 3. 基于学习的决策算法设计与实现。 4. 仿真环境下的算法测试与评估。 5. 真实场景下的决策算法验证。

操作步骤	1. 理论学习：研究决策算法的基础理论，包括路径规划、行为预测、交通规则处理等。 2. 算法设计：选择并设计适合的决策算法。基于模型的方法着重于环境模型和路径规划；基于学习的方法可利用深度学习等技术处理复杂场景。 3. 编码实现：在选择的开发环境中实现决策算法。 4. 仿真测试：在仿真环境中测试算法性能，评估其在不同驾驶场景下的表现。 5. 真实环境测试：在确保安全的前提下，将算法部署到真实车辆中进行测试。 6. 性能评估：根据测试结果评估算法的有效性和稳定性，收集反馈进行优化。
实训记录	
测试验证	1. 制定详细的测试方案，包括测试场景、评估指标和预期结果。 2. 对比仿真测试和真实环境测试的结果，分析算法性能差异。 3. 根据测试反馈调整算法参数，迭代优化直至满足预期目标。
实训总结	在实训结束后，组织一次汇报会议，每位学生需提交一份实训报告，总结在决策算法开发和测试过程中的学习经验、遇到的问题及解决方案，并分享对未来智能网联汽车决策算法发展的展望。通过此次实训，学生不仅能够了解智能网联汽车决策算法的设计和实现流程，还能提升问题解决和团队协作能力。

实训任务三　控制策略实训

综合评分：＿＿＿＿＿＿

　　智能网联汽车的控制策略是自动驾驶系统控制层面负责根据决策指令执行精确的车辆控制，如速度控制、方向控制等。本实训项目通过理论学习与实践操作相结合，指导学生掌握智能网联汽车的控制原理和方法，并在仿真及实际环境中进行测试和优化。

训练目标	1. 理解智能网联汽车控制策略的基本理论和应用。 2. 掌握车辆动力学模型和控制算法设计。 3. 学习使用仿真工具验证控制策略的有效性。 4. 能够在真实车辆上实施控制策略并进行调试。
训练时间	90min
注意事项	1. 在进行实车测试时严格遵守安全规程，确保测试环境的安全。 2. 代码编写需遵守命名规范和编码标准，以便于后续的维护和升级。 3. 实训中应注重理论与实践的结合，分析测试数据，及时调整控制策略。
实训前提条件	1. 具备自动驾驶及车辆动力学的相关知识。 2. 掌握基本的编程技能，能够使用至少一种编程语言（如 Python、C＋＋）。 3. 熟悉控制理论和常见的控制算法。

实训准备	1. 安装必要的软件和仿真工具，如 MATLAB/Simulink、CARLA 仿真平台。 2. 准备硬件设备，如果涉及实车测试，则需要配备带有控制接口的测试车辆。 3. 整理教学材料，包括控制策略的理论教程、案例分析等。
实训内容	1. 控制策略原理讲解。 2. 车辆动力学模型建立。 3. 控制策略设计与实现。 4. 仿真环境测试。 5. 实车环境控制策略部署与测试。
操作步骤	1. 理论教学：学习车辆动力学基础知识，了解不同控制策略。 2. 模型建立：建立适合的车辆动力学模型。 3. 控制设计：设计适应不同行驶条件的控制策略，如 PID 控制、模糊控制等。 4. 仿真测试：在仿真平台上进行控制策略的初步测试，调整参数以达到最佳效果。 5. 实车调试：将控制策略部署到实车上，并进行测试与调试。 6. 性能分析：收集测试数据，分析控制策略的性能，并对策略进行优化。
实训记录	
测试验证	1. 设计一系列控制策略的测试方案，包括不同速度、不同路况等状况下的控制效果验证。 2. 对比仿真测试结果和实车测试数据，评估控制策略的准确性和鲁棒性。 3. 根据测试结果调整优化控制策略，直到达到满意的控制效果。
实训总结	在实训结束后，要求学生撰写一份实训报告，该报告应包括控制策略设计过程、遇到的问题及解决办法、测试结果分析以及未来的研究方向。通过这次实训，学生应能够独立完成智能网联汽车的控制策略设计和测试，同时也能够增强其解决实际工程问题的能力。

实训任务四　执行机构实训

综合评分：＿＿＿＿＿＿

　　智能网联汽车执行机构在智能驾驶系统中负责将计算机指令转换为机械动作，实现车辆的精准控制。本实训旨在通过深入了解和操作执行机构，提升学生对智能网联汽车执行机构工作原理、结构设计、性能测试及故障诊断的综合理解和应用能力。

训练目标	1. 掌握智能网联汽车执行机构的基本工作原理。 2. 学习执行机构的典型结构与组成。 3. 能够进行执行机构的安装、调试和性能测试。
训练时间	90min

注意事项	1. 实训过程中需严格遵守安全操作规程，穿戴好个人防护用品。 2. 注意工具的正确使用方法，避免造成设备损坏或人身伤害。 3. 对于电子部件的操作需在断电状态下进行，以保证安全。
实训前提条件	1. 具备自动化、机电一体化基本知识。 2. 熟悉智能网联汽车的基本组成和工作原理。 3. 掌握基本的电子电路和机械装配技能。
实训准备	1. 准备实训室或现场，配置必要的实验设备和工具，如电子测量仪器、焊接工具、执行机构样品等。 2. 准备相关教学资料，包括执行机构的原理讲解、操作手册、故障案例分析等。 3. 准备安全防护用品，包括绝缘手套、防护眼镜等。
实训内容	1. 执行机构原理讲解。 2. 执行机构的分类和应用介绍。 3. 执行机构的安装与调试流程。 4. 执行机构的性能测试方法。
操作步骤	1. 原理学习：系统学习执行机构的工作原理和分类，理解其在智能网联汽车中的应用。 2. 结构熟悉：拆解示范执行机构，了解其内部结构和工作原理。 3. 安装调试：按照操作手册，进行执行机构的安装和初步调试。 4. 性能测试：通过设定的实验方案，完成执行机构的功能测试和性能评估。 5. 总结交流：分享实训心得，讨论遇到的问题及解决方案。
实训记录	
测试验证	1. 完成执行机构的正确安装和调试，确保执行机构运行平稳、响应正确。 2. 通过性能测试，收集并分析数据，评估执行机构的工作效率和稳定性。 3. 成功诊断并修复模拟的故障案例，恢复执行机构的正常工作。
实训总结	要求每位学生撰写实训报告，内容应包括实训过程中的操作步骤、遇到的困难及解决方法、性能测试结果分析以及个人的学习感受。通过本次实训，学生不仅能够深入理解智能网联汽车执行机构的工作原理，还能在实践中提升自己的操作技能和问题解决能力，为日后的职业发展打下坚实的基础。

实训任务五　实车测试与验证

综合评分：＿＿＿＿＿＿＿

　　实车测试与验证旨在通过对汽车各项性能的实地测试，确保其满足设计标准和安全规范。本实训项目将指导学生进行实车的动力性、制动性、稳定性等方面的测试与验证。

训练目标	1. 掌握实车测试与验证的基本流程。 2. 理解并应用汽车性能测试的相关理论和方法。 3. 能够独立操作测试设备，完成实车测试任务。 4. 分析测试结果，提出改进建议。
训练时间	90min
注意事项	1. 严格遵守交通规则和测试场地的安全规定。 2. 在教师或技术指导员的指导下操作测试设备。 3. 确保所有测试设备正常工作，防止因设备故障影响测试结果。 4. 穿戴好安全防护装备，如安全帽、手套等。 5. 测试前检查车辆，确保车辆状态良好，无安全隐患。
实训前提条件	1. 拥有基础的汽车构造和原理知识。 2. 了解常见的车辆测试标准和要求。 3. 具备基本的数据分析能力。
实训准备	1. 设备：测试用汽车、测速雷达、制动测试仪、滑移测试板、数据记录器等。 2. 材料：试验场地图、测试流程文档、安全作业指南。 3. 人员：教师/技术指导员、学生、安全监督员。
实训内容	1. 动力性测试：测量车辆加速性能和爬坡性能。 2. 制动性测试：评估车辆的制动距离和制动稳定性。 3. 稳定性测试：测试车辆在不同条件下的行驶稳定性。 4. 综合路试：模拟实际道路情况，对车辆进行全面性能测试。
操作步骤	步骤一：测试前准备 1）检查测试设备和车辆状态。 2）清晰了解每项测试的操作流程和要求。 步骤二：实施测试 1）根据测试要求，逐一进行动力性、制动性和稳定性测试。 2）在综合路试中，按照实际道路行驶情景，全面评估车辆性能。 步骤三：数据记录 1）使用数据记录器收集测试过程中的关键数据。 2）手动记录测试过程中观察到的任何异常情况。
实训记录	
测试验证	1. 将实测数据与标准性能指标进行对比分析，确认车辆是否满足设计要求。 2. 针对测试中发现的问题，提出具体的分析和改进建议。
实训总结	通过本次实训，学生应能熟悉实车测试与验证的全过程，掌握汽车性能测试的基本方法和技巧，并能够据此分析测试结果，为汽车的设计和改进提供科学依据。此外，学生还应增强安全意识，确保测试过程的安全性。

课后作业

请完成第 3 章的课后作业。

序号	思考题
1	请说明深度学习的工作原理。
2	请说明 CNN 的卷积层、池化层、全连接层的作用与原理。
3	请说明目标识别的基本原理。
4	请说明目标跟踪与识别步骤。
5	请说明目标图像的语义理解原理。
6	请说明图像语义分割的基本原理。
7	请说明立体视觉的基本原理。
8	请说明场景流的基本原理。

序号	思考题
9	请说明视觉里程计的基本原理。
10	请写下常用传感器在环境感知中的工作原理。
11	请写下数据处理、融合技术的原理。
12	请写下决策算法类型与原理。
13	请说明线控转向系统技术架构。
14	请说明线控制动系统控制原理。
15	请说明线控驱动系统控制原理。

第4章 智能网联汽车通信与定位技术

实训任务一 车载通信系统实验

综合评分：_____

本实训项目旨在通过实践活动，使学生深入了解车载通信系统的工作原理、配置方法及其在智能网联汽车中的应用。实验将围绕 V2X 通信技术展开，包括车与车（V2V）、车与基础设施（V2I）的通信方式。

训练目标	1. 掌握车载通信系统的基础理论知识。 2. 学习 V2X 通信技术的配置和使用方法。 3. 增强解决实际问题的能力，提升创新和团队合作精神。
训练时间	90min
注意事项	1. 严格遵守实训室安全操作规程。 2. 对实验设备要小心轻放，避免损坏。 3. 实验过程中应保持沟通，遇到问题及时询问指导教师。
实训前提条件	1. 已学习过无线通信、网络基础等相关课程。 2. 了解基本的计算机网络配置方法。
实训准备	1. 设备：V2X 通信模块、计算机、软件仿真平台、路由器等。 2. 软件：专业的车载通信系统仿真软件或 V2X 通信测试软件。 3. 文献资料：最新的 V2X 通信标准、技术手册等。
实训内容	1. V2X 通信技术原理介绍。 2. V2X 通信模块的配置和设置。 3. 车辆与车辆（V2V）、车辆与基础设施（V2I）通信的模拟实现。
操作步骤	步骤一：理论学习 学习 V2X 通信技术的基础知识。 步骤二：环境搭建 1）准备实验设备，安装必要的软件和驱动。 2）配置网络环境，确保设备间可以通信。 步骤三：V2X 通信模块配置 1）根据手册设置 V2X 通信模块参数，如通信频率、功率等。 2）使用仿真软件模拟车辆和基础设施，进行基础连接测试。 步骤四：通信实验 1）实现 V2V 通信，测试车辆间的基本信息交换。 2）实现 V2I 通信，测试车辆与基础设施间的数据交流。
实训记录	

测试验证	1. 使用网络分析工具，检测数据传输的稳定性和安全性。 2. 记录通信延迟、数据丢包率等关键性能指标。
实训总结	通过本实验，学生应能够熟悉车载通信系统的配置和操作，理解 V2X 通信技术在智能网联汽车中的应用，同时加深对智能网联汽车通信安全和高效性要求的认识。学生应能够将理论知识与实践操作相结合，为将来在智能网联汽车领域的深入学习和研究打下坚实基础。

实训任务二　卫星定位技术实验

综合评分：＿＿＿＿＿

本实训项目致力于让学生通过实际操作，理解并掌握卫星定位技术的工作原理及应用。实验涉及 GPS、GLONASS 等多种卫星导航系统的使用方法和性能比较。

训练目标	1. 理解卫星定位技术的基本原理。 2. 学习不同卫星定位系统设备的操作方法。 3. 增强对卫星信号接收与处理流程的实际操作经验。 4. 分析和评估不同条件下的定位效果和精度。
训练时间	90min
注意事项	1. 在操作过程中注意静电防护，避免设备损坏。 2. 使用接收设备时，应处于开阔地带以便接收到足够的卫星信号。 3. 准确记录每一次实验的环境条件、参数设置和结果。
实训前提条件	1. 基础的地理信息系统（GIS）知识。 2. 了解基本的电子通信原理。
实训准备	1. 设备：GPS 接收器、GLONASS 导航、计算机、相应的软件工具。 2. 软件：定位数据分析软件、GIS 软件。 3. 文献资料：相关卫星系统的技术手册、操作指南。
实训内容	1. 卫星系统基础理论介绍。 2. GPS 和 GLONASS 导航的设置和操作。 3. 实际场景中的定位实验操作。 4. 定位数据的收集与分析。
操作步骤	步骤一　理论学习：学习不同卫星定位系统的技术特点和工作原理。 步骤二　设备设置：按照操作手册设置 GPS 和 GLONASS 导航，确保所有设备配置正确。 步骤三　实地定位测试： 1）将接收器带至开阔地带进行信号接收测试。 2）记录下接收到的卫星数量、信号强度等数据。 步骤四　数据分析： 1）将收集到的数据导入分析软件中。 2）分析不同环境和条件下的定位精度和稳定性。 步骤五　系统比较： 1）对比 GPS 和 GLONASS 在相同条件下的性能差异。 2）讨论各系统的适用场景和优缺点。

实训记录	
测试验证	1. 通过实际的定位精度和稳定性来评估导航的性能。 2. 对比理论数据与实际数据，验证定位精确度。
实训总结	通过此次实训，学生应能够熟悉基本的卫星定位操作流程和数据分析方法，了解并比较不同卫星定位系统的应用效果。学生应能利用所学知识解决实际问题，并能根据环境条件选择合适的卫星定位系统，为将来相关领域的深入学习奠定坚实基础。

实训任务三　车载网络构建实验

综合评分：_____

　　车载网络通过各类传感器、控制单元（ECU）以及通信协议等组件实现车辆内部信息的交换与共享，支持诸如自动驾驶、智能导航、远程诊断等多项功能。本实训旨在通过构建模拟车载网络，让学生理解车载网络的基本构成和工作原理，培养学生解决车载网络相关问题的能力。

训练目标	1. 掌握车载网络的基本架构和关键技术。 2. 学习CAN总线、LIN总线等车载网络通信协议。 3. 能够独立搭建简单的车载网络系统，并进行程序编写和调试。 4. 分析和解决车载网络构建中遇到的问题。
训练时间	90min
注意事项	1. 严格按照安全操作规程进行实训，注意个人安全和设备安全。 2. 妥善使用实验设备和工具，防止损坏。 3. 实训过程中应遵循系统设计方案，避免随意更改连接方式和参数配置。 4. 在教师或技术人员的指导下完成高难度操作。
实训前提条件	1. 拥有基础的电子技术和计算机网络知识。 2. 熟悉C/C++等至少一种编程语言。 3. 了解基本的汽车构造和原理。
实训准备	1. 硬件：CAN总线控制板、LIN总线控制板、网络接口模块、传感器和执行器等。 2. 软件：网络分析工具、编程开发环境。 3. 文档：车载网络设计方案、实训手册、安全操作指南。
实训内容	1. 车载网络的基本概念和架构介绍。 2. CAN总线和LIN总线的原理和应用。 3. 车载网络系统的搭建流程。 4. 车载网络的编程和调试。 5. 车载网络故障诊断和处理。

操作步骤	步骤一：构建网络框架 1）根据实训要求选择适当的网络架构（如 CAN 总线或 LIN 总线）。 2）连接控制单元、传感器和执行器到选定的总线上。 步骤二：网络配置 1）为每个网络节点分配唯一的地址。 2）配置总线通信速率和协议参数。 步骤三：编程和调试 1）编写控制程序，实现节点之间的信息交换和处理逻辑。 2）使用网络分析工具进行调试，确保数据正确传输。 步骤四：功能测试和故障诊断 1）模拟车载网络运行，测试各项功能是否正常。 2）尝试引入故障，练习使用分析工具进行故障诊断。
实训记录	
测试验证	1. 所有网络节点能够正常通信，数据传输无误。 2. 能够根据功能需求完成相应的控制逻辑编程。 3. 在模拟故障情况下，能够有效地进行故障诊断和处理。
实训总结	通过本次实训，学生应能够深入理解车载网络的基本原理和关键技术，掌握车载网络的设计、搭建、编程及故障诊断方法。此外，学生还应增强动手能力和问题解决能力，为进一步学习和从事车辆网络系统的研发、维护奠定坚实的基础。

实训任务四　SLAM 地图构建

综合评分：＿＿＿＿＿

通过此次实训，学生应能够独立完成 SLAM 地图构建方法和基础配置，掌握使用 SLAM 操作的能力。同时，应具备初步的系统管理和故障处理能力，为进一步深入学习智能网联汽车技术打下坚实的基础。

训练目标	1. 掌握 SLAM 技术的基本原理和应用方法。 2. 了解并实现实验小车在未知环境下进行自主定位和地图构建的过程。
训练时间	90min
注意事项	1. 在操作前，请确保所有硬件设备连接正确，软件环境配置无误。 2. 操作中请按照步骤逐一执行，避免跳过关键的配置步骤。 3. 对环境进行扫描时，应保持实验小车移动速度平稳，避免快速转动导致数据采集不准确。 4. 实训过程中应随时监控系统状态和实验小车的运行情况，以防出现意外。 5. 每个环节都需要有老师或助教的指导，并确保实验操作的安全。实验中可能会遇到的问题如参数调整、算法理解等，应通过讨论和查阅最新研究文献来解决。

实训前提条件	1. 学生已具备基本的计算机操作能力和一定的编程知识（如 C ++ 或 Python）。 2. 学生已了解基本的计算机视觉和实验小车导航的相关概念。 3. 学生已经安装好所有必要的软件和硬件驱动，包括但不限于 ROS（Robot Operating System）、SLAM 算法库等。
实训准备	1. 确保实训所使用的计算机性能符合运行 SLAM 算法的要求。 2. 安装 ROS 环境并配置必要的依赖包和 SLAM 相关的工具包。 3. 准备搭载有传感器的实验小车或者相关模拟器（如 Gazebo），确保其能够正常运行。 4. 下载并安装 SLAM 算法库，如 ORB-SLAM、Gmapping 等。

实训内容	步骤 1　环境准备：确保实验小车或模拟器的传感器被正确调试和校准，特别是激光雷达、摄像头等关键传感器。
	步骤 2　启动 ROS 环境：打开终端，启动 ROS master，确保环境正确启动。
	`1　roscore`
	步骤 3　运行 SLAM 节点：选择一个 SLAM 算法（如 Gmapping），并运行对应的 ROS 节点。
	`1　roslaunch gmapping slam_gmapping scan：= base_scan`
	步骤 4　数据采集：启动实验小车或模拟器，开始采集传感器数据。在实际环境中，可以通过遥控实验小车在环境中移动。
	步骤 5　地图构建：通过 SLAM 算法对采集的数据进行处理，实时观察地图构建的过程。
	步骤 6　保存地图：一旦地图构建完成，可以使用下列命令保存地图信息。
	`1　rosrun map_server map_saver-f/path/to/your/map`

实训记录	
SLAM 构建参考流程	1. 数据采集 1）使用传感器（如 RGB-D 摄像头、激光雷达）采集实验数据。 2）或者使用公开的 SLAM 数据集（如 TUM、KITTI）进行实验。 2. 算法实现 1）前端处理：图像特征提取与匹配、数据预处理。 2）后端优化：状态估计、地图构建、回环检测等算法实现。 3. 实验调试 1）对 SLAM 系统的参数进行调整，优化系统性能。 2）分析实验结果，诊断并解决可能出现的问题。 4. 扩展实验 1）尝试采用不同的 SLAM 算法，比较其效果。 2）将 SLAM 集成到实验小车导航、路径规划等任务中。
测试验证	1. 开展地图精度测试，检查地图中的标记点与实际物理空间中的对应点是否一致。 2. 进行重定位测试，检查实验小车是否能够在地图中准确定位自己的位置。 3. 执行路径规划及导航任务，验证构建的地图能否为实验小车提供有效导航。
实训总结	在实训结束后，组织一次汇报会，让每位学生分享自己在实训中的发现、问题以及解决方案，并进行探讨。通过这种方式，加深学生对 SLAM 地图构建的理解和运用。最后由指导老师做出总结评价，并对实训效果进行评估。

课后作业

请完成第 4 章的课后作业。

序号	思考题
1	什么是车内通信？车内通信技术有哪些类型？
2	请说明汽车以太网的技术特点有哪些?
3	请说明 CAN 总线技术原理。
4	请说明 J1939 总线技术原理。
5	请说明 LIN 总线技术原理。
6	请说明 FlexRay 技术原理。
7	请说明 MOST 技术原理。
8	请说明 RFID 技术原理。

序号	思考题
9	请说明汽车以太网技术原理。
10	请说明车与车之间的通信技术原理。
11	请说明车与道路之间的通信技术原理。
12	请说明车与人之间的通信技术原理。
13	请说明车与网络之间的通信技术原理。
14	请说明 GPS 技术原理。
15	请说明北斗卫星导航系统技术原理。
16	请说明高精度地图技术原理。
17	请说明 SLAM 技术原理。

序号	思考题
18	请说明卡尔曼滤波技术原理。
19	请说明 GPS/DR 组合定位技术原理。
20	请说明 GNSS/INS 组合导航技术原理。
21	请说明云计算技术在智能网联汽车中的作用是什么？
22	请说明大数据应用技术在智能网联汽车中的作用是什么？

第5章 智能座舱

实训任务一 虚拟仪表盘操作

综合评分：_____

本实训旨在深入理解和掌握智能网联汽车中虚拟仪表盘的操作和配置，包括自定义设置显示界面、应用导航信息、调整个性化偏好等功能。

训练目标	1. 掌握虚拟仪表盘的基础操作与高级配置技能。 2. 了解如何根据驾驶需求和情境调整显示内容。 3. 增强对车辆信息实时监控的能力。
训练时间	90min
注意事项	1. 确保所有实训设备处于良好状态，避免使用中发生故障。 2. 严格按照操作规程进行操作，以确保安全。 3. 实训结束后，务必将设备恢复至初始状态。
实训前提条件	1. 具备基本的汽车仪表盘知识。 2. 熟悉智能网联汽车的基本操作。 3. 对智能网联系统有一定的了解和操作经验。
实训准备	1. 实训场地：配备有智能网联汽车模拟器或实车。 2. 教学设备：虚拟仪表盘操作控制台，相关软件和教材。 3. 实训材料：操作手册、教学 PPT、练习题。
实训内容	1. 虚拟仪表盘的工作原理、常见的显示配置和功能介绍。 2. 基础操作：开启、关闭虚拟仪表盘。 3. 界面布局调整：选择不同的主题和布局。 4. 信息显示自定义：如速度、转速、油耗等信息的选择性展示。 5. 高级功能操作：集成导航、媒体播放控制等。
操作步骤	1. 开启设备：按下仪表盘电源键，启动系统。 2. 选择主题：进入设置菜单，选择"显示设置"，在主题选项中选择喜欢的风格。 3. 自定义显示内容：在显示设置中选择需要长期显示的信息（如油耗、速度等）。 4. 调整布局：根据驾驶偏好，调整信息的位置和大小。 5. 集成功能操作：实操导航与媒体控制功能的切换与设置。 6. 保存设置：确认所有设置无误后，保存并退出设置界面。
实训记录	

测试验证	1. 功能测试：检查每项设置是否按预期工作。 2. 界面测试：确认显示界面布局、风格与设置一致。 3. 响应测试：测试调整后的仪表盘是否能迅速准确反馈操作指令。
实训总结	1. 组织学生分享操作体验，讨论遇到的问题及解决办法。 2. 教师总结常见错误，并强调正确的操作方法和注意事项。 3. 提供反馈表，收集学生对实训内容和方式的建议和评价。

实训任务二　语音交互系统操作

综合评分：＿＿＿＿＿＿

本实训旨在通过对智能网联汽车语音交互系统的深入了解和操作，使学生能够熟练使用语音命令控制汽车内部功能，如导航、媒体播放、电话通话等，以提高驾驶时的便利性和安全性。

训练目标	1. 掌握智能网联汽车语音交互系统的基本原理和操作流程。 2. 熟悉语音命令集，提高识别率和执行效率。 3. 增强通过语音系统进行多任务处理的能力，提升驾驶安全。
训练时间	90min
注意事项	1. 保证语音交互系统的软件版本为最新，确保功能的完整性。 2. 保持实训环境相对安静，减少误识别率。 3. 实训结束后，请关闭所有系统和设备。
实训前提条件	1. 具备基础的汽车知识和驾驶技能。 2. 了解智能网联汽车的基本概念和功能。 3. 具有基本的语音识别技术和智能交互系统的操作经验。
实训准备	1. 实训场地：应配备模拟驾驶环境或实际智能网联汽车。 2. 教学设备：语音交互系统操作台或集成了相应系统的智能网联汽车。 3. 实训材料：用户手册、指令列表、教学PPT等。
实训内容	1. 智能网联汽车语音交互系统的工作原理与架构、常用语音命令及其执行的功能。 2. 系统唤醒和基本语音指令操作。 3. 高级功能指令练习，如发送短信、设置导航等。 4. 多任务处理能力测试，比如边听音乐边设置导航。
操作步骤	1. 系统唤醒：根据车型，使用唤醒词或按钮唤醒语音交互系统。 2. 基础指令练习：练习基础指令，如"打开音乐""打电话给张三"。 3. 高级指令练习：按照给定场景练习高级指令操作，如同时控制多项任务。 4. 个性化设置：学习如何通过语音调整系统设置，比如更换语音助手声音、调节唤醒词等。 5. 场景模拟：模拟不同驾驶环境下的语音交互场景，进行综合练习。
实训记录	

测试验证	1. 功能响应测试：检测每条语音指令的响应时间和执行准确性。 2. 多任务处理测试：模拟实际驾驶场景，测试系统处理多任务的能力。 3. 个性化配置测试：验证个性化设置是否生效，如语音助手声音更改等。
实训总结	1. 组织学生分享实训体验，交流遇到的问题和解决方案。 2. 教师回顾语音交互系统的关键知识点和常见操作错误。 3. 收集学生反馈，评估实训效果，为后续课程调整提供依据。

实训任务三　智能座舱连接与诊断

综合评分：＿＿＿＿＿＿＿

　　本实训旨在使学生通过对智能网联汽车智能座舱的连接与诊断操作，了解智能座舱的结构及功能，掌握故障检测与诊断的方法，提高智能网联汽车维护与修理的实操能力。

训练目标	1. 理解智能座舱的工作原理及组成部分。 2. 学习智能座舱的标准连接协议和诊断流程。 3. 掌握使用专业设备进行智能座舱故障诊断和状态检测的技能。
训练时间	90min
注意事项	1. 请严格遵守车辆和设备操作规范，确保人车安全。 2. 在连接设备时务必关闭发动机，防止意外发生。 3. 使用诊断仪之前，确保其软件版本是最新的以支持所有当前座舱技术。
实训前提条件	1. 具备基本的汽车电子知识和智能网联汽车构造知识。 2. 了解汽车诊断接口类型及通信协议基础知识。 3. 对智能座舱相关软件和硬件有一定了解。
实训准备	1. 智能网联汽车一辆（含标准智能座舱系统）。 2. 汽车诊断仪及相关连接线材。 3. 计算机和智能座舱系统诊断软件。
实训内容	1. 智能座舱概述及工作原理。 2. 诊断协议和座舱网络架构。 3. 连接与配置诊断设备。 4. 执行座舱系统自检和故障读取。 5. 分析诊断报告和故障码。
操作步骤	1. 系统连接：将诊断仪通过 OBD-Ⅱ接口与车辆连接。 2. 初步检查：确认智能座舱系统无物理损伤。 3. 设备配置：在计算机上安装并配置智能座舱系统诊断软件。 4. 系统自检：运行自诊断程序，检查座舱系统各模块状态。 5. 故障读取：分析读取到的故障码，并根据指南进行故障排除。 6. 状态监控：实时监控座舱系统运行状态。 7. 诊断报告：生成诊断报告，依据报告提出维修或优化方案。

实训记录	
测试验证	1. 故障码分析：验证诊断出的故障是否准确，并尝试复现故障场景。 2. 修复确认：修复故障后，再次运行诊断程序确认问题是否完全解决。 3. 性能测试：对座舱功能进行测试，确保所有功能正常运作。
实训总结	1. 学生反馈实训过程中遇到的问题与解决方式。 2. 教师点评常见错误和注意事项，强调正确诊断思路和方法。 3. 评估实训效果，收集改进建议，优化后续实训计划。

课后作业

请完成第 5 章的课后作业。

序号	思考题
1	汽车座舱的发展分为哪三个主要阶段，请详细说明。
2	请说明智能座舱系统的工作原理。
3	请说明智能座舱关键技术有哪些？
4	请说明智能座舱核心功能有哪些？
5	请说明智能座舱的技术架构包括哪些？

序号	思考题
6	请说明语音识别系统的工作原理。
7	请说明手势识别系统的工作原理。
8	请说明人脸识别系统的工作原理。
9	请说明指纹识别系统的工作原理。
10	请说明虹膜识别系统的工作原理。

第6章 ADAS

实训任务一 ADAS功能实操

综合评分：_____

本实训旨在通过对智能网联汽车高级驾驶辅助系统（ADAS）功能的深入理解和实际操作，使学生能够掌握ADAS的基本功能操作、故障诊断及维护技巧。

训练目标	1. 理解ADAS各功能的工作原理。 2. 掌握ADAS的基本操作和配置。 3. 增强对ADAS故障诊断的实际操作能力。 4. 了解ADAS在实际驾驶中的应用效果和限制。
训练时间	90min
注意事项	1. 在操作前确保阅读并理解车辆制造商提供的所有操作手册。 2. 所有实训均需在教练或指导老师的监督下进行。 3. 严格遵守实训区域的安全规则，注意行车和个人安全。 4. 对于所有电子设备操作，务必确保电源稳定，避免静电或其他干扰。
实训前提条件	1. 学生已具备基本的汽车电子知识和一定的汽车操作经验。 2. 拥有驾驶执照并熟悉车辆日常行驶操作。
实训准备	1. 实训车辆：配备完整ADAS的智能网联汽车。 2. 诊断工具：ADAS专用诊断仪器和软件。 3. 个人防护装备：如安全帽、驾驶手套等。 4. 实训场地：应具备充足空间进行各种ADAS功能测试的闭环道路。
实训内容	1. 自适应巡航控制（ACC）。 2. 车道保持辅助系统（LKA）。 3. 自动紧急制动（AEB）。 4. 盲点监测（BSM）。
操作步骤	1. 自适应巡航控制（ACC） 1）准备阶段：检查传感器是否清洁，无遮挡物。 2）激活ACC：起动车辆后按照操作面板启动ACC系统。 3）设置速度：设定一个安全的巡航速度。 4）跟踪车辆：让车辆自动调整速度以保持与前车的安全距离。 5）停止ACC：按下取消按钮或制动来停止ACC功能。 2. 车道保持辅助系统（LKA） 1）准备阶段：确认车道标线清晰可见。 2）激活LKA：在达到激活速度后，启动LKA。 3）实际操作：观察系统是否能正确识别和保持车道。

操作步骤	3. 自动紧急制动（AEB） 1）模拟紧急情况：使用安全的障碍物进行 AEB 测试。 2）操作验证：检查在遇到障碍物时系统是否能自动激活制动。 4. 盲点监测（BSM） 1）准备阶段：确认 BSM 系统处于激活状态。 2）操作验证：在多车道行驶中测试 BSM 的反应是否及时准确。
实训记录	
测试验证	1. 对每项功能进行至少三次测试以验证其可靠性。 2. 记录系统响应时间和准确性，对比理论值和实测值。 3. 分析可能出现偏差的原因。
实训总结	1. 汇总每项功能的操作表现和测试数据。 2. 讨论在实际应用中可能遇到的问题及其解决策略。 3. 反馈意见和建议以改进未来的实训过程。

实训任务二　ADAS 配置与调整

综合评分：＿＿＿＿＿＿

本实训旨在通过对智能网联汽车高级驾驶辅助系统（ADAS）的配置与调整进行深入学习和操作，使学生能够熟练掌握 ADAS 的配置方法、调整技巧及其在实际驾驶中的应用。

训练目标	1. 掌握 ADAS 各组件的配置流程。 2. 学习 ADAS 功能参数的正确调整方法。 3. 增强对 ADAS 调整后效果的评估能力。
训练时间	90min
注意事项	1. 在开始实训之前，确保所有参与人员了解并遵守安全操作规则。 2. 检查所有设备和工具是否适合使用，并确保实训车辆处于良好状态。 3. 严禁在没有教练或专业人员指导的情况下自行修改系统设置。 4. 实训结束后，应复位所有被调整过的配置参数。
实训前提条件	1. 学生已具备基础的汽车电子知识和 ADAS 相关基本理论。 2. 学生需要了解基本的计算机操作和车辆系统编程基础。 3. 学生需持有有效的驾驶执照，并有一定的驾驶经验。
实训准备	1. 实训车辆：配备 ADAS 并支持配置与调整的智能网联汽车。 2. 专用工具：包括 ADAS 配置软件、连接线缆等。 3. 实训教材：包括系统配置手册和操作指南。 4. 实训场地：安全的测试场地，以进行动态调整验证。

实训内容	1. ADAS 组件识别与功能概览。 2. ADAS 参数配置。 3. 功能特性调整。 4. 系统验证与效果评估。
操作步骤	1. ADAS 组件识别与功能概览。 理论学习：通过教材学习各组件功能和相互关系。 实车演示：教练展示并讲解各个主要组件的位置和作用。 2. ADAS 参数配置。 连接设备：使用配置软件与车辆 ADAS 连接。 读取数据：导出当前的系统配置参数。 修改参数：根据实训目标修改特定的功能参数。 3. 功能特性调整。 调整策略制定：确定需要调整的功能特性。 逐项调整：根据理论指导和实际需求进行调整。 动态测试：在指导老师的监督下，在测试场地进行调整后的功能测试。
实训记录	
测试验证	功能测试：检测每项 ADAS 功能是否按预期工作。 效果记录：详细记录调整前后的性能差异。 问题诊断：分析测试中出现的问题，并尝试解决。
实训总结	1. 组织一次座谈会，让学生分享实训心得，讨论遇到的问题及解决方案。 2. 对实训效果进行评估，看是否达到预定的学习目标。 3. 整理实训数据和反馈，为后续实训活动提供改进建议。

课后作业

请完成第 6 章的课后作业。

序号	思考题
1	请说明前碰撞警告系统组成与工作原理。
2	请说明行人检测系统组成与工作原理。

序号	思考题
3	请说明盲点检测系统组成与工作原理。
4	请说明驾驶员疲劳检测系统组成与工作原理。
5	请说明夜间视野增强系统组成与工作原理。
6	请说明交通标志识别系统组成与工作原理。
7	请说明自适应巡航控制系统组成与工作原理。
8	请说明车道保持辅助系统组成与工作原理。
9	请说明自动变道系统组成与工作原理。
10	请说明自动泊车系统组成与工作原理。
11	请说明紧急制动辅助系统组成与工作原理。

第7章 智能网联汽车软件系统

实训任务一 Linux 系统安装

综合评分：＿＿＿＿＿＿＿

通过此次实训，学生应能够独立完成 Linux 操作系统的安装和基础配置，掌握使用 Linux 系统进行日常操作的能力。同时，学生应具备初步的系统管理和故障处理能力，为进一步深入学习 Linux 系统管理打下坚实的基础。

训练目标	1. 理解 Linux 操作系统的基本结构和工作原理。 2. 学习 Linux 操作系统的安装流程。 3. 掌握 Linux 系统配置和基本操作。
训练时间	90min
注意事项	1. 安装操作系统时，请确保数据备份，避免重要数据丢失。 2. 安装前请仔细阅读各个分区的功能和数据格式化的后果。 3. 在网络设置中使用安全措施，如设置强密码，开启防火墙等。
实训准备	1. 计算机硬件（至少包括 CPU、RAM、硬盘、显示器、键盘和鼠标）。 2. Linux 操作系统安装介质（CD/DVD 盘或 USB 盘）。 3. 网络连接设施（用于下载系统更新和软件包）。 4. BIOS 或 UEFI 访问权限。
Linux 系统安装	准备工作	1. 选择合适的 Linux 发行版：基于实训需要，选择合适的 Linux 版本，如 Ubuntu，Fedora，CentOS 等。 2. 制作安装介质：下载所选 Linux 发行版的 ISO 文件，并使用工具制作启动盘。
	安装 Linux 操作系统步骤	1. BIOS/UEFI 设置 1）重启计算机，并进入 BIOS/UEFI 设置。 2）设置启动顺序，确保从安装介质启动。 2. 启动安装程序 1）插入制作好的安装介质并重新启动计算机。 2）按提示进入 Linux 安装界面。 3. 进行安装 1）选择安装语言、时间和键盘布局。 2）分配磁盘空间：可以选择"自动分区"或"手动分区"。 3）设置必要的网络配置（如果可用）。 4）创建用户账户和设置密码。 5）根据提示完成安装过程，安装可能会需要几分钟到几十分钟不等。
	安装记录	

系统配置和基本操作	1. 系统更新	1）启动系统后，连接到互联网。 2）使用系统更新工具（如 APT，YUM 等）更新系统到最新状态。
	2. 安装额外软件	1）根据需要安装额外的软件包或应用程序。 2）了解如何使用包管理器来安装、更新和删除软件。
	3. 基本命令行操作	1）学习常用的 Linux 命令行操作，如文件操作（cd，ls，cp，mv）、文本编辑（vi，nano）等。 2）实践如何通过命令行进行系统管理和故障诊断。

实训任务二　ROS 安装

综合评分：＿＿＿＿

通过完成本次实训，学生应能够独立完成 ROS 的安装和配置，掌握在 Linux 环境下创建和管理 ROS 工作空间的基本方法。此外，学生还应理解 ROS 的基本概念和架构，为进一步学习 ROS 开发奠定基础。

训练目标	1. 理解 ROS（Robot Operating System）的概念与结构。 2. 学习在 Linux 操作系统下安装 ROS 的方法。 3. 掌握基本的 ROS 操作和使用环境配置。		
训练时间	90min		
注意事项	1. 安装过程中可能需要下载大量数据，请确保网络连接稳定。 2. 遵循 ROS 安装和配置过程中的所有建议，尤其是关于用户权限和安全设置的部分。		
实训前提条件	1. 安装有 Ubuntu Linux 操作系统。ROS 对 Ubuntu 有最佳支持，因此建议选择 Ubuntu 作为实训环境。 2. 确保网络连接正常，以便下载 ROS 及相关依赖包。 3. 具备基本的 Linux 操作系统使用知识及命令行操作能力。		
实训准备	1. CPU 支持虚拟化的个人计算机一台。 2. 至少 20GB 的硬盘空间及 4GB 的 RAM（推荐更高配置）。 3. ROS、Linux 操作系统安装介质。		
系统准备	确保系统是 Ubuntu（推荐版本 20. 04 LTS 或 18. 04 LTS），并已更新到最新状态：		
	1	sudo apt update	
	2	s sudo apt upgrade	
配置软件源	添加 ROS 软件仓库地址到系统软件源列表中，并引入密钥以确保软件包的安全：		
	1	sudo sh- c' echo" deb http://packages. ros. org/ros/ubuntu $(lsb_release- sc) main" >/etc/apt/sources. list. d/ros- latest. list'	
	2	sudo apt install curl # 如果未安装 curl	
	3	Curl- s https://raw. githubusercontent. com/ros/rosdistro/master/ros. asc sudo apt- key add-	

安装 ROS	\multicolumn{3}{l}{更新软件包索引后，安装 ROS。这里以 ROS Noetic 为例（请根据你的 Ubuntu 版本选择合适的 ROS 版本）：}	
	1	\multicolumn{2}{l}{sudo apt update}	
	2	\multicolumn{2}{l}{sudo apt install ros-noetic-desktop-full}	
	\multicolumn{3}{l}{这将安装 ROS 完整桌面版，包括 ROS 核心库、工具和一些常用的仿真软件。}	
环境配置	\multicolumn{3}{l}{添加 ROS 环境变量到 bash 会话中，以便每次打开终端时自动加载 ROS 环境：}	
	1	\multicolumn{2}{l}{echo "source /opt/ros/noetic/setup.bash" >> ~/.bashrc}	
	2	\multicolumn{2}{l}{source ~/.bashrc}	
依赖管理工具安装	\multicolumn{3}{l}{安装' rosdep '工具来方便地管理 ROS 工作空间的依赖：}	
	1	\multicolumn{2}{l}{sudo apt install python3-rosdep}	
	2	\multicolumn{2}{l}{sudo rosdep init}	
	3	\multicolumn{2}{l}{rosdep update}	
创建 ROS 工作空间	\multicolumn{3}{l}{创建一个 ROS 工作空间，用于开发自己的 ROS 项目：}	
	1	\multicolumn{2}{l}{mkdir-p ~/ros_workspace/src}	
	2	\multicolumn{2}{l}{cd ~/ros_workspace/}	
	3	\multicolumn{2}{l}{catkin_make}	
	\multicolumn{3}{l}{使用' source '命令更新你的 shell 环境，以便包含工作空间的路径：}	
		\multicolumn{2}{l}{source devel/setup.bash}	
安装记录			

课后作业
请完成第 7 章的课后作业。

序号	思考题
1	请说明 RTOS 软件技术架构与工作原理。
2	请说明 Linux 软件技术架构与工作原理。

序号	思考题
3	请说明 QNX 软件技术架构与工作原理。
4	请说明 ROS 软件技术架构与工作原理。
5	请说明 AUTOSAR 软件技术架构与工作原理。
6	请说明 RViz 3D 软件技术架构与工作原理。
7	请说明 Apollo 软件技术架构与工作原理。
8	请说明 Autoware 软件技术架构与工作原理。
9	请说明 Python 软件技术架构与工作原理。

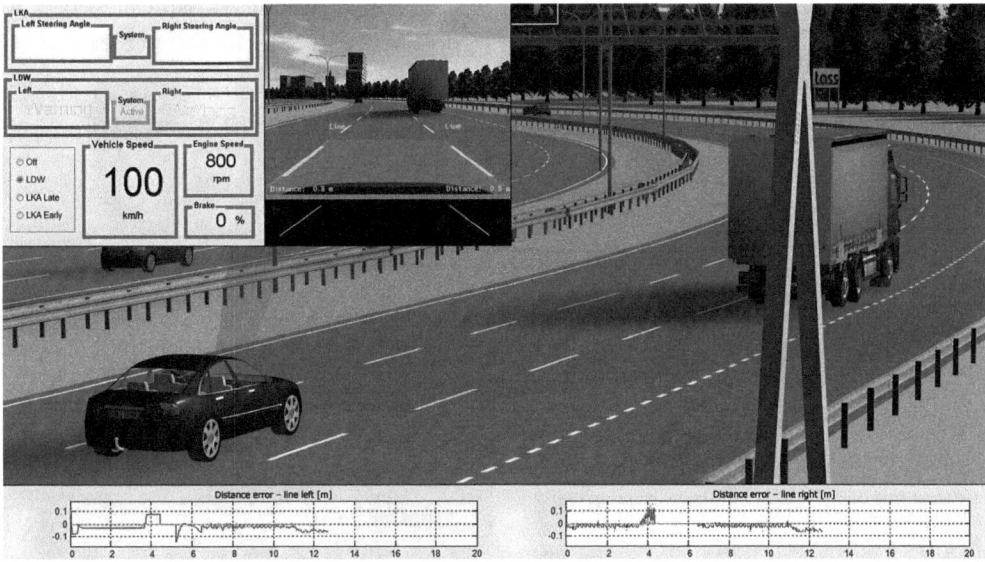

图 6-28　车道偏离预警系统

如图 6-29 所示，车道保持辅助（LKA）系统则是在车道偏离预警的基础上，进一步增加了自动调整转向盘的功能。当系统检测到车辆意外偏离车道时，它会自动介入，轻微转动转向盘，帮助将车辆引导回车道线内。LKA 系统通常会在驾驶员没有及时响应车道偏离预警时激活，起到辅助驾驶员的作用，确保车辆行驶的安全性和稳定性。

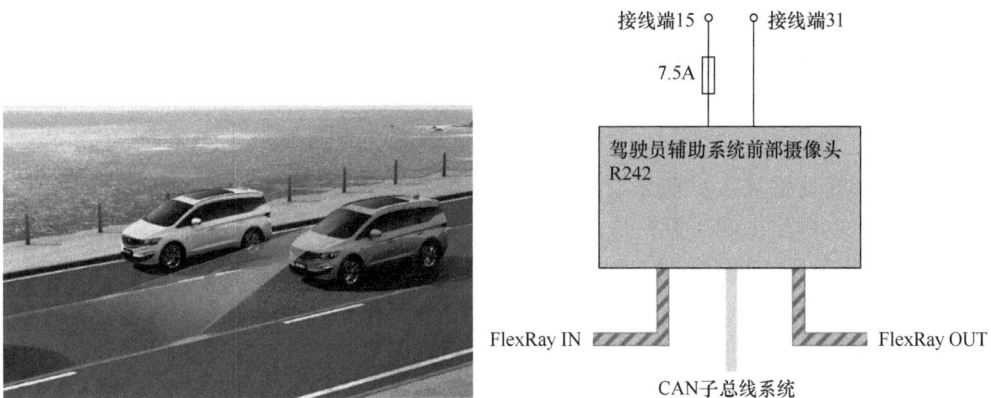

图 6-29　车道保持辅助系统与前摄像头控制电路

车道保持辅助系统主要由传感器、控制器、执行器组成。

（1）传感器　如摄像头捕捉车道线，帮助系统判断车辆位置。例如，特斯拉 Autopilot 使用雷达检测周围物体，助力自动驾驶与车道保持。

（2）控制器　处理数据，决策车辆行为。例如，本田 Accord 的系统能在车辆偏离时自动警告并微调方向。

（3）执行器　实现控制器决策。例如，丰田 Lexus LS 车型能在检测到偏离时自动调整转向盘，提升安全性。

首先，系统中的传感器模块负责捕捉实时道路图像或者通过雷达、激光雷达等技术探测车道线和周围环境的信息。这些信息随后被发送到控制器模块。控制器模块会对这些数据进行实时分析，判断车辆是否偏离了车道。如果检测到车辆有偏离车道的迹象，控制器会立即发送指令给执行器模块。执行器模块接到指令后，会调整车辆的转向盘或者制动，辅助驾驶员将车辆顺利引导回车道线内，确保车辆的稳定行驶。

6.2.3 自动变道系统

如图 6-30 所示，自动变道系统（Automatic Lane Change Assist）的实现基于先进的传感器技术、复杂的控制算法和精密的执行机构的紧密集成。这些技术共同工作，使得汽车能够自主安全地在道路上变换车道。此系统旨在提供更高的驾驶安全性和便利性，减轻驾驶员的操作负担。

（1）传感器 如雷达、激光雷达（LiDAR）、摄像头和超声波传感器等，它们合作提供对车辆周边环境的全方位感知。这

图 6-30 自动变道系统

些传感器不断地收集数据，包括但不限于附近车辆的位置、速度以及道路状况，如车道标识的可见性。通过这些数据，系统能够构建一个准确的周围环境模型，这是自动驾驶的基础。

（2）车载通信系统 车载通信系统的作用是确保各种传感器、控制单元和执行机构之间可以快速、准确地交换信息。在自动变道系统中，车载局域网络如 CAN 总线是连接这些组件的纽带。这个系统允许高速传输传感器数据到中央处理单元，并将控制命令传递到相应的执行机构，从而确保系统能够即时响应环境变化。

（3）中央处理单元（ECU） ECU 作为系统的"大脑"，处理由传感器传来的海量数据，并运行复杂的变道决策算法来发出控制命令。ECU 必须具备极高的计算能力，以便能够在毫秒级时间内做出正确决策，这对于在高速驾驶中实现平滑且安全的变道至关重要。

（4）控制算法 控制算法是自动变道系统的核心，涉及信号处理、目标检测、轨迹规划和决策制定等多个层面。这些算法根据综合的传感器数据评估周边环境的状况，考虑到各种因素如安全距离、车辆当前速度及目标车道的交通流量等，制定出最佳的变道策略。

（5）执行机构 执行机构包括电子控制的转向系统、加速器和制动器，负责物理地执行 ECU 下达的变道命令。通过精确控制这些部件的动作，系统不仅能够保证变道动作的安全性，还能够确保过程的平滑性，避免给乘客造成不舒适的体验。

自动变道系统的工作原理是利用车载的传感器（如雷达、摄像头等）实时收集车辆周围的环境信息，包括车道标线、周围车辆的位置、速度和行驶方向等，再将不同传感器收集到的数据进行融合和处理，提高对环境的识别准确性和鲁棒性。根据处理后的环境信息，系统使用控制算法评估当前的交通情况，制定是否变道、何时变道和变道路线的决策。

该过程考虑安全距离、车辆速度、目标车道的交通状况等因素。根据变道决策，系统发出控制命令，通过执行机构（如电动助力转向系统、驱动和制动）实施变道操作。这一过程需要精确控制车辆动态，以确保变道过程平稳且安全。在整个变道过程中，系统持续监控

车辆状态和周围环境，如果出现任何可能影响变道安全的因素，系统可调整或中止变道操作，并能够实时调整控制策略以应对复杂多变的驾驶环境。如果系统检测到变道过程中出现紧急情况或驾驶员不同意系统的操作，可以通过手动操作转向盘或转向灯来中止变道流程。

例如，图6-31所示为奥迪Q7换道辅助系统控制电路。系统通过两个雷达探头实时监测后方两侧车道的车辆动态，当探测到后方车辆速度较快且距离过近，可能影响正常变道时，警告灯会立即点亮以提醒驾驶员。此外，该系统还具备路口辅助功能，即在路口倒车时，若后方有移动物体，雷达探头会探测到并在原车倒车影像界面显示红色标志进行提醒，必要时甚至会采取紧急制动措施。控制电路包括控制模块、控制开关按键以及线束，不同年份及系统的车辆，配件可能略有差异。该系统显著增强了行车安全，降低了追尾事故的概率。

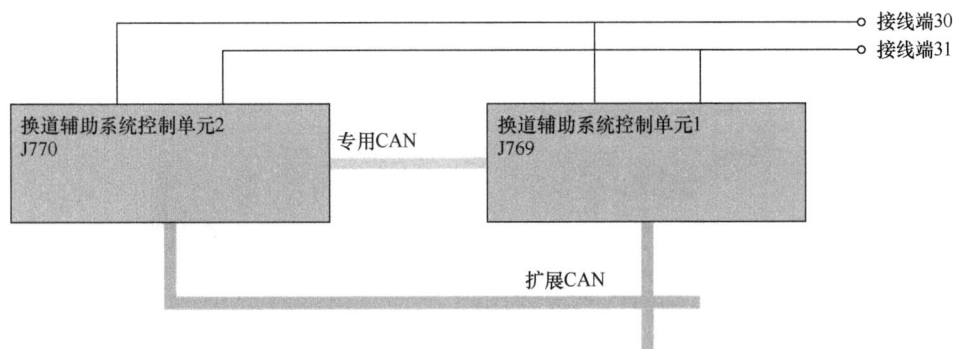

图6-31　自动变道系统电路控制原理

两个控制单元J769和J770通过专用CAN进行通信。此外，它们也通过扩展CAN相互连接。

自动变道系统的执行步骤解析如下：

首先，超车流程的起点是"左换道准备"状态。在这个阶段，智能网联汽车启动相应的转向指示灯，开始轻微调整方向，这不仅是为了提醒后方车辆即将进行超车，也是为了判断周围环境，特别是判断左右两侧是否有其他车辆需要避让。这一阶段的目的是确定当前的环境是否适合开始实际的超车行动。

一旦评估结果认为条件适宜，智能网联汽车进入"左换道"状态。在此阶段，智能网联汽车进一步调整方向，加速进入目标车道，以完成从当前车道到超车道的切换。这一过程需要精确控制车速和转向角度，以确保平稳过渡，同时避免与相邻车道的车辆发生碰撞。

进入"并行超越"阶段，智能网联汽车的控制系统开始主导车辆的动态调整。这包括但不限于速度管理、转向角调整以及保持与前车的安全距离。在这一阶段，智能网联汽车会动态优化自身的行驶轨迹，以确保能够安全、高效地超越前车。同时，系统会持续监控前方车辆的动向，准备在必要时采取紧急制动或变道等预防措施。

最后，当成功完成超车动作后，智能网联汽车会迅速调整回原车道，并根据实际情况调整速度，以融入正常的交通流中。这个阶段的目的是确保智能网联汽车的行驶状态与周围车辆一致，避免引起交通混乱。

随着技术的不断发展和完善，自动变道系统正在逐步变得更加智能化和精确。这不仅提高了驾驶的安全性和舒适性，也是实现完全自动驾驶的关键步骤之一。预计未来，随着智能交通系统的进一步发展，自动变道及其他智能驾驶辅助功能将为人们带来更加便捷和安全的驾驶体验。

6.2.4 自动泊车系统

如图 6-32 所示，智能网联汽车自动泊车系统是指利用先进的传感器、控制器、执行器、通信设备及计算平台，实现车辆自动完成泊车操作的系统。其主要作用是缓解驾驶员在狭小空间泊车时的操作压力，提高泊车效率，降低泊车事故风险。

图 6-32　自动泊车系统

自动泊车系统的结构组成主要包括以下几个部分。

（1）传感器　传感器是自动泊车系统的重要部分，包括摄像头、超声波传感器、激光雷达等。摄像头可以监测车辆后方的障碍物，超声波传感器可以检测车辆四周的障碍物，激光雷达可以扫描周围环境，为车辆提供三维感知能力。例如，特斯拉的自动泊车系统就使用了超声波传感器和摄像头来感知车辆周边环境。

（2）控制器　控制器是自动泊车系统的核心，它接收传感器的信息，进行数据处理和决策规划。控制器会根据传感器提供的信息，判断附近是否有空车位，制定泊车策略和路径规划，然后控制执行器完成泊车操作。例如，宝马的自动泊车系统可以通过控制器实现平行泊车、垂直泊车等多种泊车方式。

（3）执行器　执行器是自动泊车系统的执行部分，包括转向系统、制动系统、加速踏板等。根据控制器的指令，执行器可以控制车辆的转向、制动和加速等操作，完成泊车任务。例如，当控制器判断出附近有一个空车位时，它会发送指令给执行器，让车辆进行转向和制动操作，将车辆停入车位。

（4）通信设备　通信设备是自动泊车系统与其他车辆、基础设施进行信息交互的关键部分。通过通信设备，自动泊车系统可以获取其他车辆和基础设施的信息，提高泊车系统的协同性和智能性。例如，车辆可以通过车联网技术与其他车辆进行通信，了解附近的停车位情况，从而更准确地找到停车位。

（5）计算平台　计算平台是对传感器数据进行处理和分析的部分，它实现泊车决策规划、路径规划等功能。计算平台会根据传感器提供的数据，进行实时计算和分析，为控制器提供决策依据。例如，谷歌的自动驾驶汽车就使用了强大的计算平台，可以实时处理传感器数据，实现自动驾驶和自动泊车功能。

自动泊车系统通过驾驶员启动后，利用超声波传感器、摄像头等感知周围环境，经控制器分析数据并规划最佳泊车路径，随后控制车辆执行转向、制动及加速等操作，直至车辆平稳停入车位并自动确认完成，部分系统还能记忆泊车位置以便下次使用。

技术应用方面，自动泊车系统在智能网联汽车、自动驾驶等领域具有广泛应用。随着技术的不断发展和创新，自动泊车系统将更加智能化、协同化，为驾驶员提供更加便捷、安全的泊车体验。例如，未来自动驾驶汽车将配备更先进的自动泊车系统，使驾驶员能够轻松应对各种复杂的泊车场景。

6.2.5 紧急制动辅助系统

如图 6-33 所示，智能网联汽车紧急制动辅助系统（Emergency Brake Assist System，EBA）是一种通过智能网联技术，对车辆进行实时监控，并在检测到潜在危险时，辅助驾驶员进行紧急制动的系统。该系统的作用在于缩短紧急制动时的反应时间，提高制动效果，从而降低交通事故的发生概率。

图 6-33 紧急制动辅助系统

紧急制动辅助系统的结构组成主要包括以下四个方面。

（1）传感器 该系统采用多种传感器，如雷达、摄像头和激光雷达等，用于全面感知周围环境，如车辆、行人、路况等。雷达可以用于检测前方的车辆和障碍物，摄像头则可以识别道路标志和行人及非机动车。这些传感器收集到的信息对于系统准确判断潜在危险至关重要。

（2）控制器 作为系统的核心，控制器负责对传感器收集到的数据进行实时处理和分析。例如，如果系统检测到前方有障碍物，控制器会根据车辆的速度、位置和障碍物的距离，计算出最适宜的制动力度和时间，以确保安全。以特斯拉 Autopilot 系统为例，控制器利用先进的人工智能算法对传感器数据进行快速分析，以便判断前方是否存在潜在危险。在确认存在危险后，控制器会制定相应的制动策略，如启动紧急制动或提醒驾驶员采取措施。

（3）执行器 执行器负责根据控制器的指令进行具体操作，在紧急制动辅助系统中，执行器通常包括制动系统和转向系统。例如，当控制器判断前方有碰撞风险时，它会向执行器发送指令，启动紧急制动系统，以降低车速并避免碰撞。

（4）通信模块　该模块负责与其他车辆和基础设施进行信息交互，提高系统的协同性和智能性。以车联网为例，通信模块可以使车辆之间实时共享道路信息和交通状况，从而提高行驶安全。例如，当一辆车检测到前方有障碍物时，它可以立即将这一信息传递给其他车辆，以便它们及时采取措施避免碰撞。

紧急制动辅助系统通过集成雷达、摄像头与激光雷达等传感器，实时感知周围环境，捕捉潜在危险。控制器运用先进算法迅速分析传感器数据，一旦识别到碰撞风险，即启动通信模块与周围车辆共享信息，增强协同避障能力。随后，执行器根据控制器指令迅速响应，实施紧急制动，有效减缓车速，避免碰撞。系统通过感知、分析、通信与执行四个环节的紧密配合，实现了对潜在危险的即时预警与主动干预，显著提升了行车安全性与道路协同效率，为驾驶员提供了更加可靠的驾驶辅助。

此外，紧急制动辅助系统常与以下技术协同工作。

（1）自适应巡航控制（ACC）系统　在高速公路上，ACC通过雷达监测前车距离和速度，自动调整车速以保持安全距离，减轻驾驶疲劳。

（2）前碰撞警告系统（FCW）　FCW通过雷达或摄像头监测前方车辆，一旦检测到碰撞风险，即向驾驶员发出预警，提醒其及时采取措施。

随着技术进步，紧急制动辅助系统将更加智能化、协同化，通过集成更多传感器和算法以及车联网技术，实现更精确的目标检测和风险评估，从而提升行车安全性和便利性。

6.3　思　考　题

本章的学习目标你已经达成了吗？请通过思考以下问题的答案进行结果检验。

序号	思考题	自检结果
1	请说明前碰撞警告系统组成与工作原理。	
2	请说明行人检测系统组成与工作原理。	
3	请说明盲点检测系统组成与工作原理。	
4	请说明驾驶员疲劳检测系统组成与工作原理。	
5	请说明夜间视野增强系统组成与工作原理。	
6	请说明交通标志识别系统组成与工作原理。	
7	请说明自适应巡航控制系统组成与工作原理。	
8	请说明车道保持辅助系统组成与工作原理。	
9	请说明自动变道系统组成与工作原理。	
10	请说明自动泊车系统组成与工作原理。	
11	请说明紧急制动辅助系统组成与工作原理。	

第7章 智能网联汽车软件系统

学习目标

1. 掌握 RTOS、Linux 和 QNX 等操作系统的技术架构与工作原理。
2. 掌握 ROS、AUTOSAR 和 Rviz 3D 等系统的技术架构与工作原理。
3. 掌握 Apollo、Autoware 和 Python 等系统的技术架构与工作原理。

7.1 RTOS、Linux、QNX 软件结构与原理

智能网联汽车软件应用集成了多种信息技术和应用程序，旨在提升汽车安全性、效率和便捷性。它通过传感器、摄像头等设备，运用算法实现防碰撞、车道保持等功能，并优化交通信息分享，减少拥堵。在智能网联汽车中，RTOS、Linux 和 QNX 是关键的操作系统，每种系统都适用于不同的场景和需求。

（1）RTOS 在无人驾驶系统中，RTOS 负责实时处理传感器数据、路径规划等任务。其即时性和可靠性对于紧急制动、转向等操作至关重要。例如，特斯拉早期版本的 Autopilot 就使用了 RTOS 来管理自动驾驶的核心功能。

（2）Linux Linux 因其开源特性和强大的计算能力，在自动驾驶汽车上支持多种软件堆栈。它用于处理高清摄像头图像，通过机器学习算法识别道路标志等。谷歌的 Waymo 自动驾驶项目就利用 Linux 构建了复杂的自动驾驶解决方案。

（3）QNX QNX 以其高稳定性和安全性著称，特别适用于无人驾驶车辆中的关键任务系统。在 ADAS 和自动驾驶汽车中，QNX 确保系统平稳运行，并处理行人检测、交通标志识别等任务。特斯拉早期也考虑过将 QNX 纳入其硬件生态系统中。

这三种操作系统各有优势，通常根据项目需求组合使用或单独部署于特定任务或平台，共同推动无人驾驶技术的发展。

7.1.1 RTOS

RTOS（Real-Time Operating System，实时操作系统）是一种为实时应用设计的操作系统，它能够确保在规定的时间内提供准确和及时的结果。RTOS 的一个主要特点是它的快速响应和高实时性，能够在微秒级别对事件做出及时反应，满足实时系统严格的时间限制。RTOS 的架构以任务调度为中心，通过任务优先级来决定任务的执行顺序，高优先级的任务可以中断低优先级任务的执行，以确保关键任务的及时完成。RTOS 通常用于嵌入式系统，如汽车中的电子控制单元（ECU）。

RTOS 结构与原理如图 7-1 所示，其核心概念之一是"任务"，它是为实现特定系统功

能而设计的相互关联的代码集合。与通用计算机不同，嵌入式计算机在汽车应用中通常被专门设计来执行特定任务，如整车控制单元（VCU）、发动机燃油喷射控制单元（ECU）、变速器控制单元（TCU）以及车身控制模块（BCM）等。这些系统共同工作，支持汽车的智能化运行。

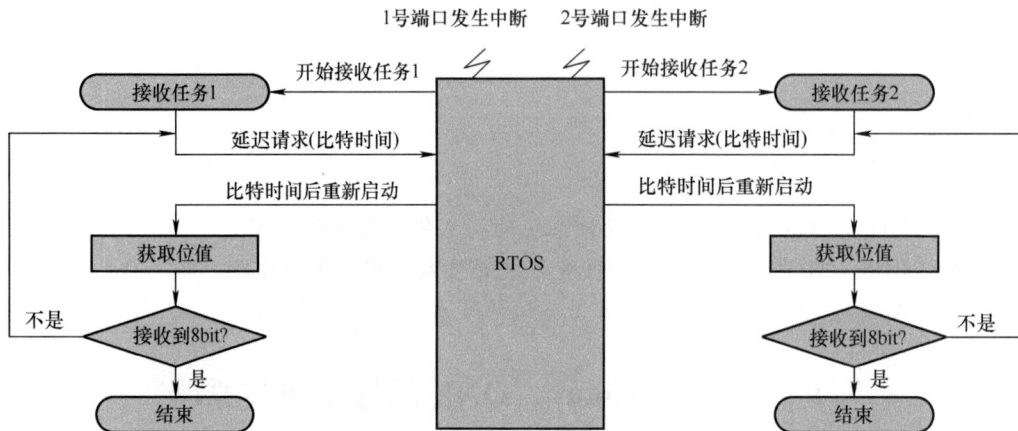

图 7-1 RTOS 结构与原理

技术结构如图 7-2 所示，任务作为 RTOS 的基本单元，是有明确目标导向的、半自治的程序片段。它们协同工作，共同满足汽车内部实时应用的需求。为了确保车辆在各种工况下都能高效、稳定地运行，RTOS 智能地调度这些任务，确保它们能够按照预定的优先级和时序执行。这不仅满足了实时性的要求，也优化了系统的整体性能。

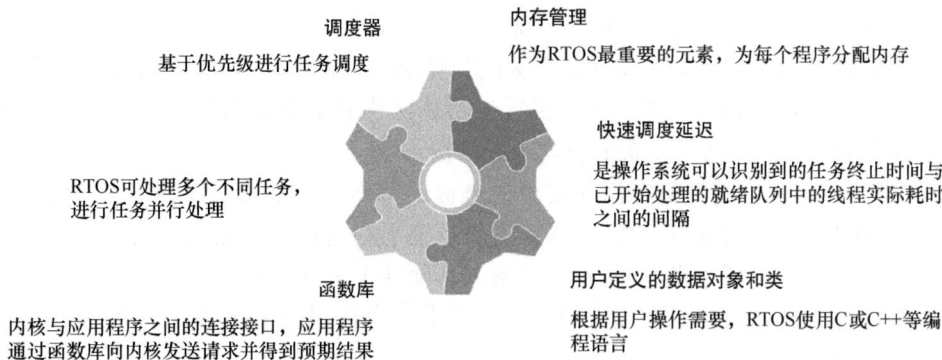

图 7-2 技术结构

此外，RTOS 还具有空闲管理机制。当系统中没有紧急或高优先级的任务需要处理时，它会自动进入低功耗的空闲状态，以节省能源并延长车辆的续驶能力。这对于提升电动汽车等新能源车型的续驶性能非常重要。

RTOS 的安装和配置是一个复杂的过程，它涉及多个步骤，这些步骤取决于所选的 RTOS 版本、目标硬件平台和开发工具链。以下是详细的安装方法。

1. 选择合适的 RTOS 版本

1）根据汽车项目的具体需求，如实时性要求、功能安全等级、内存占用、处理器兼容性等，选择合适的 RTOS 版本。

2）常见的汽车 RTOS 包括 AUTOSAR OS、FreeRTOS、QNX 等。

3）进行兼容性检查，确保所选 RTOS 版本与目标硬件平台（如 MCU、SoC）和开发工具链兼容。

2. 获取 RTOS 软件包和开发工具

1）从 RTOS 的官方网站、GitHub 仓库或其他可信渠道下载适合项目需求的 RTOS 软件包。

2）确保下载的是最新版本或符合项目需求的特定版本。

3）根据 RTOS 和硬件平台的要求，安装相应的开发工具链，包括编译器、调试器、IDE（如 Keil MDK、IAR Embedded Workbench、Eclipse CDT 等）以及任何必要的插件或扩展。

3. 配置硬件开发环境

1）确保你的硬件平台（如 MCU 开发板）已经准备好，包括电源、必要的接口连接（如 USB、JTAG/SWD）等。

2）将调试设备（如 JTAG/SWD 调试器）连接到硬件平台，确保调试接口连接正确且稳定。

4. 导入 RTOS 软件包到开发工具

1）在 IDE 中创建一个新的项目，根据项目需求命名，并设置项目的存储路径。

2）将 RTOS 软件包解压到合适的目录。

3）在 IDE 中配置项目设置，包括 RTOS 的源代码路径、头文件路径和库文件路径等。

4）如果 RTOS 软件包包含多个组件或模块，根据需要选择性地导入。

5. 创建和编译项目

1）在 IDE 中创建项目的同时，根据硬件平台和 RTOS 的要求，设置项目的构建配置和编译选项。

2）编译项目以生成可执行文件和固件 image。

6. 下载固件到硬件平台

使用 IDE 内置的下载功能或外部工具（如 ST-Link、JLink 等）将编译后的固件下载到硬件平台。

7. 调试和测试

1）使用 IDE 的调试功能进行硬件调试，确保 RTOS 在目标硬件上正确运行。

2）进行功能测试和性能测试，验证 RTOS 满足汽车应用的实时性和可靠性要求。

8. 优化和迭代

1）根据测试结果，对 RTOS 配置和项目设置进行调整和优化。

2）重复编译、下载、调试和测试步骤，直到 RTOS 运行稳定且满足所有项目要求。

在安装时应该注意以下几点。

1）遵守 RTOS 编程规范：在编程时遵循实时操作系统（RTOS）的规范和最佳实践至关重要，这不仅有助于提高代码的可读性和可维护性，还有助于确保程序的安全性。

2）满足功能安全要求：若项目需符合特定的功能安全标准，如 ISO 26262，务必确保所使用的 RTOS 及应用程序代码坚守这些安全要求。这可能涉及选择符合安全标准的编译器选项、进行严格的代码审查以及执行静态和动态的代码分析等措施。

3）重视实时性要求：考虑到汽车 RTOS 对实时性的高要求，设计和实现过程中需要特别关注任务调度、中断处理和时间管理等关键方面。

4）维护文档和记录：在开发过程中，应实时记录设计决策、代码实现、测试结果等关键信息，这有助于项目后续的维护和升级。

RTOS 技术架构如图 7-3 所示。RTOS 主要由四部分组成：任务管理器、时间管理器、资源管理器和中断处理器，各部分协同工作，共同确保了 RTOS 的高效和实时性。

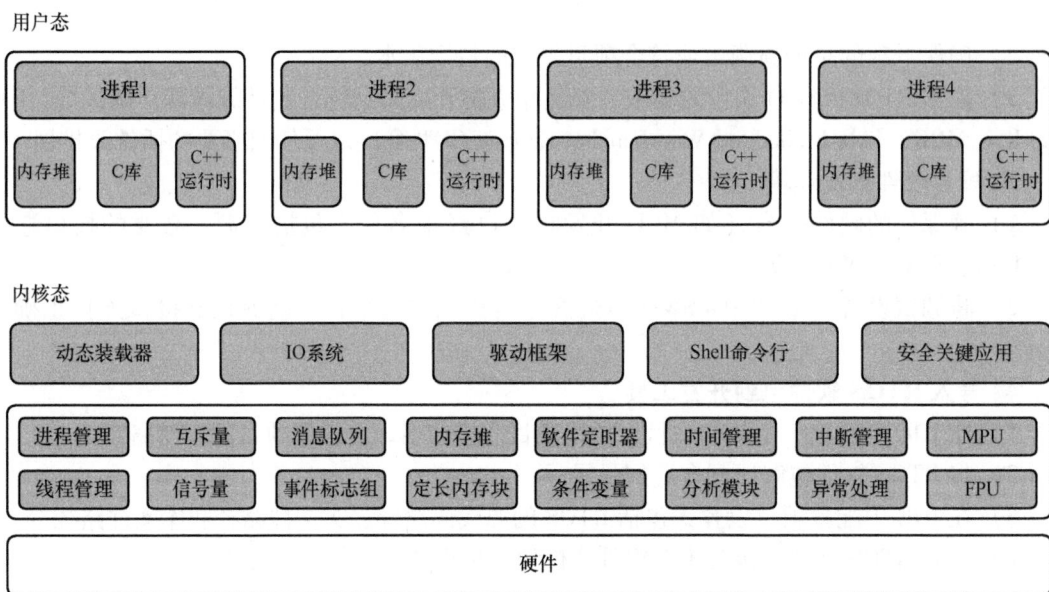

图 7-3　RTOS 技术架构

这四部分的功能以及工作原理如下：

（1）任务管理器　任务管理器负责任务的创建、销毁、同步及调度。在 RTOS 中，任务是执行流的基本单位，类似于程序或函数。每个任务赋予一定优先级，任务管理器依据这些优先级进行任务调度，以决定何时执行哪个任务。例如，在自动驾驶系统中，可能需要同时运行多个任务（如监控感知系统、操纵转向盘和制动系统）。紧急情况下，比如制动任务的优先级会被设置得更高，以确保得到快速响应。

（2）时间管理器　如图 7-4 所示，时间管理器用于实现精确计时和延时功能，提供微秒级别的时间管理能力。它可以追踪任务的开始与结束时间，并提供定时器服务，以便为需要持续或延时执行的任务提供准确的时间基准。对于自动驾驶系统而言，时间管理的准确性至关重要，微秒的延迟都可能产生风险。时间管理器确保每个任务能按预设时间准确执行，比如环境感知系统需要每 50ms 更新一次数据。

（3）资源管理器　如图 7-5 所示，资源管理器用于管理系统资源，如内存、文件、设备驱动等。它分配与回收资源，并通过信号量、互斥锁等机制处理任务间资源争夺的问题。在自动驾驶系统中，资源管理器必须有效分配诸如视频流数据和传感器信息这样的资源，并使用同步机制保证资源的有序访问，防止资源冲突和竞争条件。

（4）中断处理器　如图 7-6 所示，中断处理器负责响应和处理各类中断请求，包括硬

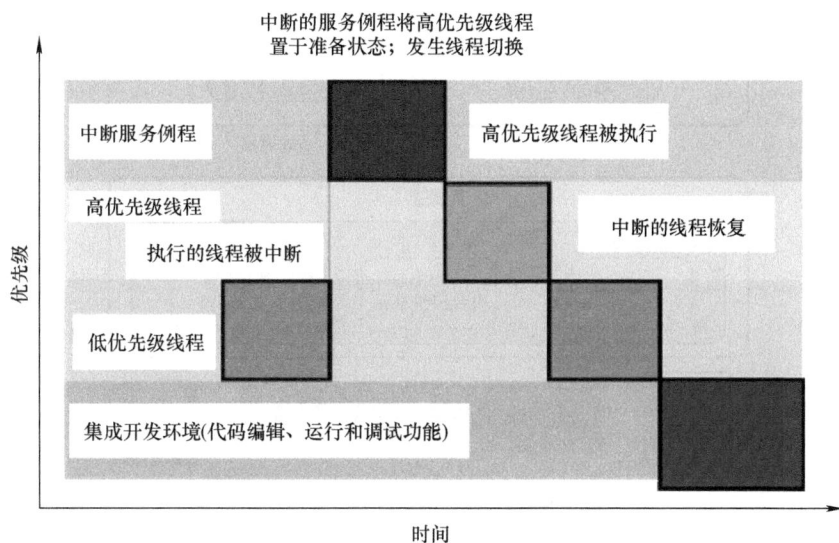

图 7-4 时间管理原理

件和软件中断。发生中断时，RTOS 迅速保存当前任务状态，切换到相应的中断服务例程（ISR），并在处理完成后恢复原任务继续执行。自动驾驶系统中可能响应的中断包括传感器读数异常、紧急制动请求等。例如，当感应到行人横穿道路时，系统即触发紧急制动中断，暂停当前任务，转入紧急处置程序，处理完毕后再继续之前的任务。

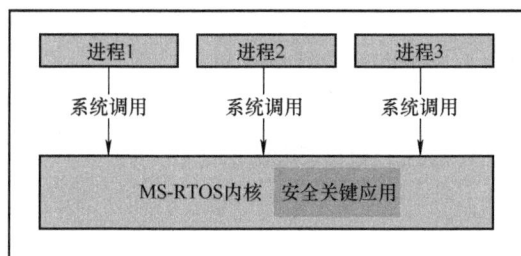

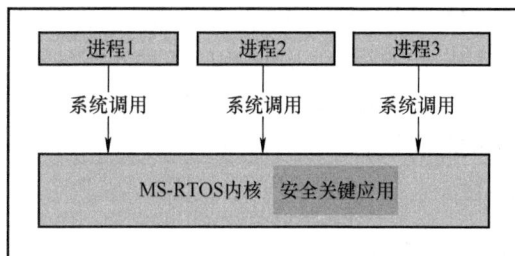

图 7-5 资源管理器

图 7-6 中断处理器

在自动驾驶控制系统中，实时操作系统（RTOS）的应用优势主要表现在其能够准确控制汽车功能、高效调度任务以及快速响应环境变化等方面。RTOS 通过精细的任务调度、严格的时间管理、有效的资源配置以及迅速的中断处理机制，确保了自动驾驶系统的实时性和稳定性。

（1）任务调度和管理 如图 7-7 所示，RTOS 能够创建、调度和管理多个任务，并根据任务的优先级合理安排执行顺序。例如，在紧急情况下，如紧急制动指令被触发时，RTOS会立即提升该任务的优先级，中断其他低优先级任务，确保车辆安全。

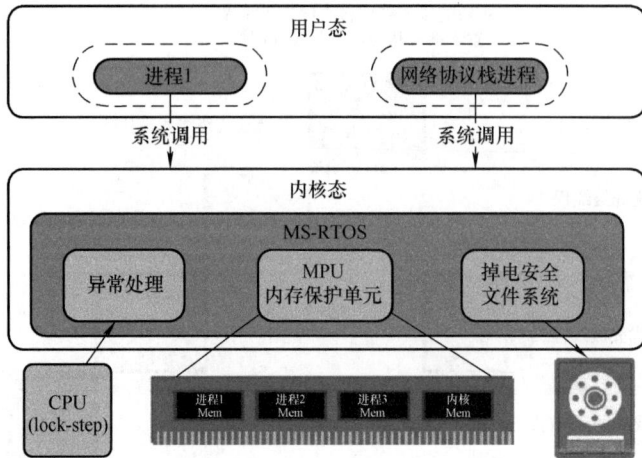

图 7-7　任务调度和管理

（2）时间管理　RTOS 拥有微秒级的时间管理能力，可以精确地控制任务的执行时间。这一点在自动驾驶系统中尤为重要，如传感器数据的处理和分析必须在特定时间内完成，以保证车辆正常运行。

（3）资源管理　在智能网联汽车中，处理器资源需要被合理分配给多个并行运行的任务，如导航、音乐播放等。RTOS 通过其资源管理能力，能够确保所有任务根据优先级和需求得到足够的处理资源，实现高效的多任务处理。

（4）中断处理　RTOS 具备快速响应外部中断的能力，可以迅速处理如制动、转向等汽车关键操作的指令，及时响应各种外部事件，增强了系统的响应速度和可靠性。

总之，RTOS 在自动驾驶控制系统中扮演着至关重要的角色，它通过高效的任务管理、精确的时间控制和优秀的资源分配及中断响应能力，保障了智能网联汽车的安全、稳定和高效运行。

7.1.2　Linux

Linux 是一种免费且开源的类 UNIX 操作系统。它对多种硬件设备提供了出色的支持，拥有先进的网络功能和强大的安全性能。在自动驾驶汽车中，通过设备驱动程序，Linux 能够有效地管理和控制各类硬件设备，确保自动驾驶系统的平稳运行。Linux 技术架构如图 7-8 所示，整个系统的架构主要包括三大部分：硬件层、Linux 内核层和 Shell 脚本语言。硬件层为系统提供必要的物理资源；Linux 内核层负责硬件资源的管理，并提供核心的系统服务；Shell 脚本语言则是实现人机交互的重要手段。

1. 硬件

计算机的硬件部分包括 CPU、RAM、硬盘等核心部件，以及键盘、鼠标和显示器等外围设备。Linux 操作系统对这些硬件设备提供广泛的支持，并可以通过设备驱动程序进行有效管理和控制。对于自动驾驶汽车而言，如图 7-9 所示，其关键硬件包含了传感器（如雷达、激光雷达、摄像头等）、执行器（转向、驱动、制动等）和车载电脑等组成部分。Linux 在这些关键硬件上扮演着至关重要的角色。

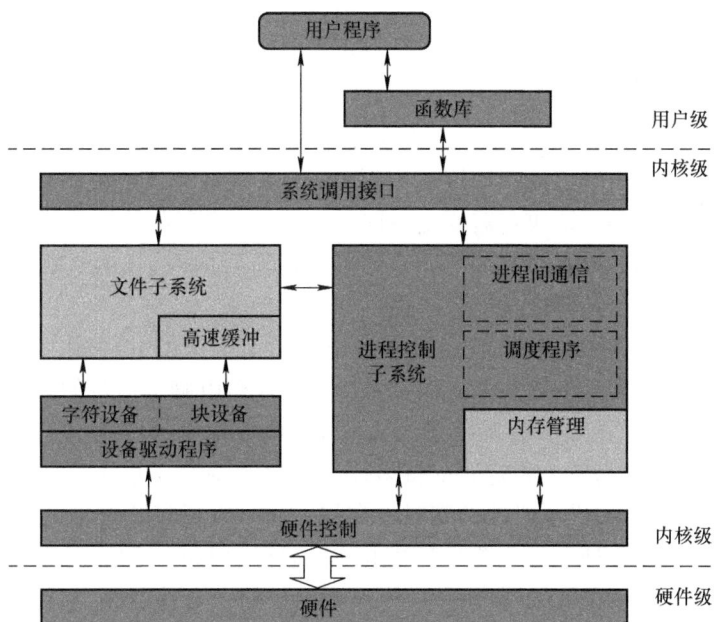

图 7-8　Linux 技术架构

图 7-9　车辆的硬件

（1）传感器　在自动驾驶汽车系统中，传感器用于收集车辆周围环境的信息，这对车辆的导航与安全极为关键。Linux 操作系统通过设备驱动程序来读取这些传感器生成的数据，并将数据传输给应用程序进行进一步处理。例如，使用摄像头捕捉道路状况、使用雷达探测距离、使用激光雷达（LiDAR）进行精确的空间定位。在 Linux 操作系统中，通过编写特定的设备驱动程序，可以将从摄像头或雷达等传感器收集的数据有效地传输到系统中。设备驱动程序负责初始化传感器，读取数据，并通过内核的各种调度机制确保数据实时处理。这些数据随后被传送到用户空间的应用程序来进行更高级别的分析和决策处理。

（2）执行器　执行器负责根据计算机的指令调控汽车的运行状态，如转向、加速或减速等。在 Linux 系统中，执行器通常通过控制总线（如 CAN 总线）与计算平台通信。Linux 系统内的驱动程序将解析来自高级应用的控制命令，并通过总线协议将指令传递给相应的执行器。例如，当自动驾驶系统决定需要变道时，Linux 系统会发送指令至转向执行器，驱动汽车进行物理转向操作。或者当自动驾驶系统判定需要转向时，Linux 就会通过相应的设备驱动程序将转向指令发送给转向机。

（3）车载电脑　自动驾驶汽车配备的车载电脑具有强大的处理能力，能够处理来自传感器的大量数据，执行复杂的算法并做出驾驶决策。这台电脑上运行的操作系统便是 Linux，得益于 Linux 对硬件的优秀支持，能够最大化地发挥车载电脑的性能。

Linux 操作系统因其高效、稳定并支持多任务处理的特性，非常适合部署于资源要求极高的车载电脑上。Linux 提供了必要的实时性支持，并可以通过其丰富的网络和设备驱动支持，高效地管理和调度各种硬件资源。车载电脑上运行的 Linux 系统能够利用其强大的计算能力和多线程能力，快速处理和分析来自传感器的数据，支持复杂的导航算法和实时决策制定。

2. Linux 内核

如图 7-10 所示，内核是操作系统的关键组成部分，负责处理系统的硬件资源管理，如 CPU 调度、内存管理、设备输入输出等。除此之外，内核还提供了一系列系统调用接口，使应用程序能够请求内核服务。此外，内核也维护着文件系统，确保数据的正确存储与检索。因此，在自动驾驶汽车中，Linux 内核不仅管理控制各类硬件设备，还提供系统调用接口，并负责维护文件系统，确保整个自动驾驶系统的稳定运行。

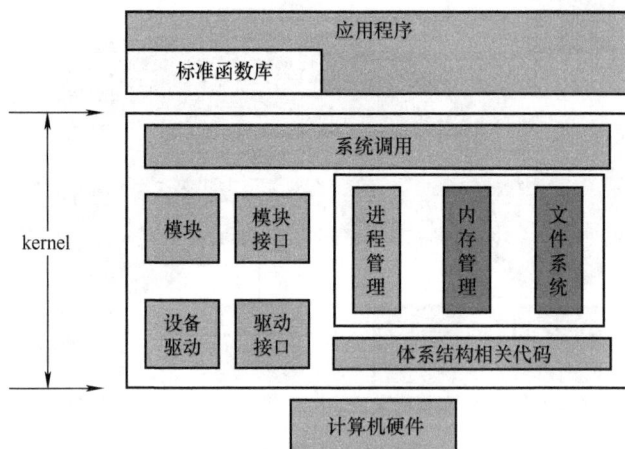

图 7-10　Linux 内核

自动驾驶汽车中的 Linux 内核主要包括以下几个核心职能。

（1）硬件资源管理　在自动驾驶汽车中，内核对硬件资源的高效管理至关重要。关键硬件包括传感器（如雷达、激光雷达、摄像头）、执行器（如转向、驱动、制动）以及车载电脑等。内核需对这些设备进行及时的数据处理和任务调度，特别是在紧急情况下，内核需优先处理关键任务，比如紧急制动。同时，内核还要合理调度 CPU 资源，保证多个应用程序能够公平并高效地运行。

案例：在自动驾驶技术中，特斯拉（Tesla）的自动驾驶系统 Autopilot 是非常先进的例子。特斯拉汽车搭载了多个硬件传感器，包括前向雷达、360°摄像头系统以及超声波传感器等，这些都是自动驾驶的关键硬件。特斯拉的车载电脑采用了特斯拉自研的 AI 芯片，该芯片针对自动驾驶任务进行了专门的优化，能够高效地处理来自传感器的大量数据，并确保实时性和可靠性。通过软件和硬件的紧密结合，特斯拉成功实现了对硬件资源的高效管理，尤其是在紧急情况下，比如自动紧急制动等功能，都得到了有效处理。

（2）系统调用接口　自动驾驶系统中各种软件模块，如路径规划、目标检测等，都需要通过系统调用接口来请求内核提供的服务。例如，路径规划模块计算完成后，可能需要通过系统调用指令向执行器发送指令。这些交互过程均依赖内核提供的系统调用接口。

案例：谷歌的自动驾驶项目 Waymo，使用了复杂的软件体系结构来支持其自动驾驶功能。在 Waymo 的系统中，如路径规划模块，在完成计算后需要向执行器发送指令以控制汽车行驶。这一过程需要通过系统调用接口来完成。系统调用接口作为软件与内核之间通信的桥梁，使得路径规划模块可以请求内核调度适当的执行器进行操作。这种设计保证了不同软件模块可以高效、安全地访问硬件资源，同时也便于软件的模块化和维护。

（3）文件系统的维护　内核还负责维护文件系统，确保数据的安全存储和高效检索。在自动驾驶汽车中，需要记录和存储大量数据，包括行车数据、传感器采集数据、日志信息等。所有这些数据都通过文件系统进行管理。数据在存储前还涉及安全检查和权限验证等操作，这些也都是由内核来完成的。

案例：百度 Apollo 自动驾驶平台，在处理车辆行驶数据、传感器数据和日志信息等方面，具有高效的数据处理与存储能力。Apollo 平台采用分布式文件系统来管理这些数据，能够保证数据的高效存取和安全。比如，Apollo 的黑匣子系统，不仅可以记录行车数据，还能够在出现故障或者事故时，提供重要的数据支持。此外，Apollo 平台在数据的存储过程中，实行严格的权限验证和安全检查，确保数据的安全性。这一切都依赖于内核级别对文件系统的有效维护和管理。

3. Shell 脚本语言

Shell 是 Linux 操作系统中的命令行界面，用户可以通过它输入命令来执行各种操作。同时，Shell 也是一种脚本语言，允许用户编写脚本来自动化执行任务。Shell 负责解释用户命令，并将其转换为内核可理解的系统调用。在自动驾驶汽车的应用场景中，Shell 脚本主要被用于任务自动化、系统管理、测试与调试以及数据处理等领域，这些均旨在提升效率和系统稳定性。

（1）任务自动化　自动驾驶汽车中的多项日常任务，如系统健康检查、关键数据备份、软件版本更新等，都可以通过 Shell 脚本实现自动化。这些脚本可以被配置为定时执行的任务，或者响应特定的条件而启动。例如，创建一个名为"health_check. sh"的脚本，该脚本包含一系列的系统诊断工具和检查命令，比如利用"df"检查磁盘空间，使用"top"或"ps"查看进程状态，以及用"ping"测试网络连通性等。这个脚本可以设置为每天通过 cron 作业自动运行，确保系统的稳定性。

（2）系统管理　通过 Shell 命令行接口，用户可以直接管理自动驾驶汽车的 Linux 系统，包括软件的安装、系统监控和设备管理等。Shell 提供了一整套的命令工具，使得对系统的管理更加快捷高效。例如，使用 APT 包管理器（针对基于 Debian 的系统）的相关命令（"apt-get install ＜package_name＞"）来安装新软件，或者（"apt-get update && apt-get up-grade"）来升级所有已安装的软件包，从而保持系统的最新状态。

（3）测试与调试　开发与测试自动驾驶系统时，Shell 脚本扮演着重要角色。例如，可以使用 Shell 脚本来启动或关闭服务，自动运行测试套件并汇总测试结果，编写一个 "run_tests. sh" 脚本，该脚本负责启动自动驾驶系统服务，运行一系列自动化测试套件，并收集测试结果，最后关闭服务并生成一个测试报告。

（4）数据处理　自动驾驶汽车会生成大量数据，比如路面图像、雷达信号、车辆状态信息等。Shell 脚本可用于执行诸如数据合并、预处理和特定数据提取等处理工作。编写一个 Shell 脚本 "process_data. sh" 来处理这些数据，该脚本可以进行数据合并（使用 "cat" 或 "awk"）、预处理（比如使用 "sed" 进行文本替换，使用 "grep" 筛选特定信息），或执行复杂的数据分析流程，最终把处理后的数据输出到指定位置供进一步分析。

当在 Linux 系统中运行程序时，程序会发起系统调用请求至内核。内核收到请求后，会评估该请求的有效性，并决定执行相应的操作。例如，若程序需要打开一个文件，它会向内核发送打开文件的系统调用。内核确认程序有相应权限后，会找到并打开指定文件。

在自动驾驶汽车的应用场景中，Linux 系统调用对于硬件数据的处理具有极其重要的作用。以处理雷达数据为例，自动驾驶程序首先需要准备一个内存缓冲区，用以暂存从雷达设备采集到的数据。以下的步骤中包括了利用系统调用与雷达设备进行交互，具体操作流程如下：

（1）打开雷达设备文件　自动驾驶程序通过调用 "open（）" 函数来打开雷达设备的文件描述符。这一操作会向 Linux 内核发送一个系统调用请求。该请求的参数通常包括设备文件的路径和打开文件的模式（如只读模式）等。

（2）内核处理系统调用　当 Linux 内核接收到 "open（）" 函数的请求后，内核首先进行合法性校验。这包括检查指定的设备文件是否存在以及程序是否具有足够的权限去访问这个文件。如果所有条件满足，内核将打开设备文件，并将一个文件描述符返回给调用的自动驾驶程序。

（3）读取雷达数据　一旦获得文件描述符，自动驾驶程序便可以开始从雷达设备读取数据。数据的读取过程通过另一个系统调用 "read（）" 函数实现。调用时，程序将文件描述符和预先准备好的内存缓冲区作为参数传递给 "read（）" 函数，确保所读取的雷达数据被正确地存储在内存缓冲区中。

（4）数据处理　将数据成功读入内存后，自动驾驶算法将对这些雷达数据进行进一步的解析和处理，以实现如障碍物检测、车辆定位等功能。

以上步骤展示了系统调用在自动驾驶技术中的应用，特别是如何通过系统调用实现与雷达等硬件设备的有效交互，这对于整个自动驾驶系统的功能实现至关重要。通过这种方式，自动驾驶汽车能够实时处理大量来自不同传感器的数据，确保行车安全与效率。

Linux 系统操作方法如下：

在智能网联汽车应用中，Linux 操作系统通常用于嵌入式系统开发。首先，确保计算机已经安装了合适版本的 Linux 系统，并且智能网联汽车参数设置的各项工具都已经被正确地安装和配置。下面是一段基本的命令行操作流程。

1）启动计算机，进入 Linux 系统。

2）打开终端。可以通过快捷键 < Ctrl + Alt + T > 来快速打开终端。

3）导航到你的智能网联汽车参数设置项目的文件目录。例如，如果你的项目在"~/myproject"中，可以使用以下命令：cd ~/myproject。

4）执行参数设置代码。这很大程度上取决于你的具体实现和用什么语言写的。例如，如果你有一个 Python 脚本叫作"setup. py"，你可以使用以下命令来执行它：python setup. py。

以上是一个基本的流程，但它可能需要根据你的具体情况进行修改。同时，一定要注意文件权限问题，需要有执行文件的权限。如果没有，可以使用 chmod 命令为文件添加执行权限。

执行任何代码之前，一定要理解要运行的代码是做什么的，防止发生不可预料的事情。

启动 Linux 系统后，首先，我们需要加载嵌入式系统的操作系统内核。一般来说，我们会使用 BusyBox 这个软件，它将 UNIX 工具集成在一个执行文件中，因此非常适合嵌入式系统。在 Linux 系统中，可以使用如下命令来编译和安装 BusyBox：

```
git clone git://busybox. net/busybox. git
cd busybox
make defconfig
make
make install
#! /bin/sh
mount- t proc none /proc
mount- t sysfs none /sys
echo /sbin/mdev > /proc/sys/kernel/hotplug
/sbin/mdev- s
```

然后，需要使该脚本可执行：

```
chmod + x S00init
```

之后，可以设置应用程序，如自动驾驶系统、ECU 控制系统、CAN 总线等。

智能网联汽车需要处理的数据非常大，包括但不限于从各种传感器（如雷达、激光雷达、摄像头等）接收的数据，以及内部 ECU、CAN 总线等的数据。这些数据需要在实时或准实时系统中处理，并以特定的方式向驾驶员或其他车辆通报。这些都需要由嵌入式编程实现。

以下是一个基本的程序框架，用 C 语言编写，该程序连接到 CAN 总线，接收并处理消息。

```
1.      #include < stdio. h >
2.      #include < string. h >
3.      #include < unistd. h >
4.      #include < net/if. h >
5.      #include < sys/ioctl. h >
```

```
6.      #include <sys/socket.h>
7.      #include <linux/can.h>
8.      #include <linux/can/raw.h>
9.      int main(void)
10.     {
11.         int s;
12.         int nbytes;
13.         struct sockaddr_can addr;
14.         struct can_frame frame;
15.         struct ifreq ifr;
16.         const char *ifname = "can0";
17.         if((s = socket(PF_CAN, SOCK_RAW, CAN_RAW)) < 0) {
18.             perror("Error while opening socket");
19.             return -1;
20.         }
21.         strcpy(ifr.ifr_name, ifname);
22.         ioctl(s, SIOCGIFINDEX, &ifr);
23.         addr.can_family = AF_CAN;
24.         addr.can_ifindex = ifr.ifr_ifindex;
25.         printf("%s at index %d\n", ifname, ifr.ifr_ifindex);
26.         if(bind(s, (struct sockaddr *)&addr, sizeof(addr)) < 0) {
27.             perror("Error in socket bind");
28.             return -2;
29.         }
30.         while(1) {
31.             nbytes = read(s, &frame, sizeof(struct can_frame));
32.             // 处理接收到的 CAN 总线消息的代码
33.         }
34.         return 0;
35.     }
```

这只是一个基础的例子，实际的应用中会有更复杂的逻辑，需要通过多线程/多进程等方式来处理大量的数据流，并可能需要一定的实时性。注意：处理汽车相关的数据时，安全性至关重要，建议在开发过程中充分考虑各类安全因素，尤其是在设计高并发和实时系统时。最后，可能还需要配置网络，以便车辆可以连接到互联网或者其他车辆。这通常涉及DHCP 和 DNS 设置，可以查阅相关文档进行配置。实际操作可能会根据具体硬件和软件环境有所不同。

7.1.3 QNX

QNX 操作系统以其高度的模块化和微内核架构而闻名，为实时应用提供了一个稳定、可靠的平台。它的设计精心区分了核心功能与其他服务功能，使得系统能够在维持高性能的同时，确保极高的稳定性和安全性。这一点在智能网联汽车等需要高度可靠性的应用场景中

194

尤为重要。

QNX 操作系统技术架构如图 7-11 所示，微内核本身负责处理最基本且关键的系统任务，如进程调度、中断处理、进程间通信（IPC）、定时器与同步机制。通过将设备驱动程序等其他服务作为用户态下的服务运行，QNX 避免了单个服务或驱动程序出错导致整个系统崩溃的情况，提高了系统的鲁棒性。

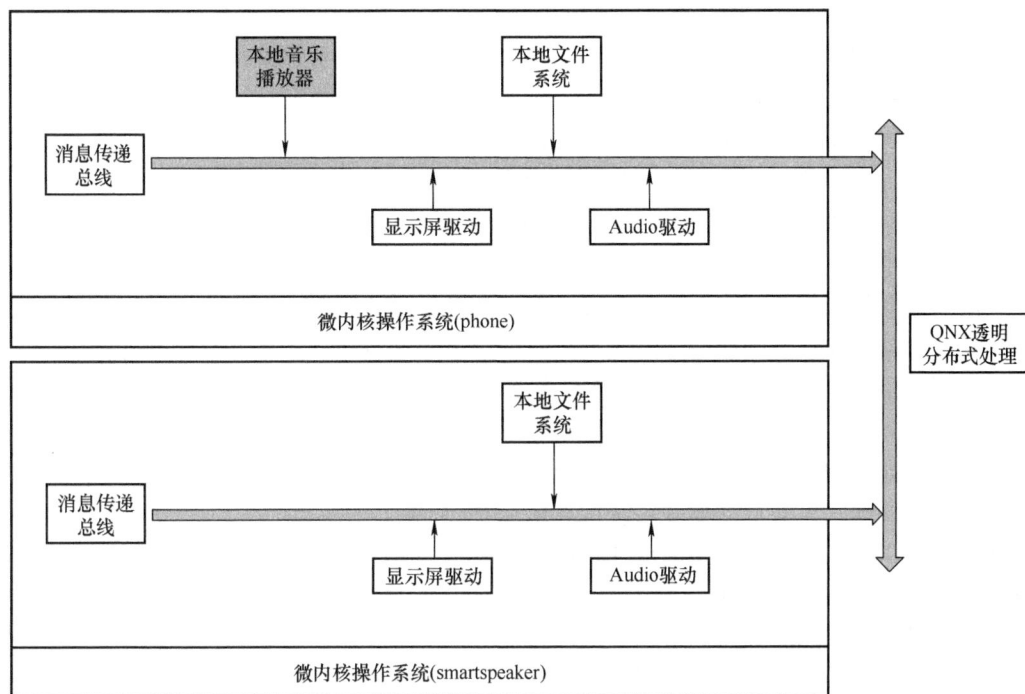

图 7-11　QNX 操作系统技术架构

在智能网联汽车的应用场景中，QNX 操作系统展现出了其优越的实时性和稳定性。例如，QNX 的工作原理体现了其强大的错误处理与恢复能力，假若在行驶过程中，汽车的 GPS 导航系统突然发生故障无法正常工作，QNX 系统的处理流程如下：

1）微内核立即接收到 GPS 导航系统故障的信息。由于所有设备驱动程序均以用户模式下的服务形式独立运行，GPS 故障不会直接影响系统的其他部分，如音响系统、空调系统等依旧能够正常运作。

2）微内核记录下 GPS 导航系统的故障，并停止出现问题的设备驱动程序，释放相关资源。这一措施避免了故障扩散，保障了系统整体的稳定性。

3）利用 QNX 的高效进程调度能力，系统尝试重启 GPS 导航系统的驱动程序，以期快速恢复导航服务。这一过程中，如果需要下载新的固件版本进行更新，QNX 的网络协议栈和文件系统将提供必要的网络通信和数据存取能力，确保更新过程的顺利完成。

通过此案例，我们可以看到，QNX 操作系统通过其微内核架构和模块化设计，能够在关键组件出现故障时，迅速进行错误隔离和恢复处理。这不仅保证了系统的实时性和稳定性，还显著提高了智能网联汽车在面对复杂情况时的可靠性和安全性，充分体现了 QNX 系统设计理念的先进性和实用价值。

1. 设备驱动

在 QNX 操作系统中，设备驱动以用户模式运行，并且每个设备驱动均作为一个独立的进程存在。这种设计不仅增强了系统的稳定性，还提高了其安全性。当硬件设备发生状态变化或需发出中断请求时（如检测到障碍物或需要更新定位信息），它会将中断信号发送给微内核。微内核随后将这一信号转发给相应的设备驱动进程进行处理，确保高效且准确的响应。

（1）设备驱动以用户模式独立运行　在 QNX 系统中，所有的设备驱动程序，无论是汽车的传感器（如雷达、摄像头）、执行器（如制动系统、转向装置）还是用户交互界面（如导航系统和音频控制）等，都被看作一个独立的进程。这样做的目的是确保即使某个设备驱动发生故障，也不会影响到系统中的其他设备驱动。

（2）设备间中断处理　当有硬件设备发出中断请求时，比如传感器监测到需要紧急处理的情况，这个请求会被发送到微内核。微内核将这个请求路由到对应的设备驱动进程进行处理。例如，如果摄像头捕捉到前方有障碍物，它会发送中断请求到微内核，微内核则将此请求转发给自动驾驶系统的相应设备驱动进行故障诊断和处理。

（3）设备驱动间的独立与隔离　QNX 系统中的每个设备驱动作为一个独立进程运行，它们之间相互隔离。这意味着，一个设备驱动的失败或崩溃不会直接影响到其他设备驱动的正常运作。例如，如果音乐播放系统出现故障并停止工作，微内核可以单独重启该系统的驱动，而不会干扰到汽车的自动驾驶系统或导航系统。

案例：考虑自动驾驶系统中的雷达传感器突然失效的情况。在 QNX 系统架构下，雷达传感器的设备驱动作为一个独立的用户模式进程运行，与其他设备驱动相隔离。雷达故障时，它会通过中断机制通知微内核。微内核接收到这一信息后，会将其传递给雷达传感器的设备驱动处理。如果该驱动能够诊断并解决问题，如通过重启或重新初始化雷达，那么故障便可得到修复。若设备驱动无法解决问题，表明可能存在更深层次的硬件问题，这时可能需要进行硬件维修或更换。在这整个过程中，其他设备驱动，如控制制动、转向、加速的驱动程序，仍然能够正常工作，不受雷达传感器故障的影响。

通过这一案例，我们可以看出 QNX 系统中设备驱动独立运行的设计理念，如何在不影响汽车其他功能的前提下，有效地诊断和处理单一设备驱动的故障。这种隔离机制显著提升了系统的整体稳定性和可靠性。

2. 文件系统

QNX 操作系统因其支持多种文件系统类型而在智能网联汽车领域得到广泛应用，如QNX4 文件系统和 Power-Safe 文件系统等。这些文件系统的不同特性使得 QNX 能够针对不同的数据存储需求提供定制化解决方案，确保数据的高效管理和安全。

（1）QNX4 文件系统　这是 QNX 自主开发的文件系统，以其快速、可靠及适合实时处理的特点著称。在智能网联汽车中，车载信息娱乐系统常需处理和存储大量媒体文件，如音乐和视频。QNX4 文件系统能够提供高效和稳定的数据读写能力，确保娱乐系统的流畅运行。例如，在播放高清视频时，QNX4 文件系统能够快速加载和处理数据，避免延迟或卡顿，从而提升用户体验。

（2）Power-Safe 文件系统　为了保证数据在意外断电情况下的完整性，QNX 开发了支持日志功能的 Power-Safe 文件系统。在自动驾驶系统中，车辆的行驶数据和传感器的输出需要实时被记录和保护。如果发生突然断电，Power-Safe 文件系统可以利用日志文件恢复数据到最近一次的完整状态，最大限度减少数据损失。比如，当车辆在紧急制动过程中突然断电，相关的行驶数据仍可以通过 Power-Safe 文件系统的恢复机制得到保存和还原。

（3）模块化设计的灵活性　由于 QNX 的模块化设计，用户可以根据实际的需求选择合适的文件系统。在智能网联汽车中，这一设计允许不同的子系统根据自身的特性挑选最适合的文件系统。例如，导航系统可能需要频繁地更新地图数据，因此选用可以快速写入并频繁更新的文件系统。

（4）支持其他文件系统类型　QNX 还支持网络文件系统（NFS）和移动设备文件系统（MTP），这使得车载系统能够与云存储服务或移动设备无缝连接，进一步增强了智能网联汽车的功能。例如，通过 NFS，车辆可以直接访问在云端存储的音乐库或地图数据，极大地扩展了娱乐和导航的功能。

3. 网络协议栈

QNX 操作系统通过提供全面的网络协议栈支持，包括 TCP/IP、UDP、ICMP、ARP 等关键技术，确保了智能网联汽车在多样化的网络环境中保持高效稳定的通信能力。下面以几种核心网络协议为例，阐述一下它们在智能网联汽车中的应用和重要性。

（1）TCP/IP 协议　作为构建互联网通信的基石，TCP/IP 协议在智能汽车中用于维护与云服务器的连接，实现数据的双向传输。例如，汽车可通过 TCP/IP 协议接收到来自云端的实时交通信息和导航更新，这对于路线规划和避免交通拥堵至关重要。

（2）UDP 协议　鉴于其低延迟特性，UDP 协议适用于实时性要求较高的应用，如智能汽车的实时语音通信系统。尽管 UDP 不提供丢包重传机制，但其速度优势使得它成为流媒体传输（如车载视频会议）的理想选择。

（3）ICMP 协议　ICMP 俗称 Internet 控制消息协议，主要用于传递控制消息，如检测网络连通性（使用"ping"命令）。智能汽车可以利用 ICMP 诊断网络问题，确保与云服务器或其他网络设备的顺畅连接。

（4）ARP 协议　地址解析协议（ARP）负责将 IP 地址映射到物理 MAC 地址。在汽车与网络中的设备进行通信时，ARP 确保数据能正确发送到目标设备上。

案例：考虑车载信息娱乐系统（IVI）无法连接到互联网的问题。首先，利用 ICMP 的 ping 命令可以检查 IVI 系统是否能够访问外部服务器，这一步骤验证了网络的连通性。如果 ping 测试失败，则可能需要使用 ARP 来查询本地网络环境，确保车载系统在正确的网络段内。

如果网络连通性确认无误，接下来可能需要检查 TCP/IP 配置，诸如 IP 地址、子网掩码及默认网关设置是否正确。同时，检查是否有 NAT 设置或防火墙规则阻止了 IVI 系统的互联网访问。

对于 UDP 协议，若 IVI 系统用于视频会议或实时媒体流，需要确认 UDP 传输未被网络设备（如路由器或防火墙）所限制。在这种情况下，可能需要调整网络设备的配置，以支持 UDP 流量。

由于 QNX 网络协议栈服务以进程形式运行于用户模式，这些服务的启动、停止或重启操作都可以单独进行，而不会影响其他网络服务或车辆的其他功能，如自动驾驶等。这种设计不仅方便了问题诊断和修复，也增强了系统的稳定性和安全性。

总之，QNX 操作系统的网络协议栈支持使智能网联汽车能够有效地处理网络通信问题，确保车载系统的正常运行，并为驾驶者和乘客提供了连续不断的信息和娱乐服务。

4. 用户进程

在 QNX 系统中，用户模式负责执行特定的任务，如数据处理、用户交互等。它们与系统内核进程分离，增强了系统的稳定性和安全性。在 QNX 系统中，用户进程通过微内核进行通信，彼此隔离，保证了一个单独的进程故障不会直接影响到其他进程。用户进程能够通过微内核提供的接口，执行进程间通信和资源请求等操作。这些进程全部在用户模式下运行，彼此之间相互独立，因此一个进程的故障不会波及其他进程，从而确保了系统的总体稳定性。

QNX 系统的高度可靠性源于其微内核架构，这使得大部分服务和驱动程序都可以作为用户态进程运行，而不是在内核态。这样的设计减少了内核的复杂性，降低了系统崩溃的风险，并且便于实现系统服务的热更新与替换，不需要重启整个系统。

另外，QNX 支持丰富的安全特性和进程隔离机制，如沙箱环境、访问控制列表（ACL）等，确保了应用程序和系统服务的权限按需分配和严格控制。这对于汽车信息娱乐系统和辅助驾驶系统这样的应用至关重要，因为它们不仅要求高可靠性，还要求系统必须能够抵御潜在的安全威胁。

由于 QNX 系统的这些特性，常常被用于嵌入式系统和关键任务型领域，包括工业控制、医疗设备、网络基础设施以及军事系统等。同时，为了维持系统的完整性和安全，通常需要经过专门的培训，并由有经验的工程师或技术人员进行操作和维护。

智能网联汽车正变得越来越复杂，它们不仅需要处理大量的传感器数据，还要实时响应外部环境的变化以及用户的操作，同时确保系统的稳定性和安全性。在这样的背景下，QNX 系统的微内核架构提供了一个理想的解决方案。当代的智能网联汽车集成了大量的软件和硬件，高度依赖于底层操作系统的稳定性来保证车辆的正常运行。因此，在智能网联汽车中使用 QNX 系统，意味着厂商需要确保在整个车辆生命周期内为系统提供持续的支持和更新，以适应不断变化的技术和安全要求。

7.2　ROS、AUTOSAR 等软件结构与原理

7.2.1　ROS

ROS（Robot Operating System，机器人操作系统）是一个面向机器人的开源元操作系统，它提供了软件开发所需的服务，包括硬件抽象、底层设备控制、常用功能实现、进程间消息传递及包管理等。虽然最初是为机器人研发而设计的，但其灵活性和模块化特点使其在智能网联汽车领域也得到了广泛应用。

如图 7-12 所示，ROS 的架构主要分为应用层、中间层、OS 层三个层次。OS 层建立在 Linux 操作系统之上，主要提供硬件抽象、底层驱动等功能。中间层进一步封装 OS 层提供的接口，为应用层提供格式统一、模块化的接口，主要工作包括把 TCP/UDP 通信封装为 TCPROS/UDPROS，并提供主题通信、服务通信、参数共享等三种通信方式。此外，它还提供进行间通信方式（节点），适用于实时性较高的应用，在通信的基础之上提供大量机器人

开发的库，如数据类型定义、坐标变换、运动控制等。应用层主要调用中间层的接口实现各种应用功能，需要运行一个管理者（Master），负责管理整个系统的正常运行。

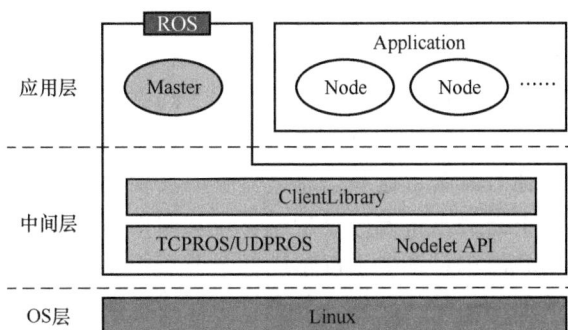

图 7-12　ROS 的技术架构

在 ROS 中，基本的程序模块被称为节点（Node）。如图 7-13 所示，节点通过主题（Topic）进行通信，这是一种基于发布/订阅模式的单向通信方式。ROS 的软件架构采用分布式架构，其中 Master 负责节点注册和节点间通信的协调。每个节点与 Master 进行通信以获取其他节点的信息，并通过 TCP/IP 协议直接与其他节点交换消息。这种架构使得系统具有高度的灵活性和可扩展性。

节点与节点之间的通信包括以下步骤。

1）节点首先在 ROS 主控制器（Master）进行注册。

2）发布者节点（Publisher）发布主题（Topic），而订阅者节点（Subscriber）则在主控制器的协调下订阅这些主题。

3）一旦建立了订阅关系，发布者就可以向订阅者直接发送消息，而无须通过中央服务器。

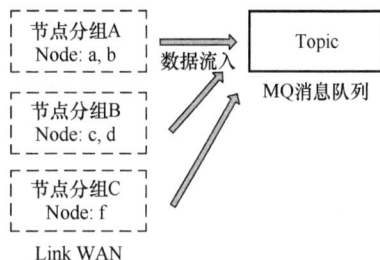

图 7-13　节点与节点之间的通信

在文件系统中，ROS 工作空间通常包含以下几个部分。

1）"src"目录：存放所有的源代码和 ROS 包。

2）"build"目录：存放编译过程中生成的中间文件。

3）"devel"目录：包含编译后的可执行文件和其他资源。

4）"install"目录：存放最终安装的文件，用于部署或发布。

5）"log"目录：存放系统运行时生成的日志文件。

ROS 采用分布式网络结构处理数据，这种结构使得系统能够在多个处理器或计算机之间高效地协同工作。整个系统的运行依赖于三种核心通信机制。

1）话题（Topic）通信机制：支持高频率、实时的数据交流。

2）服务（Service）通信机制：允许节点之间进行请求和响应式交互，适用于需要同步操作的场景。

3）参数（Parameter）管理机制：允许节点在运行时配置或修改参数，提高系统的灵活性和可配置性。

这些设计和架构使得 ROS 成为一个强大且灵活的工具，适用于各种不同复杂度的机器人项目。

智能网联汽车的车载 ROS 主要由以下几个部分组成。

（1）节点（Node） 节点是 ROS 中最小的可执行单元，每个节点专注于执行一个特定任务，如传感器数据采集、图像处理或者运动控制等。在复杂的机器人系统中，可能有数十个甚至数百个节点同时运行。节点之间的协作，实现了高度的模块化和代码重用。例如，在智能网联汽车中，可以有一个专门的节点负责激光雷达数据的读取，另一个节点处理来自摄像头的图像信息，再由其他节点基于这些信息进行障碍物检测和路径规划。这些节点在运行时可以动态启动和停止，不需要重新编译整个系统，从而提高开发效率和系统的灵活性。

节点管理器在智能网联汽车系统中不仅帮助各个节点相互找到彼此，还提供命名和注册服务，以及话题和服务的通信记录。此外，节点管理器还维护一个参数服务器，允许节点存储和检索运行时的参数，如车辆的最大速度、避障安全距离等。

以动态参数调整为例：在系统运行过程中，如果需要根据环境变化（如天气变化、道路状况）调整车辆参数，管理员可以通过参数服务器远程修改这些参数，而无须重启系统或节点。以故障诊断为例：当某个节点出现故障时，节点管理器能够记录并报告该节点的状态，帮助维修人员快速定位问题并进行修复。

（2）消息（Message） 消息是 ROS 中实现节点间通信的数据结构，包含了从简单的标准数据类型（如整型、浮点型、布尔型）到复杂的数据结构（如数组和嵌套结构）。每条消息都被定义为一个具体的数据类型，节点间通过发布（Publish）和接收（Subscribe）消息来交换信息。在智能网联汽车系统中，消息是节点之间交换信息的基本单位，ROS 提供了多种标准消息类型，如传感器数据、控制指令等，同时也支持用户自定义消息类型。

这些消息具有明确的数据结构和类型，确保了节点之间能够准确、高效地交换信息。例如，传感器节点会发布包含传感器数据的消息，而数据处理节点订阅这些消息以获取必要的输入信息。消息的内容可以非常复杂，比如对于三维激光雷达扫描仪产生的数据，就可能包括点云信息，这些信息会被封装在预先定义好的消息类型中进行传输。

（3）话题（Topic） 话题是 ROS 中节点实现发布/订阅通信模式的命名通道，允许一个或多个节点发布特定类型的消息，并由一个或多个节点订阅这些消息。话题的通信方式是异步的，一个节点可以在任何时候发布消息到话题上，而订阅该话题的节点将收到这些消息并响应。话题通信机制在智能网联汽车系统中得到了广泛应用。节点通过发布和订阅话题来交换信息。

例如，在智能网联汽车系统中，一个传感器节点可能会在一个名为/sensor/lidar 的话题上发布激光雷达的数据，然后地图构建节点和运动规划节点可以订阅这个话题以接收数据并执行相应任务。再比如，激光雷达节点可以将处理后的障碍物信息发布到"/obstacles"话题上，而自动驾驶决策节点则可以订阅该话题以获取障碍物信息。

以交通标志识别为例：摄像头节点将拍摄到的道路图像进行处理，识别出交通标志（如限速标志、停车标志等），并将识别结果发布到"/traffic_signs"话题上。自动驾驶决策节点订阅该话题，根据识别结果调整车辆行驶速度或路线。

（4）服务（Service） 服务是 ROS 中的另一种节点间通信机制，支持同步的双向交互。不同于话题的单向流通信，服务允许节点向另一个节点发送请求并等待响应。服务类似于远程过程调用（RPC），在需要事务确认或云操作结果确认时非常有用。在智能网联汽车系统中，服务通常用于那些需要即时响应的任务。比如，在智能网联汽车中，一个控制节点可能会向路径规划服务发送请求，包含当前位置和期望目标，然后路径规划服务计算出一条路径并返回给控制节点。

再比如，当自动驾驶决策节点需要获取车辆当前位置信息时，它可以向 GPS 节点发送服务请求，GPS 节点接收到请求后立即返回当前位置信息。以紧急制动请求为例：当自动驾驶决策节点检测到前方有障碍物且无法避让时，它会向制动控制节点发送紧急制动服务请求。制动控制节点接收到请求后立即执行紧急制动操作，以确保车辆和乘客的安全。

（5）参数服务器（Parameter Server） 参数服务器用于存储和管理各个节点在运行时可能需要使用到的参数，比如配置文件或特定算法中的参数值。它允许节点在运行时查询和设置参数，而无须重新加载或编译。这在智能网联汽车中尤其有用，因为参数服务器可以用来调整车辆的行为，如改变速度阈值或者策略参数，以适应不同的驾驶环境。

（6）包（Package） 包是 ROS 软件组织的基础单元，包内包含实现特定功能的节点、依赖库、数据文件和配置文件等。每个包都是一个独立的工程项目，可以被版本控制、编译和分享。智能网联汽车的控制系统可能就是由许多不同的包组成的，每个包负责车辆中的一个特定功能，如感知、定位、决策制定等。包的使用使得开发人员能够专注于单个功能，同时便于在不同的项目中重用代码。

当 ROS 启动时，首先启动 roscore，包含了 Master、参数服务器以及 rosout（ROS 日志节点）。随后，各个节点启动并向 Master 注册，声明它们将发布或订阅的话题。通过 Master，节点之间得以发现彼此，并建立起直接的通信连接。通过这些组件的相互配合，ROS 能够实现庞大且复杂的应用场景，如智能网联汽车的例子所展示的那样，ROS 为各类复杂系统的研发和部署提供有效的支持和巨大的便利。

案例：假设智能网联汽车系统中，有多个传感器节点（如激光雷达、摄像头等）、数据处理节点（如感知、定位与地图构建）、控制节点（如路径规划和运动控制）等。

（1）传感器节点 这些节点负责收集环境数据，如激光雷达节点发布关于障碍物的数据。

（2）数据处理节点 感知节点订阅传感器节点的数据，进行数据融合和处理，然后发布车辆位置和环境地图等信息。

（3）控制节点 基于数据处理节点提供的信息，控制节点进行路径规划，并发布运动指令给执行节点（如电机控制器）。

在这个案例中，ROS 提供了一套机制，使得各个节点能够高效地交换信息，共同完成复杂的任务，如环境感知、决策规划及运动控制等，从而实现智能网联汽车的自主驾驶功能。ROS 节点通常是标准 C ++ 程序，可以使用系统中其他软件库，还可以隐式启动多个线程，运行主要功能和服务。ROS Node 节点是真正的执行模块，对接收到的消息进行处理，并且发布新的消息给下游节点，环境感知中的基本组成功能可以通过 Node 来实现。

在智能网联汽车的上下文中，一个节点可以理解为执行特定功能的软件进程。例如，一个节点可能负责读取来自激光雷达的原始数据，另一个节点则处理这些数据以识别车辆周围的障碍物。还有节点可能负责生成控制信号，控制车辆的转向盘、驱动和制动等。这些节点可能用不同的编程语言编写，并且分布在不同的计算机或处理器上，但它们都通过 ROS 的通信机制紧密协作。

以激光雷达数据处理节点为例：该节点实时读取激光雷达发出的点云数据，通过算法处理这些数据，以识别出道路上的行人、其他车辆等障碍物，并将处理结果发布到相应的话题上。以自动驾驶决策节点为例：该节点订阅多个话题，包括障碍物信息、车辆当前位置、目标位置等，基于这些信息，该节点运用复杂的决策算法计算出最优的行驶路径和控制指令，然后将这些指令发布给控制节点。

如图 7-14 所示，ROS 工作空间的文件系统里最常用的是 src，里面放有 ROS 的功能包，这个功能包是自动生成的，build、devel 存放编译的中间文件也是自动生成的，install 目录下是编译输出的安装文件，log 是系统默认的日志文件存放路径。

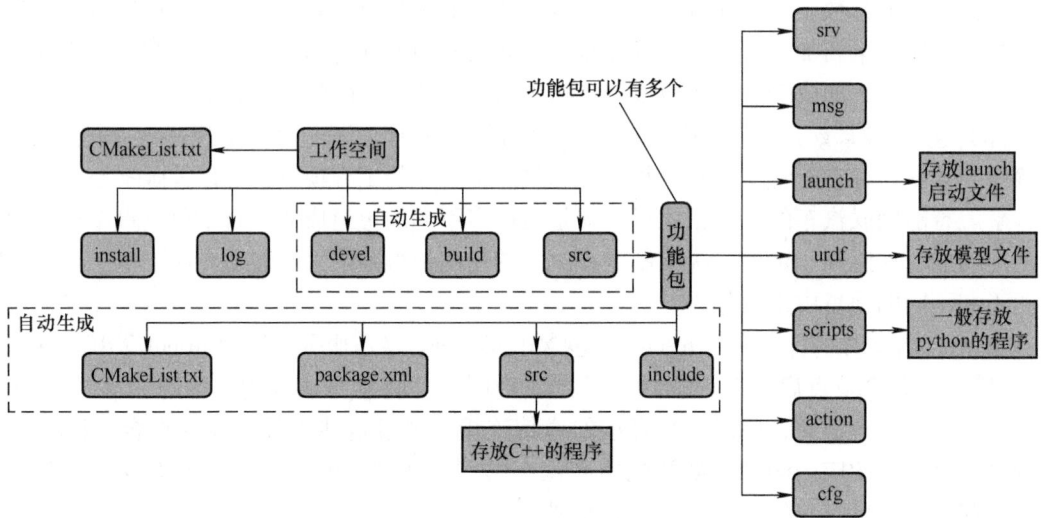

图 7-14　ROS 工作空间的文件系统

ROS 的数据处理采用的是分布式的网络结构，这种设计使 ROS 能够高效地处理复杂的机器人系统任务，特别是在需要多个处理器或计算机协同工作时。其计算图级如图 7-15 所示。

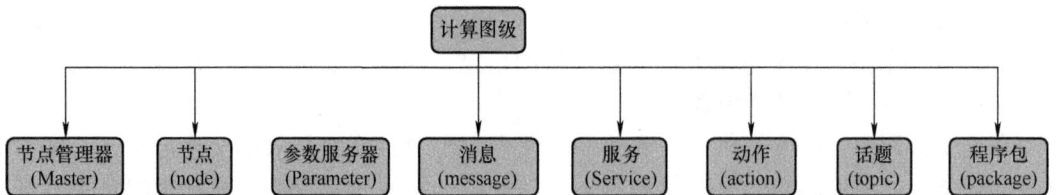

图 7-15　ROS 分布式的网络结构

如图 7-16 所示，ROS 采用的是一种点对点的分布式通信机制，实现模块间点对点的松耦合连接，所有软件功能及工具都建立在这种通信机制上，为用户提供多节点（进程）的通信服务，其中 ROS 最核心的三种通信机制是话题（Topic）通信机制、服务（Service）通信机制和参数（Parameter）管理机制。

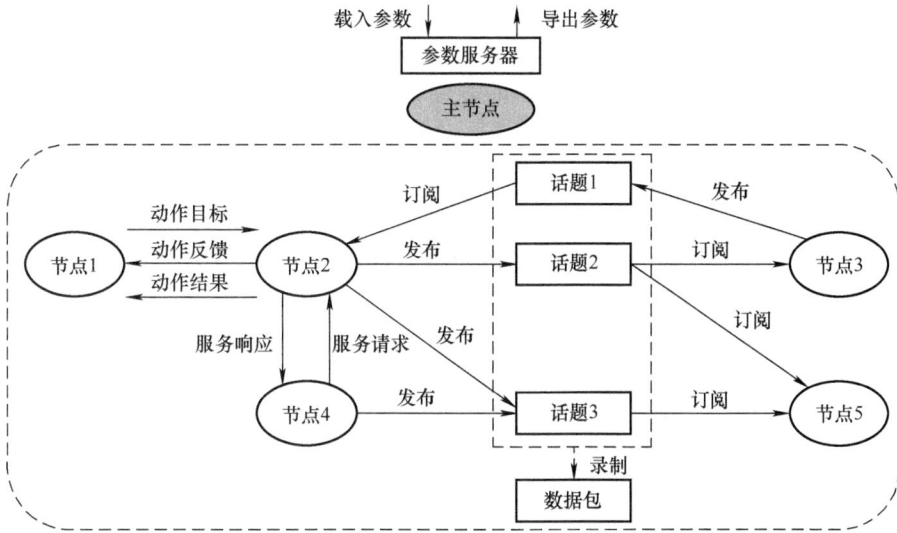

图 7-16 点对点的分布式通信机制

7.2.2 AUTOSAR

AUTOSAR（AUTomotive Open System ARchitecture，汽车开放系统架构）是一个全球性的合作伙伴项目，致力于为汽车电子和软件体系建立一套标准化的框架。随着汽车技术的快速发展，车辆系统变得越来越复杂，这就迫切需要一种方法来管理这种复杂性，同时还要提高软件的可重用性、可扩展性和互操作性。AUTOSAR 应运而生，它通过定义统一的汽车软件架构，使得不同厂商生产的软件组件能够在同一系统中无缝协作，从而大幅提升开发效率和系统可靠性。

如图 7-17 所示，AUTOSAR 体系结构主要包括以下几个部分。

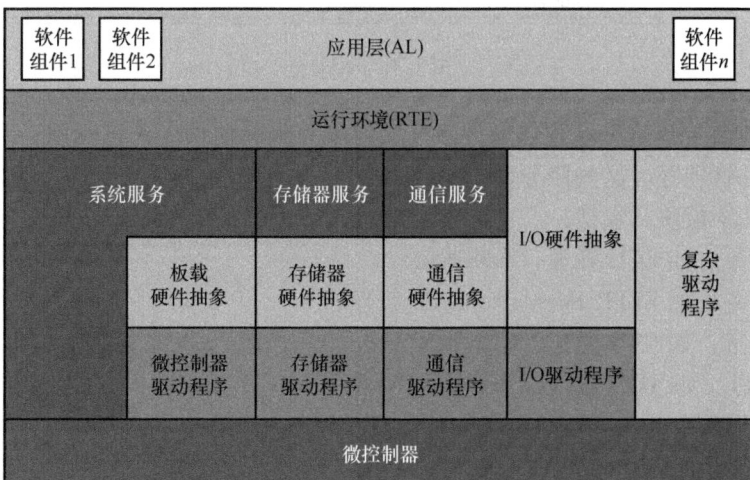

图 7-17 AUTOSAR 架构

（1）应用层（Application Layer） 这是位于体系结构顶层的部分，是最接近最终用户的层级，包括实现各种汽车特定功能的软件组件，如高级驾驶辅助系统（ADAS）、车身电子控制等。应用层的软件组件通过下层提供的服务和接口与硬件交互。这些应用通过标准化的接口与下层的软件进行通信。

（2）运行环境 如图 7-18 所示，RTE 是 AUTOSAR 架构的核心，负责在应用层和基础软件层之间传递信息。它像是一个中间件，管理着数据的交换和事件的控制，确保信息正确、高效地流动。RTE 提供了一套标准化的通信机制，它使得应用层的软件组件能够与基础软件层进行数据交换和事件通信，而无须知晓对方的具体实现细节。RTE 在 AUTOSAR 架构中起着极其重要的作用，保证了不同软件模块之间的高度解耦合。

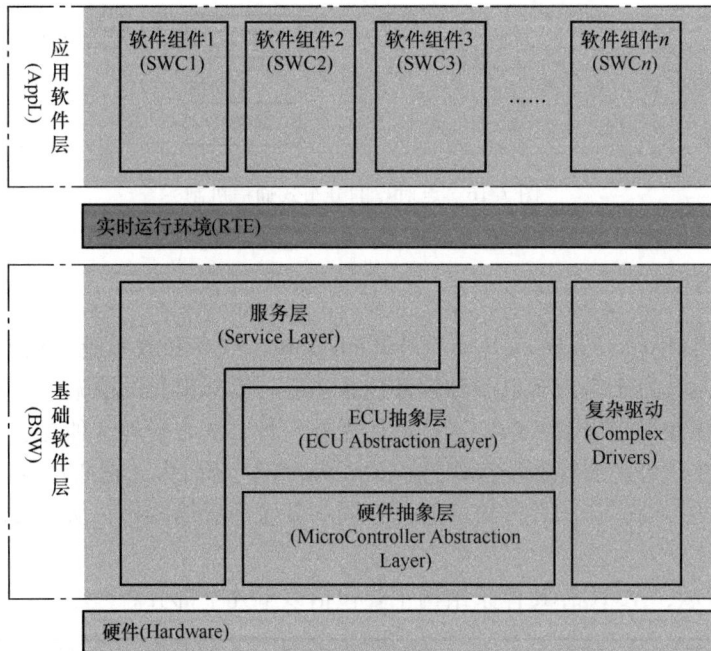

图 7-18 RTE

（3）基础软件层 这一层提供了许多底层的服务和驱动程序，包括但不限于网络通信、诊断服务、内存管理等。这些服务是平台无关的，为上层应用提供支持。例如，BSW 可以进一步细分为几个模块，包括：

1）系统服务，如 ECU 管理、诊断通信。

2）内存服务，如 EEPROM 管理、RAM 管理。

3）通信服务，如 CAN 通信、网络管理。

4）I/O 服务，如 ADC 驱动、DIO 驱动。

5）硬件抽象层，提供对底层电子硬件的直接控制与管理。

（4）微控制器抽象层 MCAL 是基础软件的一部分，其为上层软件（包括 BSW 和应用层软件组件）提供了对微控制器硬件功能（如 ADC、计时器、通信接口）的直接访问。通过 MCAL，软件开发人员可以在不需要关心具体微控制器型号的情况下，开发可在不同硬件平台上运行的软件。

（5）软件接口 如图 7-19 所示，AUTOSAR 定义了一套丰富的软件接口标准，使得上述所有层次的软件组件能够通过这些接口进行通信和协作。这些接口的标准化是实现软件模块可重用和互操作性的关键。

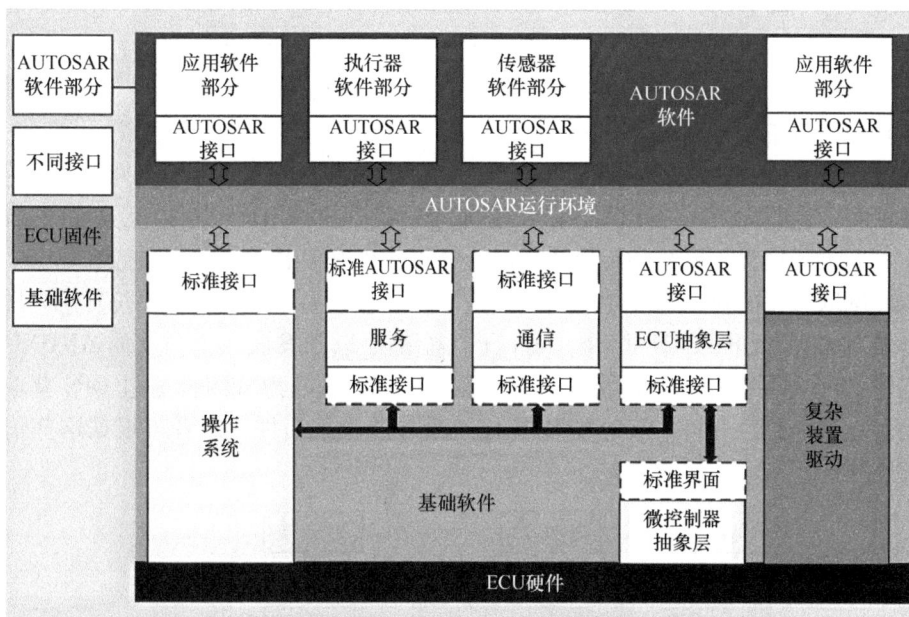

图 7-19 AUTOSAR 软件接口

（6）系统 描述 ECU 的构成和 ECU 间的网络通信，是由基础软件、RTE 和应用软件共同组成的。系统在智能网联汽车中，是由基础软件、RTE 和应用软件共同组成的一套完整的 ECU 解决方案。如图 7-20 所示，它描述了汽车中的各个 ECU 的功能和 ECU 之间的通信机制，确保了整车系统的协同工作。例如，通过车载网络连接不同的 ECU（如发动机控制模块、制动控制模块等），实现其间数据的高效准确交互，从而控制和协调汽车的各项功能。

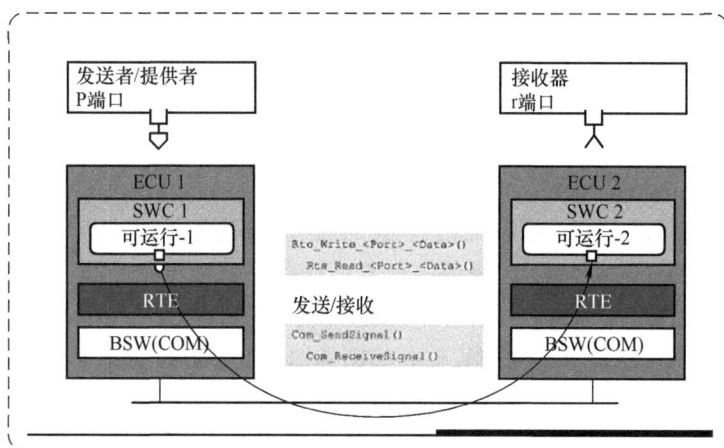

图 7-20 ECU 的构成和 ECU 间的网络通信

AUTOSAR 的软件架构旨在实现硬件与应用软件模块之间的完全解耦，它包含多个模块。

（1）标准软件模块　这些是广泛适用于所有 AUTOSAR 兼容系统的通用软件组件，如通信堆栈、输入输出控制等。

（2）复杂驱动　这些软件直接与硬件交互，为一些特定的功能提供底层硬件访问。

（3）软件组件　这是执行具体业务逻辑的模块，它们根据功能划分，并且可以灵活地在不同项目间进行重用和调整。

在 AUTOSAR 架构下，软件组件的通信完全通过 RTE 实现。当一个组件需要与另一个组件交换数据时，它会向 RTE 发出请求；RTE 则负责找到目标组件，并确保数据的正确传递。这种工作机制大大增强了系统的模块化程度，使得软件开发和维护更为高效和灵活。

以智能网联汽车的自动驾驶功能为例，这一功能包含多个子功能，如位置感知、障碍物检测、导航决策等。如图 7-21 所示，每个子功能都可以开发成一个独立的 AUTOSAR 软件组件，通过 RTE 与系统中的其他组件进行通信。例如，位置感知组件通过 GPS 获取位置信息后，处理这些信息，并将结果通过 RTE 传递给导航决策组件，后者再根据这些信息计算最佳行驶路径。

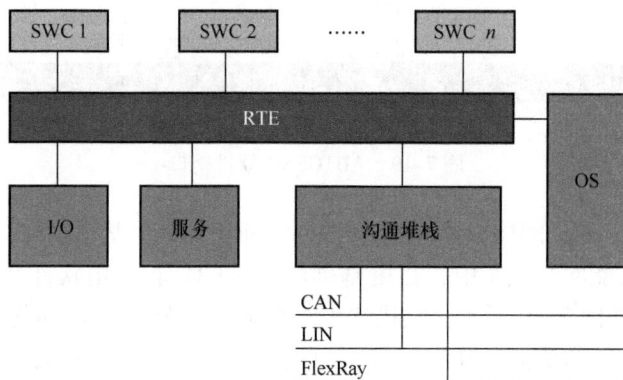

图 7-21　通过 RTE 与其他组件进行通信原理

通过这种方式，AUTOSAR 框架为汽车软件的开发和集成提供了一种标准化、高效的解决方案。这不仅有助于减少开发成本，缩短开发周期，还能显著提升汽车系统的整体可靠性和安全性。

7.2.3　RViz 3D

RViz 是 ROS 内置的一款三维可视化工具，它能够将编程中构建的机器人模型以三维形式展现出来，从而便于进行 ROS 程序的图形界面操作。通过这个工具，用户可以直观地看到激光测距仪从传感器到障碍物之间的距离，处理来自 RealSense、Kinect 或 Xtion 等三维深度传感器的点云数据，以及展示摄像头捕获的图像信息。此外，它还支持通过交互标记来显示定义的多边形，这些标记能够接收用户节点的命令和数据，并执行相应的交互操作。

无人车实际上也是一种移动机器人，在 ROS 框架下，这些机器人通过统一的机器人描述格式定义，呈现为三维模型，并根据其自由度进行相应的移动或操纵。因此，RViz 不仅能展示移动机器人模型，还能结合激光测距仪的数据进行导航演示。同时，它也能从多种传感器收集数据，并以三维形态展现。

在安装 RViz 的过程中，通过执行"ros［ros_DISTRO］desktop full"命令，通常会默认安装 RViz。如果没有选择"desktop full"安装包或 RViz 未被安装，那么可以手动使用 sudo apt-get install ros-kinetic-rviz 命令来进行安装。

如图 7-22 所示，RViz 的界面布局主要包括左侧的显示设置区、中间的大型显示区以及右侧的视角调整区。顶部则配备了几种导航工具。中间的区域是用于三维展示的黑色画布。左侧的显示面板下方还有一些显示 ROS 状态的数据。用户可以在右侧找到全局设置和时间选项，并且可以通过左下角的添加按钮来增加新的显示类型。

图 7-22　RViz 图形工具的界面

要在 Linux 中启动 RViz 进行数据可视化，首先需要开启 ROS 核心服务，这可以通过在一个新的终端窗口中输入命令"roscore"来实现。接下来，在另一个新的终端窗口中输入命令"rosrun rviz rviz"，即可启动 RViz 界面。

为了可视化特定的数据，首先需要确保该数据已经被发布到相应的 ROS 消息类型中。随后，在 RViz 中通过订阅这些消息来展示数据。开始展示数据前，需要通过单击 RViz 界面左下方的添加按钮并选择合适的显示插件来实现。RViz 会显示所有支持的数据类型插件列表。

添加相应插件后，插件名称会出现在 RViz 左侧的 Dispaly 区域。单击所添加插件列表前的加号，将展开一个属性列表，允许用户根据需求配置属性。通常，"Topic"属性是最关键的，因为它指定了显示插件将要订阅的数据源。如果订阅成功，中间显示区域将展示出可视化的数据。

RViz 支持多种命令行参数：

＊＊-h：展示命令行选项的帮助信息。

＊＊-d ＜arg＞：以指定的配置文件＜arg＞启动，这可以覆盖配置文件中的某些设置。

＊＊-t ＜arg＞：指定目标坐标系，覆盖配置文件中的相关设置。

207

＊＊－f＜arg＞：设置固定坐标系为＜arg＞，覆盖配置文件内的默认设置。

在使用 RViz 时，有几个基本工具非常有用：

1）move Camera（移动相机，快捷键：m）。

2）Select（选择工具，快捷键：s）。

3）2D NavGoal（二维导航目标，快捷键：g）：用于设定机器人的目标姿态，对于调试十分有用。

4）2D Pose Estimate（二维姿态估计，快捷键：p）：用于设定机器人的初始姿态。

RViz 与基于 ROS 的各种机器人平台有良好的兼容性。在 RViz 中，用户可以通过 XML 描述文件来定义机器人及其周边环境中的物体的尺寸、重量、位置、材料、关节等属性，并在界面上进行展示。此外，RViz 还能实时地图形化展示机器人传感器的数据、运动状态和周边环境的变化，使得开发者能够图形化地监控所有必要的信息。通过 RViz 的控制界面，开发者还能利用按钮、滑块等控制元件来操作机器人的行为。

7.3　Apollo、Autoware、Python

7.3.1　Apollo

Apollo（阿波罗）是由百度公司开源的自动驾驶平台，它被设计为一个全开放、完全可靠的自动驾驶生态系统。Apollo 平台包括完整的硬件、软件以及服务云平台，让合作伙伴能够构建自己的自动驾驶系统。自 2017 年推出以来，Apollo 已经吸引了包括车辆制造商、科技公司和自动驾驶技术发展组织等多种合作伙伴。

Apollo 平台支持完全自动驾驶操作，其技术涵盖感知、决策规划、云服务和端到端深度学习等方面。通过提供开放的软件和硬件平台，Apollo 旨在加速自动驾驶技术的创新和应用，减少研发成本，促进智能交通技术的普及和发展。Apollo 还提供了一套完善的安全体系，确保自动驾驶系统的安全可靠运行。作为领先的自动驾驶开源平台，Apollo 不断进行技术更新和迭代，推动着全球自动驾驶技术的前进。

如图 7-23 所示，Apollo 系统技术架构可以分为四个主要层次，每一层次都扮演着不同但又互补的角色，共同工作以实现安全和高效的自动驾驶功能。

（1）车辆平台层　如图 7-24 所示，车辆平台层是自动驾驶系统中与物理世界直接交互的基础。此层包括了汽车本身的各种硬件设备，如激光雷达、毫米波雷达、摄像头等多种传感器，这些传感器是感知周围环境的眼睛和耳朵。此外，车辆控制单元（VCU）和各种执行机构（如电机、制动器等）也属于这一层，它们负责实施高层下达的控制命令，确保自动驾驶的精准实施。

（2）硬件抽象层　硬件抽象层起到一个桥梁的作用，将复杂多变的硬件信息抽象化，并提供统一的软件调用接口。通过定义标准化的接口，这一层能有效屏蔽不同硬件厂商或不同型号设备之间的差异，简化上层软件的开发与维护工作。这使得系统能够更容易地集成新的硬件技术或对现有设备进行升级，而无须重大改动软件代码。

（3）软件层　软件层是自动驾驶系统的"大脑"，主要包含以下几个关键模块。

1）感知模块：利用车载传感器所收集的原始数据，通过复杂的数据处理和机器学习技

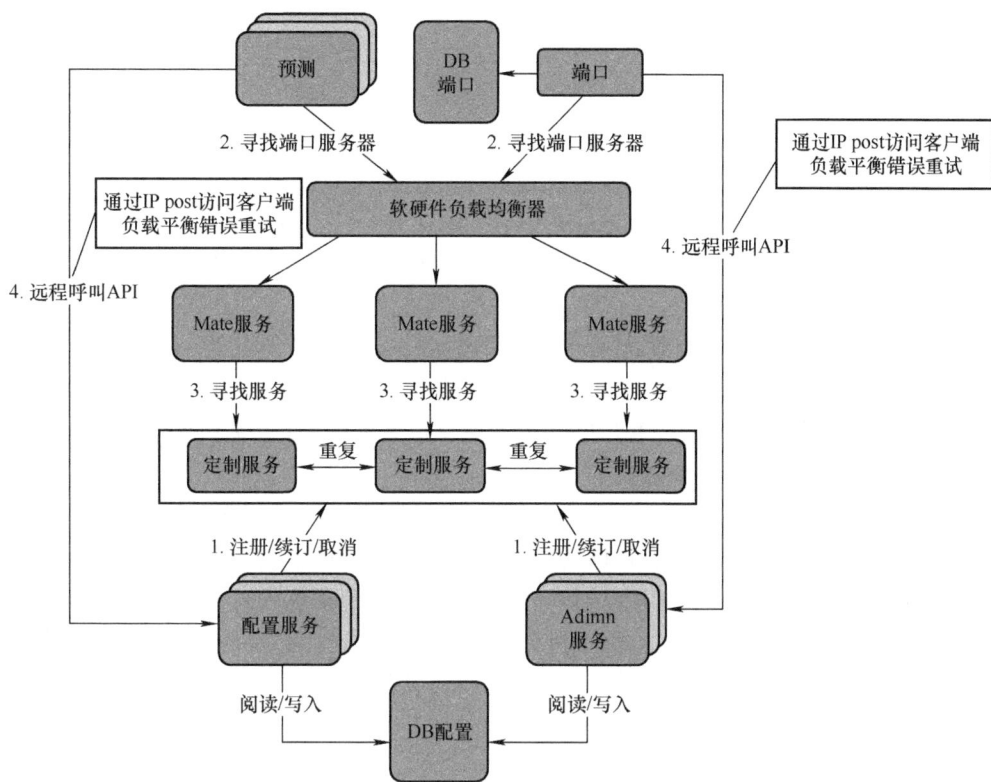

图 7-23　Apollo 系统技术架构

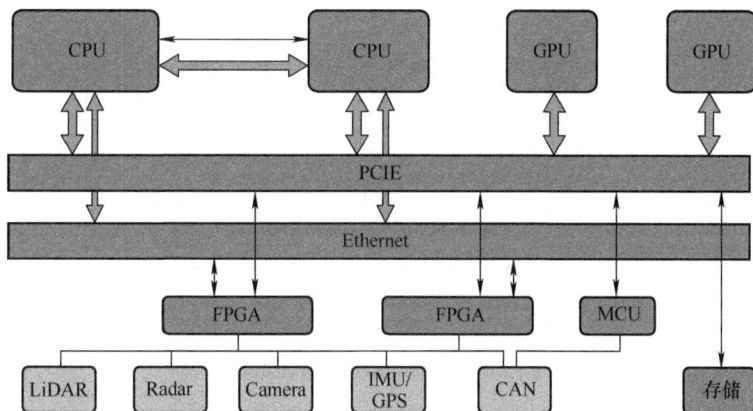

图 7-24　车辆平台层

术，识别和定位车辆周围的各种对象，如其他车辆、行人、道路障碍物和交通标志等。

2）定位模块：结合 GNSS 和 IMU 等传感器的数据，进行复杂的算法计算，以实现在地图上对车辆的高精度定位。

3）预测模块：基于当前环境以及历史信息，预测其他道路使用者可能的行为和路线，为接下来的规划决策提供依据。

4）规划模块：综合感知结果和预测信息，制定车辆的行驶路径和各种驾驶操作决策，

209

如何行驶才能确保安全和效率。

5）控制模块：把规划模块的决策转化为具体的操作指令，控制车辆的行驶，包括加速、转向和制动等。

（4）云服务层 云服务层提供的是整个系统的数据和计算支持。

1）地图服务：不仅提供静态的高精度地图，还能实时更新道路和交通状态，支持车辆实时做出准确判断。

2）仿真服务：通过建立虚拟的测试环境，可以在不同的驾驶情景下验证自动驾驶算法的安全性和可靠性。

3）数据服务：收集实际驾驶中产生的大量数据，用于进一步训练和优化机器学习模型，提升系统的智能化水平。

4）远程服务：包括远程监控和诊断车辆状态，以及通过 OTA 技术进行软件的远程升级和维护，以确保系统的持续更新和高效运行。

Apollo 系统的工作原理是通过感知模块对外部环境进行感知和理解，然后定位模块定位自身位置，预测模块预测周围动态物体的行为，规划模块根据这些数据规划车辆行驶轨迹和策略，最后控制模块将这些规划指令转换为机械动作，实现车辆的自主驾驶。Apollo 系统模块之间的交互关系如图 7-25 所示，整个过程中，云服务层提供必要的数据支持和计算资源。这样，Apollo 实现了从感知到决策再到执行的完整自动驾驶闭环。

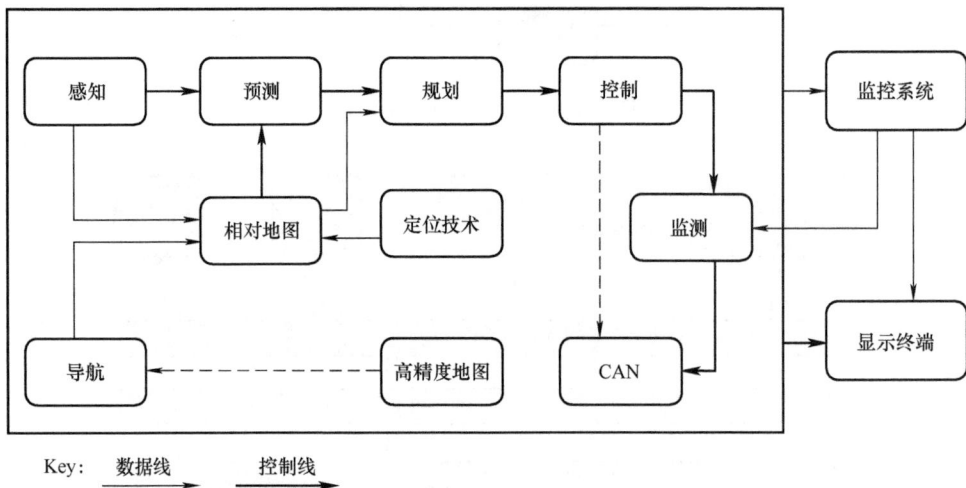

图 7-25 Apollo 系统模块之间的交互关系

Apollo 作为一个开源的分布式配置中心，它专注于为微服务架构提供优秀的配置管理服务。

1. Apollo 项目的安装与配置操作

（1）SpringBoot 集成 Apollo 要将 Apollo 集成到 SpringBoot 项目中，首先需要在项目的"pom. xml"文件中添加 Apollo 客户端依赖。然后，在"application. properties"或者"application. yml"中配置 Apollo Meta Server 地址和应用标识 AppId。完成这些基础配置后，可以通过"@ Value"标签动态读取配置属性，或使用"@ ConfigurationProperties"读取配置到实体类中。

（2）实现自动刷新功能　Apollo 客户端提供了自动刷新配置的功能。通过在 Java 类上添加"@ RefreshScope"或"@ ConfigurationProperties"注解，可实现配置的自动更新。当配置发生变化时，Apollo 会通知客户端，客户端再重新拉取最新的配置信息。

（3）配置加密等高级功能　对于敏感配置，可以使用 Apollo 提供的配置加密功能。通过集成 Jasypt 等第三方库，我们可以对配置项进行加密，保证配置的安全性。在客户端读取时，可以集成相应的解密过程，确保数据的安全性。

2. Apollo 分布式配置中心的特性

（1）集中化管理配置　Apollo 允许我们在一个中心化的平台上管理不同环境（开发、测试、生产）和不同集群的配置，实现配置的统一管理和跨环境共享。

（2）配置修改实时推送　如图 7-26 所示，Apollo 的配置修改具有实时推送功能。当配置被修改并发布后，所有订阅了该配置的应用都能够在几秒内接收到新的配置信息。这一特性是通过长轮询机制实现的，客户端与服务器保持持续的连接，一旦配置有更新立即被动态推送到客户端。

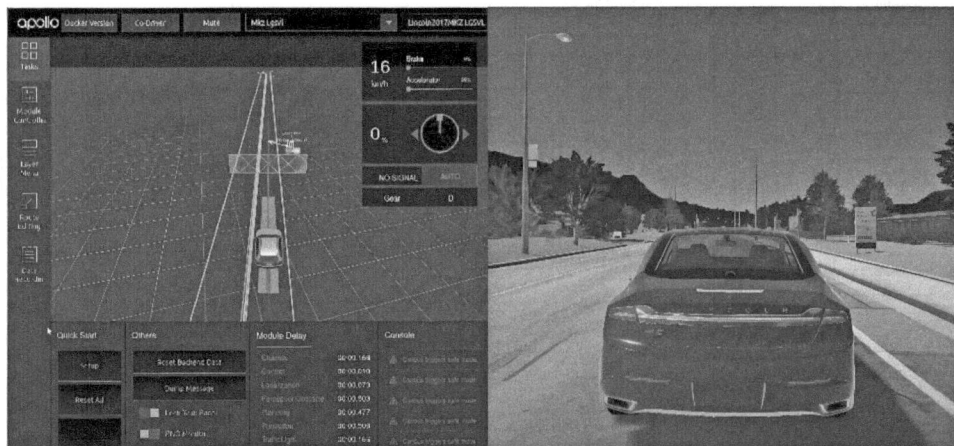

图 7-26　Apollo 的配置修改

3. Apollo 的架构组成和部署方式

（1）架构组成　Apollo 配置系统主要由三部分构成：配置中心服务端、客户端和管理界面。服务端负责存储配置信息，并处理客户端的配置请求；客户端嵌入应用程序中，负责从服务端获取和缓存配置信息；管理界面则为用户提供了友好的操作界面，用于配置的编辑、发布等操作。

（2）单机部署方案　在小型或者开发测试环境下，可以采用单机部署的方式来运行 Apollo 服务端。这种方式简单快捷，但不适用于生成环境，因为不具备高可用性。

（3）分布式部署方案　生产环境下，推荐使用分布式部署，以保障配置服务的高可用性和扩展性。一般而言，会将 Apollo 配置服务部署在至少 3 个节点的集群中，以保证在某个节点失败时系统仍然可用。

Apollo 提供了一个健壮的分布式配置解决方案，旨在帮助微服务架构更加灵活和高效地管理配置。通过以上实战与基础配置，可以帮助开发团队快速理解并采纳 Apollo 配置中心，以此提升项目配置管理的效率和安全性。

Apollo 项目的规划模块是自动驾驶系统的重要组成部分，它负责生成安全、舒适且高效的行驶路径。该模块主要包括路由寻径、行为决策和轨迹规划三个核心部分。

1. 规划模块的主要功能

（1）路由寻径（Route Planning）　路由寻径是自动驾驶中的长期规划过程，它在宏观路网中计算从起点到终点的最优或可行驾驶路径。这一过程通常使用图搜索算法，如 A*、Dijkstra 或者基于实时交通数据的动态路径规划算法。

（2）行为决策（Behavioral Decision Making）　如图 7-27 所示，行为决策是一个微观层面的决策过程，它基于当前环境信息和路由寻径结果决定车辆的具体行为，如变道、超车、停车等。它需要处理复杂的交通情况，考虑其他交通参与者的行为以及交通规则。

（3）轨迹规划（Trajectory Planning）　轨迹规划根据行为决策的结果生成一条时空连续的轨迹，该轨迹需要满足车辆动力学约束、安全约束并且尽可能舒适。轨迹规划会实时更新，以适应复杂多变的道路情况。

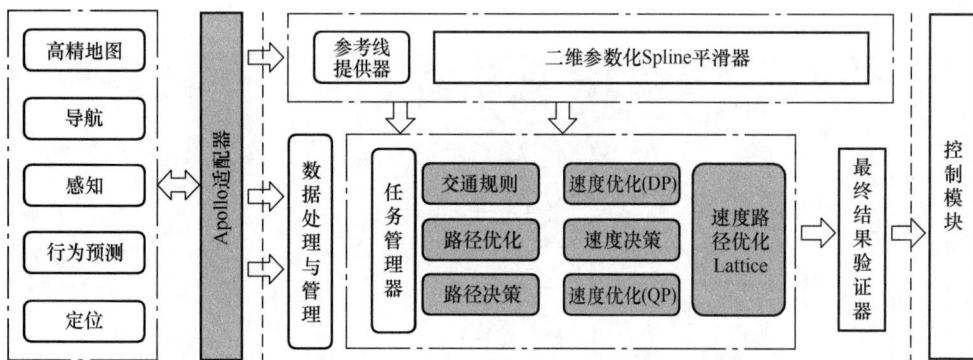

图 7-27　Apollo 决策规划模块的架构

2. 规划模块的算法概要

（1）Lattice-Planner　Lattice-Planner 是一种基于采样的轨迹生成方法，它在时空中建立了一个横向和纵向的采样网格（Lattice）。通过对不同速度、加速度条件下的采样点进行评估，选择出代价最小的路径作为最终轨迹。

（2）EMPlanner　EMPlanner 基于期望最大化（Expectation-Maximization，EM）算法，它将周围环境中的障碍物和车流进行建模，并预测它们的未来行为，然后在此基础上进行轨迹生成，旨在找到最大化安全性和舒适性的行驶轨迹。

轨迹规划的主要流程通常包括以下几个步骤：

（1）车辆状态初始化　获取车辆当前的状态信息，包括位置、速度、加速度等。

（2）环境信息感知　通过传感器获取周围环境的障碍物信息、道路信息和交通信号信息。

（3）障碍物预测　预测周围障碍物的运动轨迹，并对其潜在的影响进行评估。

（4）轨迹优化　根据车辆状态、环境信息和行为决策结果，生成多条候选轨迹，并通过优化算法选出最优轨迹。

（5）评估与选择　对生成的轨迹进行安全性、舒适度、效率等方面的评估，并选择最终执行的轨迹。

  Apollo 的规划模块负责产生安全、合规且满足用户舒适度要求的行车路线，它涉及复杂的算法和严格的工程实现，是自动驾驶中至关重要的一环。通过对这些核心部件的详细解析，我们可以更深入地理解自动驾驶技术背后的复杂性和挑战性。

  Apollo 规划模块能够在复杂多变的道路环境中为自动驾驶车辆生成安全、高效且舒适的驾驶轨迹，这些技术的融合使用是实现高级自动驾驶技术的关键。

1. 凸优化与 Frenet 坐标系在自动驾驶决策规划中的应用

  （1）凸优化 在自动驾驶中，轨迹规划问题往往可以建模为一个凸优化问题。通过定义一个合适的代价函数，如路径长度、行驶时间、能耗或者舒适度等，我们可以使用凸优化算法来快速找到全局最优或近似最优解。凸优化在自动驾驶决策规划中被广泛应用于轨迹生成、控制器设计和系统识别等多个环节。

  （2）Frenet 坐标系 在自动驾驶轨迹规划中采用 Frenet 坐标系进行描述，可以简化车辆轨迹规划问题。Frenet 坐标系将车辆位置分解为沿参考路径的纵向距离（s）和横向偏移距离（d），这样可以将复杂的三维空间轨迹规划问题转化为两个相对独立的一维规划问题，从而降低计算复杂度，并易于处理车道线、车道宽度等道路约束。

2. 参考线的概念、用途以及生成方法

  （1）参考线概念 参考线是指导车辆行驶的虚拟路径，它一般位于车道中心，并综合考虑了路段特性、交通法规和车辆动力学限制等因素。

  （2）用途 参考线为轨迹规划提供了一个基准，规划模块会根据当前车辆状态、环境信息以及参考线，生成最终的车辆运行轨迹。

  （3）生成方法 生成参考线通常需要通过地图数据进行路径点提取，并基于这些点进行平滑处理。路径点之间可能存在锐角或者突变，这不利于车辆的平稳行驶，因此参考线需要经过平滑处理以符合车辆动力学约束和乘坐舒适性要求。

  （4）Femsmoother 介绍 Femsmoother（有限元方法平滑器）是一种常用于参考线平滑的算法。它利用有限元方法将参考线平滑问题建模为一个最优化问题，该问题可以用数值方法高效求解。通过调整权重参数可以控制平滑程度与道路准确度之间的平衡。

3. 决策规划算法中的其他关键概念和技术

  （1）采样（Sampling） 采样是轨迹规划中一种常见的技术，通过在潜在的行动空间内采样多个可能的方案，对每个采样点进行评估，然后选择最优的路径。采样技术适用于处理高维度的规划问题，能够有效避免因维度诅咒导致的计算量增加。

  （2）迭代求解（Iterative Solving） 迭代求解是指通过重复修改变量的值，逐步逼近问题的最优解或可行解的过程。在复杂的非线性规划问题中，精确解往往难以直接求得，但可以通过迭代算法，如梯度下降法、牛顿法或者内点法等，不断优化代价函数值，直至满足预设的收敛条件。

  Apollo 系统是一个全开放的自动驾驶平台，它整合了各种先进的自动驾驶技术，包括高精度地图、车辆定位、感知、决策规划和云服务等。Apollo 系统在无人驾驶领域的应用和优势，以及云服务的作用有以下几点。

  Apollo 可以为自动驾驶车辆提供完整的软件解决方案，支持从 Level 2 到 Level 4 的自动化驾驶。Apollo 的优势在于强大的算法库、丰富的硬件适配支持，以及源源不断的技术更新。此外，Apollo 通过开放平台策略，允许合作伙伴和开发者共同贡献代码，推动生态系统的繁荣和技术的快速迭代。

云服务在 Apollo 系统中发挥着至关重要的作用，其中包括远程车辆监控、数据存储、大数据分析和深度学习模型训练等服务。此外，云服务还能够提供实时交通数据、天气更新和动态地图信息等，帮助车辆做出更准确的决策。通过云计算的强大算力，Apollo 还可以进行模拟测试，大幅度降低了开发和验证的成本和风险。

7.3.2 Autoware

如图 7-28 所示，Autoware 是一套开源的无人驾驶软件平台，它由日本的 Tier Ⅳ 公司启动，并得到了全球多个合作组织和个人开发者的贡献。Autoware 的目标是提供一个完整的、可靠的无人驾驶软件解决方案，适用于各种车辆和机器人系统。Autoware 基于 ROS，一个广泛使用于机器人研究和产品的中间件。因此，它继承了 ROS 的诸多优点，包括模块化设计、易于集成不同的传感器和算法、丰富的工具支持等。

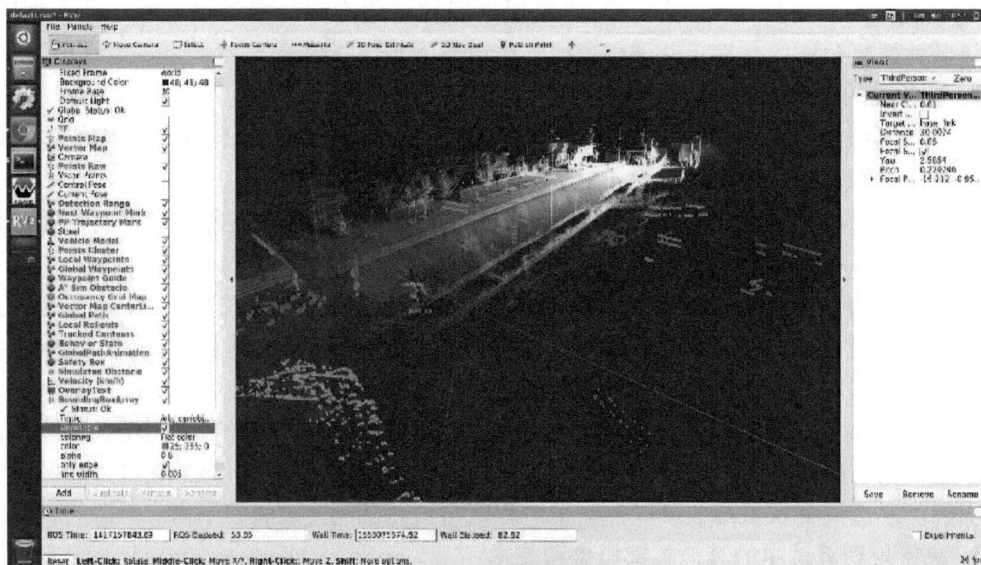

图 7-28　Autoware 操作界面

（1）3D 地图创建与管理　3D 地图是自动驾驶系统的基础之一，提供了车辆行驶环境的高度精确的三维表示。Autoware 通过使用激光雷达（LiDAR）扫描周围环境，生成点云数据，这些数据可以被处理成精确的 3D 地图。这些地图不仅记录物理形状，还可以标注道路边界、交通标志和信号灯等关键信息。

（2）本地化（Localization）　本地化模块负责根据当前的传感器数据识别车辆在 3D 地图中的精确位置。这通常通过融合多种传感器数据来实现，包括 GPS、IMU、轮速传感器和激光雷达。Autoware 可能使用粒子滤波器或卡尔曼滤波器等算法来整合这些数据，实现高精度定位。

（3）感知（Perception）　感知是自动驾驶系统中至关重要的部分，它涉及从传感器数据中检测和分类车辆周围的对象。通过集成激光雷达、雷达和摄像头，Autoware 可以识别其他车辆、行人、自行车等动态障碍物，以及路面状况、道路标志等静态对象。先进的机器学习和计算机视觉算法被用于支持这些功能。

（4）预测（Prediction） 如图 7-29 所示，预测模块评估检测到的对象的当前状态和动态，预测它们在未来几秒内的位置和行为。这对于规划路径和避免碰撞非常关键。例如，Autoware 需要预测前方车辆是否会改变车道或者行人可能突然穿越马路。

图 7-29　Autoware 应用场景

（5）规划（Planning） 基于当前定位，感知信息和预测结果，规划模块生成一条安全且高效的路径从当前位置到目的地。这包括长距离的路径规划和更复杂的近距离避障规划。Autoware 会考虑多种因素，如道路类型、交通规则、周围车辆的行为等，来动态调整其驾驶策略。

（6）控制（Control） 最后，控制模块将规划好的路径转换为实际的驾驶操作，包括加速、制动和转向。控制系统必须响应快速而精确，确保车辆按照规划路径安全行驶，同时也要保证乘客的舒适性。

Autoware 的软件结构为模块化设计，每个模块针对无人驾驶的不同功能进行优化。Autoware软件结构的主要组成部分及其操作方法见表 7-1。

表 7-1　**Autoware 软件结构的主要组成部分及其操作方法**

结构组成	功能/操作	详细说明
1. 感知模块 Perception	功能说明	1）从传感器（如激光雷达、摄像头等）获取环境数据 2）执行物体检测、跟踪、分类等功能，实现环境检测和识别
	操作方法	1）配置传感器参数，确保 Autoware 能正确读取传感器数据 2）根据实际需求选择合适的检测和跟踪算法（如 YOLO、SSD 等用于物体识别） 3）调整算法参数，优化检测效率和准确率 4）使用 ROS 话题来发布和订阅感知结果

（续）

结构组成	功能/操作	详细说明
2. 定位模块 Localization	功能说明	1）结合 GPS、IMU、轮速传感器和地图数据，实现高精度车辆定位 2）采用滤波算法（如卡尔曼滤波器）融合多种传感器数据，提高定位精度
	操作方法	1）确保 GPS、IMU 和轮速传感器正确安装并与 Autoware 连接 2）根据具体环境选择合适的滤波算法配置 3）实时监控定位误差，调整算法参数以减小偏差
3. 规划模块 Planning	功能说明	1）基于车辆当前位置、目标点和周围环境信息规划行驶路径 2）包括全局路径规划和局部避障规划
	操作方法	1）在 Autoware UI 中设置目标点 2）根据实时交通环境数据，动态调整全局路径和局部避障策略 3）对规划参数进行细节调整，如速度限制、最小转弯半径等
4. 控制模块 Control	功能说明	1）根据规划路径执行转向、加速、减速等操作 2）包含速度控制和方向控制算法，保证平稳、安全驾驶
	操作方法	1）选择合适的控制算法（如 PID、MPC 等） 2）根据车辆特性和实际路况调整控制参数 3）通过 ROS 话题发送控制命令至车辆
5. 仿真模块 Simulation	功能说明	1）提供虚拟环境进行算法测试和验证 2）支持与 ROS/Gazebo 集成，进行复杂场景下的仿真测试
	操作方法	1）设定仿真环境参数，包括地图、天气、交通流等 2）运行 Autoware 节点与 Gazebo 仿真环境 3）分析仿真结果，针对发现的问题进行算法调整
6. 用户界面/可视化工具 User Interface	功能说明	1）提供图形界面，方便监控车辆状态、调试参数和展示系统输出 2）包括 RViz、Autoware UI 等工具
	操作方法	1）使用 Autoware UI 进行系统配置、目标点设置和参数调试 2）通过 RViz 实时监控车辆状态、传感器数据和路径规划情况 3）根据监控结果调整系统参数，优化性能

以上详述了 Autoware 软件各个模块的主要功能和操作方法，为无人驾驶的研究和开发提供了一套完整的解决方案。

Autoware 以其开源和高度模块化的特点，在全球范围内支持研究人员和开发者共同推动自动驾驶技术的发展。通过不断的迭代和优化，Autoware 正在努力提升自动驾驶汽车的性能与安全性，推进自动驾驶技术的商业化和普及化。

Autoware 的安装与配置、地图创建与管理、启动和运行，以及监控与调试的操作方法详细介绍如下：

1. 安装与配置

（1）环境准备　确保已安装 ROS 环境。Autoware 通常需要使用特定版本的 ROS，如 ROS 1 Kinetic 或 Melodic。具体版本需求请参考 Autoware 的官方文档。

（2）下载与编译 Autoware　访问 Autoware 的 GitHub 页面：［AutowareGitHub］（https：//github. com/Autoware- AI/autoware. ai）。

复制仓库到本地：

```
1    git clone https://github. com/Autoware- AI/autoware. ai. git
```

编译源代码：

```
1    cd autoware. ai
2    rosdep install- from- paths src- ignore- src- rosdistro = ${ROS_DISTRO} - y
3    colcon build
```

（3）配置传感器和硬件驱动　根据所使用的传感器（如激光雷达、摄像头等），安装并配置相关的 ROS 驱动，配置时应确保所有硬件设备能够被正确识别。

2. 地图创建与管理

（1）数据收集

1）使用激光雷达进行环境扫描，收集必要的点云数据。

2）也可以采集 GPS 和 IMU 数据辅助进行更精确的地图创建。

（2）生成 3D 地图

1）使用 Autoware 提供的地图生成工具如 'Map Tool' 进行地图制作。

2）处理点云数据，生成矢量地图和 3D 模型。

（3）地图使用　将生成的地图数据导入 Autoware，用于实际的定位和路径规划。

3. 启动和运行

（1）启动 Autoware 节点

1）配置环境变量，并启动所需的 ROS 核心服务。

2）启动 Autoware 的各个节点，包括但不限于感知、定位、规划和控制模块：

```
1    roslaunch autoware_launch autoware. launch. xml
```

（2）输入目标位置

1）通过 Autoware UI 设置目标位置和参数。

2）系统将根据输入信息自动进行路径规划并开始模拟或实际驾驶。

4. 监控与调试

（1）实时监控

1）使用 RViz 观察车辆的实时状态、传感器的输出和路径规划情况。

2）调整 RViz 中的视图和参数，以获得最佳的监控效果。

（2）参数调整和性能优化

1）根据实时反馈和日志信息调整 Autoware 的相关参数，如规划算法的细节设定、控制策略等。

2）优化系统设置以提高准确性和响应速度。

Autoware 在无人驾驶社区中具有重要的地位，因其开源性质，许多研究机构和企业利用 Autoware 作为研究和开发自动驾驶技术的基础或参考。该平台的开放性和灵活性也促进了无人驾驶技术的创新和快速发展。

7.3.3　Python

Python 是一种广泛应用于多个领域的高级编程语言，以其简洁明了的语法和强大的库支持而著称。它支持多种编程范式，包括面向对象、命令式、函数式和程序式编程。Python 的设计哲学强调代码的可读性和简洁的语法（尤其是使用空格缩进来区分代码块，而不像其他语言那样使用大括号）。

Python 作为一种高效的编程语言，在智能网联汽车领域中主要负责数据处理和分析。通过使用 Pandas、NumPy 等数据处理库，Python 可以高效地进行车载传感器数据的清洗与分析。此外，它还通过 TensorFlow、PyTorch 等库支持机器学习和人工智能算法的开发，这些算法能够实现自动驾驶、行为预测等功能。Python 还能处理车辆的 V2X 网络通信，以及车载通信协议如 CAN、LIN 的开发与测试。基于 Python 的无人车避障仿真如图 7-30 所示。

图 7-30　基于 Python 的无人车避障仿真

智能网联汽车集成了大量的软硬件技术，其中 Python 作为一种高效、便捷且功能强大的编程语言，在智能网联汽车的开发和应用中扮演着重要的角色。

（1）数据处理与分析　Python 提供了丰富的数据处理库（如 Pandas、NumPy），可以有效地进行数据清洗、处理和分析，这对于处理车载传感器数据尤为关键。

（2）机器学习与人工智能　利用 TensorFlow、PyTorch 等 Python 库，开发者可以构建和训练复杂的机器学习模型，这些模型能够支持诸如自动驾驶、行为预测等智能功能。

（3）网络通信　Python 的网络通信库（如 socket、requests）使得车辆能够在 V2X（车与一切）环境中实现数据的发送和接收，增强交通系统的互操作性和安全性。

（4）协议开发与测试　Python 的灵活性和简洁性使其成为开发和测试车载通信协议如 CAN、LIN 的首选工具。

智能网联汽车的软件结构主要由以下几个部分构成：

（1）感知层　采用多种传感器（如雷达、摄像头、激光雷达）收集环境数据，Python 用于数据预处理和初步分析。

（2）决策层　基于收集的数据，使用 Python 编写的 AI 算法进行决策处理，如路线规划、障碍物避让等。

（3）执行层　控制车辆的具体行为，如转向、加速、制动等，可以通过 Python 脚本来实现详细的控制逻辑。

（4）通信层　负责车与车、车与基础设施之间的信息交换，Python 用于处理通信协议和数据传输。

工作原理：传感器收集数据后，通过 Python 进行数据同步、筛选和预处理；分析处理后的数据，并基于预先训练好的模型进行决策；将决策结果转化为控制命令，通过 Python

脚本发送给车辆执行系统;执行结果反馈至系统,Python 进行结果分析和记录,完善模型性能。

在智能网联汽车技术应用中,Python 可以用于数据分析、机器学习模型训练、系统仿真等多个方面。为了让学生能够理解并操作 Python,下面将提供详细的 Python 软件安装和基本操作方法。

1. Python 软件安装

(1)下载 Python 访问 Python 官方网站〔https://www.python.org/〕,转到"Downloads"选项,并根据具体操作系统选择适当的版本。

(2)运行安装程序 下载完成后,打开下载的文件启动安装程序。在安装界面中,勾选"Add Python 3.x to PATH"(将 Python 3.x 添加到 PATH 环境变量)以帮助配置环境变量。单击"Install Now"开始安装过程。

(3)验证安装 安装完成后,打开命令行界面(在 Windows 中是 CMD 或 PowerShell)。输入"python --version"或者"python3 --version"来检查 Python 版本,确认安装成功。

(4)安装包管理工具(Pip) Pip 是 Python 的包管理工具,通常会与 Python 一起自动安装。可以通过命令行输入"pip --version"来检查 Pip 是否安装成功。

2. 基本操作方法

(1)打开 Python 解释器 在命令行中输入"python"或"python3",进入 Python 交互式环境。

(2)编写简单的脚本

1)使用任何文本编辑器(如 Notepad++,VSCode 等),创建一个新文件,保存为".py"扩展名,如"test.py"。

2)编写简单的 Python 代码,例如:

```
1  print("Hello, World!")
```

3)保存文件,并通过命令行运行脚本:

```
1  python test.py
```

使用 Python 进行数据分析(以 Pandas 为例):

安装 Pandas 库,在命令行中输入以下命令来安装 Pandas:

```
1  pip install pandas
```

(3)使用 Pandas 读取数据 在 Python 脚本中导入 pandas 库,并加载数据:

```
1  import pandas as pd
2  data = pd.read_csv('example.csv') # 假设数据文件名为 example.csv
3  print(data.head()) # 打印数据的前五行
```

上述步骤介绍了 Python 的基本安装和操作,以及如何使用 Python 进行简单的编程和数据处理。可以看出 Python 在智能网联汽车领域中的作用和重要性,其灵活的编程特性及丰富的库资源使其成为开发智能网联汽车系统的理想选择。

在无人驾驶领域,Python 是一种极其重要的编程语言,它不仅用于算法开发、数据处理、机器学习,还用于车辆控制和系统集成。以下是 Python 在无人驾驶领域应用中的一些基本操作方法。

（1）数据处理与分析　无人驾驶系统依赖于大量的传感器数据，如雷达、激光雷达（LiDAR）、摄像头等，这些设备会实时产生大量的数据流。Python 提供了一系列强大的库来进行数据处理和分析，如 Pandas、NumPy 和 SciPy。

操作方法：

1）使用 Pandas 加载、清洗和预处理数据。

2）使用 NumPy 进行数值计算和矩阵操作。

3）使用 SciPy 进行统计分析和优化求解。

实际应用案例：百度 Apollo 的自动驾驶平台使用 Python 进行大规模的数据处理和分析，以便优化路径规划和决策系统。

（2）机器学习与深度学习　无人驾驶系统利用机器学习和深度学习算法来识别环境、预测行人和车辆行为，以及做出驾驶决策。

操作方法：

1）使用 Scikit-Learn、TensorFlow 或 PyTorch 构建和训练模型。

2）利用 Keras 或 PyTorch 的高级 API 简化模型训练过程。

3）集成 OpenCV 进行图像处理，用于视频流分析。

实际应用案例：特斯拉使用深度学习技术训练神经网络，识别道路标志、交通信号和障碍物，以支持其 Autopilot 功能。

（3）实时控制与路径规划　无人驾驶车辆需要实时处理信息并做出决策。Python 可以用于编写实时控制算法，如 A ∗ 搜索算法、Dijkstra 算法等。

操作方法：

1）使用 Python 进行算法实现。

2）利用实时操作系统（RTOS）或微控制器（如 Arduino、Raspberry Pi）进行硬件集成。

实际应用案例：通用汽车的自动驾驶子公司 Cruise，使用 Python 和其他技术进行路径规划和车辆控制。

（4）软件定义车辆（Software-Defined Vehicle，SDV）　SDV 概念将软件定义为车辆的核心，使得车辆的功能可以通过软件更新升级。Python 在这一过程中发挥关键作用。

操作方法：

1）使用 Python 开发软件栈，包括操作系统、驱动程序、应用层等。

2）通过持续集成和持续部署（CI/CD）流程进行自动化测试和部署。

实际应用案例：FCA 使用基于 Linux 的操作系统和 Python 脚本进行车辆软件的开发和管理，实现远程软件更新和维护。

（5）数据可视化与监控　为了监控系统的性能和诊断问题，Python 提供了强大的数据可视化工具，如 Matplotlib、Seaborn 和 Plotly。

操作方法：

1）使用上述库创建动态图表和交互式仪表板。

2）进行性能分析和故障诊断。

实际应用案例：Alphabet 的自动驾驶公司 Waymo 利用 Python 进行系统监控和性能分析，优化自动驾驶车辆的运营效率。

综上所述，Python 在无人驾驶领域不仅是编程语言，更是实现系统集成、数据分析、算法开发、控制策略制定和实时监控的关键工具。通过上述操作方法，可以有效地推动无人驾驶技术的发展和应用。

思政阅读

智能网联汽车软件系统的发展，是科技与软件工程深度融合的产物。RTOS、Linux、QNX 等操作系统以及 ROS、AUTOSAR 等软件框架的应用，为智能网联汽车提供了强大的软件支持。这些软件系统不仅提升了汽车的智能化水平，更推动了汽车行业的数字化转型。然而，软件系统的安全性与稳定性直接关系到行车安全，我们需加强软件测试与验证，确保其质量可靠。同时，我们应认识到软件系统的发展也需遵循伦理规范，如数据保护、隐私安全等。智能网联汽车软件系统的发展，应是科技与伦理的和谐统一，共同推动汽车行业向更加智能、安全、可靠的方向迈进。

7.4 思 考 题

本章的学习目标你已经达成了吗？请通过思考以下问题的答案进行结果检验。

序号	思考题	自检结果
1	请说明 RTOS 软件技术架构与工作原理。	
2	请说明 Linux 软件技术架构与工作原理。	
3	请说明 QNX 软件技术架构与工作原理。	
4	请说明 ROS 软件技术架构与工作原理。	
5	请说明 AUTOSAR 软件技术架构与工作原理。	
6	请说明 RViz 3D 软件技术架构与工作原理。	
7	请说明 Apollo 软件技术架构与工作原理。	
8	请说明 Autoware 软件技术架构与工作原理。	
9	请说明 Python 软件技术架构与工作原理。	

参 考 文 献

［1］佐默. 车辆网联技术［M］. 胡红星，译. 北京：机械工业出版社，2017.

［2］拉瓦特. 智能网联汽车信息物理系统：自适应网络连接和安全防护［M］. 罗璎珞，译. 北京：机械工业出版社，2018.

［3］朱升高. 车联网技术与应用［M］. 北京：机械工业出版社，2021.

［4］朱升高. 汽车智能技术与应用［M］. 北京：机械工业出版社，2022.

［5］工业和信息化部人才交流中心. AUTOSAR MCAL 的原理与实践［M］. 北京：电子工业出版社，2018.

［6］伊斯坎达里安. 智能车辆手册（卷 I ）［M］. 李克强，译. 北京：机械工业出版社，2017.

［7］伊斯坎达里安. 智能车辆手册（卷 II ）［M］. 李克强，译. 北京：机械工业出版社，2017.